Training Methodology to Improve
Physical Fitness and Performance

체력 및 퍼포먼스 향상을 위한
트레이닝 방법론

김창국·박상용 저

dcb

저자소개

김 창 국

중앙대학교 체육교육학과 체육학학사
고려대학교 대학원 체육학 석사
고려대학교 대학원 이학 박사
Auburn University Post-Doctor
University of Maryland Visiting Professor
대한태권도협회 이사
한국운동역학회 부회장
고려대학교 체육위원회 위원장
현 고려대학교 국제스포츠학부 교수
　　한국사회체육학회 회장
　　국민생활체육회 자문위원회 부위원장

박 상 용

인천대학교 체육학과 졸업
인천대학교 대학원 체육학석사
단국대학교 대학원 이학박사
가천의과학대학교 체육학과 학과장
가천의과학대학교 학생처장
가천대학교 학생처장
현 가천대학교 체육학부장
　　2014 인천아시안게임 경기운영위원
　　인천시체육회 우수선수강화위원회 위원

체력 및 퍼포먼스 향상을 위한
트레이닝 방법론

초판발행/2014년 2월 28일
초판3쇄/2023년 3월 31일
발행인/김영대
발행처/대경북스
ISBN/978-89-5676-433-7

등록번호 제 1-1003호
서울특별시 강동구 천중로 42길 45 (길동) 2F
전화: 02) 485-1988, 485-2586~87 · 팩스: 02) 485-1488
e-mail: dkbooks@chol.com · http://www.dkbooks.co.kr

머리말

　최근 과학 및 IT기술의 발달로 신체 측정 및 트레이닝 장비도 보다 정밀화되고 첨단화되고 있다. 과거에는 복잡한 단계를 거쳐 측정하고 그 데이터를 입력시켜 결과치를 얻었다면, 지금은 계측과 동시에 그 결과를 눈으로 확인할 수 있고, 다른 데이터 및 평균치와 비교·평가하여 가공된 데이터를 얻을 수 있다.

　그러나 인체의 움직임과 스포츠 동작에 대한 역학적 이해, 운동특성 및 트레이닝 처방에 대한 임상적인 경험의 부재로 인하여 상해를 입거나 기대한 효과를 얻지 못하는 경우를 흔히 볼 수 있다.

　시중에는 트레이닝 관련 서적이 많이 출간되어 판매되고 있지만, 많은 책들이 트레이닝 이론에 치중되어 있거나, 웨이트 트레이닝만을 다루고 있어 스포츠 트레이닝의 광범위한 내용을 아우르지 못하고 있어 아쉬움이 남는다. 그런 이유로 필자들은 트레이닝이라는 학문을 처음 접하는 학부생들은 물론, 트레이닝을 심도 있게 학습하고자 하는 대학원생들과 직접 강도 있는 훈련을 소화하고 있는 선수들, 그리고 일선에서 선수들의 훈련을 책임지고 있는 현장 트레이너에게 도움이 될 수 있도록 트레이닝의 방대한 영역을 체계적으로 정리하고, 이론적 기반은 물론 실제적으로 현장에 적용될 수 있는 실전적인 교재로 집필하고자 노력하였다.

　본 서는 14개의 장으로 구성되는데, 그 내용을 살펴보면 다음과 같다.

　제1장 트레이닝의 과학적 접근에서는 체력의 정의와 체력을 구성하는 요소, 트레이닝 프로그램의 구성, 신체의 구조와 기능, 에너지원으로서의 영양소의 역할과 작용, 발육발달에 따른 트레이닝, 도핑과 반도핑, 멘탈 트레이닝에 대한 설명하였다.

　제2장 움직임의 특성과 메카니즘에서는 인간 움직임의 특성, 바이오메카닉스의 활용에 대해 설명하고, 걷기·달리기·뛰기·던지기 동작의 메카니즘을 분석하였다.

　제3장 트레이닝의 종류와 방법에서는 크로스 트레이닝, 스터빌리티 트레이닝, 볼 트레이닝, 민첩성 트레이닝, 플라이오메트릭 트레이닝, 스프린트 어시스티드 트레이닝, 레지

스티드 트레이닝, 웨이트 트레이닝, 서킷 트레이닝, 에어로빅스 트레이닝, 인터벌 트레이닝 등 각종 트레이닝의 원리와 효과 등에 대해 정리하였다.

제4장 트레이닝지도자의 역할에서는 트레이닝지도자의 정의와 필요성, 역할과 업무 등에 대해 알아보고, 트레이닝지도자로서 경기스포츠분야에서 알아야할 상황별 활동과 자질, 능력, 행동규범과 윤리에 대해 설명하였다.

제5장 트레이닝계획에서는 트레이닝의 원리와 원칙, 계획수립 방법, 트레이닝 기간 설정의 모델과 원리에 대해 설명하였다.

제6장 근력 트레이닝의 효과와 프로그램에서는 근력 트레이닝 프로그램을 구성하는 요소에 대해 설명하고, 부하의 설정과 조건, 세트 구성 및 횟수, 빈도 설정, 프로그램의 작성과 설정법에 대해 다루었다.

제7장 파워와 파워향상 트레이닝 프로그램에서는 파워의 요소와 파워발휘양식의 분류 및 측정방법, 파워향상 트레이닝의 종류와 특징 및 응용방법에 대해 다루었다.

제8장 지구력과 지구력향상 트레이닝 프로그램에서는 지구력의 정의와 에너지공급 시스템의 종류, 유산소지구력향상 트레이닝과 무산소지구력향상 트레이닝, 지구력향상 트레이닝 프로그램의 작성법에 대해 설명하였다.

제9장 스피드·민첩성과 스피드·민첩성향상 프로그램에서는 스피드와 민첩성의 정의, 스피드와 민첩성을 향상시키는 요인, 코어스트렝스의 중요성과 스피드·민첩성을 향상시키는 요인, 스피드·민첩성 향상 프로그램의 설정법에 대해 다루었다.

제10장 유연성과 스트레칭에서는 유연성의 정의와 유연성을 향상시키는 스트레칭 프로그램에 대해 설명하였다.

제11장 워밍업과 쿨링다운은 훈련의 전후에 반드시 실시해야 하는 워밍업과 쿨링다운의 효과과 실제 적용방법에 대해 설명하였다.

제12장 특수집단을 위한 트레이닝 프로그램에서는 대사증후군, 고령자, 임산부, 어린이 등 특수집단을 대상으로 하는 트레이닝 프로그램의 고려사항과 가이드라인에 대해 설명하였다.

제13장 상해발생부터 복귀까지의 운동재활 프로그램에서는 운동재활에 필요한 검사와 프로그램 작성법, 단계적인 운동재활 프로그램에 대해 설명하였다.

제14장 트레이닝효과의 측정과 평가에서는 측정·평가의 목적, 측정의 조건과 오차관리, 측정과 평가의 실제 적용법에 대해 다루었다.

트레이닝이라는 방대한 영역을 최대한 포괄하여 다루려고 노력하였으나, 자료 및 능력의 부족함으로 내용을 충분히 설명하지 못한 부분이 있어 아쉬움이 남는다. 미흡한 부분은 개정판을 내며 수정·보완할 것을 약속드린다.

이 책을 읽게 될 독자들과 동료 및 선후배 연구자들의 기탄 없는 충고와 조언을 부탁드린다.

2014년 1월

저 자 씀

제1부
트레이닝의 과학적 기초이론

01 트레이닝의 과학적 접근

02 움직임의 특성과 메카니즘

03 트레이닝의 종류와 방법

04 트레이닝지도자의 역할

05　트레이닝계획

제2부
트레이닝의 방법

06 근력 트레이닝의 효과와 프로그램

07 파워와 파워향상 트레이닝 프로그램

08 지구력과 지구력향상 트레이닝 프로그램

09 유연성과 스트레칭

10 스피드·민첩성과 스피드·민첩성향상 트레이닝 프로그램

13 상해발생부터 복귀까지의 운동재활 프로그램

제3부
체력 및 트레이닝 효과의 측정과 평가

14　트레이닝효과의 측정과 평가

Training Methodology to Improve
Physical Fitness and Performance

제1부
트레이닝의 과학적 기초이론

01
트레이닝의 과학적 접근

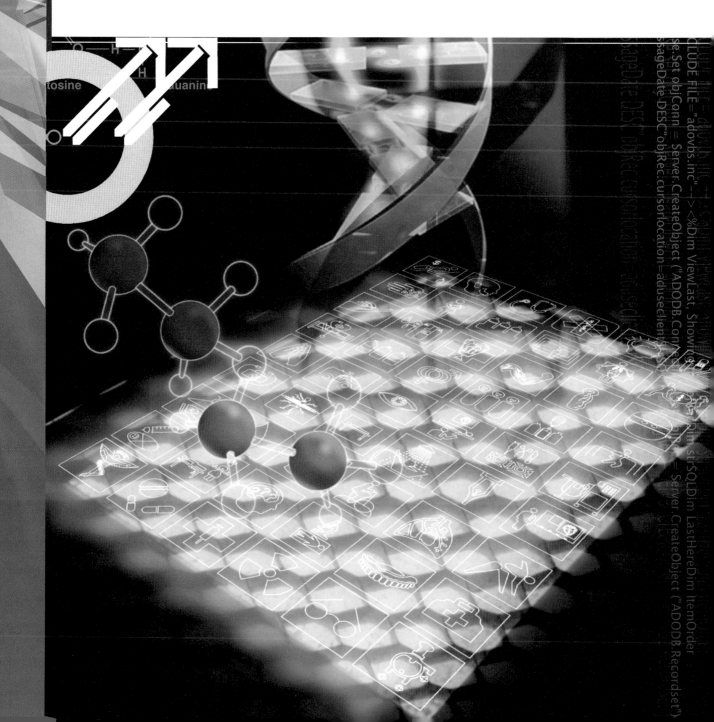

1) 체력과 트레이닝

건강한 생활을 영위하기 위해 필요한 능력이나 건강유지를 위해 행하는 것을 운동이라고 정의하고, 운동에 의해 몸의 형태나 기능이 변화하는 것을 '적응'이라고 한다. '체력(fitness)'은 원래 적응한 상태를 의미하지만, 스포츠계에서는 특히 이것을 '피지컬 피트니스(physical fitness)'라고 부르며, 넓은 의미에서 '체력'을 뜻한다.

여기에서 말하는 체력은 '행동체력'인데, 이는 행동을 일으키고(＝근력, 순발력 등), 유지시키며(＝지구력), 조정하는(＝유연성, 협동성 등) 능력 등이 중심이 된다. 일반인이 여러 가지 목적을 위해 운동을 하는 것을 '피트니스'라고 해도 틀린 말은 아니지만, 체력향상을 목적으로 하는 운동을 일반적으로 '트레이닝(training)'이라고 한다.

트레이닝이론은 그림 1-1과 같이 스포츠에 관련된 많은 학문들이 밑바탕이 된다. 스포츠에서 이러한 이론을 효과적으로 실천하는 것을 트레이닝이라고 하며, 항상 그 지식과 경험을 경신해가면서 프로그램을 구축하는 것이 중요하다.

일반적인 스포츠 트레이닝의 구성내용은 그림 1-2와 같지만, 최근에는 스킬 트레이닝(skill training)이라고 부르는 스포츠기능 트레이닝과 피지컬 트레이닝이라고 부르는 몸만들기 트레이닝으로 크게 나누어진다. 한편 이러한 신체적인 트레이닝에 대하여 정신력을 컨트롤하는 트레이닝의 한 가지로서 멘탈 트레이닝(mental training)이 있다. 또, 트레이닝방법은 웨이트 트레이닝, 서킷 트레이닝 등과 같이 많은데, 실제로는 이것들이 복합적으로 실시되어야 효과적인 트레이닝이 될 수 있다.

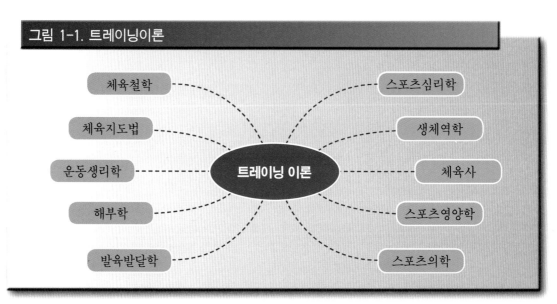

그림 1-1. 트레이닝이론

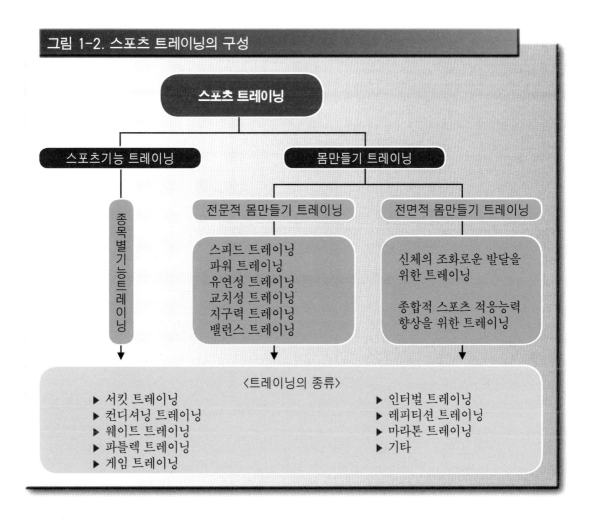

그림 1-2. 스포츠 트레이닝의 구성

스포츠 트레이닝

스포츠기능 트레이닝

몸만들기 트레이닝

종목별기능트레이닝

전문적 몸만들기 트레이닝

스피드 트레이닝
파워 트레이닝
유연성 트레이닝
교치성 트레이닝
지구력 트레이닝
밸런스 트레이닝

전면적 몸만들기 트레이닝

신체의 조화로운 발달을
위한 트레이닝

종합적 스포츠 적응능력
향상을 위한 트레이닝

〈트레이닝의 종류〉

▶ 서킷 트레이닝
▶ 컨디셔닝 트레이닝
▶ 웨이트 트레이닝
▶ 파틀렉 트레이닝
▶ 게임 트레이닝

▶ 인터벌 트레이닝
▶ 레피티션 트레이닝
▶ 마라톤 트레이닝
▶ 기타

2) 체력과 구성요소

'체력'이라는 말은 종종 불명확한 개념으로 쓰이기도 한다. 예를 들면 포환던지기선수처럼 체격이 큰 사람을 가리켜 '체력이 있어 보인다'라든가, 엄청난 기록을 수립한 마라톤선수에 대해 '엄청난 체력이다'와 같이 말한다. 확실히 이러한 것들도 '체력'임에는 틀림없지만, 체력의 어떠한 요소가 우월한지는 설명이 필요하다.

체력은 그림 1-3과 같은 요소로 구성되어 있다. 앞에서 예를 든 표현으로 해석하면 포환던지기선수는 '근력'이, 마라톤선수는 '지구력'이 뛰어나다는 것을 알 수 있다. 여기에는 정신적 요소도 포함되어 있다.

그러나 마라톤에 도전하는 포환던지기선수를 보거나, 마라톤선수가 포환을 던지는 모습을 보면서 '체력적으로 뛰어나다'라고 평가할 수 있을까? 그림 1-3은 마라톤선수와 포환던지기선수의 운동능력의 중요도를 비교한 것이다. 이는 스포츠나 각 경기종목에는 고유의 운동양식이 있어, 그 특성에 맞는 몸만들기를 목표로 하는 것이 중요하다는 뜻이다. 다시 말해서 물체를 얼마나 멀리 던질 수 있는지를 겨루는 포환던지기에서는 경기특성상 근력, 민첩성, 파워 등의 요소가 포함된 트레이닝을 중심으로 하는 것이 바람직하다. 한

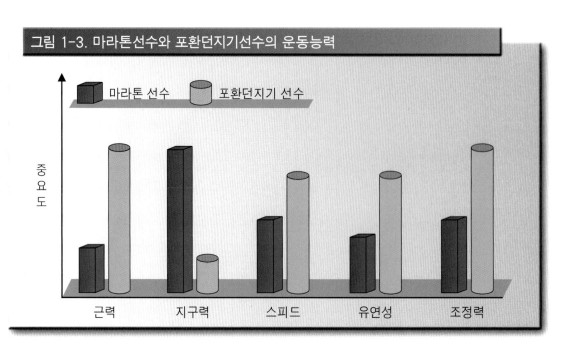

그림 1-3. 마라톤선수와 포환던지기선수의 운동능력

(범례) 마라톤 선수 / 포환던지기 선수

(세로축) 중요도

(가로축) 근력 / 지구력 / 스피드 / 유연성 / 조정력

편 자기 페이스를 지켜가며 장거리를 달리는 마라톤에서는 지구력을 중심으로 하는 트레이닝이 중요하게 된다.

체력은 사람이 활동하기 위한 신체적 능력을 가리키는 말인데, 스포츠에서의 체력은 '행동체력'으로 볼 수 있다. 행동체력의 기능에는 7가지 항목이 있다(그림 1-4). 여기에 신체를 재빨리 이동시키는 능력인 스피드(speed)를 더해 8가지 항목으로 생각해도 된다. 민

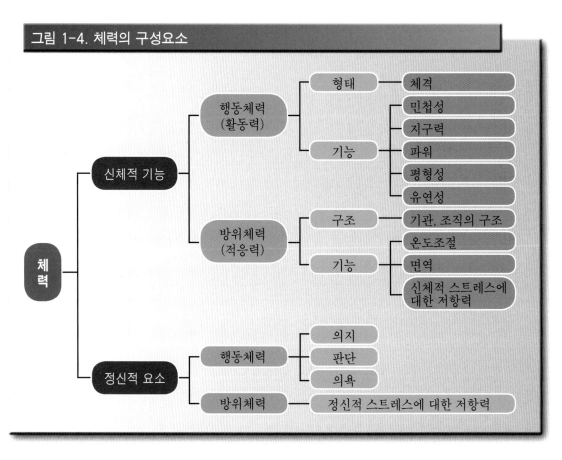

그림 1-4. 체력의 구성요소

제1부 트레이닝의 과학적 기초이론

첩성(agility)은 재빨리 방향전환을 할 수 있는 능력이다. 파워(power)는 순발력이라고도 불리며, 일반적으로 '힘×스피드'로 나타낸다. 여기에서 말하는 힘이란 근력이고, 스피드는 '근육의 수축스피드'를 가리킨다. 평형성(balance)은 몸의 공간적인 자세유지 등 근력과 중추신경에 관계되는 광범위한 신체기능이다. 또, 협동성(coordination)은 협조성 혹은 교치성이라고도 불리우며, 요령이나 기교를 뜻한다.

이러한 것들을 자동차에 비유하면 엔진에 해당하는 '에너지발휘능력(속도 및 강도)'과 조작성능에 해당하는 '에너지컨트롤능력(요령이나 기교)'으로 크게 나눌 수 있다. 신체계통으로 보면 에너지발휘능력에는 골격계통 · 근육계통 및 호흡순환계통이 관여하고, 에너지컨트롤능력에는 신경계통이 깊게 관련되어 있다.

3) 체력의 3요소

체력의 모든 요소 중에서 체력을 구성하는 대표적인 것은 다음의 3가지이다.

(1) 근력

저항에 대응해 근육의 수축에 의해 발생한 힘을 '근력(strength)'이라고 한다. 일반적으로 근력은 압력계 · 등근력계 · 다리근력계 등을 이용하여 측정하지만, 최근에는 주로 등속성근수축을 이용한 아이소키네틱(isokinetic)트레이닝머신으로 측정한다.

근육의 수축활동은 등척성수축(isometric contraction)과 등장성수축(isotonic contraction)의 2가지 양식으로 나눠진다. 등척성수축은 움직이지 않는 벽을 밀거나 대항(버티어 대듦)한 상태에서 힘을 낼 때 근육운동이 동반되지 않고 근육의 길이가 변화하지 않는 수축이다. 등장성수축은 일반적인 동작이나 스포츠활동에 의해 근육의 길이가 동적으로 변하는 수축이다. 등장성수축은 물건을 들어올리기 위해 포지티브한 힘을 발휘하는 단축성수축(concentric contraction)과, 결과적으로는 들어올리지 않지만 올리려고 하는 힘을 발휘(네가티브한 힘)하는 신장성수축(eccentric contraction)으로 나눠진다. 한편 등속성수축(isokinetic contraction)은 특수한 트레이닝머신 등을 이용하여 속도가 일정하게 설정된 상태에서 근의 출력(수축속도)을 올리는 수축이다.

근력 트레이닝을 할 때에는 목적동작의 특성을 고려하여 거기에 맞는 근수축방법을 선택할 필요가 있다.

(2) 지구력

어떤 행동을 지속할 수 있는 능력을 '지구력(endurance, stamina)'이라고 한다. 이것은 피로에 대한 저항력, 쉽게 피로해지지 않는 능력, 피로에서 회복하는 능력 등으로 표현할 수 있다.

이 지구력은 특정근육이나 근육군의 운동을 지속하는 '근지구력(muscular endurance)'과 계속 운동하기 위해 호흡순환계통의 운동을 지속적으로 사용하는 '전신지구력 (stamina)'의 2가지로 크게 나눌 수 있다. 근지구력은 각종 반복적인 근력부하검사에 의해 알 수 있으며, 전신지구력은 최대산소섭취량($\dot{V}O_2max$)이나 젖산을 지표로 한 측정으로 알 수 있다.

관절이 그 가동범위를 어느 정도 크게 움직일 수 있는 지를 '유연성(flexibility)'이라고 한다. 어떤 운동을 할 때 유연성이 저하되어 있다면 근육·힘줄·인대 등은 대항근(길항근)이 펴지는 것을 제한시키므로 관절의 가동범위가 좁아지게 된다.

윗몸앞으로굽히기와 같은 정적인 유연성은 운동수행능력에 미치는 직접적인 영향은 적다. 그러나 움직임의 크기나 매끄러움이 필요한 스포츠에서는 기술성이 높은 동적인 유연성이 중요하다.

4) 트레이너빌리티

일류경기자와 비단련자는 근력에서 1.8~2.0배, 유연성에서 1.4~1.7배, 민첩성에서 1.2~1.5배, 전신지구력에서 1.8~2.5배의 능력차가 있다는 보고가 있다. 이것을 스포츠선수의 '트레이너빌리티(trainability)'라고 한다. 트레이너빌리티는 성별이나 연령과 관계가 깊으므로, 발달단계에 따라 가장 적합된 트레이닝 시작연령을 고려할 필요가 있다.

여성의 트레이너빌리티는 남성을 100%로 했을 때 근육량은 90%, 지방량은 170%, 근력은 60~70%, 파워는 40%, 전신지구력은 80%에 상당하다고 한다.

한편 달리기·뛰기·던지기·수영·기계체조 등과 같은 신경계통의 운동은 유치원에서부터 초등학교 3, 4학년 시기에 풍부하게 경험시키는 것이 바람직하며, 조정력(이른바 운동신경)의 발달에 따라 각종 볼게임 등 다양한 운동경험을 주는 것이 좋다. 또한 파워(신경계통이나 근육의 순발력)·민첩성·유연성 등의 운동은 초등학교 고학년부터 중학교 때의 성장기에 시작하는 것이 좋다. 그리고 근지구력이나 전신지구력 운동은 고등학교 때 시작하는 것이 효과적이다.

5) 환경과 체력

인체는 기온·습도 등과 같은 환경조건의 변화에 대해 몸상태를 일정하게 유지하려고 하는 기능이 있는데, 이것을 '항상성(homeostasis)'이라고 한다. 항상성은 신체활동이나 트레이닝에 따라 그 기능이 향상된다. 한편 환경조건의 변화나 트레이닝에 대해 신체가 적응하려고 하는 기능이 '적응성(adaptability)'인데, 이는 트레이닝에 의해 향상된다.

　　스포츠는 엄격한 자연조건하에서 행해지며, 신체적으로나 정신적으로 지나치게 가혹한 측면도 있다. 기온·기압·중력 등과 운동의 관계에 대해서도 다양한 연구가 이루어지고 있다. 따라서 자연환경과 신체기능의 관계를 아는 것도 중요하다.

　　마라톤선수나 수영선수는 고지트레이닝을 하면 일정한 성과를 올릴 수 있다. 고지트레이닝은 환경과 선수의 적응능력이라는 2가지의 관계로부터 성립한다. 고지의 저산소환경은 근육의 산소공급에 제한을 주기 때문에 호흡운동 그 자체도 평지보다 어렵다. 따라서 고지트레이닝을 하면 상대적으로 운동강도를 높이고, 평지보다 산소를 근육으로 운반하는 능력이 높아져 유산소에너지 생산능력도 높아진다.

　　한편 고지트레이닝은 젖산대사를 억제시키기 때문에 혈중젖산농도를 적게 유지하는 능력을 향상시킨다는 사실도 밝혀졌다. 고지트레이닝에 적합한 표고와 기간은 해발 1,800~2,000m 부근에서 약 3~6주간이라고 한다. 그러나 고지트레이닝의 효과에는 개인차(고지적응능력)가 크며, 장소(고도)나 그곳에서 실시하는 트레이닝의 질과 양에 따라서도 달라진다. 나아가 혈액검사 등으로 몸상태를 관리하고, 평지에 돌아와서 경기대회 출전까지의 기간을 조정하는 등 수많은 과학적 데이터도 필요하다.

6) 트레이닝의 특성과 원칙

　　체력을 목적으로 하는 운동 또는 스포츠에 적합하도록 향상시키기 위해서는 지켜야할 원리를 바탕으로 한 일정기간 동안의 트레이닝계획이 수립되어야 한다. 다음은 트레이닝의 3대원리와 5대원칙이다(그림 1-5).

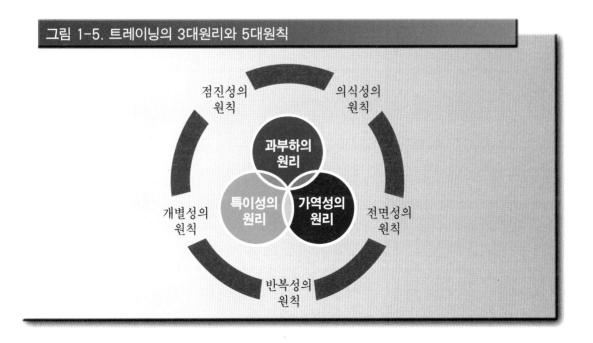

그림 1-5. 트레이닝의 3대원리와 5대원칙

(1) 트레이닝의 원리

과부하의 원리(law of overload) ▷▶ 과부하(overload)의 원리란 "트레이닝에 의한 근육량의 증가는 운동의 강도가 일상생활수준보다 높을 때 일어난다."라는 법칙을 말한다. 다시 말해 일상생활에서의 활동이나 작업 시의 움직임은 관습화되어 있기 때문에 이러한 행위들로는 트레이닝이 되지 않는다. 이것은 워밍업에서도 마찬가지이다. 따라서 체력이나 근력의 향상정도에 맞도록 점진적으로 트레이닝강도(부하)를 높여가는 것이 중요하다. 급격하게 강도를 올리면 효과도 없을 뿐만 아니라 스포츠상해나 부상의 원인이 되기도 한다.

한편 트레이닝을 하면 신체에 피로가 쌓인다. 이때 적당한 휴식을 취하면 예비에너지가 쌓여 트레이닝 전보다 체력적으로 약간 높아진 상태로 회복되는데(그림 1-6), 이것이 '초회복(super compensation, 초과회복)'이다. 다양한 트레이닝부하에 의해 나타나는 초회복의 정도는 다르다. 그림 1-7은 다양한 부하에 의한 초회복을 나타낸다.

가역성의 원리(law of reversibility) ▷▶ 인체는 다양한 환경에 적응하는 능력을 갖추고 있다. 트레이닝빈도가 높아지면 그 효과는 겉모습뿐만 아니라 신체능력이나 경기성적에도 반영된다. 그러나 트레이닝을 중지하면 신체는 원래수준으로 돌아가고, 근력이나 근육량은 그 사람이 일상적으로 사용하던 수준까지 후퇴하게 된다. 이 특성을 가역성이라고 한다.

특이성의 원리(law of specificity) ▷▶ 트레이닝의 종류 · 강도 · 양 · 빈도 등을 선택하여

그림 1-6. 과부하의 원리(개념도)

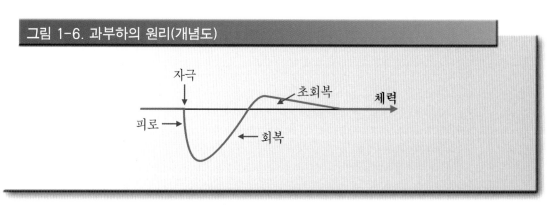

그림 1-7. 트레이닝부하의 변화에 따른 초회복

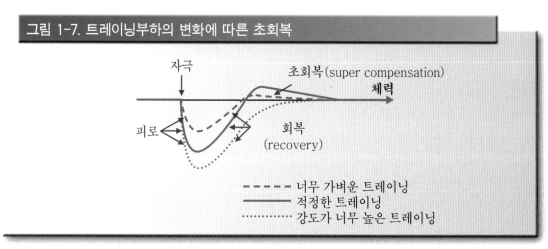

❖❖ 점진적 과부하의 원리
점진적 과부하의 원리(the progressive overload principles)란, 신체가 자극에 적응하려면 신체가 쉽게 감당하기 힘들 정도의 강한 자극이 필요하다는 것이다. 따라서 체력향상을 위해서는 자신에 체력에 알맞은 수준의 가벼운 부하에서 시작하여 강도를 점진적으로 높여가며 트레이닝을 실시해야 한다. 결국 트레이닝은 점진적 과부하로서 계속성을 고수할 때 성과를 얻게 된다. 그림 1-8은 점진적인 과부하에 의해 체력이 최적으로 향상되는 모습을 나타내고 있디.

그림 1-8. 점진적인 과부하에 의한 체력의 향상

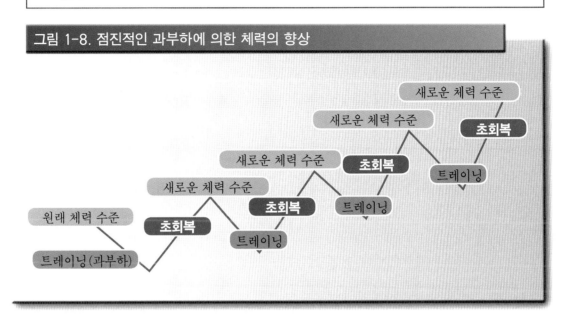

그 조건에 맞게 트레이닝내용을 결정하는 것을 '특이성의 원리'라고 한다. 트레이닝에서 최적효과를 얻기 위해서는 목적에 맞는 트레이닝방법을 선택해야 한다. 나아가 부위의 '어디'를 사용하여, '무엇을 어떻게' 기능시킬지를 명확하게 하는 것도 필요하다.

(2) 트레이닝의 원칙

의식성의 원칙 ▷▶ 이것은 트레이닝에 몰두하기 위한 전제조건이라고 할 수 있는 것으로, 자각이나 의욕이라는 동기부여(motivation)에 해당된다. 트레이닝의 특성이나 효과를 위해서는 창의적으로 궁리하고, 의욕적으로 몰두하는 자세가 중요하다. 지도자의 일방적인 지도에만 의존할 것이 아니라, 무엇이 어떤 식으로 필요한지를 스스로 이해하고, 적극적으로 실천할 수 있도록 방향을 잡아나가는 것이 필요하다.

전면성의 원칙 ▷▶ 신체부위별 트레이닝보다 전신의 밸런스를 배려한 프로그램의 실시가 중요하다. 나아가 근력·지구력·유연성 등 체력의 구성요소도 다면적으로 높일 필요가 있다. 특히 신체의 발육·발달이 현저한 청소년들에게는 편향된 트레이닝을 실시해서는 안 된다. 다양한 운동과 전신을 사용하는 올라운드적인 몸만들기가 바람직하다고 할 수 있다.

반복성의 원칙 ▷▶ 체력이나 기능은 하루 아침에 향상되는 것이 아니다. 트레이닝을 반복함으로써 적절한 능력을 습득할 수 있으며, 효과도 기대할 수 있다. 따라서 트레이닝은 가역성의 원리를 근거로 하여 계획적 · 계속적으로 실시할 필요가 있다.

개별성의 원칙 ▷▶ 체력이나 기능에는 개인차가 있기 때문에 트레이닝을 하는 개인의 모든 요소(목적, 연령, 성별, 체력수준, 신체능력 등)에 맞춰 프로그램을 수립하는 것이 중요하다. 개별성을 무시하면 오버트레이닝이 되어 결국 그 효과마저도 감퇴해버린다.

점진성의 원칙 ▷▶ 트레이닝의 내용은 간단한 것에서 어려운 것으로, 약한 것에서 강한 것으로 서서히 레벨업(level-up)해가야 한다. 따라서 트레이닝을 할 때에는 과부하의 원리를 근거로 하여 신체능력의 향상에 맞춰 트레이닝의 질이나 양을 계획적으로 높여가는 점진성의 원칙이 필요하다.

2 트레이닝 프로그램

1) 트레이닝처방

트레이닝을 계획적으로 설정하는 것을 트레이닝처방이라고 한다. '건강한 몸 만들기'를 위해서든, '경기력향상'을 위해서든 트레이닝효과를 높이려면 트레이닝이론이 뒷받침되어야 한다. 트레이닝은 체력 · 기술 · 전술 · 의지 · 이론 등으로 내용을 구성하므로, 이것들을 밸런스 좋게 배치하고 경기종목의 특성도 배려해가면서 계획적으로 실시하는 것이 필요하다(그림 1-9).

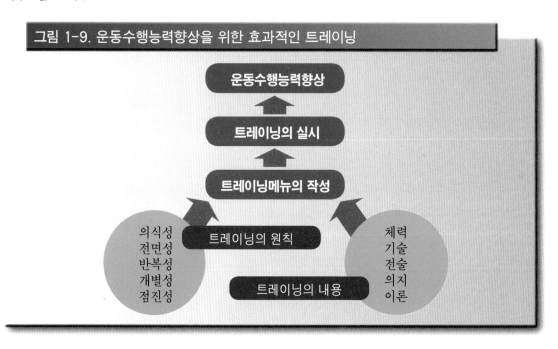

그림 1-9. 운동수행능력향상을 위한 효과적인 트레이닝

운동수행능력향상

트레이닝의 실시

트레이닝메뉴의 작성

의식성 전면성 반복성 개별성 점진성

트레이닝의 원칙

트레이닝의 내용

체력 기술 전술 의지 이론

트레이닝 실시계획을 세우기 위해서는 체력이나 기술의 현재상태를 객관적으로 파악한 다음 구체적인 처방법을 검토해야 한다. 트레이닝에 대한 잘못된 지식이나 방법은 건강을 해치는 등 신체에 마이너스 작용을 불러일으킬 수도 있다.

트레이닝을 처방할 때에는 다음과 같은 조건, 종류, 강도, 양, 빈도 등을 고려해야 한다.

트레이닝의 조건 ▷▶ 트레이닝의 조건이란 트레이닝목적·연령·성별·체력수준·운동능력 등과 같은 배경을 파악하는 것이다.

트레이닝의 종류 ▷▶ 트레이닝내용에는 많은 종류가 있다. 그중에서 조건에 걸맞게 효과를 기대할 수 있는 방법을 선택해야 한다. 단편적인 방법에 의지하지 말고, 몇 가지 요소를 복합적으로 향상시키는 방법을 찾아내는 것이 효과적이다.

트레이닝의 강도 ▷▶ 트레이닝의 강도를 설정할 때에는 트레이닝으로 얻을 수 있는 최대치에 대한 비율, 일정거리에서 요구하는 시간, 최대측정치에 대한 비율 등을 이용한다. 일반적으로 그 비율이 높은 트레이닝일수록, 또 시간이 긴 트레이닝일수록 강도가 높다.

트레이닝의 양 ▷▶ 트레이닝의 양적 척도는 근력 트레이닝에서는 반복횟수·세트수 등이, 지구력 트레이닝에서는 지속시간·거리·세트수 등이 지표가 된다. 일반적으로는 트레이닝강도와 관계되며, 강도가 높으면 양은 적어지고, 강도가 낮으면 양은 많아진다.

트레이닝의 빈도 ▷▶ 트레이닝의 빈도는 일반적으로는 트레이닝의 실시횟수(주간계획으로는 1주일에 며칠간 트레이닝을 행하는가)를 나타낸다. 휴식일은 경기종목의 특성이나 시기에 따라 다양하게 설정한다. 휴식일에 맞춰 연습일을 설정하는 것도 중요하다.

2) 트레이닝계획

(1) 기간나누기

기간나누기(periodization)는 1970년대 말에 옛 소비에트연방의 학자들이 주로 중량물을 들어올리는 선수들을 위한 트레이닝계획 수립 중에 제창되었다. 경기대회 등의 목표에 맞춰 트레이닝기간을 나누고, 그 기간별로 새로운 자극(트레이닝내용)을 도입하는 계획을 세우는 것이다. 기간나누기는 인체는 환경의 변화에 맞춰 적응해간다는 '가역성의 원리'에 바탕을 둔 트레이닝방법이다. 환경의 변화에 인체가 적응하려면 몇 달이 걸리는데, 일단 적응하게 되면 신체능력은 별로 향상되지 않기 때문에 새로운 자극을 필요로 한다.

일반적으로는 트레이닝을 시작한 다음 빠르면 2~3개월에 적응(효과라고도 말함)이 나타나기 시작한다. 그 이상의 효과를 바란다면 트레이닝패턴을 바꾸거나, 새로운 트레이닝프로그램을 부과하여 새롭게 적응하도록 만들어야 한다.

기간나누기에서는 이러한 구분을 '기(期)'라고 하며, 그중에 트레이닝의 양을 변화시키고, 양에 반비례시켜 강도를 바꿔가는 트레이닝처방의 원칙에 따라가고 있다.

그림 1-10은 트레이닝계획의 시간적 구조이다. 여기에서 '세션(session)'이란 통상 '트

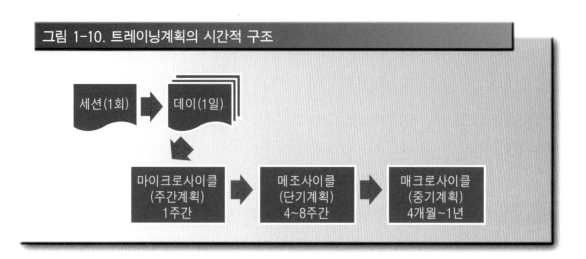

그림 1-10. 트레이닝계획의 시간적 구조

세션(1회) ➡ 데이(1일)

마이크로사이클
(주간계획)
1주간
➡
메조사이클
(단기계획)
4~8주간
➡
매크로사이클
(중기계획)
4개월~1년

레이닝 세션'을 말하는데, 이는 트레이닝단위를 나타내며 '워크아웃(work out)'이라고도 불리운다. 한편 '데이(day)'는 몇 차례 세션에서 구성된 하루치 양을 말한다. 어느 1일 '데이'의 트레이닝을 예로 들면 워밍업ㆍ패스 등의 기본연습, 전체 포메이션 연습, 강도 트레이닝, 쿨링다운의 5가지 '세션'으로 구성되어 있다.

주간계획은 '마이크로사이클(microcycle)'이라고 하며, 1주일을 단위로 하므로 연간 52마이크로사이클이 된다. 단기계획은 '메조사이클(mesocycle, mezzo cycle)'이라고 하며, 통상 4~8주를 나타낸다. 트레이닝을 시작하고 나서 2~3개월이 지나면 효과가 나타나기 시작하기 때문에 메조사이클은 매우 중요한 단위로 볼 수 있다. 중기계획은 '매크로사이클(macrocycle)'이라고 하는데, 이는 메조사이클의 2~3주기, 즉 4~6개월부터 길

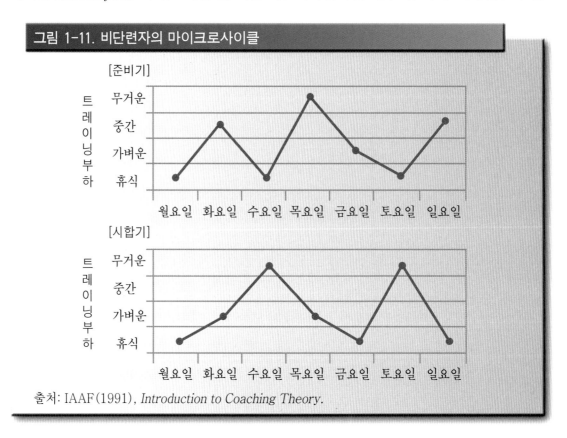

그림 1-11. 비단련자의 마이크로사이클

[준비기]

트레이닝부하

무거운 / 중간 / 가벼운 / 휴식

월요일 화요일 수요일 목요일 금요일 토요일 일요일

[시합기]

트레이닝부하

무거운 / 중간 / 가벼운 / 휴식

월요일 화요일 수요일 목요일 금요일 토요일 일요일

출처: IAAF(1991), *Introduction to Coaching Theory*.

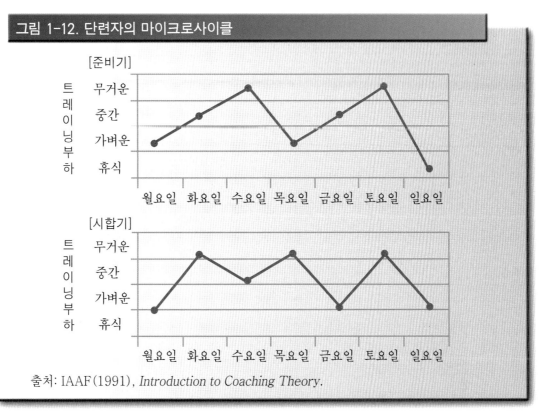

그림 1-12. 단련자의 마이크로사이클

[준비기]

트레이닝부하: 무거운 / 중간 / 가벼운 / 휴식

월요일 화요일 수요일 목요일 금요일 토요일 일요일

[시합기]

트레이닝부하: 무거운 / 중간 / 가벼운 / 휴식

월요일 화요일 수요일 목요일 금요일 토요일 일요일

출처: IAAF(1991), *Introduction to Coaching Theory.*

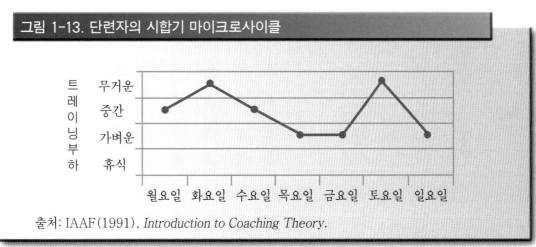

그림 1-13. 단련자의 시합기 마이크로사이클

트레이닝부하: 무거운 / 중간 / 가벼운 / 휴식

월요일 화요일 수요일 목요일 금요일 토요일 일요일

출처: IAAF(1991), *Introduction to Coaching Theory.*

게는 1년간까지의 범위에 해당된다. 한편 4년에 한 번씩 있는 올림픽이나 월드컵 같은 큰 목표에는 좀 더 장기적인 '매크로사이클'도 필요하다.

(2) 기간나누기의 실제

기간나누기의 기본단위는 주간계획인 마이크로사이클이다. 1주간(월요일부터 일요일까지)에 어떤 패턴으로 트레이닝부하를 걸 것인지 계획할 필요가 있다. 그림 1-11~13은 비단련자, 단련자의 준비기 및 시합기의 마이크로사이클 패턴의 예이다. 이와 같이 휴식일이나 트레이닝의 강약(변화)을 명확하게 하여야 신선한 동기유발효과를 얻게 되고, 보다 큰 트레이닝효과를 기대할 수 있다.

3) 트레이닝의 실제

(1) 과부하의 원리를 따른다

근력을 향상시키기 위해서는 단기간에 일정수준 이상의 강한 부하가 필요하다는 것이 과부하(오버로드)를 바탕으로 한 트레이닝의 원리이다.

근력을 향상시키려면 일반적으로 최대근력의 3분의 2 이상의 강도로 일회적 혹은 반복 횟수를 적게 하여 트레이닝을 하면 된다. 좀 더 파워를 향상시키려면(좀 더 높은 순발적인 근출력이 요구되는) 부하를 중간강도(최대근력의 40~65%)로 억제하여 하이스피드로 적은 횟수를 반복한다. 근지구력을 높이려면 부하는 그 아래의 범위(최대근력의 40% 전후)에서 반복횟수를 증가시킨다(표 1-1).

표 1-1. 근력 트레이닝의 목적과 운동횟수

트레이닝의 목적	부하강도	횟수	세트수
최대근력향상	85~90	3~1	3~10
	95	1	2~5
	100	1	1~3
근파워향상	55~65	5~3	4~6
	70~80	3~2	4~8
	85	2~1	4~8
지구력향상	35~50	10~5	5~8
	55~65	7~3	4~6
	70~80	5~3	3~6

(2) 최대근력을 안다

부하량의 설정방법에는 몇 가지가 있다. 우선 자기의 최대근력부터 알아야 한다. 근력 트레이닝의 종목별로 최대노력을 하여 1회에 들어올릴 수 있는 무게(1RM)가 그 종목의 최대근력이 된다. 따라서 일정중량을 들어올리는 횟수는 최대근력이 센 사람일수록 많아진다.

최대반복횟수로부터 최대근력을 추정하는 방법은 부상이나 사고의 우려가 있는 최대노력측정을 하지 않아도 거의 타당한 최대근력을 산출할 수 있다. 일반적으로는 안전한 범위에서 약간 무거운(10회 이내로 반복할 수 있는 무게) 부하를 선택하여 반복횟수를 측정한다. 그다음 그림 1-14의 기준을 이용하여 100% 1RM(최대근력)을 구한다.

예를 들어 웨이트 트레이닝의 대표적인 종목인 벤치프레스에서 60kg의 부하를 8번 반복하는 경우, 표 1-2에 의하면 반복횟수 8회는 80% 1RM에 상당하기 때문에 최대근력은 75kg(60kg/0.8=75kg)으로 추정할 수 있다.

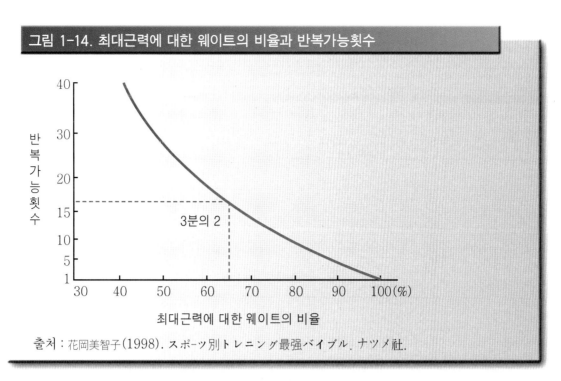

그림 1-14. 최대근력에 대한 웨이트의 비율과 반복가능횟수

반복가능횟수

3분의 2

최대근력에 대한 웨이트의 비율

출처 : 花岡美智子(1998). スポーツ別トレニング最強バイブル. ナツメ社.

표 1-2. 1RM에 대한 비율(%)과 반복횟수

%1RM	반복횟수(회)	자각강도
100%(1RM)	1	굉장히 무겁다
95%	2	
93%	3	
90%	4	꽤 무겁다
87%	5	
85%	6	
80%	8	무겁다
77%	9	
75%	10	
70%	12	약간 무겁다
67%	15	
65%	18	
60%	20	가볍다
50%	25~	굉장히 가볍다

(3) 트레이닝부하의 설정

근력 트레이닝은 개인의 근력적인 체력차, 성별, 트레이닝의 목적이나 수준 등을 고려하여 실시되므로 실제로는 매우 개별적이다. 이 경우에 트레이닝부하를 설정하려면 다음의 방법을 참고로 하여 트레이닝 프로그램을 작성할 필요가 있다.

RM법(repetition maximum method) ▷▶ 트레이닝목적에 따라 부하를 결정하는 것을 RM법이라고 한다. '1RM'을 최대근력으로 하면, 예를 들어 '4RM'은 4회 반복할 수 있는 무게=약 90%의 부하(표 1-2)를 의미한다. 최대근력이 75kg라고 가정한 선수에게 벤치프레스를 8RM으로 5세트 트레이닝 메뉴를 부과했다면, 이 선수는 최대근력의 80% 강도로 트레이닝을 행하는 것이 된다.

퍼센트법(%method) ▷▶ 이 방법은 1RM(최대근력=100%)에 대해 어느 정도의 비율(%)로 트레이닝을 행할지의 기준이 된다. 표 1-2에 의하면 95%는 2회 반복가능한 중량, 70%는 12회 반복가능한 중량임을 알 수 있다. 실제로는 "오늘의 트레이닝은 파워향상을 위해 50%의 부하로 행하겠습니다"와 같이 표현할 수 있다.

(4) 일상생활에서 부하 정도

일상생활에서는 아무리 가사노동이 바빠도 최대근력의 20~30% 정도에 해당하는 근력밖에 발휘되지 않는다. 즉 근육의 수축이 '매일의 생활행동'이라는 환경에 적응해버리기 때문에 경우에 따라서는 근력이 저하되는 경향도 있다. 결국 일상생활에서 부하 정도는 비교적 낮은 것으로 볼 수 있다.

4) 트레이닝의 평가

그림 1-15는 트레이닝 프로그램 운용과정의 개념도이다. 목표를 정하고 계획을 세울 때 기본적인 지식으로서 트레이닝의 원리·원칙, 운동의 모든 기능과 에너지공급시스템, 기간나누기, 경기자의 능력과 목표를 파악할 필요가 있다. 그리고 실행할 때에는 계획이 불충분하거나 무리가 있으면 유연하게 수정해가면서 실시하고, 측정된 기록이나 수행능력과 같은 객관적인 결과를 바탕으로 평가한다. 기록이나 승패에 상관없이 이러한 것들을 운동수행능력이라고 한다.

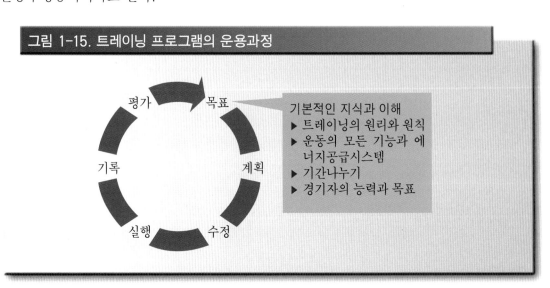

그림 1-15. 트레이닝 프로그램의 운용과정

평가 / 목표 / 기록 / 계획 / 실행 / 수정

기본적인 지식과 이해
▶ 트레이닝의 원리와 원칙
▶ 운동의 모든 기능과 에너지공급시스템
▶ 기간나누기
▶ 경기자의 능력과 목표

많은 스포츠는 수행능력향상을 목표로 트레이닝하며, 어떤 성과를 기대하기 마련이다. 그러나 늘 기대대로 결과가 얻어진다고는 할 수 없다. 따라서 항상 그 결과를 진지하게 받아들이고, 새로운 목표에 적극적인 자세로 몰두할 수 있도록 적절한 방향설정이 필요하다. 이것을 트레이닝 프로그램의 '피드백'이라고 한다.

3 신체의 구조와 기능

1) 신체기관의 통합메커니즘

신체기관은 그 기능에 따라 몇 가지 계통으로 나눠진다. 주로 운동에 관련된 모든 기관·계통은 뼈·관절계통, 신경계통, 호흡계통, 근육계통 등이지만, 그밖에도 내분비계통이나 소화계통도 중요하며, 많은 기능이 복잡하게 연계되어 인간의 운동을 뒷받침하고 있다. 그림 1-16은 운동의 발현을 뒷받침하는 전신기관의 관련성을 나타낸 것이다.

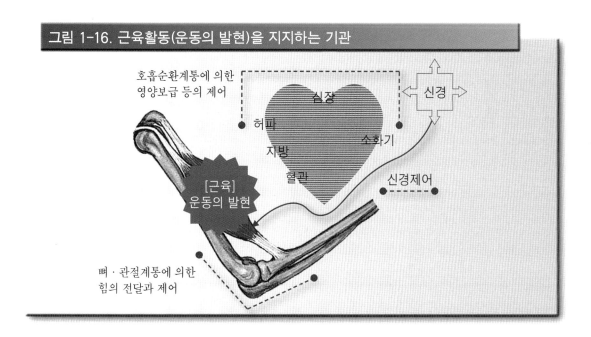

그림 1-16. 근육활동(운동의 발현)을 지지하는 기관

2) 뼈·관절계통의 구조와 기능

(1) 뼈의 강도와 경량화
뼈·관절은 신체를 지지하고 내장기관의 보호와 운동에 관여하고 있다. 뼈·관절이 이

러한 역할을 감당하려면 첫 번째로 충분한 강도가 있어야 한다. 많은 뼈는 속이 빈 구조로 되어 있어서 체중의 약 3배에도 견딜 수 있는 강도를 갖고 있다. 이는 같은 질량 혹은 같은 길이를 가진 철봉의 강도와 비교하면 속이 빈 철파이프쪽이 그렇지 않은 쪽보다 약 2배나 더 강도가 세다는 것으로도 알 수 있다. 두 번째로 경량화가 필요하다. 사람의 뼈는 알갱이가 가득 차 있다고 가정한 상태보다 25% 가벼운데, 이 경량화가 사람의 움직임을 편하게 한다. 세 번째로 뼈의 두께가 다 같지 않은 것도 중요한 포인트이다. 예를 들어 대표적인 뼈대인 넙다리뼈에는 굉장히 큰 부하가 걸린다. 넙다리뼈의 양끝부분보다 중앙부가 굵은 것은 다양한 부하(압축력이나 장력)에 대응하기 위해서이다.

사람의 뼈는 평생에 걸쳐 뼈파괴세포(osteoclast)에 의해 호흡하고, 뼈모세포(osteo-blast)에 의해 뼈형성을 반복하고 있다. 즉 오래된 뼈를 허무는 세포와 새로운 뼈를 만드는 세포가 균형있게 활동함으로써 뼈는 모양을 바꾸지 않고 항상 새로 태어나게 되는 것이다. 골절 후에도 뼈가 수복되면 이들 세포의 움직임을 알 수 있다. 한편 세포의 활동은 중력이나 운동과도 깊은 관계가 있다.

(2) 뼈와 칼슘

칼슘(calcium)은 성장기나 스포츠활동에서 없어서는 안 되며, 심장이나 대뇌의 기능뿐만 아니라 면역이나 호르몬분비와도 밀접한 관계가 있다. 칼슘은 세포의 증식이나 분화, 운동·분비·흥분과 같은 작용에 필수적인 물질이며, 이것들의 작용이 밸런스를 이루어야 약 60조나 되는 세포가 건강을 유지할 수 있다. 뼈·근육·신경이 일체가 되면 신체를 자유자재로 움직일 수 있는데, 칼슘은 이 3가지를 컨트롤하는 물질이라고 해도 과언이 아니다.

한편 뼈는 만약의 사태에 대비하여 칼슘을 비축하고 있는 칼슘의 저장고이다. 식물로부터의 칼슘섭취가 적으면 신체는 호르몬을 분비하여 뼈에서 칼슘을 꺼내어 혈액 속의 칼슘농도를 일정하게 유지하여 칼슘결핍의 위기에서 일시적으로 벗어나게 된다. 그 양은 체중 60kg 성인에서 대략 1kg 정도이다.

(3) 뼈와 관절

인체의 뼈는 206개가 있으며, 서로 관절로 이어져 있다. 관절은 그 구조와 움직임의 특성에 의해 절구관절(spheroidal joint), 안장관절(sellar joint), 경첩관절(hinge joint), 중쇠관절(pivot joint)로 분류된다. 별로 움직이지 않는 관절의 뼈 사이에는 연골이 있으며, 관절을 만드는 뼈의 양쪽끝은 인대 등의 강한 섬유로 구성되어 있다.

뼈나 관절은 근육의 수축력에 의해 다양한 운동을 하며, 생명유지에 불가결한 장기 등을 보호하고, 신체를 지지하는 역할도 한다. 게다가 뼈의 중심부에 있는 모세혈관이 모이는 뼈속질(bone marrow, 골수)에서는 혈액을 만드는 활동도 수행한다.

(4) 스포츠가 뼈에 미치는 영향

일반적으로 뼈의 성장은 남자보다 여자가 빠르다. 대략 여자는 15세 6개월, 남자는 18세에서 뼈의 성장이 대부분 끝난다고 알려져 있다. 최근에는 유아기(5~6세)의 발육이 빨라지는 경향 때문에 비교적 긴 기간동안 뼈가 성장하며, 체격이 좋은 어린이들이 늘어나고 있다.

많은 뼈나 관절이 있는 손뼈의 뼈나이를 X-선 사진으로 관찰하여 그 사람의 성장정도를 알 수 있게 되었다. 과거에 옛 소비에트 등 동유럽 모든 나라에서는 스포츠선수를 발굴하여 어린나이에서부터 적합한 운동종목을 선택하기 위하여 뼈나이 등을 이용한 연구가 활발히 이루어졌었다.

스포츠활동을 하면 뼈는 강한 부하나 충격을 받는다. 뼈의 형상이나 관절이 충분히 발달되어 있지 않는 성장기에는 과도한 운동부하를 피해야 하지만, 적절한 정도의 운동이나 스포츠는 뼈에 적정한 압력과 충격을 주어 뼈의 성장을 촉진시킨다.

한편 뼈나 관절은 근육과 절묘하게 연계되어 굉장히 복잡하거나 섬세한 움임도 수행한다. 예를 들면 손이나 손가락의 섬세한 움직임은 30개 이상의 뼈·관절과 50개 이상의 근육이 동원되면서부터 가능해지게 된다. 게다가 신경계통의 활동에 의해 보다 다양한 운동과 간가이 컨트롤되고 있다.

3) 근육계통의 구조와 기능

(1) 근육의 종류

일반적으로 근육이라고 할 때에는 '뼈대근육(skeletal muscle)'을 칭한다. 뼈대근육은 골격에 힘줄로 부착되어 대뇌에서 신경전달을 받아 자유의지로 움직일 수 있는 '수의근(voluntary muscle, 맘대로근)'이다. 근육표면의 모양 때문에 '가로무늬근육(striated muscle)'이라고도 한다. 뼈대근육은 체중의 약 50%를 차지하며, 거의 전신에 분포되어 있기 때문에 골격이나 관절과 연계되어 신체운동의 원동력이 되고 있다 (그림 1-17).

한편 소화기·호흡기·혈관 등 내장을 형성하는 근육은 '민무늬근육(smooth muscle)' 혹은 '내장근육(visceral muscle)'이라고 한다. 이것들은 자유의지로 컨트롤할 수 없는 '불수의근(involuntary muscle, 제대로근)'이다.

또한 심장의 벽을 만들고 있는 심장근육(myocardium)은 뼈대근육과 민무늬근육의 특징을 두루 갖추고 있는 특수한 근육으로 불수의근이지만, 생명유지에 필요한 수축을 자동 조절하는 근육이다.

(2) 뼈대근육의 구조와 근육섬유의 유형

뼈대근육은 통상 중앙부가 약간 부푼 방추형을 하고, 표면은 근막이라는 얇은 막으로 덮

그림 1-17. 인체의 주요 근육(앞면)

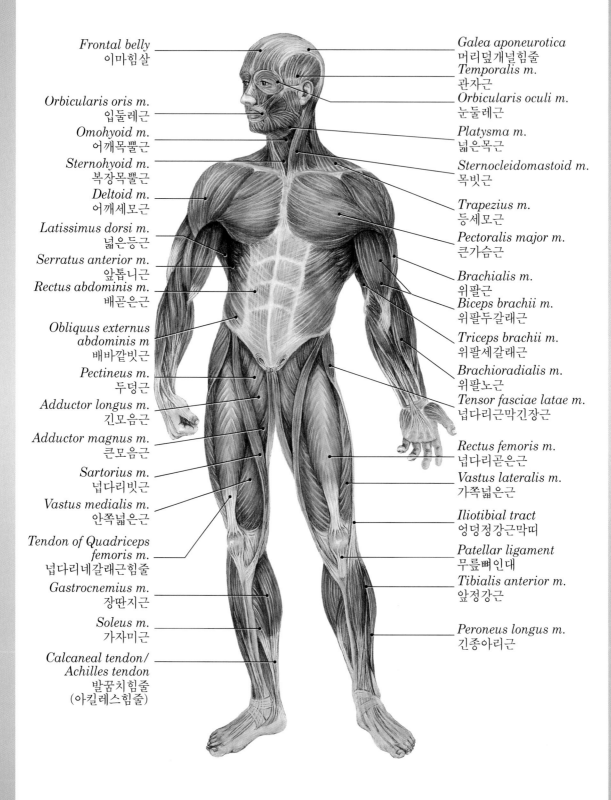

Frontal belly
이마힘살

Orbicularis oris m.
입둘레근
Omohyoid m.
어깨목뿔근
Sternohyoid m.
복장목뿔근
Deltoid m.
어깨세모근
Latissimus dorsi m.
넓은등근
Serratus anterior m.
앞톱니근
Rectus abdominis m.
배곧은근

Obliquus externus
abdominis m
배바깥빗근
Pectineus m.
두덩근
Adductor longus m.
긴모음근

Adductor magnus m.
큰모음근

Sartorius m.
넙다리빗근
Vastus medialis m.
안쪽넓은근

Tendon of Quadriceps
femoris m.
넙다리네갈래근힘줄
Gastrocnemius m.
장딴지근
Soleus m.
가자미근

Calcaneal tendon/
Achilles tendon
발꿈치힘줄
(아킬레스힘줄)

Galea aponeurotica
머리덮개널힘줄
Temporalis m.
관자근
Orbicularis oculi m.
눈둘레근

Platysma m.
넓은목근

Sternocleidomastoid m.
목빗근

Trapezius m.
등세모근
Pectoralis major m.
큰가슴근

Brachialis m.
위팔근
Biceps brachii m.
위팔두갈래근

Triceps brachii m.
위팔세갈래근
Brachioradialis m.
위팔노근
Tensor fasciae latae m.
넙다리근막긴장근

Rectus femoris m.
넙다리곧은근
Vastus lateralis m.
가쪽넓은근

Iliotibial tract
엉덩정강근막띠
Patellar ligament
무릎뼈인대
Tibialis anterior m.
앞정강근

Peroneus longus m.
긴종아리근

그림 1-17 (계속). 인체의 주요 근육(뒷면)

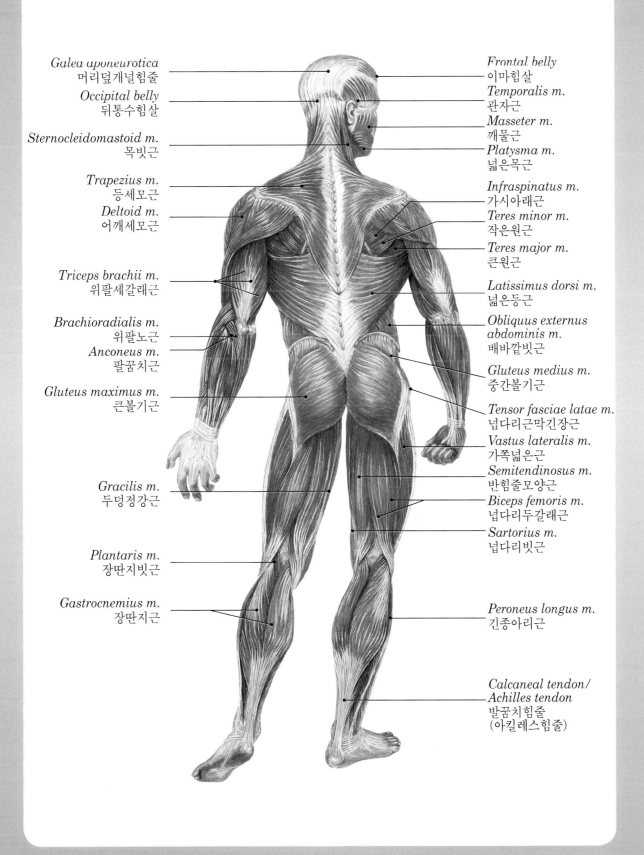

Galea aponeurotica
머리덮개널힘줄

Occipital belly
뒤통수힘살

Sternocleidomastoid m.
목빗근

Trapezius m.
등세모근

Deltoid m.
어깨세모근

Triceps brachii m.
위팔세갈래근

Brachioradialis m.
위팔노근

Anconeus m.
팔꿈치근

Gluteus maximus m.
큰볼기근

Gracilis m.
두덩정강근

Plantaris m.
장딴지빗근

Gastrocnemius m.
장딴지근

Frontal belly
이마힘살

Temporalis m.
관자근

Masseter m.
깨물근

Platysma m.
넓은목근

Infraspinatus m.
가시아래근

Teres minor m.
작은원근

Teres major m.
큰원근

Latissimus dorsi m.
넓은등근

*Obliquus externus
abdominis m.*
배바깥빗근

Gluteus medius m.
중간볼기근

Tensor fasciae latae m.
넙다리근막긴장근

Vastus lateralis m.
가쪽넓은근

Semitendinosus m.
반힘줄모양근

Biceps femoris m.
넙다리두갈래근

Sartorius m.
넙다리빗근

Peroneus longus m.
긴종아리근

*Calcaneal tendon/
Achilles tendon*
발꿈치힘줄
(아킬레스힘줄)

여 있다. 양쪽끝이 모여 한데 묶인 부위는 힘줄이 되어 뼈에 붙어 있다. 근육은 아주 가는 섬유모양의 세포로 너비 10∼100㎛ 전후, 길이 수 cm의 '근육섬유(muscle fiber)'로 이루어져 있다. 그리고 최소단위인 '근육원섬유(myofibril)'는 너비 1㎛(1mm의 1,000분의 1)의 아주 가는 원통모양을 하고 있다(그림 1-18).

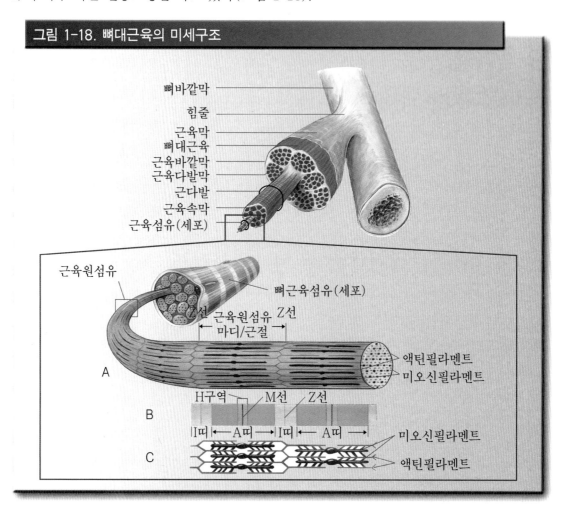

그림 1-18. 뼈대근육의 미세구조

근육섬유를 현미경으로 관찰할 때 보이는 붉은 색의 짙은 부분을 '적색근육섬유', 엷은 부분을 '백색근육섬유'라고 한다. 적색근육섬유는 지속적인 힘을 발휘하기 쉬운 지구적인 성질이 있어서 '서근섬유'라고도 하며, 백색근육섬유는 단기간에 큰 힘을 발휘하기 쉬운 순발적인 성질이 있어서 '속근섬유'라고도 한다.

이러한 근육섬유의 분포는 태어날 때부터 정해져 있는 경우가 많다고 하지만, 후천적인 자극 즉, 트레이닝에 의해 근육의 특성을 바꿀 수도 있다. 어느 연구에 의하면 마라토너는 적색근육(서근)섬유가 약 80%, 단거리선수는 백색근육(속근)섬유가 약 70% 비율로 관찰된다고 한다.

(3) 근수축의 메커니즘

뼈대근육은 뇌나 척수로부터의 명령(신경자극)을 받아서 수축한다. 자극은 근육섬유의

표면을 차례차례로 통과하여 근육원섬유를 둘러싸고 있는 막(근세포질그물)에 도달한다. 그러면 그곳에 저장되어 있던 칼슘이온이 방출되어 단백질의 필라멘트인 액틴(actin, 가는 근육미세섬유)과 미오신(myosine, 굵은근육미세섬유)으로 활성화되어 서로 잡아당겨 수축을 일으킨다. 이것이 헉슬리(Huxley, H.E.)에 의해 증명된 '근활주설'(sliding filament mechanism)이다. 반대로 수축명령이 멈추면 칼슘이온은 근세포질그물(sarcoplasmic reticulum, 근형질세망, 근세포질세망)에 회수되어 근육은 원래길이로 돌아가 이완하게 된다.

수축하는 근육에 의해 인체는 다양한 움직임을 할 수 있다. 이것을 크게 나누면 굽힘, 폄, 모음, 벌림, 돌림이라고 하는 5가지 기본적 움직임으로 나눌 수 있다. 돌림은 안쪽돌림과 가쪽돌림으로 나눠진다.

(4) 트레이닝이 근육에 미치는 영향

'근력은 근육의 단면적에 비례한다'는 특성이 있다. 근육을 정기적으로 움직여서 트레이닝하면 근육 자체에 변화가 일어난다. 근육섬유 하나하나가 굵어져서 그 집합체인 근육이 비대해지고 발휘되는 근육이 좀 더 강해지는 것이다. 다시 말해서 근육이 비대해지고 수축에 동원되는 근육섬유의 수가 늘어나게 된다.

반대로 근육은 사용하지 않으면 위축하는 성질이 있다. 골절 등으로 깁스고정 후에는 근육이 극단적으로 가늘어져 쇠약해지는 것으로 알 수 있다.

(5) 근수축의 에너지

근육이 수축할 때는 에너지를 필요로 하는데, 이 역할을 맡는 것이 근육 중에 비축되어 있는 아데노신삼인산(ATP : adenosine triphosphate)이다. ATP는 체내에서 식사에 의해 섭취된 영양물질(탄수화물, 지방, 단백질)을 이용하여 생성된다. ATP는 근육의 수축시뿐만 아니라, 체내의 모든 세포에 에너지를 공급하기 때문에 이것을 보조하는 3가지 에너지공급계가 있다. 실제로 신체동작에는 이들 3가지 에너지공급계가 운동강도와 특성에

표 1-3. 스포츠의 동작·종목과 에너지공급기구

운동시간	스포츠의 동작과 종목의 예	에너지공급기구
30초 이하	중량물들어올리기, 야구의 투구나 타격, 골프의 스윙, 테니스의 스트로크, 배구의 스파이크, 포환던지기, 창던지기, 100m 달리기, 미식축구의 러닝플레이 등	비젖산기구
30 ~ 1분 30초	200m 달리기, 400m 달리기, 경영 100m, 스피드 스케이트 500~1,000m 등	비젖산기구+젖산기구
1분 30초 ~ 3분	800m 달리기, 기계체조, 복싱의 1라운드 등	젖산기구+유산소기구
3분 이상	1,500m 경영, 스피드 스케이트 1,000m, 크로스컨트리 스키, 마라톤 등	유산소기구

그림 1-19. ATP에서 ADP로의 분해와 에너지방출

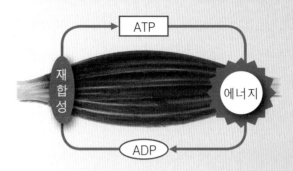

ATP(아데노신삼인산)의 인산과 인산염의 결합을 '고에너지인산결합'이라고 한다. 이 결합이 끊어지면 ATP는 아데노신이인산(ADP)과 무기인산(Pi)으로 분해되어 에너지가 방출된다. ATP는 해당이나 발효 등의 무산소대사(anaerobic metabolism, 혐기적 대사)에 의해서도 생성되지만, 산소호흡 등의 유산소대사(aerobic metabolism, 호기적 대사)에 의해 보다 효율성 있게 생성되며, 광합성생물에서는 광인산화(photophosphorylation ; 광합성에서 빛에너지를 사용하여 ADP와 Pi에서 ATP를 합성하는 반응) 시에 ATP가 생성된다. ATP는 모든 생물에 공통인 에너지물질로, 그 획득형태가 3가지 유형의 근육섬유의 작용에 깊이 관여한다.

맞춰 나눠져 사용되고 있는데, 그것은 표 1-3과 같다.

근육 중에 포함되어 있는 ATP가 아데노신이인산(ADP : adenosine diphosphate)과 무기인산(Pi)으로 분해할 때 에너지가 방출된다. 그 에너지가 그림 1-19와 같이 근육의 세포에 작용하면 근수축이 일어난다. 그러나 ATP는 근육 중에 소량밖에 저장되어 있지 않기 때문에 바로 고갈되어버린다. 따라서 체내에는 ATP를 재합성하면서 운동을 계속하는 시스템이 구축되어 있다. ATP의 재합성과정은 다음의 3가지로 나눠진다(그림 1-20).

비젖산기구(ATP-CP계) ▷▶ 근육섬유 속에 포함되어 있는 고에너지화합물의 일종인 크레아틴인산(CP)이 크레아틴(Cr)과 인산(Pi)으로 분해할 때 발생하는 에너지를 이용한다. 여기에서 ATP로부터 분해된 ADP에 인산을 결합시켜서 다시 ATP를 만들게 된다. 이 시스템은 무산소상태에서 폭발적인 근력을 발휘하는 운동에 사용된다. 에너지를 공급할 수 있는 시간은 약 7~8초이므로, 100m 등 단거리달리기 운동 시에 주로 공급된다.

젖산기구(젖산계) ▷▶ 젖산이 근육 속에 다량으로 축적되기까지 에너지는 무산소적으로 공급할 수 있다. 에너지공급시간은 약 33초이며, ATP-CP계와 맞춰 약 40초 정도 이용할 수 있으므로 200~400m 달리기운동 시에 주로 공급된다. 비젖산기구와 젖산기구를 합쳐 '무산소적 에너지공급기구'라고 한다.

유산소기구(산소계) ▷▶ 체외로부터 산소를 받아들여 에너지를 공급하므로 공급시간은 무한하다. 외부로부터 받아들인 산소는 혈액 중의 산소운반물질인 헤모글로빈에 의해 근육으로 운반된다. 그러나 이 시스템에 의해 얻어진 단위시간당 에너지량은 굉장히 적기 때문에 전력운동에는 대응할 수 없고, 중거리달리기부터 마라톤까지 유산소운동 시에 주로 공급된다.

그림 1-20. 근수축을 계속하기 위한 에너지―ATP를 생성(재합성)하는 3가지 기구

① 비젖산의 무산소적 에너지생성과정

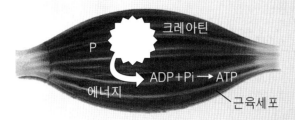

② 젖산의 무산소적 에너지생성과정

③ 산소적 에너지생성과정

4) 신경계통의 구조와 기능

(1) 뇌의 기능

뇌는 인간의 고차원적인 생명활동의 중심이다. 그중 부피의 약 80%를 차지하는 대뇌는 고도의 정신활동중추로서 컨트롤센터의 역할을 맡고 있다. 대뇌겉질에는 100억 개나 되는 신경세포가 모인 뉴런(neuron, 신경계통을 형성하는 단위)이 얽혀 있는 신경회로가 수십 억 개나 존재한다.

대뇌겉질에는 제대로 된 분업체제가 형성되어 있다. 즉 근육운동은 '운동영역'이 담당하며, 감각은 '몸감각영역(somatosensory area, 체성감각영역)'과 밀접한 관계를 이룬

다. 분업이라고 해도 각각의 기능이 독립된 것이 아니라 서로 관계를 맺고 협조하고 있다.

　대뇌겉질의 지령을 받아 전신의 운동기능을 지배하는 소뇌는 뇌줄기의 후방에 있다. 뇌줄기에는 사이뇌·중간뇌·다리뇌·숨뇌 등이 있으며, 체온조절이나 호흡·심장의 작용을 컨트롤하는 등 기본적인 생명유지를 위해 중요한 역할을 맡고 있다.

(2) 신경전달의 구조

　인간의 신경계통에는 '중추신경계통'과 '말초신경계통'의 2계통이 있다. 중추신경계통은 뇌와 척수에서 전신의 정보를 모아 전신에 지령을 내리는 역할을 한다. 말초신경계통은 신체 각 부위와 중추신경을 잇는 이음선에 해당하는 역할을 맡고 있다.

　신경전달은 신경세포가 돌기를 내어 이어진 신경회로에 활동전위(pulse)가 전해져 이루어진다. 신경세포는 시냅스(synapse)라고 하는 접합부를 통해 신경전달물질을 주고받는다. 다시 말해서 전기적인 신호를 화학적인 신호로 바꿔 전하는 것이다. 학습이나 운동에 의해 경험을 계속하면 시냅스의 수가 증가하여 신경회로가 보다 복잡화되어 더욱 고도의 학습이나 운동을 할 수 있게 되는 구조이다. 반대로 쓰이지 않는 시냅스는 감소한다. 이것들을 운동단위라고 한다 (그림 1-21).

그림 1-21. 운동단위

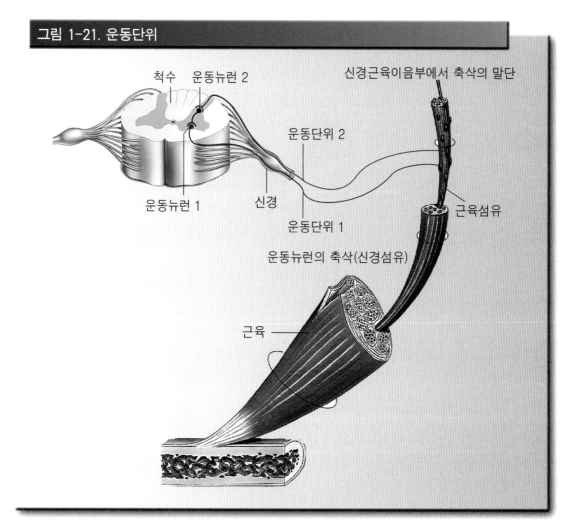

움직임의 좋고나쁨은 종종 '운동신경이 좋다, 나쁘다'라고 하는데, 이 경우의 운동신경은 '운동의 지령을 전달하고, 조절하는 신경회로'를 뜻한다. 예를 들어 어린이가 열심히 자전거타기를 연습하여 일단 보조페달 없이 탈 수 있게 되면, 그때부터는 급속도로 잘 타게 된다. 마찬가지로 어떤 스포츠라도 경험이나 트레이닝을 쌓는 동안 서서히 숙련되어 세련된 동작이 몸에 익숙해지게 된다. 이것은 새로운 신경회로가 구축되어 신경전달이 원활하게 기능하기 시작했다는 증거이다.

일반적으로 정밀한 움직임을 필요로 하는 손가락 · 혀 · 눈알(안구) · 목부위 등의 근육은 운동단위수가 많고 하나의 신경이 취급하는 근육섬유는 적기 때문에 신경지배비율은 작아진다. 그러나 대략적인 제어로 끝나는 엉덩부위나 다리의 근육은 운동단위수가 적고 하나의 신경이 취급하는 근육섬유는 많기 때문에 신경지배비율이 커지는 것이다.

의지가 작용하는 모든 동작은 근육의 수의운동이며, 신경에 따라 컨트롤된다. 따라서 근육 자체의 트레이닝도 되면서 신경의 컨트롤능력을 높이는 트레이닝(스킬 트레이닝＝기술 트레이닝)을 반복하면 이른바 신경근육의 협조성이 높아져 운동수행능력 향상을 기대할 수 있게 된다.

한편 운동 중에 일어나는 자세의 변화에 대응하는 자동적인 조절이나 위험을 재빨리 회피할 때 무의식 중에 근육이 작용하는 것을 반사운동(불수의운동)이라고 한다. 이 메커니즘에 관여하는 신경경로가 '반사활(reflex arc)'인데, 이는 감각기관이나 감각신경에서 자극이나 정보를 얻어 척수에서 근육으로 수축명령을 전달한다.

5) 심장 · 호흡계통의 구조와 기능

(1) 가스교환의 구조

가스교환의 주역인 허파는 '허파꽈리(pulmonary alveolus, 폐포)'라고 하는 작은 주머니들의 집합체이다. 허파꽈리는 약 6억 개가 있으며, 그 모두를 펼친 표면적은 약 60㎡로 테니스코트의 반에 해당된다.

입과 코로 들이마신 공기는 목으로 들어가 기관 · 기관지를 통과하여 허파 속에서 고루 퍼진다. 기관지는 좌우의 허파 안에서 미세하게 나눠지며, 그 말단에 허파꽈리가 포도송이처럼 붙어 있다. 허파꽈리의 주변에는 많은 모세혈관이 있다.

허파꽈리 안으로 빨아들여진 공기와 모세혈관 속에 있는 혈액은 합쳐서 0.001mm도 되지 않는 2장의 얇은 벽인 세포층을 사이에 두고 가스교환을 한다. 산소는 허파꽈리에서 동맥으로, 이산화탄소는 정맥에서 허파꽈리로 운반된다.

인간은 하루에 약 600ℓ의 산소를 사용하며, 약 480ℓ의 이산화탄소를 방출하고 있다. 산소가 많이 섞인 혈액은 허파정맥을 통과하여 심장으로 돌아와서 다시 한 번 전신으로 보내진다. 허파 그 자체는 신체에 필요한 양의 몇 배나 되는 가스교환을 할 여유가 있다. 만약 한쪽 허파를 잘라낸다고 해도 충분히 생활해나갈 수 있을 정도이다.

그러나 천식 등으로 민무늬근육이 수축되어 기관지가 좁아지면 호흡이 곤란해지게 되며, 심각한 경우에는 사망에 이를 수도 있다.

(2) 심장의 펌프작용

심장은 '심장근육(myocardium)'이라고 하는 특수한 근육으로 되어 있는데, 이 심장근육을 수축시켜 혈액을 전신으로 순환시키게 된다. 심장은 펌프역할을 하며, 그 박동은 1분에 70회 전후, 1일 기준 약 10만 번이나 된다.

심장이 내보내는 혈액에는 산소나 당 등 세포의 활동에서 없어서는 안 될 에너지가 녹아 있다. 몸을 움직이면 각 세포는 좀 더 많은 에너지원을 원하기 때문에 심장은 내보내는 혈액을 늘리려고 노력한다.

운동을 계속해나가면 심장은 운동에 순응하여 쉽게 피곤해지지 않게 되고, 회복이 빨라지는 등 기능향상을 보이게 된다. 그 후 심장근육은 그만큼 두꺼워지며 심장은 비대해지는데, 이것이 '스포츠심장'이다.

사람의 심장은 오른심방, 오른심실, 왼심방, 왼심실의 4개 방으로 나눠져 있다. 오른심방과 오른심실 사이, 왼심방과 왼심실 사이에는 각각 판이 있으며, 이 판을 통해 혈액은 심방에서부터 심실로 흐른다.

심장의 왼쪽과 오른쪽은 벽에 의해 완전히 차단되어 있어서 왼쪽의 혈액과 오른쪽의 혈액이 섞이지 않도록 되어 있다. 정맥혈은 심장의 펌프작용에 의해 오른심방으로부터 오른심실을 통해 허파로 보내진다. 허파에서 산소를 받아들인 혈액은 심장의 펌프작용에 의해 왼심방에서부터 왼심실을 거쳐 전신으로 보내진다. 이 2가지 펌프작용은 동시에 행해지지만, 심장의 좌우는 벽으로 완전히 차단되어 있기 때문에 허파로 운반되는 혈액과 전신으로 운반되는 혈액이 섞이는 일은 없다.

안정 시에는 1회 펌프작용으로 심장은 약 60ml의 혈액을 내보내는데, 이는 1분당 약 5ℓ이다. 그러나 극렬한 운동 시에는 안정 시의 5배 이상 혈액을 내보내기도 한다.

(3) 운동에 의한 심장허파기능의 변화

체력 트레이닝을 계속하면 다음과 같은 변화가 생길 수 있다.

최대산소섭취량(VO₂max)의 증대 ▷▶ 트레이닝에 의해 호흡계통의 기능이 향상되어 많은 산소를 환기할 수 있게 되므로 산소를 섭취하는 능력도 높아진다. 따라서 같은 수준의 운동을 해도 과거보다 적은 양의 산소가 소비되어 산소운반능력의 효율이 좋아지게 된다.

심박수의 감소 ▷▶ 트레이닝에 의해 심장기능이 향상되어 심장으로부터 내보내지는 혈액의 양이 증가한다. 따라서 약간의 운동으로 심박수가 급격히 증가하지도 않을 뿐만 아니라 운동 후 심박수의 회복도 빨라지게 된다. 또한 과거와 같은 수준의 운동을 해도 심박수는 그다지 증가하지 않는다. 스포츠심장은 체력 트레이닝의 효과로서 나타나는 심장의 비대 상태이며, '서맥'(심박수가 60박/분 이하의 것)도 그 특징 가운데 하나이다.

4 발육발달에 따른 트레이닝

성장기 어린이들에게 트레이닝을 시킬 때에는 신체의 모든 기능이 최고로 성장하는 시기에 맞추는 것이 중요하다. 여기에서는 어린이의 발육발달과 시기에 적합한 효율성 높은 트레이닝 포인트를 살펴본다.

1) 신체기관의 연령별 발육발달

어린이는 '작은 어른'이 아니라 성장을 거듭해가는 존재이다. 신체의 기관은 크게 림프형, 생식형, 신경형, 일반형의 4가지로 분류되며, 각 기관은 연령에 따라 발육발달한다.
그림 1-22는 신체기관별 발달을 나타내는 '스캐몬(Scammon, R. E.)의 발달곡선'이다.

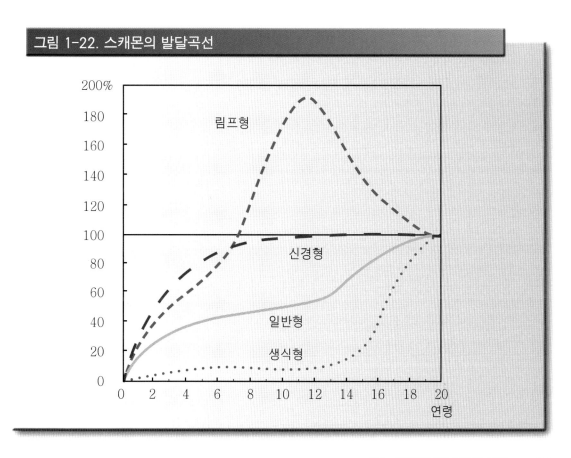

그림 1-22. 스캐몬의 발달곡선

'림프형'은 가슴샘·편도·림프절 등과 같이 면역력을 향상시키는 조직을 포함하고 있으며, 12세경에 성인의 2배 가까이 되었다가 사춘기를 지나면서 성인 수준으로 내려간다.

'생식형'은 남자에서는 음경·고환을, 여자에서는 난소·자궁 등을 포함한다. 14세 이후에 이차성징을 연출하고, 성호르몬분비 등에 의해 성차가 나타나기 시작하여 몸과 마음 모두 급속히 어른에 가까워진다.

민첩성이나 밸런스 등 스포츠에 큰 영향을 미치는 '신경형'의 발달은 굉장히 빨라서 6~10세 정도에 발달이 현저해진다. 스포츠의 기초는 이 시기에 만들어지므로 어린이가 여러 가지 놀이나 스포츠를 통해 즐겁게 운동할 수 있도록 하는 배려가 필요하다.

스포츠의 기능이나 지구력 등에 중요한 역할을 하는 골격·근육 및 그것들을 뒷받침하는 모든 장기는 '일반형'이라고 부르는데, 이는 연령과 함께 천천히 발달해간다.

한편 그림 1-23을 이용하여 체력의 연령별 발육발달패턴을 보면 신체의 기능은 신경계통, 호흡순환계통, 신장(키), 근육계통의 순으로 발달하는 것을 알 수 있다.

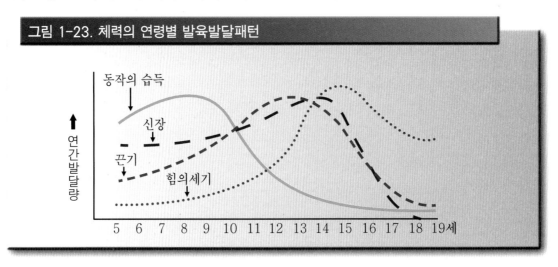

그림 1-23. 체력의 연령별 발육발달패턴

▶ '신장'의 연령별 발달량은 유아기부터 서서히 증대하여 14세경에 피크를 이루다가 그후 감소하여, 18세에는 거의 제로에 가까워진다.

▶ 동작의 연습에 관한 '신경계통'의 연령별 발달량은 유아기부터 8세경까지 발달하다가 그후 현저히 감소한다.

▶ 끈기에 관한 '호흡순환계통'의 연령별 발달량은 유아기부터 서서히 증대하여 12~13세에서 피크에 도달한 다음 그후 감소한다.

▶ 힘의 세기에 관한 '근육계통'의 연령별 발달량은 12~13세부터 급격히 증대하여 15~16세에 피크에 도달한 다음 그후 서서히 감소하는 경향이 있다.

2) 발육·발달에 따른 트레이닝

발육·발달의 시기별로 최적 트레이닝이 있다. 트레이닝은 너무 빨라도 또, 너무 늦어도 충분한 효과를 얻을 수 없다. 따라서 연령별 발육발달의 특징을 고려하여 운동능력을 충분히 끌어내는 트레이닝을 해나가는 것이 중요하다. 예를 들면 신장(키)이 더 이상 자라지 않을 때까지는 신경계통이나 호흡순환계통 트레이닝을 하고, 키가 더 이상 크지 않게 된 이후에는 근육계통의 트레이닝을 하는 것과 같이 각각의 기능이 가장 성장하는 시기에 맞춰 트레이닝을 실시하는 것이 중요하다.

다음에 초·중·고의 각 시기에 맞는 트레이닝을 알아본다.

(1) 초등학교 시기

신경계통의 성장이 두드러지는 초등학교 시기에는 여러 가지 움직임이나 기본동작(달리기, 뛰기, 던지기, 치기, 차기, 헤엄치기 등)을 몸에 익히게 하고, 그것들을 정확하게 할 수 있도록 하는 것이 중요하다. 그러기 위해서도 술래잡기·피구·줄넘기 등과 같은 많은 놀이를 경험할 수 있도록 해주고, 나아가 야구·축구·농구·수영 등 다양한 스포츠에 친숙해지도록 해준다(그림 1-24).

그림 1-24. 여러 가지 스포츠

초등학교 저학년 어린이들은 '쉽게 질린다'는 특징이 있으므로, 아이들이 쉽게 질리지 않도록 템포를 잘 조절하여 놀이나 스포츠종목은 몇 가지 병행하여 실시하는 것이 바람직하다. 고학년이 되면 집중력이 붙기 시작하므로 이러한 것들을 워밍업의 일환으로 계획적으로 도입할 필요가 있다.

이 시기의 어린이들을 지도할 때에는 달성가능한 목표를 설정하여 조금씩 도전시켜 성취감을 얻을 수 있도록 하는 것이 중요하다. 그리고 그것을 달성했을 때에는 꼭 칭찬해주어야 한다. 한편 음악 등을 이용하거나 게임성을 도입하는 등 즐기면서 행할 수 있는 트레이닝을 궁리하거나 어린이들이 항상 흥미를 갖고 활동할 수 있도록 하는 것이 중요하다.

(2) 중학교 시기

중학교 시기는 지구력 단련의 최적기이다. 정교해진 몸의 자세를 활용하여 조금 긴 시간 운동을 계속해보는 것도 좋다. 그에 따라 심장·허파 등 호흡순환계통이 충분히 활동하고 체력이 좋아지게 된다.

구체적으로는 오래달리기·사이클링·수영 등 지구력을 요하는 운동을 매분 140~160 beats/min.의 강도로 30~40분 계속하고, 그것을 주에 2~3회 하면 호흡순환기능의 개선에 매우 효과적이다. 또한 근지구력을 향상시키기 위해서는 자신의 체중을 이용한 매달리기·엎드려팔굽혀펴기·한발 스쿼트 등과 같은 보강 트레이닝도 효과적이다.

중학교 시기는 뼈나 연골이 아직 성장 중인 어린이가 많아 여러 가지 장애나 위험요인이 있는 시기이므로 예방 차원에서도 보강 트레이닝이 중요하다.

이 시기는 사춘기이기 때문에 심리적으로 굉장히 불안정해지기 쉽다. 또한 성차가 현저히 나타나는 시기이므로 개인의 성격이나 마음의 성장 정도의 차이, 취미나 관심의 차이 등도 충분히 배려하는 것이 중요하다.

(3) 고등학교 시기

몸의 자세가 훌륭해지고 스태미너가 생긴다면, 강력한 움직임을 하기 위한 근력 트레이닝을 실시한다. 본격적으로 근력트레이닝을 개시하는 것은 일반적으로는 연간 키가 1~3cm 미만으로 자라는 시기가 최적기이다. 고교생이 되면 키 크기나 뼈의 성장도 거의 멈추기 때문에 무거운 부하의 근력 트레이닝을 하는 것도 좋다.

먼저 트레이닝 시작 후 몇 주간은 가벼운 부하의 웨이트를 사용하여 올바른 자세를 제대로 습득한 다음 서서히 무거운 부하로 이행한다. 고등학교 시기에는 일반적인 근력 트레이닝을 중시하고, 그 후 대학생이 되거나 사회인이 되면서부터 전문적인 트레이닝으로 이행해가는 것이 바람직하다.

고등학교 시기에는 신체의 성장이 거의 완료되기 때문에 근력 트레이닝을 규칙적으로 실시하여 파워향상에 힘쓰는 것이 포인트이다. 또한 심리적으로도 성장하므로 트레이닝 계획의 입안이나 컨디셔닝관리 등 한 사람의 스포츠선수로서 자립할 수 있도록 하면 최종적으로는 스스로 선수생활을 컨트롤할 수 있게 될 것이다.

(4) 개인차

연간성장량이 피크에 도달하는 PHV연령(peak hight velocity of age)은 빠른 아이들은 12세, 늦은 아이들은 15세로 약 3년 차이가 있으며, 피크값도 8~14cm 차이가 있다.

신장의 성장에 국한되지 않고, 신체활동에 대해서도 사춘기는 굉장히 개인차가 큰 시기이
므로 적절한 지도를 하기 위해서도 개인의 성장곡선을 기록하여 PHV연령을 정확하게 파
악해두어야 한다. 초등학생 후기부터 중학생 시기까지는 신장을 매월 측정하는 것이 좋다.

3) 조기전문화의 폐해

성장기에 있는 어린이들이 너무 일찍부터 오직 하나의 스포츠종목에만 몰두하는 것은
좋지 않다고 한다. 한 종목 중심주의는 아이들에게 편향된 발달을 촉진시키거나, 편향된
트레이닝의 증가에 의한 여러 가지 장애(과사용증후군)를 불러일으키기도 한다. 과사용
증후군이란 같은 스포츠동작을 여러 번 반복함으로써 신체의 일부를 혹사시켜 일어나는
장애이다.

어린이들의 뼈나 관절은 성인과는 달리 아직 성장 중이어서 다양한 스트레스에 약하다.
한 번 부상이나 장애를 일으킨 것을 내버려두거나, 치료가 적절하지 않으면 성장해서도
변형이 남아 관절의 움직임이 안 좋아지게 된다. 특히 뼈나 연골이 아직 성장 중인 아이들
은 주의가 필요하다.

또한 한 종목 중심주의는 스포츠 그 자체를 할 수 없게 만들거나(drop-out), 심리적으
로도 질리는 상태를 만들어버리는 이른바 '번아웃(burn out)'상태가 되어버리는 어린이
들을 만들 수도 있다.

성장기 어린이들에게는 한 종목에서 능숙해지는 것을 바라지 말고, 많은 스포츠를 접하

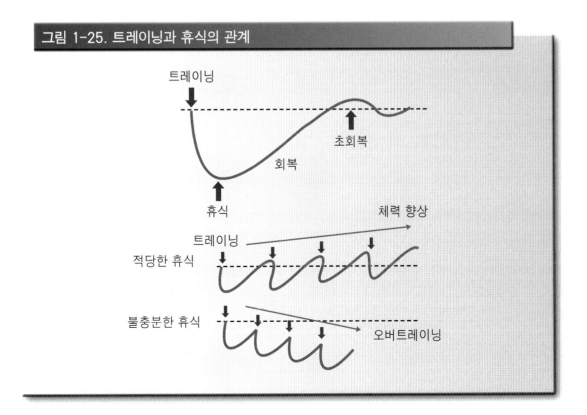

그림 1-25. 트레이닝과 휴식의 관계

게 하여 스포츠가 갖는 재미나 즐거움을 충분히 느끼도록 하는 것이 중요하다. 그리고 오버트레이닝 예방을 위해서는 충분한 휴식을 취하면서 여력을 남기는 트레이닝을 행하며, 적절한 정도의 수면과 충분한 영양을 섭취해야 한다(그림 1-25).

4) 여성과 스포츠

생리는 여성의 생식생리기능의 한 가지 현상이다. 유소년기까지는 전혀 그 기능이 보이지 않지만, 여성은 8, 9세경부터 생식생리기능이 서서히 발달하여 초경을 맞게 된다. 초경부터 17, 18세경까지는 여성의 사춘기이다.

여성운동선수는 일찍부터 시작하는 스포츠트레이닝에 의해 초경이 늦게 시작되거나, 매일 반복되는 하드트레이닝 때문에 여러 가지 월경이상이 발현되기도 한다.

월경이상의 원인은 하드트레이닝이나 인간관계 등이 주는 신체적 · 정신적 스트레스, 절식이나 감식 등에 의한 체중 · 체지방의 감소, 편식 등의 식사 · 영양문제, 격렬한 트레이닝에 의해 여성호르몬 분비상태변화 등이 있다. 이러한 원인은 단독으로 작동하는 것이 아니라 서로 관여하여 여러 가지 월경이상을 일으키는 것으로 볼 수 있다.

이 시기의 스포츠활동은 과도한 신체적 · 정신적 스트레스를 주지 말고, 여유를 갖고 트레이닝을 실시하는 동시에 항상 체중이나 체지방을 점검하여 무리한 감소가 조금이라도 보이면 적절히 대응하는 등 생식생리기능을 충분히 이해하고 배려해가며 해야 한다.

5 에너지원으로서의 영양

1) 영양소의 역할

영양소에는 당질 · 지방 · 단백질 · 비타민 · 미네랄 등이 있으며, 주로 에너지가 되는 영양소와 그렇지 않은 영양소로 나눌 수 있다. 이는 다시 에너지원이 되는 당질 · 지방 · 단백질, 신체를 구성하는 단백질, 신체기능을 원활하게 하는 비타민, 신체의 작용을 조절하는 미네랄로 나눠진다.

그림 1-26은 스포츠활동에서 필요한 영양의 역할과 관계되는 영양소이다. 에너지를 공급하는 당질 · 지방 · 단백질, 에너지의 발생반응을 원활하게 하는 비타민, 근육을 비대하게 만드는 단백질, 컨디션조절이나 피로회복을 촉진하는 비타민 · 미네랄 등으로 구분된다.

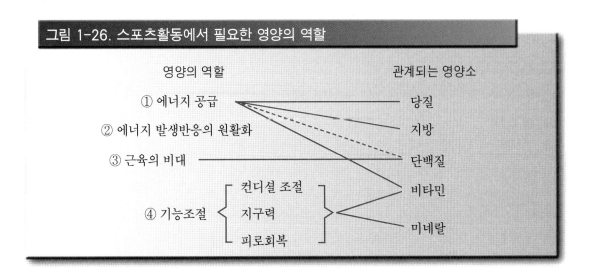

그림 1-26. 스포츠활동에서 필요한 영양의 역할

영양의 역할   관계되는 영양소

① 에너지 공급   당질

② 에너지 발생반응의 원활화   지방

③ 근육의 비대   단백질

            컨디션 조절   비타민

④ 기능조절   지구력

            피로회복   미네랄

2) 근수축의 에너지원

신체의 기관이나 조직이 각각 제기능을 발휘하기 위해서는 영양소를 받아들여 분해한 다음 에너지를 생성하여야 한다. 사람은 그것을 사용함으로써 근육을 수축·이완시켜 걷기·달리기·뛰기·던지기 등의 신체활동을 할 수 있다. 이 신체운동을 위한 근육이 수축할 때 필요한 에너지가 아데노신삼인산(ATP)이다.

이 아데노신삼인산은 분해할 때 큰 에너지(약 7~12kcal/mole)를 방출하는데, 이것이 생명유지나 모든 운동에 필요한 직접적인 에너지원이다. 그러나 근육 중에 포함되어 있는 ATP의 양은 매우 적어서 근육 1g당 약 4mm mole에 불과하다. 따라서 몸속에 저장되어 있는 ATP만으로는 격렬한 운동은 몇 초밖에 지속할 수 없으며, 그 이상 운동을 계속하려면 어디에선가 ATP를 보급(재합성)받아야 한다. 보급(재합성)을 위한 에너지공급방법에는 유산소적 과정과 무산소적 과정이 있다.

3) 에너지공급기구

ATP를 재합성하기 위한 에너지공급은 무산소계와 유산소계로 크게 나눠지며, 무산소계는 다시 ATP-CP계(비젖산계)와 젖산계도 나눠진다(표 1-4).

표 1-4. 근수축의 에너지생성기구

에너지생성과정		파워(kcal/kg·초)	용량(kcal/kg)	허용한계시간(초)
무산소계	ATP-CP계	13	100	7
	젖산계	7	230	33
유산소계	산소계	3.6	∞	–

격렬한 운동 시에는 ATP의 분해와 동시에 근육 중에 포함되어 있는 또 하나의 고인산 화합물인 크레아틴인산(CP)도 분해된다. 크레아틴인산이 분해될 때 발생하는 에너지에 의해 ATP가 재합성된다. 이 반응은 무산소계임과 동시에 젖산을 만들지 않는다는 점에서 비젖산계 또는 ATP-CP계라고 한다.

ATP-CP계의 용량은 체중 1kg당 100kcal, 공급속도는 매초 13kcal/kg이므로 ATP-CP계에서 격렬한 운동을 행한 경우에는 대략 7초(100kcal÷13kcal/kg/sec.)밖에 에너지를 공급할 수 없다. 따라서 100m 등의 단거리달리기 시에 주로 공급된다.

(2) 젖산계

또 하나의 무산소계에서 ATP의 합성은 포도당 또는 글리코겐이 분해하여 젖산을 생성하는 이른바 해당에 의해 이루어지는데, 이 에너지공급방법을 젖산계라고 한다.

젖산계의 용량은 230kcal/kg이며 공급속도는 7kcal/kg/sec.이므로, 이 계에 의한 에너지공급지속시간은 대략 33초(230kcal/kg÷7kcal/kg/sec.)가 된다. 따라서 ATP-CP계와 젖산계를 합친 무산소계에너지의 공급지속시간은 약 40초(7+33)가 된다. 따라서 200~400m 달리기 시에 주로 공급된다.

(3) 산소계

산소계에서는 산소를 충분히 사용하여 당질(글리코겐)을 이산화탄소와 물로 분해하므로 젖산은 발생하지 않는다.

이 계에서 에너지공급용량은 무한대이다. 에너지공급속도는 3.6kcal/kg/sec.이므로 2~3시간에 걸쳐 행해지는 통상의 운동에서는 글리코겐이나 지방이 완전히 고갈되는 일은 없다. 따라서 중거리달리기부터 마라톤 시에 주로 공급된다.

4) 당질(탄수화물)의 작용

신체활동의 에너지원이 되는 것은 당질(탄수화물) · 지질(지방) · 단백질인데, 그 중심은 당질이다. 당질 중에서 에너지원으로서 이용되는 것은 글리코겐과 글루코스이다. 글리코겐은 전신의 거의 모든 세포에 분포되어 있으며, 특히 간과 근육에 많다. 간에 있는 글리코겐은 전신의 에너지원이 되며, 근육에 있는 글리코겐은 근수축 시의 에너지원이다. 글루코스는 혈액이나 체액 중에 포함되어 있어 산소가 없는 상태에서도 에너지원으로서 이용할 수 있다.

5) 지질(지방)의 작용

몸속에 있는 지질은 혈액이나 세포 중에도 존재한다. 혈액 중의 지질은 유리지방산으로서 혈장 속에 있으며, 근육이나 심장 등의 기관에서 주요한 에너지원이 된다. 또 하나의 지질저장장소는 세포 안에서 주로 중성지방이 그에 해당하는데, 이는 주요 저장에너지원이 되고 있다.

저장되어 있는 지질은 글리코겐이 고갈할 때 에너지로서 쓰인다. 운동 시, 특히 천천히 하는 운동에서는 당질과 지질에 의한 에너지는 거의 같은 양이 사용되지만, 그 운동이 장시간 계속되면 지질로부터의 에너지공급비율이 증가하며, 반대로 운동의 질(강도)이 높아질수록 당질로부터의 에너지공급비율도 증가한다.

지질로부터의 에너지공급은 당질이나 단백질에 비해 효율적이다. 각각 같은 양(1g)을 연소시킬 때 나오는 에너지량은 당질과 단백질은 4.1kcal, 지방은 9.3kcal나 된다. 이로써 지방의 에너지공급비율이 얼마나 높은지를 알 수 있다. 게다가 지질은 몸속에 상당량을 저장할 수 있어서 우리들에게 중요한 에너지저장고가 되고 있다.

6) 단백질의 작용

단백질에는 신체를 구성하는 역할과 에너지원으로서 에너지를 공급하는 역할이 있다. 신체를 구성하는 역할은 근육·골격·피부 등의 조직, 적혈구 중의 헤모글로빈이나 근육 중의 미오글로빈 등을 만드는 것이다. 또, 에너지를 공급하는 역할은 당질이나 지방에 비하면 굉장히 미미하지만 에너지원의 주역인 당질이나 지방이 모두 사용되어 고갈상태일 때 에너지원으로 이용되는 것이다. 따라서 충분한 당질이나 지질을 섭취하지 않으면 단백질이 에너지로 쓰이게 되므로 단백질의 주역할인 신체를 만드는 일이 불충분해질 수밖에 없게 된다.

> ※ 하이퍼포먼스 다이어트
> 우리나라에서 '다이어트(diet)'라는 말은 치료나 감량을 위한 식사라는 의미로 사용되고 있지만, 원래는 영양면에서 본 일상의 음식물, 즉 '하루의 식사'라는 뜻이다.
> 운동선수는 트레이닝이나 운동경기대회에서 성공하기 위해 특별한 영양소를 필요로 한다. 이 전형적인 운동선수의 식사를 '하이퍼포먼스 다이어트'(high performance diet)라고 부른다. 권장되는 영양소의 비율은 주요에너지원인 탄수화물(carbohydrates) 60~65%, 지방(fats) 20%, 단백질(proteins) 15~20%의 비율이 바람직하다고 한다.
> 스포츠종목에 따라 에너지의 발생양식은 다양하지만, 어떤 종목이든 탄수화물이 중요하다는 사실은 변함없다. 3끼 주식을 밥이나 빵, 파스타, 우동 등을 중심으로 하며 트레이닝 중이나 식후의 탄수화물섭취는 바나나 등 소화·흡수가 좋은 음식이나 최근 개발되어 있는 스포츠계드링크류나 젤리 등으로 보충하면 좋다.

한편 단백질은 운동을 하고 있는 사람에게는 굉장히 중요한 영양소이다. 단백질이 부족한 상태에서 트레이닝을 하면 근육이나 골격을 충분히 발달시키지 못하고, 적혈구 중의 헤모글로빈량도 감소하며, 전신에 운반되는 산소가 부족하여 빈혈이 일어나기 쉽다.

이렇듯 단백질은 경기자의 혈액조성이나 근육의 발달, 수복 내지 회복에 중요한 영양소이다. 따라서 단백질이 에너지원이 되지 않도록 당질이나 지질의 충분한 섭취가 중요하다.

6 반도핑

1) 도핑이란

약물은 본래 병이나 부상을 치료하기 위해 개발되어 사용되는 것이다. 그 약물의 효과를 이용하여 일시적으로 신체의 생리적 능력을 높이고, 운동수행능력을 향상시키려는 행위를 '도핑'(doping)이라고 한다. 올림픽 등 대규모경기대회에서 종종 이러한 부정행위가 보도되어 사회적으로 큰 반향을 일으켰다.

스포츠선수는 '뭐든지 좋으니까 강해지는 것에 의지하고 싶다'는 승리지상주의적인 소망이 강하며, 대기록수립·메달획득이라는 성공이나 영웅으로 대접받고 싶은 욕구는 물론, 그로 인한 막대한 금전적 수입을 얻을 수 있으리라는 부도덕한 동기 때문에 약물에 의존하게 된다.

2) 도핑의 역사

도핑(doping)의 어원인 도프(dope)는 아프리카 동남부의 원주민이 축제나 다른 부족과 전투를 하기 전에 사기를 높이기 위해 술(dop)을 마시던 것에서 유래되었다. dope라는 말이 1889년 처음으로 영어사전에 실릴 때는 '경주마에 주는 아편과 마약의 혼합물'이라고 정의되었다.

약물도핑의 기원은 고대 그리스·로마시대에 맹수와의 싸움에 도전하던 선수들이 공포심을 없애기 위해 환각작용이 있는 코카잎을 씹으면서 스스로를 흥분시키던 것에서 유래되었다. 기원전 3세기 고대올림픽의 육상경기대회에서 도핑이 있었다는 보고도 있다.

도핑은 19세기 후반부터 퍼지기 시작하여 수영, 축구, 복싱, 육상경기, 역도 등 많은 경기에서 이용되기 시작했다. 20세기 들어서 의학과 약학이 비약적으로 진보함에 따라 도핑에 사용되는 약물의 종류도 대폭 늘어나고, 사용방법도 좀더 복잡하고 교묘해지면서부터 금지하는 쪽과 사용하는 쪽의 악순환이 계속되고 있다(그림 1-27).

그림 1-27. 세계반노핑기구(WADA : World Anti-Doping Agency)에서 규정한 도핑의 정의(1999)

도핑이란 다음과 같은 반도핑위반행위 중 한 개 이상이 발생하는 것이다.
- ▶ 경기자의 신체에서 채취한 검체에 금지물질, 그 대사산물 또는 메이커가 존재하는 것
- ▶ 금지물질, 금지방법을 사용하거나 혹은 사용을 꾀하는 것
- ▶ 정식으로 통고된 후에 정당한 이유없이 검체채취를 거부하는 것
- ▶ 경기 외 검사에 관련된 의무를 위반하는 것. 구체적으로는 거주지정보를 제출하지 않거나 연락된 검사에 응하지 않는 것
- ▶ 도핑컨트롤의 일부를 개찬하거나, 개찬을 도모하는 것
- ▶ 금지물질 및 금지방법을 소지하는 것
- ▶ 금지물질 · 금지방법을 불법거래하는 것
- ▶ 경기자에게 금지물질이나 금지방법을 투여 · 사용거나 투여 · 사용을 도모하는 것
- ▶ 반도핑규칙위반을 동반하는 형식으로 지원 · 조장 · 원조 · 교사 · 은폐 등의 공범관계가 있거나 그것을 도모하는 행위가 있는 것

그림 1-28. 도핑이 금지되는 이유

- ▶ 스포츠의 기본이념, 스포츠정신(the spirit of sports)에 위배된다.
  - · 페어하지 않다.
  - · 반칙이다.
- ▶ 선수의 건강을 해친다.
  - · 부작용
- ▶ 사회악이다.
  - · 약물오염, 청소년에 악영향
- ▶ 도핑검사의 목적은 도핑행위의 적발이 아니라 깨끗한 선수의 권리를 지키려는 노력이다.

3) 반도핑

'반도핑(anti doping)'은 스포츠계에 만연하는 약물사용을 근절하기 위한 활동으로, 스포츠 본래의 공평하고 공정한 경기운영과 성적의 가치와 신뢰를 지키는 것을 목적으로 한다(그림 1-29).

도핑규제의 계기는 1960년 로마올림픽대회의 자전거경기에 출전한 덴마크 선수가 흥분제(암페타민, 니코틴산)를 사용하여 사망한 사고이다. 그 이후 IOC(국제올림픽위원회)는 반도핑을 추진하게 되었다.

IOC 의사규정은 도핑을 다음과 같이 정의하고 있다.

- ▶ 선수의 건강에 잠재적으로 유해하거나 경기능력을 증폭시킬 가능성이 있는 수단(물질 또는 방법)을 사용하는 것
- ▶ 선수의 신체에 금지물질이 잔존해 있거나, 금지물질 혹은 금지방법을 사용한 증거가 인정되는 것

그림 1-29. 도핑과 반도핑

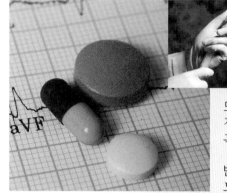

도핑이란?
경기수행능력을 증폭시킬 가능성이 있는 수단(약물
혹은 방법)을 부정하게 사용하는 것

반도핑이란?
도핑에 반대하고, 도핑을 없애는 것

4) 도핑약물과 그 작용

도핑에 이용되는 약물은 다양하며, IOC금지약물리스트에는 100종류 이상이 기재되어
있다. 대표적인 것은 '흥분제'와 이른바 근육증강제라고 불리는 '단백동화제' 그리고 '이
뇨제'의 3종이다.

(1) 흥분제

중추신경을 직접 자극하는 흥분제는 졸음이나 피로감을 없애주고 호흡순환계통에 직접
작용하여 활동성을 높여주는 특성이 있다. 따라서 신체능력이 일시적으로 높아져서 경기
수행능력에 직접적인 영향을 주는 효과가 있다.

그러나 불면·탈수증이나 부정맥 등의 부작용이 있다. 또한 피로감을 느끼는 일 없이 생
리적인 한계를 넘더라도 운동을 계속할 수 있기 때문에 습관성의 만성중독이 되거나 돌연
사에 이르는 경우도 있다.

(2) 단백동화제

남성호르몬인 테스토스테론(testosterone)으로 대표되는 '스테로이드호르몬(steroid
hormone)'은 소위 근육증강제라고 불리며, 남성화작용을 촉진시키는 약물이다. 따라서
남성은 물론 여성이어도 기록의 비약적 향상을 볼 수 있다. 그러나 현저한 신체상의 변화
나 성호르몬이상(여성의 경우 무월경, 콧수염, 목소리의 남성화)·고혈압뿐만 아니라 간
기능장애 등 심각한 부작용이 있다.

(3) 이뇨제

체중제한이 있는 중량경기(복싱, 레슬링, 역도, 유도 등)에서는 급격한 감량을 위해 이

뇨제가 사용된다. 또한 소변의 양을 많게 하여 소변 속에 있는 도핑금지물질의 농도를 희석시켜 도핑검사를 빠져나가는 수단으로도 사용된다. 주요 부작용으로서는 근육이나 위의 경련, 심장정지, 탈수증, 콩팥기능장애, 부정맥 등이 있다.

5) 건강한 몸을 만들기 위하여

우리들은 시판되는 감기약이나 진통효과가 있는 두통약 · 한방약 등을 아무렇지도 않게 섭취하고 있으나, 이러한 것들 중 코막힘이나 기침을 막아주는 성분에는 도핑금지물질의 일종인 에페드린(ephedrine)과 같은 흥분제가 포함되어 있다고 한다.

또, 커피, 자양강장제, 피로회복을 목적으로 하는 영양드링크제 등에는 미량의 카페인이 포함되어 있어 너무 많이 마시면 좋지 않다. 이뇨제가 다이어트 수단으로 사용되기도 하는데, 무분별하게 사용하면 여러 가지 기능장애를 불러일으키며 생명을 위협하기도 한다.

도핑은 일부 선수만의 문제가 아니다. 어린이나 청소년을 포함한 일반 사람들은 금지약물에 대해 올바른 인식을 갖는 동시에 약물에 의존하지 않는 건강한 몸 만들기를 위해 이러한 지식을 활용해야 한다.

7 멘탈 트레이닝

1) 멘탈 트레이닝이란

스포츠활동을 할 때 심리적인 요소에 관여하는 어프로치를 멘탈 트레이닝(mental training)이라고 한다. 스포츠와 마음의 관계에서 보면 스포츠가 스트레스해소나 정신적 건강증진을 촉진시키거나 인격형성에 영향을 미치는 효과도 있다.

스포츠경기 시의 정신력을 단련하기 위한 멘탈 트레이닝이나 시합 시 최고의 정신상태를 갖도록 하는 멘탈 컨디셔닝은 체력 · 기술향상과 마찬가지로 승패나 경기성적의 열쇠를 쥐고 있는 요소로서 주목받고 있다.

이 트레이닝은 옛 소비에트에서 우주비행사 양성을 위한 심리 · 생리학에 바탕을 둔 과학적 훈련법의 하나로서 개발되어 시작된 것이다. 거기에는 불안해소법, 호흡법, 자율훈련법, 최면법, 이미지 트레이닝법 등 많은 방법이 들어 있다. 결국 그 성과가 국가를 대표하는 올림픽선수 등의 트레이닝에 응용되었고, 오늘날 트레이닝에서 빠질 수 없는 요소의 하나가 되었다.

한순간의 실수도 용납되지 않는 중요한 상황이나 긴급사태가 생겼을 때 얼마나 자신의 능력을 최대한으로 발휘할 수 있는지가 관건이 될 때가 있는데, 일반적으로 사람은 마이너스 암시에 반응하기 쉽다고 한다. 이에 관해 실제로 재미있는 예가 있다. 바닥에 놓인 너비 30cm되는 라인을 그대로 따라 밟을 수 있는 사람은 많을 것이다. 그러나 몇 십 m 높이의 빌딩 사이에 같은 너비의 판을 건너라고 했을 때 건널 수 있는 사람은 몇 명이나 될까? 줄타기와 같은 판이 눈앞에 펼쳐질 때 심장이 요동치고, 호흡은 가빠지며, 전신이 떨리고, 손에는 땀이 나는 신체반응이 나타날 것이다. 이것은 떨어지면 다시는 돌이킬 수 없다는 생각, 높이에 대한 공포와 불안 등의 심리적인 요인이 영향을 미쳐 신체에 과도한 긴장상태를 불러일으키기 때문이다.

　멘탈 트레이닝의 본래 목적은 긴장이나 불안 등의 일시적인 해소가 아니라 선수가 갖고 있는 본질적인 문제를 해결하고, 스포츠뿐만 아니라 모든 상황에 응용할 수 있는 정신적 강함을 몸에 익히게 하는 것이다.

2) 멘탈 트레이닝의 실제

　멘탈 트레이닝을 시작하려면 먼저 자신의 장점과 단점을 알아야 한다. 이것은 '자기발견' 또는 '깨달음'이라고도 하여 중요시되고 있는 것이다. '이 스포츠의 어떤 점이 즐거운지', '경기하는 에너지는 도대체 무엇인지', '왜 이기고 싶은지' 등 동기를 명확하게 할 필요가 있다.

　자기 자신을 알기 위해 교류분석법을 사용하기도 한다. 이것은 자아를 부모, 이성, 아이의 부분으로 나눠 개개의 정신구조나 커뮤니케이션방법, 대인관계의 트러블 등의 관점에서 인간의 내면을 밝혀가는 과정이다.

　고통스러운 트레이닝을 참아내고, 상대를 이기려고 하는 강한 의욕을 높이기 위해서는 보다 명확한 목표나 그것을 수행하는 면밀한 계획이 필요하다. 또한 부담, 떨림, 불안, 갈등 등과 감정을 포함하는 심리적인 마이너스 요인도 경기성적이나 승패에 큰 영향을 미친다.

　이것들은 운동을 마음속으로 상상해서 멘탈프랙티스(이미지 트레이닝)라는 방법으로 컨트롤할 수 있게 된다. 멘탈프랙티스란 실제로 신체를 움직여 행하는 피지컬한 프랙티스와는 달리 이미지로 플레이를 상상함으로써 운동수행능력을 높이는 것이다.

　일류선수는 스포츠심리학자의 지도를 바탕으로 시합 전에는 자신이 성공하는 이미지를 항상 그리고 있다. 실패하는 선수에게는 마이너스이미지만 떠오를 뿐이다. 이것은 생각한 것이나 마음먹은 것이 플레이로 직접 반영되는 것을 의미한다.

　멘탈 트레이닝의 이점은 언제 어디서든 자기 안에서 시합에서의 흥분상태를 경험하고, 몇 번이든 실전을 가정한 리허설이 가능하다는 것이다. 그 결과 과도한 긴장이나 불안을 느끼지 않고 경기에 집중할 수 있게 된다.

3) 동기부여와 경기성적의 관계

스포츠계에서 동기부여는 '모티베이션'(motivation)이라는 말로 자주 사용된다. 이것은 하고자 하는 마음·의욕·운동의욕 등을 의미하는 것으로 스포츠에 참가하는 것, 스포츠의 계속과 습관화, 스포츠에서 이탈, 스포츠기능의 학습, 시합상황에서 실력발휘방법, 여기에 일류경기자가 되기 위한 중요한 심리적 적성 등으로 볼 수 있다.

일반적으로 동기부여가 강해지면 경기성적도 좋아지지만, 집중력의 결여 등 동기부여가 부족한 상태나 오기 등 동기부여가 과잉한 상태에서는 경기성적이 저하되는 경향이 있다(그림 1-30). 또한 동기부여의 최적수준에서도 운동과제의 성질에 따라 달라지는 경향이 있다고 한다(그림 1-31). 그리고 스포츠기능은 각성과도 관련되어 있는데, 그림 1-32는 그 관계를 나타낸 것이다.

동기부여를 높이는 방법은 그림 1-33과 같은데, 이러한 방법을 복합적으로 사용하면 효과를 기대할 수 있다. 우선 달성가능성이 있는 목표설정부터 시작하여 결과를 알기 쉽게 알리고(이것을 '피드백'이라고 한다), 성공이나 실패의 경험을 다음 목표에 반영시키는 것이 첫걸음이다.

스포츠선수가 시합 전이나 시합 중간에 릴랙스를 위해 음악을 듣거나, 커다란 타월을 두르거나, 집중력을 높이기 위해 독특한 동작을 하는 광경을 쉽게 볼 수 있다. 이것은 자기의 실력을 최대한으로 발휘하기 위해 스스로가 배양한 경험적인 지식이다.

이것들은 체력이나 기술트레이닝과 마찬가지로 하루아침에 나타나는 성과가 아니라 단계적으로 강화되어야 한다. 이렇게 해서 선수는 스스로 경기에 몰두하고 있다는 자각을 몸에 익힘으로써 처음으로 내면적인 문제를 해결하는 것이 가능해지게 된다.

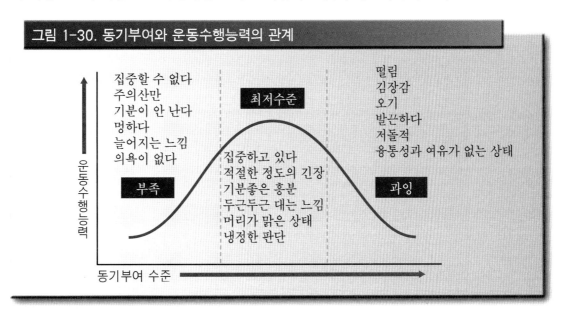

그림 1-30. 동기부여와 운동수행능력의 관계

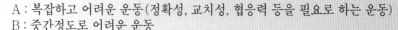

그림 1-31. 운동과제의 성질과 최적수준

A : 복잡하고 어려운 운동(정확성, 교치성, 협응력 등을 필요로 하는 운동)
B : 중간정도로 어려운 운동
C : 단순하고 쉬운 운동(스피드, 근력, 지구력 등을 필요로 하는 운동)

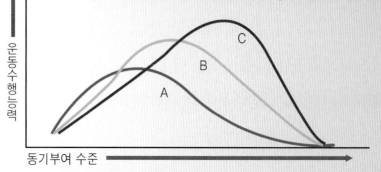

그림 1-32. 스포츠기능과 각성수준

각성수준	스포츠기능, 운동
높다	중량들어올리기, 태클, 대시, 단거리달리기, 포환던지기, 레슬링, 복싱, 유도, 도움닫기, 멀리뛰기, 수영
중간정도	체조, 축구, 야구, 배드민턴, 농구
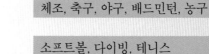	소프트볼, 다이빙, 테니스
낮다	자유투(농구), 페널티 킥(축구), 볼링, 퍼팅(골프), 양궁, 궁도, 라이플사격

그림 1-33. 동기부여를 높이는 방법

1. 달성가능한 목표를 설정한다.
2. 운동한 결과를 알린다.
3. 성공과 실패의 균형을 잡는다.
4. 행동의 주체는 자기 자신이라는 의식을 갖게 한다.
5. 성공이나 실패의 원인을 노력으로 귀속시킨다.
6. 기대나 감정을 높인다.
7. 운동에 대한 가치관을 높인다.
8. 지적 호기심을 자극한다.
9. 학습내용에 흥미나 관심을 갖게 한다.
10. 자기의 힘으로 성공하는 기쁨을 느끼게 한다.
11. 경쟁이나 협동을 이용한다.
12. 상벌을 적절히 준다.
13. 칭찬으로 지도한다.

❋ 스킬티칭/스킬러닝

운동선수가 동기부여나 기술습득의 이미지를 높이기 위해서는 코치인 지도자의 효과적인 어드바이스인 '버벌 피드백'(verbal feedback)이 필요하다. 이는 결과를 분석하여 다음 행동에 대한 수정을 포함해서 검토하는 것이다. 우리나라에서는 '어드바이스'를 결코 긍정적인 것만이 아닌, 예를 들면 실수나 결점을 지적하는 부정적인 코칭도 많다.

국제육상경기연맹의 코치교육과정 중에 '스킬티칭'(skill teaching)이라는 커리큘럼이 있다. 이것은 배우는 운동선수의 입장에서 보면 '스킬러닝'(skill learning)이 된다. 어쨌든 쌍방향 긍정적인 관계가 좀 더 효과적인 피드백을 구축한다. 다음에 이에 관한 구체적인 예를 알아본다.

▶ **좀 더 구체적으로**
'별로 좋지 않았어'라는 식의 굉장히 일반적인 감상으로 끝날 것이 아니라 '이번에는..., 그러니까..., 다음에는...'하는 식으로 문제점을 구체적으로 집어서 선수 입장에서 개선을 끌어내는 코멘트가 중요하다.

▶ **좀 더 건설적으로**
건설적인 피드백은 운동선수의 기술습득향상을 촉진시킨다. '안 되겠군', '뭐 하는 거야?'와 같은 파괴적 코멘트는 아무리 질타격려라고 해도 효과적인 코칭이라고는 할 수 없다.

▶ **좀 더 즉시적으로**
효과의 좋고나쁨에 대한 지적은 시간이 지나서가 아닌 감각적인 이미지가 남아 있는 동안에 신속하게 어드바이스하는 것이 필요하다. 커다란 경기장 등에서 목소리가 전달되지 않을 때에는 손짓발짓을 해가며 하는 '논 버벌 피드백'(non verbal feedback)도 효과적이다.

▶ **좀 더 우선적으로**
한 번에 많은 실수를 지적받으면 운동선수는 혼란스러워한다. 코치는 가장 중요한 실수를 최우선적으로 지적하여 문제해결을 꾀하는 것이 바람직하다.

02
움직임의 특성과 메카니즘

1 움직임과 운동의 특성

1) 움직임의 특성

스포츠의 동작에는 걷기, 달리기, 뛰기, 던지기, 차기, 때리기, 미끄러지기, 헤엄치기 등과 같은 다양한 양식이 있다. 여기에서는 사람의 가장 기본적인 동작인 걷기, 달리기, 뛰기, 던지기 등의 구조를 살펴본다.

걷기(walking)와 달리기(running)의 결정적인 차이는 양발이 동시에 지면에서 떨어지는 순간이 있는지 없는지 이다. 걷기에서는 어느 쪽이든 한쪽 발이 반드시 지면에 붙어 있으며, 달리기에서는 양발이 지면에서 떨어져 있는 시간이 있다. 또한 이동속도, 신체부담도, 소비에너지 등에서도 차이가 발견된다. 최근의 피트니스붐에 맞춰 걷기나 조깅의 생리적 효과가 과학적으로도 실증되어 올바른 걷기법이나 달리기법이 소개되고 있다.

그런데 달리기와 뛰기(jumping)의 관계는 어떨까? 달리기는 작게 뛰는 상태를 다리의 교대운동으로 반복하는데, 이것을 뛰기(도약)라고는 말하지 않는다. 스포츠에서는 멀리뛰기·높이뛰기·상대를 피해가며 뛰기·잡기 위해 뛰기·치기 위해 뛰기 등이 경기나 종목의 목적이 된다. 또한 뛰는 동작은 그 원동력을 확보하기 위해 도움닫기나 지면을 세게 굴러 뛰는 장면에서 '달리는' 동작이 전제로 이용된다. 일상생활에서는 특별히 뛰기를 강조하는 장면은 없지만, 신체에 위기가 닥쳤을 때 재빨리 몸을 돌려 피하기 위해 뛰는 경우도 있으므로 필요최소한의 다리근력도 필요하다.

던지기(throwing)는 특별한 이유가 없는 한 일상적으로는 쓰이지 않는다. 던지기에서는 던지는 물체가 필요하다. 스포츠에서는 멀리 던지기·높이 던지기·정확하게 던지기(상대에게 던지기, 맞추기) 등 목적을 갖는 동작이 경기나 종목이 되어 있다. 요즘에는 생활환경에 관련된 여러 가지 문제가 있어 던지는 동작으로부터 어린이들이 멀어지게 되어 캐치볼조차 제대로 못하는 현상이 나타나고 있는 실정이다. 던지기와 잡기(=받기)는 인간의 본능적인 능력의 일부이다. 앞으로는 던질 수 있는 환경 만들기와 던지는 경험을 쌓는 것을 중시하는 스포츠의 역할이 크다고 하겠다.

2) 운동의 특성

인간의 운동에는 여러 가지 역학적 법칙이 작용한다. 스포츠기능을 습득하기 위해서는 이러한 운동과 힘의 관계를 알아야 한다. 트레이닝을 효과적으로 하기 위한 기초적인 지식으로 스포츠바이오메카닉스(sports biomechanics)이론이 있다. 이것은 인간의 생물학적 조건을 고려하면서 신체운동을 역학적 입장에서 연구하는 스포츠과학의 한 영역이다. 즉 인체가 자연계에서 다양한 영향을 받으면서 움직일 때 어떻게 하면 효과적으로 힘을 발휘할 수 있을지를 생각하는 분야이다.

지구상에는 중력이 작용하고 있다. 예를 들어 뛰기운동에서는 아무리 도움닫기를 해가며 지면을 세게 굴러 뛰어도 결국 중력에 의해 신체는 낙하하기 마련이다. 따라서 멀리 혹은 높이뛰기 위한 운동기술을 습득하기 위해서는 도움닫기 스피드나 지면을 세게 굴러 뛸 때의 임팩트, 뛰어오르는 각도, 공중자세, 착지자세 등을 과학적으로 분석할 필요가 있다. 거기서 얻어낸 최적타이밍이 가장 좋은 운동기술로 받아들여지고 있으나, 그것을 끌어내는 체력적인 자질도 중요한 조건이 된다. 이렇게 해서 목적으로 하는 운동의 특색을 명확하게 하는 것을 운동특성이라고 한다.

운동특성은 크게 효과적 특성, 구조적 특성, 기능적 특성으로 나눌 수도 있다. '효과적 특성'은 운동에 의한 신체적 발달효과에 착안한 것이다. '구조적 특성'은 운동의 기술적인 구조에 착안한 것이다. 그리고 '기능적 특성'은 운동의 욕구나 필요성을 충족시키는 기능에 착안한 것이다.

한편 운동특성은 '체력특성'과 '기술특성'으로 나누기도 한다. 체력특성은 그 운동이나 경기가 어떤 체력적 요소로 구성되어 있는지가, 기술특성은 어떤 자세나 동작 등 기능적 요소로 구성되어 있는가 하는 분류이다. 어느 쪽이든 이러한 운동특성을 고려하여 계획 · 실천하지 않으면 효과적인 트레이닝이 될 수 없다.

2 바이오메카닉스의 활용

1) 바이오메카닉스란

바이오메카닉스(biomechanics)란 인체가 역학적 성질을 갖고 행동하는 것에 착안하여 운동특성을 연구하는 분야이다. 일반적으로는 신체의 구조나 기능은 해부학적 혹은 생리학적으로 파악할 수 있다. 그러나 물리학적인 관점에서 본 인체는 1개의 물체(운동체)로 관찰된다. 예를 들어 중력은 자세를 유지하거나 운동을 일으킬 때 필연적으로 관여하고 있다.

철학자 아리스토텔레스(Aristoteles)는 동물의 발이 하는 펴기동작을 관찰하여 발에 관절이 없으면 걸을 수 없다고 생각했다. 철학자 아르키메데스(Archimedes)는 물속의 물체는 그것과 같은 부피의 물무게만큼 가벼워진다는 '아르키메데스의 원리'를 발견하였는

데, 이 원리는 그 후 수영경기 등을 중심으로 한 스포츠분석이나 지도 시에 응용되고 있다. 레오나르도 다 빈치(Leonardo da Vinci)는 "다른 것으로부터 영향을 받지 않고 혼자 힘으로 움직이는 것은 없다"고 말해 신체운동에 관한 많은 것을 연구하였다. 또한 이탈리아의 볼레리(Borelli, G.)는 측정기구를 개발하여 걷기·뛰기·그밖의 운동을 일으키기 위해 쓰이는 힘의 세기, 간단한 동작에 의한 힘의 손실, 공기나 물의 저항 등을 논하였다. 이러한 선구자들의 많은 연구와 신체운동에 대한 해명이 현대 바이오메카닉스이론의 원섬이 되고 있다.

우리 주변에서 보면 자기 자신이나 물체와의 관계 중에서 마찰, 관성, 회전, 원심력, 공기저항 등의 현상을 자주 볼 수 있다. 특히 스포츠를 할 때 신체의 무게중심에 착안하면 점프나 낙하운동 시에는 공중에 던져진 돌과 마찬가지로 포물선운동을 나타낸다. 또한 팔이나 다리의 움직임에는 진자운동(pendular movement)의 성질이 나타나며, 근육이나 관절의 자연스럽고 원활한 제휴가 스포츠의 스킬(기술)로서 인정받고, 운동수행능력의 향상에 공헌한다. 그러나 지구상에서는 중력으로 인한 이러한 물리적인 특성은 신체에 영향을 미치는 부하로서 플러스로도 마이너스로도 작용한다. 스포츠바이오메카닉스의 목적은 인체의 생리·해부학적인 운동현상을 역학에 입각하여 운동의 법칙에 비춰서 해명하는 데 있다.

2) 바이오메카닉스의 기초

바이오메카닉스에서의 '힘'은 생리학적인 '근력'과는 다른 '역학적인 힘'을 의미한다. 힘에는 크기, 작용점, 방향이라는 3요소가 있다. '지레의 원리'로 잘 설명되지만 몸속에는 많은 지레가 있어서 그 작용으로 신체를 지지하고 무게중심을 이동시키며 근출력을 균형 있게 조절한다.

힘은 물체를 변형시켜 이동운동이나 회전운동을 일으키는 효과를 만들어낸다. 예를 들어 야구에서는 공을 치면 그 임팩트(impact)에 의해 공은 압축되어 변형되지만, 바로 복원되어 방향지어진 장소로 이동한다. 그리고 투수가 던지려는 공은 잡는 방법이나 손가락에 끼우는 방법에 따라 다양한 회전운동을 일으켜 일정한 궤도를 그리며 변화한다. 축구에서 공 차는 법이나 배구에서 서브 때리는 법 등도 마찬가지 원리이다. 공에 가해지는 공기저항도 변화하는 요인의 한 가지이다. 한편 포환처럼 무거운 물체는 공기저항이나 회전요소의 영향은 적지만, 던지는 경기자의 신장·체중·투사방향(각도)·속도 등에 관련되는 근력이나 기술이 큰 요인이 된다.

이렇듯 신체운동을 과학적으로 보면 모두 근육의 수축에 의해 일어나며, 관절의 움직임에 따라 운동으로 나타난다. 즉 신경중추로부터 자극을 받은 근육은 수축함으로써 힘을 내고, 그 힘에 의해 신체를 움직이거나 그것을 물체에 전달하여 물체를 움직이게 한다. 따라서 바이오메카닉스는 생리학·해부학 및 역학에 기초를 둔 응용과학이라고도 할 수 있다.

일상생활에서 관성력, 마찰력, 원심력, 공기저항 등의 물리학용어가 자주 쓰이는데, 이것들은 스포츠를 할 때도 중요한 작용을 일으킨다는 것을 알아두어야 한다.

3) 바이오메카닉스의 스포츠연관성

경기스포츠에서는 종목별로 정해진 규칙을 지키며 최대한으로 능력을 발휘하여 경쟁함으로써 각 경기 고유의 다양한 신체의 움직임을 하게 된다. 대인경기(유도, 레슬링 등)에서는 상대의 전술상황에 따라 다양한 기술이 발휘된다. 농구나 야구 등의 볼게임에서는 던지기·잡기·때리기·차기 등 볼을 다루는 기술뿐만 아니라, 전술적으로 볼과는 직접 관련이 없는 곳에서 달리거나 뛰는 등의 신체운동이나 대전상대의 움직임에 따라 다양한 전술이 전개된다. 각각의 신체운동을 보다 높은 능력으로 발휘하기 위해서는 경기에 능숙한지 서툰지뿐만 아니라 신체를 효율성 있게 움직이기 위한 원동력이 되는 에너지를 발휘하기 위한 능력인 체력도 중요하다.

한편 코치가 움직임기술을 선수에게 설명할 때에는 신체 안팎에서 작용하는 힘이 서로 다름을 명확하게 밝히지 않으면 안 된다. 코치는 선수들의 폼이 좋고 나쁜지를 눈으로만 판단하지 말고, 운동이 갖는 원리원칙이나 선수 개인의 특성이 타당한지 어떤지를 판단의 근거로 삼아 어드바이스할 필요가 있다.

예를 들어 일류선수와 초심자의 경우 힘을 내는 방법은 어떻게 다를까? 육상경기의 단거리선수가 아직 초심자일 때에는 훈련 후에 늘 장딴지에 통증을 느꼈지만, 경기력이 향상됨에 따라 장딴지가 아닌 넙다리부위가 아픈 것을 느끼게 된다. 이것은 주력이 향상되면 발끝을 의식하며 달리는 것이 아니라 큰 힘을 발휘할 수 있는 넙다리부위에서 힘을 쓰게 된 것이 원인이라고 볼 수 있다. 또 배드민턴의 초심자는 셔틀콕을 때릴 때 라켓면을 빠르게 움직이려고 팔·샤프트를 직선으로 하여 내려치려고 하지만, 상급자는 각 관절을 지레의 원리를 이용하여 내려치려고 하기 때문에 채찍으로 때리는 듯한 동작, 즉 라켓면이 팔보다 늦게 움직이는 듯한 기술을 구사하게 된다.

이렇듯 팔이나 다리의 움직임에는 물리학적인 동작특징이 있다. 따라서 근육이나 관절의 자연스럽고 원활한 움직임이 스포츠스킬(기술)로 습득되어야 경기성적이 향상될 수 있다.

경기성적을 향상시키기 위해서는 체력수준과 경기수준을 모두 높여야 한다. 기술과 체력의 관련 정도는 운동형태에 따라 다르다. 신체조나 피겨스케이팅은 기술적 요소가 중요하며, 마라톤은 체력적 요인이 큰 비중을 차지하고 있다. 그러나 피겨스케이팅에서 3회전 점프를 성공시키려면 점프를 위해 큰 힘을 발휘시키는 다리근력이 없으면 공중으로 높이 뛰어오르지 못할 것이다. 한편 마라톤에서는 달리기의 경제성을 과학적으로 분석하여 1걸음당 1cm의 스트라이드를 넓힐 수 있으면 기록단축에 공헌하게 될 것이다.

이렇게 여러 가지 경기스포츠에서 운동수행능력 향상을 목적으로 하는 시도가 이루어지는데, 그중 한 부분을 담당하고 있는 것이 바이오메카닉스이다.

4) 바이오메카닉스 데이터의 활용

데이터로서 얻어진 바이오메카닉스 지식은 선수나 코치에게 트레이닝방법의 개선이나 기술적인 어드바이스로 활용되어야 한다. 한편 코치나 선수 자신도 스포츠현장에서 적극적으로 데이터를 수집하고, 여기에 전문적인 연구자와 함께 토론해가며 바이오메카닉스 지식을 높일 필요가 있다.

최근 지도현장에서는 비디오 등을 활용하여 움직임을 모니터하고, 경기자의 이미지와 실제 움직임의 차이를 확인하는 피드백법 등이 많이 보급되어 있다. 또한 컴퓨터를 활용한 스틱 피겨(stick figure) 등의 작성으로 동작분석을 하는 방법도 간편해졌다.

골프용구(볼, 드라이버, 아이언, 샤프트, 슈즈), 축구공, 러닝슈즈, 테니스 · 배드민턴 · 탁구의 라켓, 스키판 · 스노보드판 재질의 경량화, 옷소재 등 모든 스포츠용기구가 바이오메카닉스의 연구결과에 의해 시장에 나온 것이다. 그러나 거기에 담긴 최신기술의 추구뿐만 아니라 사용자 자신의 연령 · 성별 · 체격 · 체형 · 체력 · 기능수준 등에 따른 적절한 용기구를 선정하는 것도 중요하다.

이것은 용기구 때문에 발생하는 스포츠상해예방에도 도움이 된다. 따라서 이러한 것들은 표시된 사이즈나 세분화된 기능수준(초심자 · 상급자)만으로 선정할 것이 아니라, 코치 · 인스트럭터 · 상품판매원 등의 의견을 충분히 참고하여 선정한다.

3 걷기의 메커니즘

1) 걷기란

지구에서는 체중이라는 형태의 중력에 의한 부하가 몸에 걸리기 마련이다. 중력을 되받아칠 수 있는 힘을 몸에 기르는 것이 활동체력의 필요조건이 된다.

'걷기'는 '몸을 일으킨다', '일어선다' 등의 동작과 함께 인간행동의 기본이다. 일어선 자세에서 좌우의 발을 교대로 앞으로 내밀며 이동하려면 중심이동에 의한 밸런스의 흐트러짐을 극복하면서 자세를 계속 유지함과 동시에 추진력을 만들어내야 한다. 체중을 지지하고 다리를 옮길 때마다 밸런스를 잡아 자세를 유지하고, 여기에 추진력을 만들어내는 걷기는 몸통·팔다리근육을 총동원하는 전신운동이다.

2) 걷기의 기본원리

걷기는 인간이 할 수 있는 기본적인 이동수단이다. 여기에는 속도·보폭·보수 등에 의해 걷기만 하면 되는 단순한 산보부터 급보·속보 등이 있으며, 나아가 경기로 하는 경보가 있다.

걷기의 기본적인 포인트는 올바른 서기자세, 올바른 걷기자세, 올바른 신발 등의 3가지이다. 올바른 서기자세는 직립자세가 기본이다. 등근육을 펴고 윗몸을 세워 배부위를 내밀고 턱을 당겨 앞을 보는 것이 중요하다(그림 2-1). 직립자세가 나쁘면 어깨결림이나 요통이 일어나며, 심하면 무릎·발목관절장애, 내장의 압박에 의한 혈행장애·내장질환 등의 원인이 되기도 한다.

올바른 걷기자세를 유지하려면 다음과 같은 점에 주의해야 한다.

그림 2-1. 걸을 때의 자세(전신)

포인트
호흡은 자연스럽게 하고, 편안하게 걷는다.

그림 2-2. 걸을 때의 자세(상반신)

포인트
어깨의 힘을 빼고, 등근육을 똑바로 펴고 20m 정도 전방을 본다.

그림 2-3. 걸을 때의 자세(팔)

포인트
팔꿈치의 각도는 90도 정도로 하고, 겨
드랑이는 너무 벌리지 않는다. 가볍게
주먹을 쥔다.

그림 2-4. 걸을 때의 자세(하반신)

포인트
무릎을 똑바로 펴서 허리의
회전을 이용하여, 발을 크게
앞으로 내딛는다. 일직선상을
걷는 것을 상상한다.

그림 2-5. 걸을 때의 자세(발의 움직임)

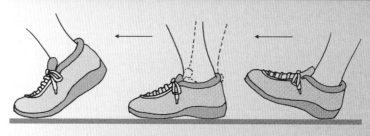

발꿈치부터 자연스럽게 착지한다.

▶ 머리를 숙이지 말고 20m 정도 앞을 본다(그림 2-2).

▶ 등근육을 펴고, 턱을 잡아당기며, 가슴을 편다(그림 2-2).

▶ 팔꿈치를 90도 정도로 구부려 리드미컬하게 팔을 흔든다(그림 2-3).

▶ 무릎이 펴질 때마다 발을 크게 앞으로 내딛는다(그림 2-4).

▶ 발꿈치부터 착지하며, 발가락끝으로 지면을 찬다(그림 2-5).

한편 신발은 발에 꼭 맞아야 한다(그림 2-6). 발에 맞지 않는 신발은 쓸림이나 물집의
원인이 될 뿐만 아니라 무릎통증·어깨결림·두통·스트레스 등 다양한 증상을 일으킨다.
또한 엄지발가락가쪽휨(엄지외반증)·망치발가락(발가락끝이 구부러짐) 등도 발에 맞지
않는 신발을 신음으로써 일어난다.

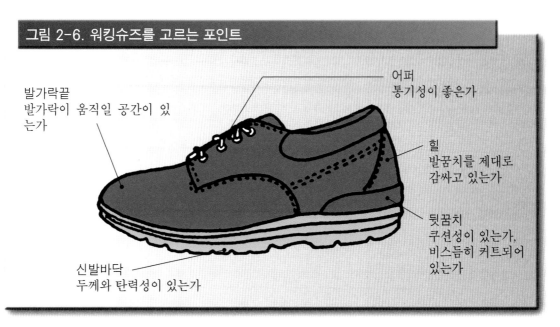

그림 2-6. 워킹슈즈를 고르는 포인트

발가락끝
발가락이 움직일 공간이 있
는가

어퍼
통기성이 좋은가

힐
발꿈치를 제대로
감싸고 있는가

뒷꿈치
쿠션성이 있는가,
비스듬히 커트되어
있는가

신발바닥
두께와 탄력성이 있는가

신발 고르기의 포인트는 다음과 같다.

▶ 발가락끝에 1cm 정도 공간이 있다.

▶ 발폭 · 발등이 맞고, 발가락이 자유롭게 움직인다.

▶ 발바닥의 아치에 맞다.

▶ 힐이 발꿈치를 제대로 감싸고 있다.

한편 걷기는 기본적으로 조깅 · 수영 · 사이클 등과 마찬가지로 적색근육섬유(SO섬유)
를 많이 사용하는 지방연소효과가 높은 유산소운동이다. 걷기는 일상동작에서 중력에 저
항하는 운동이지만, 몸이 받는 충격이 작고 안전하며 게다가 기구를 필요로 하지 않아 돈
이 들지 않는다. 수영처럼 특별한 복장으로 갈아입을 필요도 없기 때문에 누구나 간단히
할 수 있다.

걷기에는 다음과 같은 운동효과가 있다.

▶ 하반신의 근력저하를 막는다(항중력근의 강화).

▶ 뼈가 강해진다(뼈형성의 강화촉진).

▶ 심장기능이 좋아진다(호흡순환계통기능의 향상).

▶ 혈액순환이 좋아진다(혈류의 개선).

3) 운동으로 하는 걷기

걷기는 일상적인 신체동작의 하나이지만, 그 속도에 따라 일반적인 걷기나 산보에서 속
보나 급보가 되는데, 이것들을 엑서사이즈 워킹이라고 한다. 좀 더 속도가 빨라지고 경기
적인 요소가 더해지면 경보가 된다. 경보 · 속보 · 급보 등과 같이 걷는 스피드가 빨라지면

보폭이 넓어지며 보수가 많아진다.

보폭을 넓히기 위해서는 골반의 회전을 이용하여 의식적으로 발을 앞으로 내민다. 그렇게 하면 일직선 위를 걷는 듯하게 되며, 체중은 발가쪽부터 중앙·발가락끝순으로 전달된다. 보폭을 넓게 하면 발뿐만 아니라 다리근육 전체(넙다리두갈래근, 가쪽넓은근, 앞정강근, 장딴지근, 가자미근 등)의 활동량이 늘어난다. 동시에 허리의 상하움직임도 커지게 되어 수직방향의 에너지(일량)가 늘어난다. 보폭을 넓게 하여 걸으면 에너지소비량을 늘리는 전신운동도 된다.

운동강도의 기준이 되는 걷기속도는 보폭·보수에 따라 다를 뿐만 아니라 운동능력이나 목적에 따라서도 달라지므로 다음의 걷기의 속도, 보폭, 보수를 참고하기 바란다.

(1) 걷기의 속도

일반적인 걷기속도는 분속 70~80m 전후이다. 분속 90m(시속 5.4km)를 넘는 걷기는 속보가 된다. 따라서 운동으로 하는 걷기는 분속 90m 이상의 속도가 필요하다. 경보의 엘리트선수는 대부분 분속 200m 이상의 속도로 걷는다.

(2) 걷기의 보폭

우리나라 사람으로서 평균신장을 가진 건강한 성인의 보폭은 60~80cm이다. 이 보폭은 신장의 40~45%에 해당된다. 운동으로 하는 걷기에서 보폭은 신장의 50% 정도, 또는 그 이상으로 벌리는 것이 바람직하다. 경기적인 요소가 높아지면 보폭은 넓어져서 신장의 50% 이상이 된다.

(3) 걷기의 보수

건강한 성인의 걷기에서 보수는 1초에 2보가 일반적인데, 이는 1분에 110~130보 정도이다. 보수는 걷기속도에 비례하므로 걷기속도가 높아지면 보수도 증가한다. 1분에 200보 이상 걷는 경보선수도 있다. 경기적인 요소가 높아지면 보수가 현저히 늘어난다.

4 달리기의 메커니즘

1) 달리기란

걷기와 달리기 동작의 차이는 어디에 있을까? 먼저 걷기는 동작 중에 한 발이 지면에 반드시 접지한 상태로 있다. 그러나 달리기는 동작 중에 양발이 반드시 지면에서 떨어져 있는 상태가 있다.

인간의 달리기운동은 다른 네발동물의 동작과는 달리 인간이 원숭이에서 진화해 획득한 직립이족보행의 연장에 있는 운동으로 볼 수 있다. 인류가 수렵생활을 할 때 사냥물인 동물을 쫓아가거나, 사나운 동물로부터 몸을 지키기 위해 될 수 있는 한 빨리 도망가기 위하여 보다 재빨리 신체를 이동시키는 수단으로 달리기를 발달시켰을 것이다.

인간의 달리기운동의 최대특징은 비대칭적인 동작을 하는 동물과 달리 좌우교대의 대칭적인 동작을 한다는 것이다. 또한 달리기의 적응은 형태나 운동양식뿐만 아니라 생리기능에서도 볼 수 있다.

유제류(ungulate ; 포유류 중에서 발굽이 있는 동물)는 운동에 동반되는 체온조절을 발한(땀)으로 보충하며, 고기를 먹는 동물은 입을 크게 벌리고 혀를 빼서 호흡을 한다. 인간은 땀샘이 발달하여 땀을 흘려 체온을 유지하면서 장시간 달리기를 계속할 수 있다. 사냥감인 동물을 장시간 쫓아가는 능력은 체온조절능력과 깊은 관계가 있다.

(1) 달리기의 기본원리

달리기동작은 한 발이 지면에서 떨어지면서 신체가 공간을 이동하여 같은 발이 또 한 번 착지할 때까지를 1 사이클이라고 한다. 1 사이클을 좌우양발에 적용해보면 접지기와 체공기로 나눌 수 있다. 여기서 접지기는 '착지기→지지기→킥기'로, 체공기는 다시 '팔로스루기→전방이동기→흔들어올린 발을 내리는 시기'로 나눠진다.

달리기속도는 일반적으로 피치와 스트라이드에 관련되어 있다. 달리기속도가 초속 3.5~6.5m인 범위에서는 스트라이드가 증가함에 따라 달리기속도가 상승하지만, 초속 6.5m 이상이 되면 스트라이드의 변화는 거의 없고, 최고속도는 피치가 올라감에 따라 스트라이드가 감소하는 경우도 있다.

피치는 달리기속도가 빨라지면 급격히 증가한다. 저~중간 정도의 속도(3~6m/sec.)에서 속도에 대한 피치의 증가는 비교적 적지만, 고속도(6~9m/sec.)에서 피치는 직선적으로 향상된다.

달리기속도의 차이에 따라 착지하는 발의 부위가 다르다. 장거리종목(5,000m 이상)에서는 발꿈치부터 착지하여 발바닥전체로 접지한다. 그러나 단거리달리기에서는 엄지발가락두덩(무지구) 부근에서 착지하며, 발바닥전체가 접지하는 경우는 거의 없다.

(2) 스포츠에서 달리기동작

스포츠에서 달리기동작은 경기종목에 따라 다르지만 달리기의 기본은 변함없다. 육상경기의 달리기종목은 자신의 신체를 골인지점까지 보다 빨리 옮기는 직진운동능력을 필요로 한다. 그러나 미식축구·농구·축구·럭비·야구 등의 종목에서는 급격히 스피드를 올리거나, 재빨리 방향을 전환하거나, 신체 전체나 일부분을 재빨리 움직이는 능력이 필요하다. 야구를 할 때에는 공격과 수비를 위한 대시→정지→대시의 불규칙한 연속, 그것도 달리는 방향이 경기순간마다 변화하므로 허리의 위치는 단거리달리기에 비해 갑자기 정지하거나 대시를 준비하기 위해 약간 낮아진다. 또한 야구의 외야수는 날아오는 공을 잘 잡으려면 시선이 흔들려서 공을 벗어나지 않아야 하므로 위아래로 움직이지 않는 중심이 안정된 달리기가 요구된다.

이렇듯 스포츠에서 달리기동작은 스포츠의 종류나 경기장면에 맞는 형태가 요구된다.

2) 빨리 달리기의 메커니즘

(1) 빨리 달리려면

일류선수의 달리는 방법은 세련되고 아름다우며 힘차게 보인다. 중·고등학생 선수들에게서 자주 볼 수 있는 일류선수의 움직임을 흉내내기는 거의 플러스가 되지 않는다. 폼은 선수마다 가지고 있는 신체적 특징이다. 따라서 일류선수의 흉내를 내지 말고 자신의 특성을 살려 자신의 스타일을 만들어가는 것이 중요하다.

달릴 때 힘을 내는 근원은 신체의 중심부이다. 발끝이나 손끝에 강한 힘이 있어도 도움이 되지 않는다. 몸통을 강화하여 신체의 축을 만들고, 힘이 빠져나가지 않도록 하는 것이 중요하다. 어릴 때는 전문적인 트레이닝을 시키지 말고, 다양한 운동을 즐겁게 경험시켜 달리기만으로는 강화하기 힘든 근육을 단련시켜야 한다.

또한 균형잡힌 영양섭취와 지친 신체를 쉬게 하기 위한 휴식은 피로회복의 기본이다. 오버트레이닝은 근육발달을 저해하고, 부상의 원인도 되므로 주의해야 한다.

(2) 빨리 달리기 위한 요소

빨리 달리기 위해서는 유전적 요소인 근육조성이 필요하다. 즉 발이 빠른 사람은 선천적으로 백색근육(속근)섬유의 점유율이 적색근육(지근)섬유보다 훨씬 높다고 한다.

다음에는 근육이 어떻게 신체부위에 분포되어 있는가이다. 물리적으로 움직이기 쉬운 구조는 움직임의 근원, 즉 경주말의 뒷다리처럼 다리의 시작부위가 굵고 종아리가 가늘어지는 구조가 이상적이다.

(3) 빨리 달리기의 과학

100m 세계기록보유자라도 반드시 후반의 수십 m는 속도가 떨어지기 마련이다. 왜냐하면 다이나믹하고 폭발적인 움직임을 하면 8초 정도 지나며 근육 중의 에너지가 모두 사용되어버리기 때문이다. 스타트대시 후 8초라고 하면 거의 80m 부근을 달리고 있는 상태이며, 그 후 스피드가 떨어지는 이유는 에너지가 고갈되어 다리를 움직이기가 힘들게 되기

때문이다. 일류선수조차 겨우 8초밖에 가지 못하며, 일반인은 5초 전후이다.

3) 오래 달리기의 메커니즘

(1) 오래 달리기 위해서는

오래 달리기 위해서는 지구력이 필요하다. 지구력은 근지구력과 호흡순환계통의 지구력으로 나눠진다. 근지구력은 뼈대근육의 1/7~1/6 이하의 근육이 작용할 때의 지구력이며, 호흡순환계통의 지구력은 뼈대근육의 1/7~1/6 이상의 근육이 작용할 때의 지구력이다. 특히 후자의 경우에는 심장과 허파의 기능이 지구력에 결정적인 역할을 미친다.

근지구력은 근수축의 수행능력이 장시간에 걸쳐 떨어지지 않는 능력이다. 근수축은 다음의 3가지 타입으로 구분한다.

등장성수축 (isotonic contraction) ▷▶ 중량물을 들어올릴 때처럼 근육이 일정한(동일한) 장력을 발휘하면서 단축하는 것을 등장성수축이라고 한다.

등척성운동 (isometric contraction) ▷▶ 정적수축이라고도 하며, 관절각도의 변화없이 장력(힘)이 발생하는 상태를 말한다. 중량물을 지지하거나 고정된 물체를 누를 때 이 수축이 이루어진다.

등속성수축 (isokinetic contraction) ▷▶ 일상생활에서 이 수축은 거의 이루어지지 않는다. 이 수축운동을 하려면 특정기구를 사용하여 동일속도에서 근육의 수축이 반복되어야 한다.

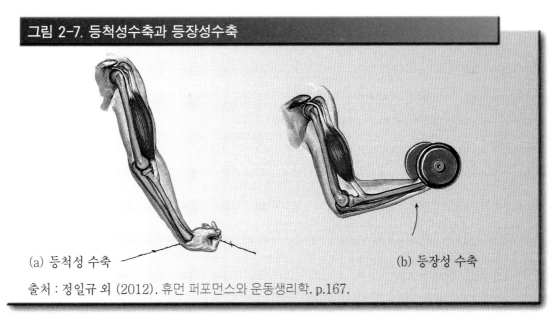

그림 2-7. 등척성수축과 등장성수축

(a) 등척성 수축   (b) 등장성 수축

출처 : 정일규 외 (2012). 휴먼 퍼포먼스와 운동생리학. p.167.

오래 달리기 위해서는 3가지 근수축형태 가운데 등장성수축이 사용된다.

호흡순환계통의 지구력은 큰근육이 여러 개 참가하는 동적인 전신운동을 비교적 장시간 하게 되므로 그에 맞는 에너지소비량이 필요하다. 높은 에너지소비를 지지하기 위해서는 뼈대근육의 산소수요량이 커진다. 몸속의 산소흡입량은 최대산소섭취량($\dot{V}O_2max$)

으로 나타낸다. 따라서 호흡순환계통의 지구력지표는 최대산소섭취량(특히 체중당 ml/kg · min.)으로 나타낼 수 있다.

한편 뼈대근육이 활동할 때에는 수축속도는 빠르지만 지구성이 없는 속근섬유(FG섬유)와 수축속도는 늦지만 지구성이 뛰어난 서근섬유(SO섬유)의 두 가지 근육섬유가 사용된다. 이러한 수축특성에 대사특성을 가미하면 근육섬유는 다음의 3가지로 나눌 수 있다.

서근섬유(SO섬유: slow twitch oxidative fiber, Type I) ▷▶ 미오글로빈이 많이 들어 있어 붉은 색을 띠기 때문에 적색근육(red muscle)이다. 속근섬유보다 대체로 더 적은 힘을 발휘하지만, 에너지효율이 높아 같은 에너지로 더 많은 힘을 생산한다. 수축속도가 늦어 장시간 운동에 적합하다. 종아리의 자세유지근육인 가마지근(soleus muscle)은 거의 서근섬유로 구성되어 있다.

속근섬유(FG섬유: fast twitch glycolytic fiber, Type Ⅱb) ▷▶ 미오글로빈이 적게 들어 있어 흰색을 띠기 때문에 백색근육(white muscle)이다. 수축속도가 빨라서 큰힘을 발휘하지만, 서근섬유보다 쉽게 피로해진다. 눈을 깜박거리는 운동을 담당하는 섬모체근(ciliary muscle, 모양체근)은 대부분 속근섬유이다.

중간근섬유(FOG섬유: fast twitch oxidative glycolytic fiber, Type Ⅱa) ▷▶ 회색근육(gray muscle)이다. 속근섬유 중에서도 서근섬유의 대사적 특성을 많이 가지고 있다.

오래 달리기 위해서는 서근섬유인 SO섬유와 FOG섬유가 많이 동원된다. 이러한 근활동을 위한 에너지가 되는 것이 ATP(아데노신삼인산)이다. ATP는 근육 안에 소량밖에 없기 때문에 ATP가 재합성되지 않으면 활동할 수 없게 된다.

ATP재합성을 위한 에너지공급은 산소계와 무산소계로 크게 나눠지며, 무산소계는 다시 비젖산계와 젖산계로 구분된다.

▶ 산소기구

▶ 무산소기구 ─┌─ 비젖산계(ATP-CP계)
             └─ 젖산계

오래 달리기를 할 때에는 산소계(유산소기구)에 의해 에너지가 공급된다. 산소계에서는 산소를 충분히 사용하여 글리코겐을 이산화탄소와 물로 분해하므로 젖산은 발생하지 않는다. 산소계의 에너지공급량은 무한대이다. 에너지공급속도는 3.6kcal/kg/sec.이므로 2~3시간의 통상적인 운동으로는 글리코겐이나 지방이 고갈되지 않으므로 오래 달리기에 적합한 효과적인 에너지공급기구이다.

(2) 오래 달리기 위한 요소

오래 달리기 위해서는 지구적인 능력(유산소능력)이 필요하다. 이것은 최대산소섭취량($\dot{V}O_2$max)과 체중당 최대산소섭취량(ml/kg · min.)으로 평가한다. 또한 무산소역치 (AT) · 젖산역치(LT)도 그 평가지표의 하나이다. 이런 요소를 높여가면 오래 달리기로 이어져 달리는 속도도 빨라진다. $\dot{V}O_2$max, AT, LT를 높이기 위한 트레이닝조건은 강도 · 지속시간 · 빈도의 3가지인데, 이들의 조합형태에 따라 여러 가지 트레이닝패턴이 만들어진다.

주요 트레이닝방법은 다음과 같다.

지속달리기 ▷▶ 지속달리기는 일정한 스피드를 지속적으로 달리는 방법이다. 에너지계로 말하면 무산소역치(AT : anaerobic threshold) 이하의 유산소범위이다. 지속달리기는 스피드와 시간의 조합에 따라 산소섭취수준 유지능력을 높일 수 있다. 스피드가 느려서 주행시간이 길어지면 에너지원이 되는 주연료는 탄수화물로부터 지방으로 옮겨진다. 스피드와 시간에 따라 트레이닝의 생리학적 효과는 달라지지만, 대체로 다음과 같은 효과를 들 수 있다.

▶ 활동하는 근육으로 가는 산소운반역할을 맡고 있는 심장혈관계통의 기능이 개선된다.

▶ 심장의 확장과 근육의 모세혈관에 의해 순환계통이 발달한다.

▶ 지방세포로부터 지방산을 유리시켜 유산소계 에너지공급을 이용하는 능력이 향상된다.

▶ 젖산제거능력이 높아져 젖산역치(LT : lactate threshold)가 향상된다.

인터벌 트레이닝 ▷▶ 인터벌 트레이닝(interval training)은 질주기의 거리에 따라 쇼트인터벌(short interval)과 롱인터벌(long interval)로 나누어진다. 400m 이상인 거리를 쇼트인터벌, 1,000m 이상인 거리를 롱인터벌이라고 한다. 인터벌 트레이닝의 특징은 유산소능력과 무산소능력, 스피드와 스태미너라고 하는 상반된 능력을 동시에 양성하는 것이다. 그것은 질주기의 스피드, 휴식기의 시간길이, 반복횟수 등에 따라 2개의 영역 중 어딘가로 쏠리게 되어 있다.

이 트레이닝은 질주기 · 휴식기 · 횟수의 3가지 조건에 따라 사용되는 에너지계가 다르며, 그 트레이닝효과도 다르다. 일반적인 효과는 최대산소섭취량($\dot{V}O_2$max)의 개선이나 전신지구력향상이다. 또한 무산소적인 요소가 커지면 무산소에너지공급기구의 능력 및 비젖산능력도 향상될 수 있다.

레피티션 트레이닝 ▷▶ 레피티션 트레이닝(repetition training)은 스피드가 요구되는 트랙선수의 무산소적 능력향상을 목적으로 한다. 레피티션 트레이닝은 인터벌 트레이닝보다 '질주기의 스피드를 올리고', '거리를 길게 하고', '휴식기를 길게 하고', '반복횟수를 적게 하는' 트레이닝이다.

그 결과 혈중젖산농도는 인터벌 트레이닝보다 3~4배 증가하고, 무산소에너지공급기구를 많이 사용하게 된다. 따라서 산소부채능력의 향상에 효과적이다. 그러나 트레이닝부하가 다른 트레이닝보다 크므로 능력 · 연령 · 성별 등을 다른 트레이닝보다 더 고려할 필요가 있다.

힐 트레이닝 ▷▶ 힐 트레이닝(hill training)은 뉴질랜드의 리디어드(Lydiard, A.) 코치의 트레이닝방법 중의 하나로, 1960년대부터 전 세계로 보급된 것이다. 트레이닝강도에 따라 효과는 다르지만, 유산소능력과 함께 스피드와 무산소능력의 향상에도 효과적이다.

이 트레이닝은 언덕길을 뛰어올라갔다가 내리막길을 조깅으로 회복시켜가며 내려온 다음 다시 한 번 오르는 방법이다. '오르막길 달리기→내리막길 달리기→평지 달리기'를 반복하면 유산소능력과 무산소능력 모두를 향상시킬 수 있다. 또한 다리근력의 강화와 함께 자세 개선을 비롯한 여러 가지 효과도 기대된다. 그리고 오르내리기의 자세와 스피드의 변화에 따라 서근섬유와 속근섬유 양쪽을 모두 사용하므로 에너지소비도 크고, 다리 전체의 올라운드 트레이닝도 된다. 그러나 내리막길 달리기에서는 착지충격이 너무 커서 근육통이 생길 위험성이 있으므로 주의해야 한다.

파틀렉 ▷▶ 파틀렉은 스웨덴어의 Fartlek이며, 영어로는 speed-play를 의미한다. 이것은 도로나 트랙에서 하는 지속달리기나 인터벌달리기 등의 형식적이고 단조로운 트레이닝이 아닌 자연 속에서 스피드를 변화시키고, 지형에 따라 자세를 바꿔가며 개방적이고 야성적으로 달리는 트레이닝방법을 말한다. 구미의 선수들에게는 주요 트레이닝방법으로 자리매김하고 있으나, 우리나라에서는 트랙이나 도로연습을 할 때 기분전환쯤으로 하는 경우가 많다.

트레이닝내용은 지속달리기나 인터벌 달리기, 힐 트레이닝, 스프린트 달리기, 조깅이나 워킹 등을 포함한 다양한 트레이닝방법을 반복해서 전개해가는 복잡한 트레이닝이다. 또한 파틀렉은 인터벌 달리기나 레피티션 트레이닝보다 부하는 적지만, 하나하나의 에너지계에 노림수를 짜낸 분습법적 트레이닝이 아닌 전습적인 트레이닝으로 볼 수 있다. 파틀렉은 점점 중요한 트레이닝방법이 되어가고 있다.

타임트라이얼 ▷▶ 타임트라이얼(time trial)은 레이스를 가정해가면서 완성상태를 보는 트레이닝방법이다. 레이스에 근접된 상황에서 하는 트레이닝이므로 레이스에 대한 적응능력이나 레이스대응능력을 향상시킬 수 있다. 레이스의 시뮬레이션으로 자리매김할 수 있는 최적 트레이닝방법이다.

5 뛰기의 메커니즘

1) 뛰기란

뛰기는 주로 다리부위의 근육을 사용하여 위쪽·멀리 등으로 점프하는 동작이다. 가장 높은 점프를 기록한 동물은 캥거루(체중 약 50kg)로, 약 270cm로 알려져 있다. 사람은 높이(수직거리)에 관해서는 도움닫기 높이뛰기의 세계기록은 2m 45cm, 길이(수평거리)는 관해서는 도움닫기 멀리뛰기의 세계기록은 8m 95cm인데, 이는 스포츠경기규칙을 적용한 경기에서 최고기록이다.

뛰기의 메카니즘적 기초는 아킬레스힘줄의 발달이다. 착지할 때 힘줄에 축적된 에너지가 다음 뛰기에 사용된다는 보고가 있다. 즉 근육이나 힘줄이 펴짐으로써 운동에너지가 생겨 뛰기의 원동력이 된다.

아기가 일어서서 보행하게 되면 다리근력이 급격히 발달한다. 유아가 대에 뛰어오르거나, 작은 장애물을 넘는 운동을 좋아하거나, 대에서 뛰어내리는 동작을 즐기면서 반복하는 모습을 자주 볼 수 있다. 이러한 것들은 뼈나 근육의 성장에 동반되는 본능적인 요구이기 때문에 위험하다는 이유로 많은 제한을 가해서는 안 된다. 착지 시 뼈나 근육으로 전해지는 적절한 정도의 자극은 성장에 크게 관여한다. 여러 가지 자극의 종류나 생활환경에 따라 어린이들의 운동기능발달에 차이가 나타난다는 사실도 밝혀졌다.

2) 뛰기의 기본원리

뛰기동작에서는 무릎관절이 펴지기 때문에 주동근이 되는 넙다리네갈래근이 주역을 맡게 된다. 그러나 뛰기는 신체의 무게중심을 끌어올리는 운동특성을 갖고 있으므로 머리·팔·몸통·다리가 일체화된 운동이 이루어져야 한다.

테이크오프(take-off) 시에는 접지하는 다리가 강하게 재빨리 지면을 붙잡는 다운 앤 백 모션(down and back motion)을 하게 된다. 그리고 필요최소한으로 구부러진 무릎관절이 넙다리 앞면에 있는 넙다리네갈래근의 수축에 의해 펴질 때 장딴지근이나 넙다리뼈에 의해 팽팽하게 당겨지는 동시에 아킬레스힘줄을 잡아당겨 발목관절을 펴지게(발바닥쪽굽힘)한다. 이때 축적된 탄성에너지가 방출되어 장딴지근이나 아킬레스힘줄이 재빨리 수축된다. 테이크오프 시에 보이는 무릎이 펴짐과 동시에 일어나는 발목의 스냅은 이러한 일련의 메커니즘으로부터 이루어진다. 동시에 무게중심을 끌어올리기 위해 엉덩관절주변에서도 많은 근육군이 연동하여 윗몸을 일으키며, 팔의 스윙이나 목반사가 관계하여 각도나 방향성이 정해지게 된다.

3) 스포츠에서 뛰기동작

육상경기를 예로 들면 뛰기동작에는 도움닫기 멀리뛰기나 세단뛰기와 같이 '거리'를 다투는 것과, 도움닫기 높이뛰기나 장대높이뛰기처럼 '높이'를 다투는 것이 있다. 배구에서는 볼을 마지막까지 따라가서 슬라이딩하기 위한 점프, 어택이나 블로크에서 절대적인 높이를 위해 뛰는 점프 등으로 생각해도 좋다. 한편 점프의 스타일에는 한 발 점프와 양발 점프가 있다.

이러한 점프에서 공통된 바이오메카니컬한 요소는 테이크오프 시의 스피드·각도·무게중심의 높이이다. 이 3요소를 끌어내기 위해 도움닫기나 발구름동작도 중요한 역할을 한다. 도움닫기나 발구름은 초보단계에서는 뛰는 거리나 높이에 큰 영향을 준다. 도움닫기의 스피드가 늦어 올바른 발구르기를 할 수 없는 선수는 공중동작을 아무리 연습해도 좋은 성적을 낼 수 없다. 반대로 도움닫기 스피드를 올리려고 전력질주하여 발을 구르려고 해도 발을 구를 때 필요한 운동에너지가 충분히 힘줄에 저장되어 있지 않거나 다리근육이나 관절이 너무 빠른 동작에 대응하지 못하면 뛰기요소를 잘 끌어내지 못하게 된다.

따라서 각자의 체력적인 요소나 종목별 특유의 기술적인 특성에 맞는 적절한 도움닫기 스피드로 달려 발을 굴러야 효과적인 뛰기가 된다. 대체로 거리를 다투는 뛰기에서는 도움닫기스피드와 강한 발구름이 성적에 큰 영향을 미치며, 높이를 다투는 뛰기에서는 리드미컬한 도움닫기와 발구름타이밍이 중요하다.

도움닫기 멀리뛰기에서는 세일(sail), 히치 킥(hitch-kick), 행(hang) 등의 대표적인 자세가 있지만, 모든 뛰기방법에는 모순점이 있다. 발구르기에서부터 전력으로 뛰어내리면 전방회전력이 생겨 착지 시에 머리부터 들어가는 자세가 되기 때문에 전방회전과 상쇄하기 위하여 뒤를 향하는 회전력이 필요하다. 그러기 위해서는 도움닫기스피드를 컨트롤하여 발구르기에서 도약각도를 억기 위해 약간 후방경사자세를 취하며, 공중에서는 팔을 사용하여 윗몸을 일으키는 동작을 하게 된다. 착지 시에는 거리를 확보하기 위해 양발은 전방으로 내밀지만, 양팔은 반대로 위에서 아래와 후방으로 흔들어내리는 동작을 한다. 이것은 뉴턴의 제3법칙인 '작용(액션)과 반작용(리액션)'이다(그림 2-8).

그림 2-8. 도움닫기 멀리뛰기에서의 작용과 반작용

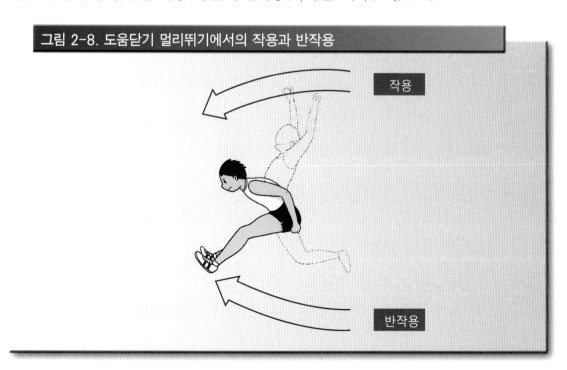

작용

반작용

한편 도움닫기 높이뛰기의 자세도 정면뛰기에서 벨리롤(belly roll)로, 그리고 배면뛰기로 기술적인 진화를 이어왔다. 현재는 배면뛰기가 가장 높이뛸 수 있는 방법이라고 한다. 도움닫기 멀리뛰기와 마찬가지로 강인한 체력과 고도의 동작기술을 익히는 것이 기록 향상요인이 되고 있다.

배구의 어택이나 블로크·농구의 리바운드·축구의 헤딩과 같이 상대보다 높이 뛸 수 있다면 압도적으로 유리해지는 점프, 리시브나 캐칭처럼 멀리 있는 공을 잡기 위한 점프 동작 등 스포츠경기에서는 많은 형태의 뛰기동작이 있다. 따라서 경기종목이나 운동동작의 특성에 맞는 효과적인 트레이닝을 통한 기능향상이 중요하다.

6 던지기의 메커니즘

1) 던지기란

던지기란 '손에 들고 있는 물체를 그 손에 속도를 주어 공중으로 날리는 동작'이다. 달리기·뛰기와 함께 던지기는 인간의 기초적인 생활동작이다. 다리가 있다면 어떤 동물이라도 걷고·달리고·뛰기는 할 수 있지만, 인간 외에 물건을 잘 던질 수 있는 동물을 없다.

달리기나 뛰기는 다리를 주로 사용하는 대표적인 운동양식인 데 반해, 던지기는 주로 팔을 사용하는 대표적인 운동양식이다. 던지기동작은 달리기나 뛰기에 비해 매우 스피디한 운동이며, 던지는 물건의 무게에 따라 그 속도를 변화시킬 수 있다.

최근 다양한 생활환경으로 인해 아이들의 던지기능력이 눈에 띄게 저하되었다. 던지기 능력은 달리기·뛰기운동에 비해 특수성을 띄고 있기 때문에 스포츠활동 이외의 일상생활에서는 사용할 기회가 적을 뿐만 아니라 운동구조가 복잡하기 때문에 특별한 트레이닝을 쌓지 않으면 기술상의 발전도 바랄 수 없다.

스포츠에는 여러 가지 던지기운동이 포함되어 있다. 스포츠를 통해 다양한 던지기경험을 쌓으면 올바른 던지기방법을 습득할 수 있으므로 스포츠가 던지기운동에 미치는 역할은 매우 크다고 하겠다.

2) 던지기의 기본원리

던지기동작의 메커니즘을 야구 피칭을 예로 들어 설명한다. 오른손잡이의 경우 왼발에서 시작하여 오른손으로 끝나는 일련의 던지기동작 가운데 오른손에 최대속도를 갖게 하려면 신체 각 부위(다리→허리→몸통→어깨→팔꿈치→손목→손가락끝)의 가속과 감속을 순서대로 실시해야 한다. 즉 하반신의 이동(슬라이드)→몸통비틀기→허리회전→팔꿈치 회전→손목회전→볼릴리스→팔로스루의 순서로 속도를 가중할 필요가 있다(그림 2-9).

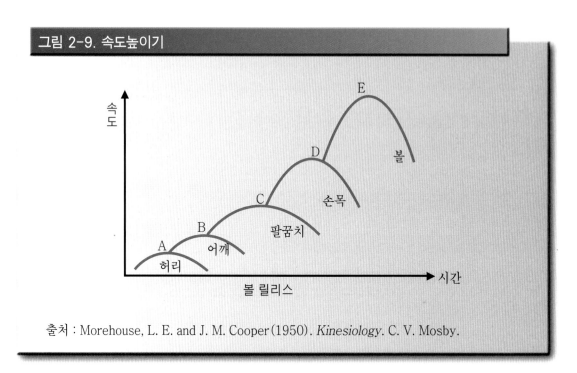

그림 2-9. 속도높이기

출처 : Morehouse, L. E. and J. M. Cooper(1950). *Kinesiology*. C. V. Mosby.

참여하는 신체 각 부위에 의해 신체의 회전운동과 던지는 역방향으로 중심이동을 하게 되고, 양자를 협력시켜 신체말단인 손에 운동을 전달하게 된다. 신체의 회전운동에서는 신체의 축을 중심으로 윗몸을 비트는 식으로 신체를 사용하여 던진다. 이 경우 왼발의 착지와 동시에 회전운동의 움직임을 멈추고, 그것이 만들어내는 반동에너지를 이용하여 윗몸 비틀기를 몸통→어깨→ 팔꿈치→손목→손가락끝→볼의 순서대로 풀면서 가속해감으로써 힘의 전달이 이루어진다. 이렇게 하면 근육은 수축 전에 펴져 그 수축력을 증대시켜 던지는 물체에 힘을 가하는 거리를 길게 할 수 있다는 이점이 있다.

또한 던지는 방향으로 체중을 이동할 때에는 도움닫기를 이용하면 그만큼의 운동량이 던지기 자체의 운동량에 가산되는데, 이는 볼의 초속을 높이기 위한 효과적인 방법이다. 그리고 가속·던지는 거리를 최대로 하는 것이 목적이라면 동작에 참여시키는 신체 각 부위의 수를 많게 하면 좋으며, 반대로 적게 하면 정확성이 높아진다(그림 2-10).

멀리 던지기 위한 조건은 초속의 빠르기와 던지는 각도이다. 다시 말해서 던지는 물체에 얼마나 높은 속도를 주었는가 이다. 그러기 위해서는 커다란 던지기동작을 습득해야 한다. 또, 정확하게 던지기 위해서는 던지는 방향·거리 등을 재빨리 살펴 파악해두는 것이 중요하다. 정확하게 던지려면 손끝의 컨트롤에만 의지하지 말고, 반복연습에 의해 근육·신경계통의 협응력을 향상시켜 전신을 사용하는 것이 중요하다.

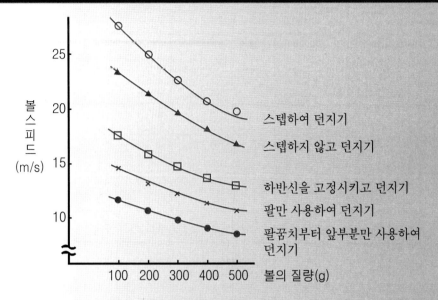

그림 2-10. 볼을 던질 때 관련되는 신체부위

출처: Toyoshima, S. T. Hoshikawa, M. Miyashita, and T. Oguri(1974). Contriburion of the body parts to throwing performance. *Biomechanics IV*. University Park Press, Baltimore.

지금까지의 연구에 의하여 정확하게 던지는 능력은 멀리 던지는 능력을 높임으로써도 향상된다는 것을 알 수 있었다. 따라서 멀리 던지기와 정확하게 던지기의 둘 중 어느 것을 목적으로 하든지간에 던지는 물체를 얼마나 큰 동작으로 될 수 있는 한 멀리 던질 수 있는지가 중요하다.

멀리 던지기가 목적이어도 처음에는 가까이 잘 던지는 것부터 시작해야 한다. 가까이 잘 던지는 것이 불가능하면 멀리 던지는 것도 불가능하다. 잘 던질 수 있게 되면 서서히 거리를 넓혀간다.

3) 스포츠에서 던지기동작

스포츠에서 던지기동작은 야구 · 소프트볼 · 핸드볼과 같은 구기경기에서 던지기, 창던지기 · 원반던지기와 같은 육상경기에서 던지기, 플라잉디스크처럼 레크리에이션게임에서 던지기 등이 있다.

던지기동작은 던지는 물체의 무게 · 크기 · 형태, 즉 무엇을 던지는가 등의 조건에 따라 달라진다. 동작의 목적은 크게 나눠 육상경기처럼 투척물을 되도록 멀리 던지는 '거리'를 목적으로 하는 것과, 구기 등 목표를 향해 공을 정확하게 던지는 '정확성'을 목적으로 하는 것으로 분류된다(표 2-1).

한편 던지는 방법도 다양하다. 던지는 방법에는 야구의 피칭으로 대표되는 오버핸드스로, 소프트볼의 피칭으로 대표되는 언더핸드스로, 야구의 스로잉으로 대표되는 사이드핸드스로, 육상경기의 포환던지기로 대표되는 내밀면서 던지기 등으로 나눠진다. 이 던지는 방법도 목적과 던져지는 물체에 따라 결정된다. 오버핸드스로는 비교적 가벼운 물체를 거리를 목적으로 던지는 경우에 사용된다(그림 2-11). 언더핸드스로는 정확성을 목적으로 하는 경우에 사용된다.

표 2-1. 스포츠에서 던지기의 목적과 던지는 방법

종목명	던지기의 목적		던지는 방법			
	정확성	거리	오버핸드스로	사이드핸드스로	언더핸드스로	내밀면서 던지기
육상 (포환던지기)		○				○
육상 (원반던지기)		○		○		
육상 (창던지기)		○	○			
육상 (해머던지기)		○		○		
야구(피칭)	○		○	○	○	
야구(스로잉)	○			○		
소프트볼 (피칭)	○				○	
축구(스로잉)	○					
테니스 (서브, 토스)	○				○	
농구	○		○			○
럭비	○			○		
미식축구	○		○			
볼링	○				○	
수구	○					
플라잉디스크	○	○	○	○	○	
다트	○				○	

그림 2-11. 던지기동작(오버핸드스로)

초심자가 던지는 모습

숙련자(상급자)가 던지는 모습

03
트레이닝의 종류와 방법

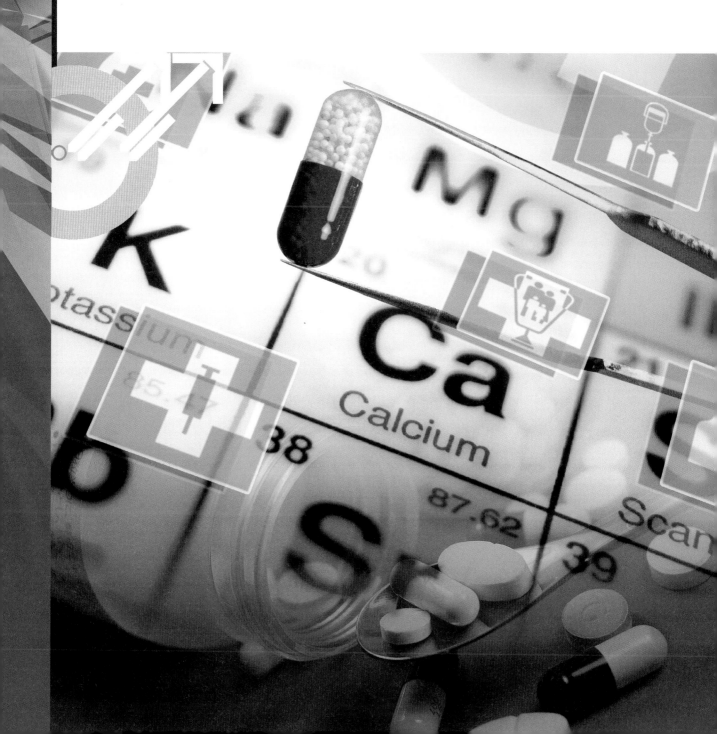

1 크로스 트레이닝

1) 크로스 트레이닝이란

최근 스포츠현장에서는 크로스 트레이닝(cross training)이라고 불리는 트레이닝방법이 주목받고 있다. 특히 미국에서는 트레이닝이라기보다는 피트니스 스타일 내지 라이프 스타일로서 정착되어가고 있다.

크로스 트레이닝이라는 말이 1990년쯤부터 사용되기 시작하였다. 원래는 재활훈련의 일환으로서, 부상 때문에 팔이나 다리의 일부분을 움직일 수 없을 때 다른 부위(특히 반대쪽)에 실시하는 근력 또는 유연성 트레이닝을 크로스 트레이닝이라고 하였다. 이 트레이닝으로 부상부위에 신경적인 자극을 줌으로써 여러 능력의 저하를 최소한으로 막아주는 효과를 끌어낼 수 있다. 그러나 그후 전문으로 하는 운동·스포츠 및 그것에 관련된 트레이닝뿐만 아니라 다양한 요소도 조합하여 실시함으로써 종합적인 운동능력향상을 촉진시키는 방법을 크로스 트레이닝이라고 하게 되었다.

따라서 현재의 크로스 트레이닝은 '전문으로 하는 운동·스포츠의 효과를 기대하면서 다른 운동·스포츠를 복합적으로 실시하는 것'으로 정의할 수 있다. 특히 유산소운동을 같이 실시하면 지구력 향상뿐만 아니라 신체 각 부위의 근력이 단련되어 평형성·민첩성도 좋아지고, 즐겁게 운동을 계속할 수 있게 된다는 이점이 있다.

육상경기에 10종경기(decathlon)가 있다. 이것은 고대올림픽으로부터 이어져 내려온 인간의 총체적인 능력을 다투는 경기이다. 이 경기는 달리기·뛰기·던지기를 비롯하여 이질적인 10개 종목을 이틀에 걸쳐 실시한다. 따라서 우수한 성적을 거두기 위해서는 운동수행능력의 상향평준화가 필요하다. 이 경기를 위한 트레이닝의 특징은 크로스 트레이닝이론에 기초를 둔다는 것이다. 10종경기의 트레이닝에서는 다양한 요구를 충족시키기 위해 다양한 아이템을 조합시킨 퍼즐 같은 프로그램을 작성한다. 거기에는 물론 트레이닝의 원리·원칙이 있고, 효과를 끌어내기 위한 궁리도 있으며 모티베이션을 저하시키지 않도록 매력을 모으는 것도 있다. 이것이 데카슬론 트레이닝(decathlon training)을 '크로스 트레이닝의 보고'라고 일컫는 이유이다.

2) 크로스 트레이닝의 효과

크로스 트레이닝의 효과는 다음과 같다. 이러한 효과는 과사용에 의한 여러 가지 스포츠상해를 예방하며, 나아가 집중력을 높여 부상 및 오버트레이닝 예방에도 도움이 된다.

96   제I부 트레이닝의 과학적 기초이론

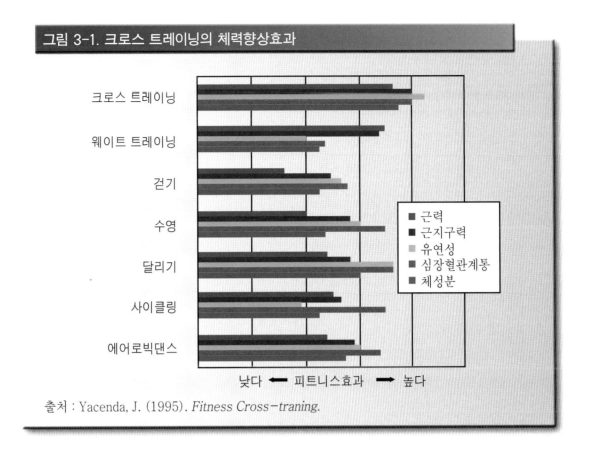

그림 3-1. 크로스 트레이닝의 체력향상효과

크로스 트레이닝

웨이트 트레이닝

걷기

수영

달리기

사이클링

에어로빅댄스

■ 근력
■ 근지구력
■ 유연성
■ 심장혈관계통
■ 체성분

낮다 ◀— 피트니스효과 —▶ 높다

출처 : Yacenda, J. (1995). *Fitness Cross−traning.*

▶ 평소에 사용하는 근육과는 다른 부위의 근육을 사용한다.

▶ 같은 근육을 사용하더라도 부하를 바꾸면 목적이 바뀐다.

▶ 평소의 트레이닝으로 근육에 축적된 피로물질(젖산 등)을 제거한다.

▶ 비교적 가벼운 부하를 주면 유산소운동이 되어 심장과 허파의 트레이닝이 된다.

▶ 운동이나 트레이닝을 즐기면서 하게 되므로 기분전환이 된다.

그림 3-1은 크로스 트레이닝과 체력향상효과의 관계이다. 이것에 의하면 크로스 트레이닝은 각종 스포츠나 트레이닝에 비해 전반적인 체력향상에 효과가 있다. 전문종목에 편향된 스포츠 트레이닝에만 시간을 쏟으면 몸도 마음도 많은 위험요인을 짊어지게 된다. 따라서 크로스 트레이닝의 체력향상효과를 신뢰하고 참신한 트레이닝계획을 세우는 것도 필요하다고 본다.

3) 크로스 트레이닝의 특징

(1) 유산소지구력

수영 · 자전거타기 · 러닝으로 구성된 철인3종경기(triathlon)는 확실히 크로스 트레이닝을 대표한다. 각각의 트레이닝 자체가 호흡순환계통 기능향상에 상승작용을 일으킨다.

이것들은 지구력향상이라는 공통분모를 갖는 크로스 트레이닝의 대표적인 예라고 해도 과언이 아니다.

(2) 무산소지구력

스피드계나 파워계의 스포츠에서는 무산소상태에서 운동을 지속할 수 있는 이른바 스태미너(stamina)향상이 중요하다. 스피드스케이트선수가 여름철에 자전거타기로 트레이닝하는 것은 스태미너향상이라고 하는 공통분모뿐만 아니라 스피드스케이트와 자전거타기는 근파워발현특성이 비슷하다는 이유도 있다.

(3) 근력, 스피드, 파워

근력, 스피드 및 파워계의 스포츠에서는 재빠르고 폭발적인 근수축이 필요하다. 예를 들어 단거리달리기선수는 웨이트 트레이닝·플라이오메트릭스·계단오르기·모래밭 달리기 등 일정수준 이상의 부하가 걸린 트레이닝을 조합시키거나, 도움닫기 멀리뛰기·포환던지기·허들넘기 등의 트레이닝도 효과적이다.

(4) 민첩성, 평형성, 유연성

민첩성·평형성·유연성은 대부분의 스포츠종목에서 필요로 하는 체력요소이다. 민첩성은 신체동작이 방향이나 변화에 재빨리 대응하는 능력이다. 평형성은 신체동작을 컨트롤하는 밸런스능력이다. 그리고 유연성은 신체의 기능적인 가동범위(정적)와 원활한 동작(동적)을 가능하게 하는 능력이다. 그렇기 때문에 이러한 요소를 크로스 트레이닝과 관련지어 실시하면 큰 효과를 기대할 수 있을 것이다.

예를 들어 장대높이뛰기는 근력·스피드·파워계의 종목이지만, 철봉·평행봉·매트운동 등과 같은 기계체조를 연습에 많이 넣는다. 이것은 공중에서의 감각이나 동작(민첩성·평형성·유연성이 복합된 몸의 자세)을 양성하기 위한 크로스 트레이닝의 일종이다.

4) 크로스 트레이닝의 방법

(1) 장거리달리기선수

장거리달리기는 수준높은 유산소지구력을 요구한다. 달리기에 소요되는 시간이 압도적으로 많기 때문에 다리의 부담은 굉장히 크다. 그러므로 자전거타기나 수영을 이용한 크로스 트레이닝이 호흡·심장·허파계통의 기능향상에 효과적이다. 옥외에서의 자전거투어링(touring)은 기분전환이 되며, 실내에서의 에어로바이크(aerobike)는 페달링으로 여러 가지 측정을 하거나 재활훈련으로도 활용할 수 있다. 또한 가벼운 부하로 하는 웨이트 트레이닝이나 서킷 트레이닝은 근지구력과 스태미너향상에 효과적이다(표 3-1).

표 3-1. 장거리달리기선수의 크로스 트레이닝 매트릭스

	근력	근지구력	유산소계	무산소계	민첩성	평형성	유연성
달리기		○	◎	○			
자전거타기		◎	◎	○		○	
수영			◎	○			○
구기계 스포츠		○			○	○	
에어로빅댄스		○	◎				○
웨이트 트레이닝	○	◎		○	○		○
서킷 트레이닝	○	○	◎		○	○	
플라이오 매트릭스	○	○			○		
민첩성 트레이닝			○	○			
스터빌리티 트레이닝	○					◎	
스트레칭						○	◎

(2) 단거리달리기 및 뛰기선수

스프린트(sprint)나 점프경기에서는 폭발적인 근수축과 높은 스피드를 지속하는 능력이 요구된다. 짧은 거리에서 하는 러닝(대시)이나 자전거타기 · 수영에서 쇼트인터벌 등 무산소계 운동 많이 넣기, 웨이트(weight) 트레이닝이나 플라이오메트릭스(plyometrics)로 근력강화를 꾀하기, 민첩성(agility) 트레이닝으로 민첩성향상 운동을 하기 등은 모두 효과적인 크로스 트레이닝이다(표 3-2).

표 3-2. 단거리달리기 및 뛰기선수의 크로스 트레이닝 매트릭스

	근력	근지구력	유산소계	무산소계	민첩성	평형성	유연성
달리기		○	○	◎			
자전거타기		◎	○	◎		○	
수영			○	◎			○
구기계 스포츠		○			◎	○	
에어로빅댄스		○	○				○
웨이트 트레이닝	◎	◎		○	○		○
서킷 트레이닝	○	◎	○		○	○	
플라이오 매트릭스	◎	○			◎		
민첩성 트레이닝			◎	◎	◎		
스터빌리티 트레이닝	○					◎	
스트레칭						○	◎

(3) 야구선수

야구는 전신적인 높은 수준의 스태미너 · 근력 · 유연성 등을 갖춘 올라운드적인 능력이 요구되는 종목이다. 포지션별로 운동특성은 다르지만, 기본적으로는 던지기 · 잡기 · 치기 · 달리기 등 많은 기술적 과제를 장시간에 걸쳐 습득해야 한다. 따라서 크로스 트레이

닝의 목적은 기분전환이나 부상 시 재활훈련이라는 위치를 차지하게 된다. 또한 신체 각 부위의 근력이나 기능을 높일 필요성이 있으므로 피지컬(physical) 트레이닝에도 많은 시간을 할애해야 한다(표 3-3).

표 3-3. 야구선수의 크로스 트레이닝 매트릭스

	근력	근지구력	유산소계	무산소계	민첩성	평형성	유연성
달리기		○	◎				
자전거타기			◎	◎		○	
수영			○				○
구기계 스포츠		○			◎	○	
에어로빅댄스		○	○				○
웨이트 트레이닝	◎	◎				○	○
서킷 트레이닝		◎			○	○	
플라이오 매트릭스	◎	○			○		
민첩성 트레이닝				○	◎	○	
스터빌리티 트레이닝	◎					◎	
스트레칭						○	◎

(4) 배구선수

배구는 네트를 사이에 두고 양팀이 대치하는 코트스포츠로, 굉장히 빨리 전개되는 랠리로 인해 온몸을 사용하는 각종 능력과 기능이 요구되는 스포츠이다. 따라서 각자의 능력으로 높은 수준의 근력·스태미너·민첩성·평형성·유연성 등이 필요하다. 배구경기를 위한 효과적인 크로스 트레이닝이 되려면 웨이트 트레이닝·서킷 트레이닝·플라이오메트릭스 등의 기초적인 트레이닝과 민첩성(agility) 트레이닝·스터빌리티(stability) 트레이닝 등의 신경·근육협조계의 트레이닝을 많이 도입해야 한다(표 3-4).

표 3-4. 배구선수의 크로스 트레이닝 매트릭스

	근력	근지구력	유산소계	무산소계	민첩성	평형성	유연성
달리기		○	◎	○			
자전거타기			○	○		○	
수영			○				○
구기계 스포츠		○			◎	○	
에어로빅댄스		○	◎				○
웨이트 트레이닝	◎	◎		○		○	○
서킷 트레이닝	◎	◎	◎		○	○	
플라이오 매트릭스	◎	◎			○		
민첩성 트레이닝				○	◎	◎	
스터빌리티 트레이닝	◎					◎	
스트레칭						○	◎

(5) 골프선수

골프에서 정확한 샷을 날리려면 몸도 마음도 높은 수준을 가진 컨트롤능력이 있어야 한다. 골프에 필요한 요소인 파워풀한 스윙, 섬세한 컨트롤샷, 오르막길·내리막길을 걷는 스태미너 등은 다양한 크로스 트레이닝으로 습득될 수 있다. 비거리를 높이기 위해 클럽 소재도 급속하게 개발되어 왔지만, 그것을 능숙하게 사용할 수 있도록 신체능력도 향상되어야 한다. 한편 골프는 전형적인 한쪽부하스포츠(lateral roading sport)이므로 특히 허리나 등근육군, 손목·팔꿈치·어깨관절 등을 강화 내지 보호하려면 크로스 트레이닝의 역할이 크다(표 3-5).

표 3-5. 골프선수의 크로스 트레이닝 매트릭스

	근력	근지구력	유산소계	무산소계	민첩성	평형성	유연성
달리기		○	◎				
자전거타기			○	○		○	
수영			○				○
구기계 스포츠		○			○		
에어로빅댄스		○	◎				○
웨이트 트레이닝	◎	◎			○		
서킷 트레이닝		○					
플라이오 매트릭스	◎	◎			○		
민첩성 트레이닝				○	◎	○	
스터빌리티 트레이닝	◎					◎	
스트레칭						○	◎

(6) 격투기선수

격투기는 높은 수준의 스피드·파워·민첩성·평형성·유연성 등이 요구되는 스포츠이다. 주로 대인경기이어서 밀기, 당기기, 던지기, 치기, 차기, 뛰기, 발내딛기 등의 동작

표 3-6. 격투기선수의 크로스 트레이닝 매트릭스

	근력	근지구력	유산소계	무산소계	민첩성	평형성	유연성
달리기		○	◎	◎			
자전거타기			◎	◎		○	
수영			○				○
구기계 스포츠		○			○	○	
에어로빅댄스		○	○				○
웨이트 트레이닝	◎	◎			○	○	○
서킷 트레이닝	◎	◎	◎			○	
플라이오 매트릭스	◎	○			◎		
민첩성 트레이닝				○	◎		
스터빌리티 트레이닝	◎					◎	
스트레칭						○	◎

이 있으므로 전반적인 신체능력과 높은 밸런스능력이 필요하다. 따라서 대인적인 기술계 트레이닝뿐만 아니라 크로스 트레이닝으로서 유산소계·무산소계 스포츠를 집어넣거나, 기초적인 체력 트레이닝으로 신체 각 부위의 근력이나 관절지지력을 높이는 것이 중요하다(표 3-6).

2 스터빌리티 트레이닝

1) 스터빌리티 트레이닝이란

스터빌리티 트레이닝(stability training)이란 독일의 의료체조에 기원을 둔 펑션체조(function gymnastics)를 운동선수의 트레이닝현장에서 사용하게 되면서 붙여진 이름이다. 당시에는 스터빌라이제이션(stabilization, 안정화)을 '신체활동에서 머리나 몸통 및 팔다리의 기능적인 안정상태'라고 정의하여 각종 엑서사이즈를 소개했지만, 그 후 밸런스 운동이나 동적 스트레치를 포함한 트레이닝체계가 구축되어 현재는 '스터빌리티 트레이닝(stability training)'으로 부르고 있다.

따라서 스터빌리티 트레이닝은 '동작 중에 있는 머리·몸통·팔다리의 바른 자세(축이나 무게중심)를 파악하여 그 기능적인 안정과 회복을 꾀하는 운동법'으로 정의할 수 있다. 이는 보다 큰 동작을 지지하는 주동근군의 강화는 물론이고, 협동근이라고 불리는 모든 보조근군의 강화도 중요시하여 신체 깊은부위에 있는 섬세한 근육섬유를 보다 많이 자극하여 근육 및 신경의 협조성을 증가시킴으로써 신체 각 부위 관절의 지지능력향상을 목적으로 한다.

2) 스포츠동작과 자세반응

스터빌리티 트레이닝은 신경이나 근육의 기능을 중심으로 신체활동의 메커니즘을 아는 것에서 시작한다고 해도 과언이 아니다.

스포츠동작은 중력상태에서 부하를 받으면서 여러 관절들의 복합운동에 의해 이루어진다. 특히 동작이나 자세를 유지하기 위해서는 항중력근(antigravity muscle)이라고 불리는 근육군이 주로 활동한다. 그밖에 많은 근육이 어떤 때는 서로 협조하고, 또 어떤 때는 길항(대항)하는 등 시시각각 역할을 바꿔가며 일하고 있다.

이러한 근육활동은 자세반사기구라고 하는 감각기능에 의해 억제되며, 머리·몸통·팔다리의 정상적인 얼라인먼트를 유지 내지 수정하고 있다. 자세반사는 자세의 평형이 깨졌을 때 자동적으로 회복되며, 나아가 자세를 안정시키려는 작용을 한다. 그 대표적인 것이 긴장미로반사(tonic labyrinthine reflex)나 긴장목반사(tonic-neck reflex) 등인데, 이는 스포츠동작뿐만 아니라 일상생활동작에서도 나타난다.

이러한 선천적인 메커니즘과는 달리 트레이닝에 의해 획득할 수 있는 동적인 자세반응도 있다. 이것들은 회복반응이나 평형반응으로 불리우는데, 이는 무게중심의 변화에 대응하는 밸런스반응이다.

지구상에서는 피할 수 없는 중력하에서 하는 신체활동은 근육이나 골격 및 그 주변부위에 다양한 일그러짐을 발생시킨다. 특히 스포츠를 할 때에는 일상생활보다 몇 배나 되는 부하가 걸리므로 자세변화에 대응하는 밸런스감각에 오차가 생겨 운동수행능력에 불리한 영향을 일으킨다. 따라서 신체에 정상적인 자세반응을 불러일으키는 보조적인 수단이 필요하게 된다.

스터빌라이제이션(stabilization)은 '바른 자세를 기반으로 획득된 근력과 그 적정한 밸런스는 동작을 원활하게 하고, 운동수행능력 향상을 촉구한다'라는 생각에 의해 구축된 이론이다. 그림 3-2~4에 초급 · 중급 · 상급 스터빌리티 트레이닝프로그램을 예시한다

3) 엑서사이즈의 구성과 특징

엑서사이즈는 다음의 5가지 기본포지션으로 구성되어 있다.
▶ 스탠딩 포지션(standing position) : 선 자세
▶ 스파인 포지션(spine position) : 누운 자세
▶ 프론 포지션(prone position) : 엎드린 자세
▶ 래터럴 포지션(lateral position) : 옆으로 누운 자세
▶ 시팅 포지션(sitting position) : 앉은 자세

이러한 기본자세 중에는 평면적인 자세나 팔꿈치지지 · 팔지지, 그리고 한쪽지지나 교차지지 등과 같은 변형자세가 있다. 따라서 이러한 엑서사이즈는 종래의 하나의 관절을 보강하는 운동과는 다르며, 여러 근육의 수축을 동시다발적으로, 그것도 여러 방향으로 행한다는 특징도 있다. 또한 여러관절의 지지력을 높여 동적인 관절가동범위를 확대시키는 요소도 가지고 있다.

4) 스터빌리티 트레이닝의 효과

스터빌리티 트레이닝(stability training)은 주로 근력트레이닝의 보조수단(일반적으

로 보강운동이라고 함)이지만 동적 유연성이나 평형성을 향상시키는 밸런스 트레이닝 (balance training)의 요소도 함께 갖추고 있다. 또한 동시다발적 및 여러 방향적 근수축 을 반복하는 스터빌리티 트레이닝과 근육의 펴기운동인 스트레치를 제대로 활용하면 근 피로도 효율적으로 완화시킬 수 있을 것이다.

그리고 이 트레이닝은 근력저하나 언밸런스에 기인하는 요통이나 그밖의 스포츠상해를 경감시키거나 그것을 예방하는 효과도 있다. 재활과정에서 프로그래밍된 이 스터빌리티 트레이닝이 의료체조의 하나로써 상해 후의 기능회복훈련에도 많이 활용되고 있다.

5) 스터빌리티 트레이닝 실시상의 유의점

스터빌리티 트레이닝은 정확한 자세나 동작을 기본으로 하므로 집중하여 의욕적으로 몰 두할 필요가 있다. 따라서 트레이닝의 기본자세를 이해하고, 동작의 특징을 파악하는 것 이 중요하다.

한편 파트너(보조자)가 있으면 보다 효과적으로 실시할 수 있는데, 파트너의 역할은 다 음의 4가지이다.

▶ 어시스트(assist) : 안전을 배려해가면서 운동자를 보조한다.
▶ 체크(check) : 운동자가 정확한 자세나 동작을 취하는가를 확인한다.
▶ 내비게이트(navigate) : 목적으로 하는 동작을 하도록 정확하게 유도한다.
▶ 레시스트(resist) : 목적으로 하는 동작에 저항을 가한다.

스터빌리티 트레이닝은 전신근력의 균형있는 향상이 목적이므로 프로그래밍할 때에는 적정한 배열과 질량의 조절이 필요하다. 나아가 개인차나 경기종목의 특성 등 개별성을 고 려해가면서 정기적·계속적으로 실시해야 한다.

그림 3-2. 스터빌리티 트레이닝 프로그램(초급)

1 포워드 밸런스(forward balance)

▶ 들어올린 팔과 같은 쪽의 다리를 높게 띄워 밸런스를 유지한다.
▶ 다음으로 그 팔과 다리를 제대로 펴면서 앞으로 굽힌다(다리는 뒤쪽으로).
▶ 지지다리는 T자형이 될 때까지 앞으로 굽혀 밸런스를 유지한다.
▶ 수평상태를 기준으로 한다.

2 백워드 밸런스(backward balance)

▶ 들어올린 팔과 같은 쪽의 다리를 높게 띄워 밸런스를 유지한다.
▶ 다음으로 그 팔과 다리를 제대로 펴뒤로 굽힌다(다리는 앞쪽으로).
▶ 지지다리는 ㄱ모양이 될 때까지 뒤로 굽혀 밸런스를 유지한다.
▶ 무리한 각도까지 구부리지 않는다.

3 오퍼지트(opposite, 미들 포지션)

▶ 교차시킨 프리 암(free arm)과 프리 레그(free leg)를 천천히 펴서 바닥면과 수평위치에서 멈춘다.
▶ 지지면(지지하고 있는 3점)의 스터빌리티(stability, 안정성)를 높인다.
▶ 천천히 반복하여 수평상태에서 위치감각을 습득한다.

그림 3-2 (계속). 스터빌리티 트레이닝 프로그램(초급)

4 백 킥(back kick, 로 포지션)

▶ 엉덩관절을 중심으로 하여 프리 레그(free leg)를 뒤쪽으로 스윙한다.
▶ 처음에는 천천히, 정확하게, 방향성을 확인해가면서 실시한다.
▶ 넙다리시작부위(허리부위)가 가쪽으로 벌어지지 않도록 주의한다(높이 올리려고 하면 벌어져버린다).

5 스파인 레그 스윙(spine leg swing, 로 포지션)

▶ 지지다리의 햄스트링스를 강화하는 엑서사이즈이다
▶ 프리 레그(free leg)의 무릎을 구부려 엉덩관절→무릎→발목→발가락끝을 일체화시켜 위쪽으로 스윙한다.
▶ 지지다리의 접지위치를 바꾸면 부하가 달라진다.
▶ 목은 시작부위 주변에서 지지한다.

6 힙 컨트롤(hip control, 미들 포지션)

▶ 무릎관절 및 발목관절을 90도로 고정시키고, 무릎에 손을 올려 다리를 고정시킨다.
▶ 무게중심을 천천히 좌우로 이동하여 접지하고 있는 볼기의 위쪽을 축으로 하여 몸통을 컨트롤한다.
▶ 원래대로 돌아오려고 하는 머리나 발목의 자세반사를 확인한다.

그림 3-3. 스터빌리티 트레이닝 프로그램(중급)

1 오퍼지트(opposite, 하이 포지션)

▶ 교차시킨 프리 암(free arm)과 프리 레그(free leg)를 천천히 펴서 바닥면과 수평위치에서 멈춘다.
▶ 접지면(지지하고 있는 2점)의 스터빌리티(stability)를 높인다.
▶ 천천히 반복하면 수평상태에서 위치감각을 습득할 수 있다.

2 백 킥(back kick, 미들 포지션)

▶ 엉덩관절을 중심으로 프리 레그(free leg)를 뒤쪽으로 스윙한다.
▶ 처음에는 천천히, 정확하게, 방향성을 확인해가면서 실시한다.
▶ 넙다리시작부위(허리부위)가 가쪽으로 벌어지지 않도록 주의한다(높이 올리려고 하면 벌어져버린다).

3 프론 사이드 벤트(prone side bent)

▶ 양손과 양발로 4점 지지하다가 한쪽 다리를 들어 3점 지지상태를 만든다.
▶ 다음으로 무릎을 많이 구부려 겨드랑이쪽에 끌어당겨 붙인다.
▶ 무릎을 끌어당겨 붙인 쪽의 옆구리가 굽혀지며 반대쪽이 펴진다.
▶ 좌우 교대로 실시한다.

그림 3-3 (계속). 스터빌리티 트레이닝 프로그램(중급)

4 스파인 레그 익스텐션(spine leg extension, 하이 포지션)

▶ 배부위를 구부린 상태에서 등부위로 4점 지지하면서 한쪽 다리를 들어 무릎을 편다.
▶ 그대로 배부위를 펴면서 수평위치까지 몸을 들어올린다.
▶ 머리를 뒤로 젖히면 배부위가 펴지기 쉽다.
▶ 지지다리의 햄스트링스와 위팔세갈래근이 강화된다.

5 스프레드 스텝(spread step)

▶ 경쾌한 점핑으로 최대노력까지 스프레드(spread)하여 5초 정도 정지하고, 다시 한 번 점핑
하여 원래위치로 돌아온다.
▶ 양팔꿈관절을 뻗으면 자신의 체중과 중력 때문에 자세가 무너져버린다.
▶ 머리(턱)를 들어올리면 배굴(휨)반사가 일어나 허리부위에 큰 부하가 걸리는 점에 주의해
야 한다.

6 힙 V밸런스(hip V balance)

▶ 다리를 적당한 간격으로 벌리고 무릎을 구부려 발목을 꼭 잡는다.
▶ 손을 떼지 말고, 서서히 무릎을 펴서 V자로 밸런스를 유지한다.
▶ 유연성 · 배근력 · 양손의 그립력이 필요하다.

그림 3-4. 스터빌리티 트레이닝 프로그램(상급)

1 바디 로테이션(body rotation) ①~②

▶ 기본자세는 팔을 세우는 것이며, 무릎 및 발목을 굽혀 가슴쪽에 끌어당겨 붙인다. ……①
▶ 프리 레그(free leg)를 자연스럽게 하여 등부위쪽으로 회전시킨다. ……②
▶ 이때 팔→몸통→지지다리도 일체화되어 움직여야 한다.

2 바디 로테이션(body rotation) ③~④

▶ 팔은 뒤쪽을 짚은 자세이며, 프리 레그(free leg)의 관절각도를 풀지 말고, 양손과 발꿈치로 3점 지지상태를 형성한다. ……③
▶ 여기에 기본자세인 팔로 서기 자세가 되도록 회전한다. ……④
▶ 반대방향으로도 실시한다.

3 래터럴 어퍼 레그 스윙(lateral upper leg swing)

▶ 래터럴 포지션에서 공중에 있는 프리 암과 프리 레그를 교대로 스윙한다.
▶ 접지면과의 스터빌리티를 높여 의식적으로 다이내믹한 동작을 한다.
▶ 넙다리를 스윙할 수 있으면 효과는 더욱 커진다.

그림 3-4 (계속). 스터빌리티 트레이닝 프로그램(상급)

4 래터럴 언더 레그 스윙(lateral under leg swing)

▶ 팔꿈치 및 아래팔과 위에 있는 발의 안쪽가장자리로 2점 지지를 형성한다.
▶ 아래에 있는 다리가 프리 레그(free leg)가 되며, 접지면과의 스터빌리티를 높여 의식적으로 다이내믹한 동작을 한다.
▶ 위에 있는 손은 허리에 대고 전방으로 밀면 더욱 효과적이다.

5 스파인 레그 스윙(spine leg swing, 하이 포지션)

▶ 지지다리의 햄스트링스를 강화하는 엑서사이즈이다.
▶ 움직이는 다리의 엉덩관절→무릎→발목→발가락끝을 일체화시킨 상태에서 위쪽으로 스윙한다.
▶ 지지다리의 접지위치를 바꾸면 부하가 달라진다.

6 백 킥(back kick, 하이 포지션)

▶ 엉덩관절을 중심으로 하여 프리 레그(free leg)를 뒤쪽으로 스윙한다.
▶ 처음에는 천천히, 정확히, 방향성을 확인해가며 실시한다.
▶ 넙다리시작부위(허리부위)가 가쪽으로 벌어지지 않도록 주의한다(높이 올리려고 하면 벌어져버린다).

메디신볼(medicine ball)은 가죽이나 고무로 만든 볼 속에 실이나 모래 등을 넣어 무겁게 만든 의료용 볼로, 주로 스포츠선수 등의 재활운동에 쓰인다. 메디신볼 엑서사이즈는 근력의 회복이나 향상을 목적으로 하는 트레이닝으로 자리매김하고 있다. 최근에는 재활운동뿐만 아니라 건강운동이나 근력향상 트레이닝법에도 활용되고 있다.

볼의 크기나 무게는 용도에 따라 다르다. 크기는 농구공 정도가 표준이다. 무게는 2~5kg까지 다양하지만, 2~3kg의 볼이 일반적으로 사용된다. 사용하는 사람의 근력이나 트레이닝목적에 맞게 준비한다.

메디신볼을 사용하는 여러 가지 기본동작과 던지기 엑서사이즈는 특정경기뿐만 아니라 모든 스포츠동작의 특성과 공통되는 부분이 있기 때문에 효과적으로 활용할 수 있다. 다만 던지는 경우에는 손목이나 손끝을 사용하는 이른바 '손으로 던지기'가 되지 않도록 유의해야 하며, 다리에서 몸통 그리고 팔로 힘을 전달하여 가속해서 던지는 타이밍을 습득할 필요가 있다.

정확한 기본동작을 반복하면 전신운동이 될 뿐만 아니라 결과적으로 동작스킬의 향상으로 이어진다. 즉 메디신볼의 '둥근 부하가 있다'고 하는 불안정 요소에 대해 굽힘ㆍ폄ㆍ휘돌림ㆍ던지기ㆍ받기와 같은 기본동작을 가함으로써 팔과 다리(배근육과 등근육 등의), 몸통의 협조성을 높이는 데 도움이 된다.

그림 3-5~7에 많은 메디신볼 엑서사이즈 중에서 기본적인 것을 소개한다.

▶ 볼은 크기와 무게가 다른 여러 가지 사이즈가 있다. 연령ㆍ성별ㆍ체력수준 등에 따라 사용할 사이즈를 선택한다.

▶ 시작자세에서는 볼을 꽉 잡고 무게를 확인한 다음 자세(팔꿈치나 무릎을 가볍게 구부린 안정자세)를 취한다.

▶ 갑자기 빠른 동작이나 강한 운동을 하지 말고, 천천히 시작한다. 정확하고 큰 동작에 유의하고 익숙해지면 서서히 운동수준을 높여간다.

▶ 앞으로 구부린 자세는 허리에 부담이 가기 때문에 무릎을 가볍게 구부리고 등을 펴는 스쿼트의 기본자세에서 동작을 시작하는 것이 좋다.

▶ 각 운동의 반복횟수는 볼의 부하에 따라 다르므로 먼저 한 번씩 시도해보고 나서 무리가 없는 횟수나 속도로 실시한다.

그림 3-5. 메디신볼 엑서사이즈 1

1 프론트 스윙(front swing)

2 스파이럴 스윙(spiral swing)

3 크라우치 에이트(crouch eight)

그림 3-6. 메디신볼 엑서사이즈 2

1 푸시업 온 더 볼(push-up on the ball)

2 프론 브리지(prone bridge)

3 프론 브리지 어드밴스(prone bridge advance)

그림 3-7. 메디신볼 엑서사이즈 3

1 오버 헤드 백 스로
(over head back throw)

2 언더 핸드 포워드 스로
(under hand forward throw)

4 스파이럴 백 스로
(spiral back throw)

3 오버 헤드 포워드 스로
(over head forward throw)

5 언이브 푸시업(uneven push-up)

4 밸런스볼 엑서사이즈

밸런스볼(balance ball)은 사람이 걸터앉을 만한 크기의 비닐제 볼이다. 건강엑서사이즈의 붐에 따라 현재는 다양한 크기나 색상의 제품이 있으며 명칭도 각각 다르지만, 목적이나 용도는 큰 차이가 없다. 원래 1960년대에 유럽에서 의료용으로, 특히 재활현장에서 이용되었으나, 그 후 치료분야에서 활용하고 있다. 특히 1990년대 후반부터 피트니스클럽이나 스포츠현장에 보급되어 운동선수의 컨디셔닝에도 활용되고 있다. 여기에서는 수많은 밸런스볼 엑서사이즈 중에서 기본적인 것만 소개한다(그림 3-8).

밸런스볼을 이용한 각종 엑서사이즈의 기본은 먼저 둥근 볼에 앉는 방법을 익히는 것이다. 이 엑서사이즈의 목표는 볼의 불안정한 요소와 자세를 이용하여 밸런스를 컨트롤하고 올바른 자세를 만들거나 자세를 개선하는 데 있다. 가벼운 운동이므로 남녀노소 모두 즐기면서 신체를 움직일 수 있다는 것이 특징이다.

스터빌리티 트레이닝에서도 언급했지만 인체에는 얼라인먼트(뼈나 관절의 해부학적인 위치관계)라고 하는 기능적인 배열이 있다. 이것이 중력이나 일상의 작업환경 등에 의해 비틀어지면 자세가 나빠져 전후좌우의 밸런스에도 영향을 미친다.

트레이닝을 하면 신체에 큰 부하가 걸려 신체는 일시적으로 언밸런스상태가 된다. 이 경우에 스터빌리티 트레이닝뿐만 아니라 밸런스볼 엑서사이즈를 실시하면 본래의 밸런스감각을 되찾고, 원인이 되는 비틀림을 조절할 수 있게 된다.

예를 들어 앉아서 밸런스를 컨트롤하는 운동은 몸통부위의 이너머슬(inner muscle, 엉덩관절 속 깊은부위의 근육군)에 자극을 준다. 이너머슬은 통상적인 근육활동에서는 별로 쓰이지 않는 부분이지만, 미묘한 밸런스를 컨트롤하는 운동에서는 큰근육군과 협조하여 작용한다. 반대로 이 이너머슬이 쓰이면 섬세한 움직임이 가능해지게 되며, 경기력향상에도 효과적인 트레이닝수단이 된다.

밸런스볼 엑서사이즈는 목적이나 특징·효과면에서 보면 스터빌리티 트레이닝의 개념과 공통성이 있다. 따라서 기본적인 엑서사이즈에서 응용적인 엑서사이즈까지, 초보적인 것에서 발전·응용적인 것까지 단계적으로 실시하는 것이 중요하다. 나아가 연령이나 체격·근력적인 요소도 가미하여 안전제일에 힘쓰는 것이 중요하다. 보다 고도의 엑서사이즈를 추구하면 위험한 상황을 불러 본래의 목적에서 벗어날 가능성도 생기므로 유의해야 한다. 특히 밸런스를 유지·강화한다는 관점에서 올바른 자세나 동작에 유념하여 집중적으로 실천하도록 한다. 절대 경쟁하거나 집중력을 잃지 않도록 신경써서 지도해야 한다.

그림 3-8. 밸런스볼 엑서사이즈

1 힙 바운드(hip bound)

2 힙 슬라이드(프론트&백)
(hip slide, front&back)

3 힙 슬라이드(라이트&레프트)
(hip slide, right&left)

4 힙 로테이션
(hip rotation)

5 암 액션(arm action)

그림 3-8 (계속). 밸런스볼 엑서사이즈

6 위팔 엑서사이즈(upper arm exercise)

7 푸시업(push-up)1

8 푸시업(push-up)2

9 오퍼지트 스트레치(opposite stretch)

그림 3-8 (계속). 밸런스볼 엑서사이즈

10 솔더 스트레치 (shoulder stretch)

11 디클라인 푸시업 (decline push-up)

12 크로스 싯업(cross sit-up)

그림 3-8 (계속). 밸런스볼 엑서사이즈

13 힙 리프트(hip lift)

14 백 슬라이드 브리지(back slide bridge)

15 푸시업(백) (push-up, back)

5 | 민첩성 트레이닝

1) 민첩성 트레이닝이란

1990년경에는 민첩성(agility)을 향상시키는 엑서사이즈를 '민첩성드릴'(agility drill)이라고 하였으나, 최근에는 그 종류도 풍부해져 일반적으로 '민첩성 트레이닝'(agility training)으로 부르고 있다.

스포츠에서 민첩성(agility)은 멈춰 있는 상태에서 신체의 일부 혹은 전부를 어느 방향으로 재빨리 움직이는 것인데, 이때 신체를 얼마나 잘 컨트롤할 수 있는지가 중요하다. 예를 들어 농구나 축구 등의 공격·수비상황에서 드리블→스톱→드리블로 이어지는 장면을 자주 볼 수 있는데, 이 경우에는 단일 또는 연속적인 전환속도가 민첩성이다. 움직이고 있는 국면에서는 스피드, 정지하고 있는 국면에서는 자세를 무너뜨리지 않는 좋은 밸런스, 즉 바디컨트롤이 중요한 역할을 한다.

대부분의 경기스포츠에서 '움직임의 빠르기, 스피드'는 중요한 요소이다. 특히 경기수준이 높으면 높을수록 그 중요성은 커진다. 운동선수뿐만 아니라 스포츠애호가도 빠르기나 스피드에 대한 동경은 매우 자연적인 욕구이다. 그러나 '빠르기'에는 육상경기의 단거리달리기처럼 골을 향해 폭발적인 속도를 요구하는 것부터 구기처럼 장단의 거리를 각도나 속도에 변화를 주어 움직이는 것까지 다양하다. 신체적 움직임 이외에는 전술로서 하는 플레이의 빠르기나 판단력의 빠르기 등도 요구된다. 신체적 이동의 '빠르기'에는 밸런스·가속·자세의 합리성 등 많은 요소가 필요하다.

2) 민첩성향상을 위한 기초요소

민첩성(agility)을 향상시키려면 기초적인 체력요소들이 효과적인 관계를 맺고 있어야 한다. 다음의 각 요소는 단독으로도 중요하지만, 민첩성은 이러한 요소가 복합적으로 이용될 때 효과적인 향상을 기대할 수 있다. 반대로 민첩성이 잘 향상되지 않는다면 그 원인을 제공하는 포인트가 있다고 볼 수 있다.

동적 유연성 ▷▶ 연속동작에 대응할 수 있고, 정확한 동작을 재빨리 행하기 위해 필요한 요소

가동성 ▷▶ 민첩성과 동적 유연성이 맞물려 원활한 동작을 할 수 있는 요소

근력 ▷▶ 기초적인 근력이나 최대근력을 높여 스피드에 대응할 수 있는 요소

스피드 ▷▶ 최대스피드를 향상시키는 요소

파워 ▷▶ 근력과 스피드를 높임으로써 파워를 향상시키는 요소

3) 민첩성 트레이닝의 실제

민첩성을 높이는 트레이닝은 예전부터 행해져왔지만, 최근에는 다양한 용구를 사용하여 트레이닝을 하고 있다. 그 용구는 줄사닥다리를 트레이닝용으로 개발한 래더(ladder, 사다리라는 뜻. 래더를 이용한 각종 엑서사이즈가 있다), 넙다리 올렸다내렸다하기와 같은 엑스사이즈를 하는 높이 10~15cm의 미니허들, 지그재그드리블 시의 마커로 사용하는 폴(pole) 등이다. 또한 밸런스볼이나 메디신볼을 이용한 트레이닝도 민첩성의 요소가 가미되어 있으므로 유용한 용구가 될 수 있다.

어떤 동작을 연습하든 처음은 동작을 천천히 정확하게 하고, 익숙해지면 서서히 빠른 동작으로 반복한다. 올바른 동작은 바디컨트롤의 생명선이다. 또한 그것을 계속 반복하여 하면 동작의 안정성도 향상될 것이다. 민첩성 트레이닝은 신체가 피로할 땐 무리해서 하지 말고, 좋은 컨디션일 때 하는 것이 보다 효과적이다.

6 플라이오메트릭 트레이닝

1) 플라이오메트릭 트레이닝이란

플라이오메트릭 트레이닝(plyometric training)이란 스스로는 발휘할 수 없을 정도의 큰 근력을 단시간에 폭발적으로 발휘시키는 트레이닝방법을 말한다. 웨이트 트레이닝 등으로는 단련할 수 없는 높은 수준의 근력을 직접적으로 단련하는 것이 특징이다. 플라이오메트릭 트레이닝방법에는 높은 대에서 뛰어내린 직후 전력을 다해 위쪽으로 점프하는 뎁스점프(depth jump), 연속해서 재빨리 바운딩하기 등이 있다.

이 트레이닝은 다리근육에서 보면 익센트릭(eccentric ; 편심. 근육이 늘어나면서 힘을 내는 근출력의 형태)한 부하를 주어 근육을 잡아늘린 직후에 계속 당겨 재빨리 컨센트릭(concentric ; 동심. 근육을 짧게 하면서 힘을 내는 근출력의 형태)을 하게 함으로써 폭발적인 파워를 발휘시키는 방법이다.

이 트레이닝체계는 전문으로 하는 운동종목에 관련된 전문적 스피드 및 근력 향상법으로 자리매김하고 있으며, 특히 큰 파워를 필요로 하는 스포츠종목선수들에게 널리 실시되고 있다.

2) 플라이오메트릭 트레이닝의 일반적인 원리

▶ 트레이닝을 시작하기 전에 웨이트 트레이닝 등을 하여 기초적인 근력을 높여둔다.

▶ 플라이오메트릭 트레이닝을 실시하면 그 회복에 2~3일이 걸린다. 통상적으로는 주 2~3회 실시하되, 종목을 바꿔가며 실시한다. 그러나 팔·몸통 및 다리 트레이닝을 날짜를 바꿔가며 실시하면 주 4~5회는 할 수 있을 것이다.

▶ 신체가 피로하지 않을 때 실시한다. 플라이오메트릭 트레이닝은 전력을 다해 행하는 것이 중요하기 때문에 충분한 휴식시간이 필요하다.

▶ 재빨리 반응하기 위해서 착지할 때에는 발목을 항상 고정시킨다.

▶ 점증적인 플라이오메트릭은 단 1회의 도약에 의해 점프 → 스킵(skip)에서 홉(hop), 그다음에 양다리 바운딩으로 서서히 이행해간다. 그리고나서 근력이나 폭발적인 파워가 증가하면 한쪽 다리로 하는 연습이나 뎁스점프로 이행해간다.

표 3-7. 플라이오메트릭 트레이닝에서 1일의 점프횟수

시즌별·수준별 점프횟수			
	초심자	중급자	상급자	강도
시즌오프	60~100	100~150	120~200	저~중
시즌 전	100~250	150~300	150~450	중~고
시즌 중	스포츠종목별로			중
시합기	오직 회복			중~고

출처 : Donald A. Chu(1998). *Jumping into Plyometics(second edition).*

3) 플라이오메트릭 트레이닝의 실제

유연성과 민첩성이 요구되는 플라이오메트릭 트레이닝을 할 때에는 실시 전에 상해예방을 위해 충분한 워밍업을 하고, 운동 후에는 쿨링다운을 실시해야 한다. 또, 상해예방을 위해 최대근력을 높여두어야 한다. 구체적으로는 체중의 1.5배의 스쿼트(다리의 근력), 양손 짚고 엎드려 팔굽혀펴기(팔의 근력) 등을 5회 이상 할 수 있어야 한다.

중학생 단계에서는 높은 강도의 종목은 피하고, 저~중간 강도의 종목을 실시한다. 고강도종목은 제2차성징이 끝나고 신체동작을 자유롭게 컨트롤할 수 있는 기초적인 근력이 생긴 다음에 도입하는 것이 좋다. 플라이오메트릭 트레이닝은 점프계의 운동형태를 이용한 다리의 트레이닝이 많다. 팔의 트레이닝 프로그램으로는 손짚고 뜀틀넘기나 메디신볼을 사용한 재빠른 캐칭·드로잉 등이 있다.

그림 3-9. 플라이오메트릭 트레이닝

1 제사리점프

그림에서는 양발을 옆으로 벌리고 있지만, 무릎을 구부려 가슴앞에 끌어안는 포즈도 있다. 두 경우 모두 점프할 때에는 무릎을 구부리지 말고 접지시간을 짧게 한다. 이때 접지 시와 공중 시의 신체밸런스가 중요하다.

2 제자리멀리뛰기

정지자세에서 팔을 세게 흔들며 몸 전체를 사용하여 폭발적으로 앞쪽으로 뛰어나간다. 거리측정을 하는 것이 좋다.

그림 3-9 (계속). 플라이오메트릭 트레이닝

3 허들넘기

5~10대의 허들을 연속으로 뛰어 넘는다. 이때에는 밸런스를 잡기 위해 착지할 때와 공중에서 신체가 너무 앞으로 기울지 않도록 팔을 흔드는 동작이 필요하다. 너무 높은 허들은 효과가 거의 없을 뿐만 아니라 부상도 입기 쉬우므로 낮은 허들에서 실시한다.

4 바운딩

천천히 크게 튀어오르듯 뛰는 것이 아니라, 전진방향의 스피드를 의식한다. 여기에서 도 접지시간을 짧게 할 필요가 있다.

그림 3-9 (계속). 플라이오메트릭 트레이닝

5 박스점프

발구르기로 신체의 축을 만드는 것과 적극적 착지, 팔 흔드는 동작을 일체감 있게 하여 허리와 무릎이 빠지지 않도록 한다.

6 윗몸트레이닝

대 위에서 팔로 서는 자세를 취한다. 다음으로 손을 떼서 바닥에 착수하지만, 다리의 트레이닝과 마찬가지로 될 수 있는 한 단시간에 팔꿈치를 구부리지 말고 원래의 팔로 서는 자세로 밀어올린다.

7 스프린트 어시스티드 트레이닝

1) 스프린트 어시스티드 트레이닝이란

달리기가 주가 되는 스포츠경기라면 누구든지 조금이라도 빨리 달리고 싶어 한다. 그런 바람을 이뤄주는 트레이닝방법이 스프린트 어시스티드 트레이닝(sprint assisted training)이다.

육상경기의 단거리달리기에서 널리 이용되고 있는 이 트레이닝방법은 혼자서 전력질주로는 경험할 수 없는 빠른 스피드(초최대스피드)로 달리게 함으로써 스프린트능력의 개선 및 향상을 도모할 수 있다.

1993년 세계육상경기선수권대회(독일 슈투트가르트대회)의 100m 결승전에 나갈 미국선수는 긴 고무튜브를 이용하여 굉장한 스피드로 연습을 하였다. 이것은 스프린트 어시스티드 트레이닝의 일례로, 튜브 이외에도 내리막길 · 견인장치 · 순풍 등을 이용하여 달리기나, 오토바이나 자동차에 매달려 달리기도 연습과정에 포함시킨다.

2) 혼자서 전력질주와 어시스트 달리기의 차이

어시스트받아 달리기(어시스트 달리기)와 혼자서 전력질주 사이에는 달리기 운동의 3요소(질주속도, 피치, 스트라이드)에 다양한 차이가 있다.

어시스트 달리기에서 질주속도는 혼자서 전력질주에 비해 약 3~10% 빨라진다. 일반적으로 주력이 뛰어난 사람일수록 그 증가율이 커지는 경향이 있다.

피치와 스트라이드는 질주속도가 높아짐에 따라 증가한다. 특히 피치는 5보/sec.를 넘는 경우도 있지만 평균적으로는 4.5~4.8보/sec.가 많다.

또한 어시스트 달리기는 혼자서 전력질주에 비해 '다리의 접지시간이 짧아진다.' '접지시 무게중심위치가 높아진다', '땅에서 발을 뗄 때 무릎신전각도가 작아진다' 등의 특징이 있다.

튜브로 주자를 초최대속도까지 견인하였더니 최대달리기보다 견인 중의 피치는 1.7%, 스트라이드는 6.8% 증가했다는 보고가 있다. 이것은 착지시간의 단축과 견인으로 인해 킥 후의 체공시간이 길어져 스트라이드가 늘어난 것이 원인이다. 빨리 달리기 위해서는 피치를 의식한 적극적인 착지방법을 의식할 필요가 있다.

3) 스프린트 어시스티드 트레이닝의 효과

혼자서 전력질주와 비교하여 어시스트 달리기는 보다 많은 근육섬유를 동원시킬 수 있기 때문에 보다 높은 파워의 발휘효과를 기대할 수 있다. 견인달리기에서는 최대달리기보다 높은 피치를 경험할 수 있지만, 이것은 다리움직임을 빠르게 만들어줄 뿐만 아니라 스트라이드를 증가시켜 릴랙세이션상태를 만듦으로써 신경근육계통의 적응도 야기시킨다. 나아가 기본적인 트레이닝자세도 익힐 수 있으므로 보다 높은 운동수행능력의 발휘가 가능해진다.

4) 주법과 안전관리 및 상해예방

어시스트 달리기의 목적은 근기능의 개선 및 강화에 있다. 근조직을 자극하여 에너지(근력)를 발휘시키기 위해서는 각자의 주력이나 근력에 맞는 트레이닝부하를 생각해야 한다. 또한 어시스트 달리기는 실시자의 자발적 행위가 아니며, 자신의 의지 이상의 운동이 강제로 행해진다는 점도 염두에 두어야 한다.

어시스트 달리기는 주자가 예측한 이상의 스피드가 되기 때문에 다리가 지면에 닿았을 때의 충격은 자력으로 달릴 때보다도 굉장히 강해진다. 착지 시의 부하가 크면 근육파열이나 관절부위의 상해가 일어나기 쉽다. 따라서 신체의 발육발달이 충분치 않은 어린선수나 근력이 약한 선수는 주의할 필요가 있다.

다음은 어시스트 트레이닝의 2가지 예이다.

튜브를 이용하는 방법(그림 3-10의 1) ▷▶ 당기는 사람과 주자의 2인을 한 조로 한다. 전방에서 당기는 사람이 처음으로 뛰기 시작하여 튜브에 장력이 발생시키면, 후방에 있는 주자가 그 장력을 이용해서 뛰기 시작하여 초최대질주속도를 얻는다. 튜브를 너무 늘리면 복원력이 강해져서 달리기 시작할 때에 올바른 달리기동작을 취할 수 없을 뿐만 아니라 넘어질 수도 있으므로 주의해야 한다.

내리막길을 이용하는 방법(그림 3-10의 2) ▷▶ 내려가는 방향으로 중력가속도를 얻으면 달리는 속도가 상승하므로 심리적 여유가 생겨 스스로 달리기상태를 컨트롤할 수 있게 된다. 그러나 경사가 심한 내리막길에서는 생각지도 못한 스피드가 나와 밸런스를 잃고 넘어질 수도 있으므로 주의해야 한다.

한편 이 트레이닝을 너무 많이 하면 다리나 허리에 심한 부하가 걸려 정강이덧대(shin splint, 경골부목)나 근육파열 등과 같은 스포츠상해가 일어나기 쉽다.

그림 3-10. 어시스티드 트레이닝

1 튜브를 이용하는 방법

튜브의 장력 ➡

당기는 사람

2 내리막길을 이용하는 방법

1.5~2.5도

8 레지스티드 트레이닝

파워를 요하는 대표적인 경기인 100m달리기에서는 미국의 하인즈(Hines, Jim) 선수가 1968년에 처음으로 9.95초를 달성하였으며, 그 후 기록은 조금씩 향상되었다. 그러다가 2009년 독일 세계육상선수권대회에서 자메이카의 볼트(Bolt Usain)선수가 뛴 9.58초가 현재까지 세계기록이다.

레지스티드 트레이닝(resisted training)은 새로운 트레이닝방법은 아니지만, 확실히 기록향상에 공헌하고 있다.

1) 레지스티드 트레이닝이란

어시스티드 트레이닝(assisted training)은 다른 사람 또는 보조물의 도움을 받아 하는 능력 이상의 오버스피드 트레이닝인데 반하여, 레지스티드 트레이닝(resisted training)은 언덕을 오르거나 중량물을 밀거나 당김으로써 부하 또는 저항을 받아 달리는 트레이닝방법이다.

2) 레지스티드 트레이닝의 목적과 효과

레지스티드 트레이닝은 실제로 달리는 자세에 가장 근접된 자세로 달리는 도중에 큰 부하가 걸리게 하는 트레이닝방법이다. 그 부하를 견뎌내려면 큰 힘이 발휘되어야 하는데, 이를 위해 신경기능이 활발해져 그때까지의 트레이닝부하에서는 동원되지 않던 보다 많은 근육섬유가 동원된다. 이 때문에 스프린트 달리기에 필요한 근력이나 파워의 향상을 기대할 수 있다. 특히 스피드의 결정요인이 되는 스트라이드의 증가에는 효과적이라고 알려져 있다. 적절히 실천한다면 스피드뿐만 아니라 체력향상과 달리기자세의 개선효과를 동시에 노릴 수 있을 것이다.

3) 레지스티드 트레이닝의 실제와 유의점

다음은 달리기능력을 향상시키면서 가볍게 실시할 수 있는 하중부하 달리기인 레지스티드 트레이닝방법이다.

언덕길 달리기(그림 3-11의 1) ▷▶ 평지에서 하는 스프린트달리기와 비교했을 때 언덕길 달리기는 체중(무게중심)의 위쪽이동이 힘들기 때문에 큰 에너지가 발휘되어야 한다. 이 경우에는 스트라이드가 짧아지며, 나아가 발의 접지시간은 길어진다. 따라서 팔을 전방으로 크게 흔들며, 지면을 힘차게 그리고 재빨리 킥하면서 의식적으로 넙다리를 전방으로 끌어당김과 동시에 스트라이드를 늘려야 한다. 경사각도는 '3% 이내'가 적절하다. 그 이상이 되면 근력트레이닝으로서의 유효성은 높지만 윗몸의 전방경사각도가 너무 커져 스프린트 고유의 자세가 흐트러져버린다.

타이어 끌며 달리기(그림 3-11의 2) ▷▶ 가장 일반적인 레지스티드 트레이닝방법이다. 스프린트 달리기에 필요한 엉덩관절을 펴기 위해 근력을 향상시키는 효과적인 수단이다. 당기는 부하가 무거워짐에 따라 스트라이드와 피치도 저하되므로 타이어를 한 걸음씩 끌고 가면서 팔흔들기와 킥을 강조하여 의식적으로 접지시간을 짧게 한다. 중량이 너무 무거우면 근력트레이닝으로서는 유효하더라도 달리는 자세가 무너져 허리가 빠지는 듯한 기술적 문제가 생길 수도 있으므로 주의해야 한다.

모래밭 달리기(그림 3-11의 3) ▷▶ 지면이 연약한 모래밭에서 킥을 하면 다리가 후방으로 흐르기 쉽고, 밸런스도 잡기 어려워진다. 의식적으로 허리위치를 높게 유지하면서 킥할 때에는 무릎을 빨리 전방으로 끌어당겨야 한다. 너무 부드러운 모래밭에서는 효과를 기대할 수 없기 때문에 파도가 지나간 해변 등 조금 단단한 곳을 택하여 달리면 좋을 것이다.

웨이트자켓을 장착하고 달리기 ▷▶ 금속추나 모래를 중량물로 사용한 자켓을 장착하면 무게중심이 평상시보다 위쪽이 된다. 그에 따라 접지 시에 무릎이나 발목에 걸리는 부하가 강해지므로 충격흡수성이 높은 신발을 신는다. 이때 달리기의 안정성이 나빠질 수 있으므로 충분한 주의가 필요하다.

그림 3-11. 레지스티드 트레이닝

1 언덕길 달리기

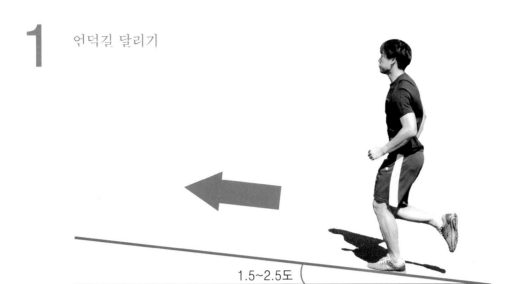

1.5~2.5도

2 타이어 끌며 달리기

타이어 등 중량물

3 모래밭 달리기

모래밭

1) 웨이트 트레이닝이란

웨이트 트레이닝(weight training)은 중량물·유압·공기압 등의 저항에 대응하여 근육을 수축시켜 근력·파워·근지구력을 향상시키고, 나아가 근육을 비대하게 만드는 트레이닝방법이다.

연습자의 근력이 향상됨에 따라 중량조절을 적절히 할 수 있는 바벨이나 덤벨이 19세기 말에 개발되었고, 최근 각종 트레이닝머신도 개발되었다.

2) 웨이트 트레이닝의 효과

웨이트 트레이닝을 하면 근력·파워·근지구력 등이 향상되고, 근육량이 증가된다. 또한 기초대사능력을 높여 지방연소율을 높이고, 관절통의 완화와 골밀도의 유지개선에도 효과가 있다. 웨이트 트레이닝은 강도나 반복횟수 등을 바꿀 수 있으므로 스포츠종목별 요구에 응할 수 있는 유일한 전문적 트레이닝방법이다.

3) 웨이트 트레이닝의 특징

웨이트 트레이닝방법에는 바벨이나 덤벨 등을 사용하는 프리웨이트와 운동동작의 궤도가 정해진 기계를 사용하는 머신웨이트가 있다. 어린이부터 고령자까지 연령을 불문하고, 또 초심자부터 상급자까지 수준을 불문하고 누구든지 트레이닝할 수 있다는 특색이 있다.

초심자는 미리 동작 자체의 궤도가 정해져 있어 안전한 머신웨이트부터 시작하고, 상급자가 되면 바벨 등을 이용하는 프리웨이트로 이행하는 것이 효과적이다. 어린이나 고령자는 가볍고 편리한 덤벨을 이용한다.

4) 웨이트 트레이닝의 방법

(1) 부위별 웨이트 트레이닝

전신근력향상 프로그램 ▷▶ 예를 들어 전신을 상반신, 하반신, 몸통으로 나눠서 부위별로 3~4 종류씩 전체 10종류 전후의 운동종목을 선택한다. 원칙적으로는 큰근육을 단련하는 운동을 먼저 하도록 순서를 배열한다.

부분근력향상 프로그램 ▷▶ 해당부위를 강화할 수 있는 운동종목을 1~5종류 골라 프로그램을 만든다. 운동종목의 수가 적으면 세트수를 많게(3~5세트) 하고, 운동종목이 많으면 세트수를 적게(1~2세트) 하는 것이 좋다.

(2) 목적별 웨이트 트레이닝

근력향상 프로그램 ▷▶ 최대근력의 2/3 이상의 고강도로 5~6회 이하의 반복밖에 할 수 없는 '고부하, 저횟수'의 트레이닝이 효과적이다.

파워향상 프로그램 ▷▶ 부하를 중간강도(최대근력의 40~65%)로 하여 8~12회를 하이스피드로 반복한다.

근지구력 · 셰이프업(shape up) 프로그램 ▷▶ 부하는 저강도(최대근력의 40% 전후)로 하여 15회 이상 반복할 수 있는 '저부하, 고횟수'의 트레이닝이 효과적이다.

(3) 전신근력 및 파워향상을 위한 웨이트 트레이닝의 예

- ▶ 클린(clean) 10회(전신) (그림 3-12의 1)
- ▶ 벤치 프레스(bench press) 10회(상반신) (그림 3-12의 2)
- ▶ 스쿼트(squat) 10회(하반신) (그림 3-12의 14)
- ▶ 크런치(crunch) 20회(몸통) (그림 3-12의 12)
- ▶ 암컬(arm curl) 10회(상반신) (그림 3-12의 3)
- ▶ 카프 레이즈(calf raise) 10회(하반신) (그림 3-12의 15)
- ▶ 백 익스텐션(back extension) 20회(몸통) (그림 3-12의 13)
- ▶ 숄더 프레스(shoulder press) 10회(상반신) (그림 3-12의 9)
- ▶ 레그 컬(leg curl) 10회(하반신) (그림 3-12의 19)
- ▶ 덤벨 스윙(dumbbell swing) 20회(몸통) (그림 3-12의 16)
※ 위 프로그램을 2~3세트 실시한다.

5) 웨이트 트레이닝 실시상의 유의점

- ▶ 용구점검은 사전에 충분히 하고, 트레이닝실은 항상 정리 · 정돈한다.
- ▶ 호흡은 원칙적으로 힘을 발휘할 때 내쉬고 힘을 풀어줄 때 들이마시되, 멈추지 않도록 한다.
- ▶ 웨이트 트레이닝 실시일은 고기나 달걀 등 고단백식을 섭취하고 충분한 수면을 취한다.
- ▶ 실시한 종목 · 중량 · 횟수 · 세트수 등을 기입한 트레이닝기록표를 활용하면 트레이닝관리에 도움이 된다.
- ▶ 스포츠종목별 특성에 맞춰 트레이닝종목을 선택한다(표 3-8 참조).

표 3-8. 스포츠종목별 웨이트 트레이닝 종목

종목	그림번호	부위	종류	단거리달리기	도움닫기높이뛰기	포환던지기	야구	축구	농구	골프	테니스	수영	스키
클린	그림 3-12의 1	전신	프리	○	○	○	○	○	○	○			
벤치 프레스	그림 3-12의 2	상반신	프리	○	○	○	○	○	○	○	○	○	
암 컬	그림 3-12의 3	상반신	프리	○	○	○		○		○	○		○
업라이트 로잉	그림 3-12의 4	상반신	프리			○		○		○			○
벤트 오버 로잉	그림 3-12의 5	상반신	프리					○			○		
풀오버	그림 3-12의 6	상반신	프리		○		○	○	○				
숄더시러그	그림 3-12의 7	상반신	프리								○		○
버터플라이	그림 3-12의 8	상반신	머신	○		○					○		
숄더 프레스	그림 3-12의 9	상반신	머신				○	○		○	○		
풀다운	그림 3-12의 10	상반신	머신	○									
앱도미널	그림 3-12의 11	몸통	머신				○	○	○	○	○		○
크런치	그림 3-12의 12	몸통	프리	○	○	○	○	○	○	○	○	○	○
백 익스텐션	그림 3-12의 13	몸통	프리									○	
스쿼트	그림 3-12의 14	하반신	프리	○	○	○	○	○	○	○	○	○	○
카프 레이즈	그림 3-12의 15	하반신	프리	○				○					○
덤벨 스윙	그림 3-12의 16	몸통	프리				○	○	○	○	○		
굿모닝 엑서사이즈	그림 3-12의 17	하반신	프리	○		○	○						○
데드 리프트	그림 3-12의 18	하반신	프리					○		○	○	○	
레그 컬	그림 3-12의 19	하반신	머신	○	○	○		○					○
레그 익스텐션	그림 3-12의 20	하반신	머신	○	○	○		○	○				○

그림 3-12. 웨이트 트레이닝

1 클린(전신)
(clean)

2 벤치 프레스(상반신)
(bench press)

3 암 컬(상반신)
(arm curl)

4 업라이트 로잉(상반신)
(upright rowing)

5 벤트 오버 로잉(하반신)
(bent over rowing)

6 풀오버(상반신)
(pull over)

그림 3-12 (계속). 웨이트 트레이닝

7 숄더 시러그(상반신)
(shoulder shrug)

8 버터플라이(상반신)
(butterfly)

9 숄더 프레스(상반신)
(shoulder press)

10 풀다운(상반신)
(full down)

그림 3-12 (계속). 웨이트 트레이닝

11 앱도미널(몸통) (abdominal)

12 크런치(몸통) (crunch)

13 백 익스텐션(몸통) (back extension)

14 스쿼트(하반신) (squat)

15 카프 레이즈(하반신) (calf raise)

그림 3-12 (계속). 웨이트 트레이닝

16 덤벨 스윙(몸통)
(dumbbell swing)

17 굿모닝 엑서사이즈(하반신)
(good morning exerise)

18 데드 리프트(하반신)
(dead lift)

20 레그 익스텐션(하반신)
(leg extension)

19 레그 컬(하반신)
(leg curl)

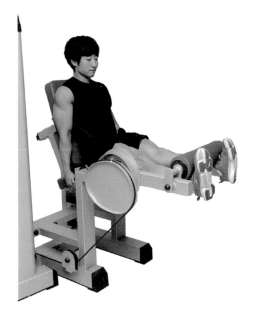

10 서킷 트레이닝

1) 서킷 트레이닝이란

서킷 트레이닝(circuit training)은 1950년대 초에 영국 Leeds대학교의 모건(Morgan, R.E.)과 아담슨(Adamson, G.T.) 교수가 개발한 종합적인 체력 트레이닝방법이다. 우리 나라에는 1960년대에 소개되어 오늘날 체력향상을 위한 보편적인 트레이닝방법으로 활용 되고 있다.

2) 서킷 트레이닝의 효과

서킷 트레이닝은 근지구력 외에 근력·파워·전신지구력 등 서로 다른 체력요소를 동시 에 향상시킴으로써 전반적인 체력향상이 가능한 효과적인 트레이닝방법이다.

웨이트 트레이닝은 운동 사이에 완전휴식시간이 있기 때문에 전신지구력을 강화시킬 수는 없다. 그에 반해 서킷 트레이닝은 운동 사이의 인터벌을 불완전휴식(걷기, 조깅, 러 닝)시간으로 하기 때문에 전신지구력도 향상시킬 수 있다. 따라서 서킷 트레이닝은 근력 향상뿐만 아니라 전신지구력도 동시에 향상시킬 수 있는 전반적인 체력향상이 가능한 트 레이닝방법이다.

3) 서킷 트레이닝의 특징

이 트레이닝은 스포츠선수, 학교체육에서의 학생, 일반인 등이 집에서 혼자서도 프로그 램을 만들 수 있기 때문에 응용범위가 넓은 체력트레이닝방법이다. 많은 사람이 비교적 좁 은 장소에서 다양한 트레이닝방법이나 용구를 사용해가며 효율성 높게 트레이닝할 수 있 다는 점이 특징이다.

4) 서킷 트레이닝의 방법

▶ 6~12가지 운동종목으로 프로그램을 만든다. 전신의 주요근육을 트레이닝할 수 있도 록 신경쓰고, 그 배열에도 유의해야 한다.
▶ 자기체중을 이용하는 종목을 조합하면 매트 1장의 면적에서도 충분한 효과를 기대 할 수 있다. 물론 덤벨·샤프트(shaft)·메디신볼 등을 사용하는 종목을 조합시키면

보다 효과적이다.

▶ 각 운동은 원칙적으로 최대반복횟수의 50%를 트레이닝지표(트레이닝할 때 해야만 하는 횟수)로 한다. 계속해서 같은 근육을 쓰지 않도록 운동순서를 배열한다(예 : 상반신-하반신-몸통).

▶ 초심자는 운동 사이의 인터벌을 걷기나 조깅부터 시작하고, 상급자가 됨에 따라 서서히 스피드를 올린다.

▶ 사전에 실시하는 프로그램에 따라 몇 회 정도(2~3회) 실시해보고 그것에 필요한 시간을 알아두고, 이것의 약 90%를 목표시간으로 정한다. 이후에는 이것을 목표로 트레이닝을 진행한다.

(1) 육상 단거리선수들의 서킷 트레이닝 예

▶ 턱걸이하며 팔 굽혔다펴기 10회 (상반신) (그림 3-13의 2)

▶ V시트 20회 (몸통) (그림 3-13의 6)

▶ 스쿼트 점프 10회 (하반신) (그림 3-13의 12)

▶ 암 컬 10회 (상반신) (그림 3-13의 5)

▶ 백 익스텐션 20회 (몸통) (그림 3-13의 9)

▶ 허들 점프 10회 (하반신) (그림 3-13의 13)

▶ 엎드려 팔굽혀펴기 10회 (상반신) (그림 3-13의 1)

▶ 발들어 배근육 20회 (몸통) (그림 3-13의 7)

▶ 런지 10회 (하반신) (그림 3-13의 15)

▶ 제자리달리기 10회 (전신) (그림 3-13의 17)

(2) 슈퍼서킷 트레이닝

슈퍼서킷 트레이닝(super circuit training)은 종래의 서킷 트레이닝에 에어로빅스운동을 조합시킨 상급자용 서킷 트레이닝이다. 1 종목이 끝날 때마다 10초 전후의 에어로빅스운동(달리기, 댄싱, 줄넘기 등)을 하여 각 종목을 휴식 없이 연결시킨다. 10종목을 2~3번 순환하여 실시하면 굉장히 효과적이다.

5) 서킷 트레이닝 실시상의 유의점

▶ 덤벨 · 샤프트 · 바벨 · 허들 등은 사전에 점검한다.

▶ 트레이닝에 익숙해져서 체력이 향상되면 부하(횟수나 중량)를 서서히 늘린다.

▶ 스포츠종목별 특성에 맞게 트레이닝종목을 선택한다(표 3-9)

표 3-9. 스포츠종목별 서킷 트레이닝종목

종 목	그림번호	부위	용구	단거리달리기	도움닫기높이뛰기	허들달리기	창던지기	농구	배구	유도	자전거	수영	스케이트
엎드려 팔굽혀펴기	그림 3-13의 1	상반신	없음	○	○	○	○	○		○	○		
턱걸이하며 팔굽혔다펴기	그림 3-13의 2	상반신	있음	○						○			○
메디신볼 던지기	그림 3-13의 3	상반신	있음		○	○	○	○	○				
디핑	그림 3-13의 4	상반신	있음				○					○	
암 컬	그림 3-13의 5	상반신	있음	○	○	○							
V시트	그림 3-13의 6	몸통	없음	○	○	○	○	○		○	○		○
발 들고 배근육	그림 3-13의 7	몸통	없음	○						○	○	○	
레그 레이즈	그림 3-13의 8	몸통	없음					○	○				
백 익스텐션	그림 3-13의 9	몸통	있음	○	○		○		○		○	○	○
크런치	그림 3-13의 10	몸통	있음			○							
넙다리 들기	그림 3-13의 11	하반신	없음	○		○							
스쿼트 점프	그림 3-13의 12	하반신	있음		○			○	○		○		○
허들 점프	그림 3-13의 13	하반신	있음	○		○	○	○	○				○
레그 컬	그림 3-13의 14	하반신	있음	○								○	
런지	그림 3-13의 15	하반신	있음		○		○			○	○		○
스쿼트	그림 3-13의 16	하반신	있음							○	○		
제자리 달리기	그림 3-13의 17	전신	없음	○		○							

그림 3-13. 서킷 트레이닝

1 엎드려 팔굽혀펴기(상반신)
(press up)

2 턱걸이하며 팔 굽혔다펴기(상반신)

3 메디신볼 던지기(상반신)
(medicine ball throw)

4 디핑(상반신)
(dipping)

5 암 컬(상반신)
(arm curl)

그림 3-13 (계속). 서킷 트레이닝

6 V 시트(몸통)

7 발 들고 배근육(몸통)

8 레그 레이즈(몸통) (leg raise)

9 백 익스텐션(몸통) (back extension)

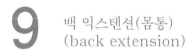

10 크런치(몸통) (crunch)

11 넙다리 들기 (하반신)

그림 3-13 (계속). 서킷 트레이닝

12
스쿼트 점프(하반신)
(squat jump)

13
허들 점프(하반신)
(hurdle jump)

14
레그 컬(하반신)
(leg curl)

15
런지(하반신)
(lunge)

16
스쿼트(하반신)
(squat)

17
제자리달리기
(전신)

11 에어로빅스 트레이닝

1) 에어로빅스란

에어로빅스(aerobics)란 유산소운동을 말하며, 건강을 유지·증진시키는 운동이다. 대표적인 예로는 가장 단순한 운동인 걷기와 달리기가 있다. 이 두 가지 운동은 모든 운동의 기본이자 굉장히 우수한 에어로빅스이기도 하다. 또 다른 예는 수영, 사이클링, 댄스, 골프 등이 있다.

여기서는 트레이닝을 주로 하는 경기자를 위한 에어로빅스 즉, 유산소지구력향상을 목적으로 하는 에어로빅스 트레이닝(aerobics training)을 알아본다.

2) 에어로빅스 트레이닝의 효과

유산소지구력향상을 목적으로 하는 에어로빅스 트레이닝은 일반적인 건강을 목적으로 하는 에어로빅스와는 달리 강도·지속시간·빈도가 모두 높다. 특히 운동강도는 최대심박수(220-연령)의 60% 정도가 기준이 되는 비운동선수와는 달리 최대심박수의 70~75% 정도의 강도가 기준이 된다.

한편 운동강도는 최대심박수 외에 젖산역치(LT : lactate threshold)도 기준의 한 가지가 된다. LT는 운동을 하면 피로물질인 젖산이 급격히 쌓여지는 시점을 말하며, 무산소역치(AT : anaerobic threshold)라는 용어로도 표현한다. 이 AT수준의 운동강도가 기준이 되는 에어로빅스 트레이닝을 하면 심박출량의 증가, 심박수의 상승, 혈류량의 증가, 환기량의 증가, 산소섭취량의 증가 등의 반응이 나타난다.

에어로빅스 트레이닝을 계속하면 다음과 같은 증상이나 반응을 볼 수 있다.

▶ 심장의 확장 및 모세혈관의 발달
▶ 안정시심박수의 감소
▶ 심장의 1회박출량 증가
▶ 최대산소섭취량 증가
▶ 허파의 산소교환율이 높아짐에 따른 환기량 증가

이러한 것들은 유산소능력의 향상요인과 크게 연관되어 있다.

3) 에어로빅스 트레이닝의 방법

에어로빅스 트레이닝은 지속적 트레이닝과 인터벌적 트레이닝이 주가 되는 트레이닝방법이다. 그러나 인터벌적 트레이닝은 AT값의 강도수준보다 약간 낮은 에어로빅(aerobic) 인터벌 트레이닝과 무산소에너지공급기구가 주가 되는 언에어로빅(anaerobic) 인터벌 트레이닝으로 분류하지만, 여기에서는 전자의 에어로빅 인터벌 트레이닝을 뜻한다.

즉 선수 수준의 에어로빅스 트레이닝이란 일반적인 유산소운동(지속운동)뿐만 아니라 AT수준에 도달하지 않는 운동강도의 지속적 트레이닝(디스턴스 트레이닝)이나 인터벌 트레이닝(에어로빅 인터벌 트레이닝)을 말한다.

그림 3-14는 장거리달리기선수의 트레이닝방법이다. 장거리달리기선수의 에어로빅스 트레이닝방법은 장거리지속달리기(LSD : long slow distance)나 중간 페이스로 지속달리기, 부하가 높지 않은 인터벌달리기, 타임 트라이얼 등이 있다. 경기종목에 따라 에어로빅스 트레이닝방법은 달라지지만, 장거리달리기와 같은 지구력종목의 선수가 유산소지구력향상을 하기에는 운동강도가 그다지 높지 않으므로 상해·장애의 위험요인이 낮은 효과적인 방법이다.

한편 유산소능력향상을 위한 에어로빅스 트레이닝 이외에도 컨디션조절을 목적으로 하는 에어로빅스 트레이닝도 운동선수들에게는 중요하다. 이 경우 운동강도는 매우 작아지겠지만, 건강의 지속증진을 목적으로 하는 에어로빅스와 마찬가지 효과가 있다. 메인트레이닝 전후에 하거나, 적극적 휴식을 위해 천천히 하는 조깅·워킹·사이클링·편안하게 즐기는 수영 등은 고통을 동반하지 않고 심박수도 그다지 높아지지 않는 범위로 하는 것이 원칙이다. 이것은 주로 워밍업이나 쿨링다운 시에 이용된다.

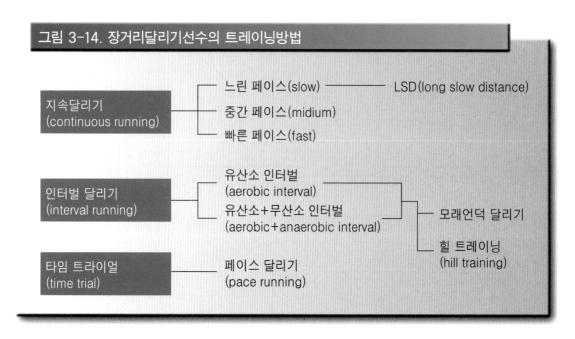

그림 3-14. 장거리달리기선수의 트레이닝방법

1) 인터벌 트레이닝이란

인터벌 트레이닝(interval training)이란 장거리달리기나 마라톤 외에 크로스컨트리 스키·수영 등 지구력종목선수들의 유산소지구력향상을 위한 대표적인 트레이닝방법 중의 하나이다.

이 트레이닝방법은 인간기관차라는 별명을 가진 체코의 자토펙(Zatopek, E.) 선수가 1940년대부터 실시하여 유명해졌다. 자토펙은 1948년 런던올림픽에서 10,000m 우승, 1952년 헬싱키올림픽에서 5,000m, 10,000m, 마라톤의 3종목에서 우승했다. 자토펙이 한 트레이닝방법의 우위성이 독일의 과학자 라인겔과 게르슈에 의해 증명됨으로써 전 세계로 퍼지게 되었다.

그림 3-15와 같이 인터벌 트레이닝은 운동강도를 높게 유지하는 피크인터벌(peak interval)과 강도를 약간 낮춘 리커버리인터벌(recovery interval)을 교대로 반복하는 방법이다. 운동강도의 피크는 최대심박수의 80~90%의 강도이며, 리커버리는 최대심박수의 60%까지 저하된 강도가 기준이 된다.

그림 3-15. 인터벌 트레이닝의 개념도

이 방법은 육상경기의 달리기종목이나 수영뿐만 아니라 자전거경기·보트·스키크로스컨트리 등에서도 마찬가지로 실시할 수 있다. 또한 구기종목(축구, 농구 등)에서도 체력적·기술적·전술적 트레이닝을 설정된 시간에 완급을 주며 실시하는 등 응용이 가능하다.

2) 인터벌 트레이닝의 종류

인터벌 트레이닝은 운동강도에 따라 분류하는 방법과 피크(운동기)의 거리나 시간에 따라 분류하는 방법이 있다.

운동강도에 따라 분류할 때에는 에어로빅 인터벌 트레이닝(aerobic interval training)과 언에어로빅 인터벌 트레이닝(anaerobic interval training)으로 크게 나눈다.

(1) 에어로빅 인터벌 트레이닝

에어로빅 인터벌 트레이닝(aerobic interval training)은 수영선수들이 오랫동안 이용해온 중심적인 트레이닝방법이다. 이 방법의 특징은 굉장히 짧은 휴식시간을 끼워넣어 레이스스피드보다도 약간 늦은 페이스의 운동을 반복하는 것이다. 따라서 심장허파기능은 높은 부하수준을 유지하게 되지만, 근육의 부담은 극단적으로 크지 않다. 또한 휴식시간이 짧기 때문에 산소섭취량이나 심박수는 크게 감소하지 않으며, 무산소에너지공급을 그다지 필요로 하지 않으므로 젖산축적이 적어진다.

한편 에어로빅 인터벌 트레이닝은 레이스페이스에 가깝기 때문에 레이스스피드에서 운동의 경제성도 높일 수 있다. 또, 운동시간이 비교적 길기 때문에 근글리코겐이 감소하여 에너지공급을 위한 지질(지방)이용비율을 증가시킨다. 따라서 지구력종목의 선수에게 마이너스인자가 되는 체지방률의 증가를 막아준다.

(2) 언에어로빅 인터벌 트레이닝

언에어로빅 인터벌 트레이닝(anaerobic interval training)은 보통 스피드 트레이닝이라고 하는 트레이닝방법이다. 이 방법은 비교적 짧은 시간에 강한 부하를 주는 운동으로부터 성립되며, 휴식시간은 비교적 길어진다. 이 트레이닝은 신체의 여러 기관에 상당히 강한 스트레스를 준다. 스피드와 파워증대효과는 있지만, 근육에 강한 부하가 걸려 장애를 초래할 위험이 있으므로 초심자나 경기능력이 그다지 높지 않은 선수들은 주의할 필요가 있다.

언에어로빅 인터벌 트레이닝을 능력에 맞는 내용으로 구성하여 실시하면 근력증강, 무산소에너지공급기구의 능력향상, 비젖산능력향상 등을 기대할 수 있다.

(3) 피크의 거리 및 시간에 따른 인터벌 트레이닝

인터벌 트레이닝은 피크(운동기)와 리커버리(휴식기), 특히 피크의 거리나 시간에 따라 분류하는 방법도 있다. 이때 각각 피크의 길이에 따라 쇼트인터벌(short interval) · 미들인터벌(middle interval) · 롱인터벌(long interval) 트레이닝이라고 한다.

대표적인 지구력종목인 장거리달리기의 인터벌 트레이닝은 일반적으로 피크, 쇼트인터벌(400m까지의 질주기), 미들인터벌(1,000m까지의 질주기), 롱인터벌(그 이상의 거리)이라고도 한다.

표 3-10은 질주기, 휴식기, 반복횟수의 3조건을 주요에너지계의 이용으로 분류한 것

표 3-10. 인터벌 트레이닝의 3조건과 주요에너지계

주요에너지계	질주기의 거리(m)	반복횟수	휴식기 (질주기를 1로 했을때의 비율(시간)
ATP-CP	50	50	1 : 3
	100	25	1 : 3
ATP-CP-LA	200	16~	1 : 3
	400	8~	1 : 2
LA-O₂	600	5~	1 : 2
	800	4~	1 : 1
O₂	1,000	3~	1 : 1/2
	1,500	3~	1 : 1/2

이다. 50m의 대시인터벌이 ATP-CP, 200m의 쇼트인터벌이 ATP-CP-LA, 이것들이 산소부채영역이라고 해도 횟수를 반복함으로써 유산소에너지계가 크게 관여하게 된다. 1,000m 이상의 롱인터벌은 유산소에너지계가 거의 대부분이지만, 질주거리가 짧아짐에 따라 유산소계에 LA(젖산계), ATP CP가 이용된다. 질주기와 휴식기의 비율은 횟수가 충분히 가능해지는 것을 전제로 하기 때문에 휴식기를 짧게 하면 보다 하드하면서 레이스를 대비하는 트레이닝방법이 될 수 있다.

✖ 크로스 컨디셔닝

동적 유연성과 동적 평형성에 민첩성과 순발성을 더한 체력요소의 연계구조를 크로스 컨디셔닝(cross conditioning)이라고 한다.

유연성은 관절이 그 가동범위를 움직이는 능력이다. 일반적으로는 스트레치가 대표적이지만, 실제 사용되는 다양한 동작을 도입한 동적 유연성(dynamic stretch)이 효과적이다. 자신의 힘으로 끌어낸 모든 능동적 유연성은 근력이 부족하면 작고, 또 너무 힘을 많이 주어도 충분히 늘어나지 않는 특성이 분명히 밝혀졌다. 따라서 동적 유연성은 경기특성에 맞는 운동수행능력향상에는 필수적인 아이템이다.

평형성은 모든 밸런스능력을 뜻한다. 자세유지에 관련된 근육의 근력이나 근육과 중추신경 간의 협조 즉, 컨트롤기구 등 넓은 분야의 신체기능에 관여하고 있다. 평형성테스트에서는 눈감고 한 발로 서기가 대표적이지만, 이러한 정적 평형성보다도 오히려 동적 평형성(dynamic balance)이 스포츠에는 유용하다. 그러면 동적평형성을 향상시키는 대표적인 트레이닝방법은 무엇일까? 밸런스트레이닝이라는 말을 자주 쓰지만 확고한 트레이닝방법이 있는 것은 아니다. 그러나 스터빌리티 트레이닝(stability training)의 보급은 스포츠계로서는 낭보라고도 할 수 있다.

민첩성은 몸의 일부 혹은 전부를 어떤 방향으로 재빨리 움직이게 하는 능력이다. 대표적인 트레이닝으로는 민첩성 트레이닝(agility training)이 있다.

순발력은 단시간 내에 강한 힘을 발휘하는 능력이다. 대표적인 트레이닝으로는 플라이오메트릭 트레이닝(plyometric training)이 있다.

이러한 크로스 컨디셔닝의 요소는 각각 혼자가 아닌 복합적인 트레이닝으로서 실시되는 데 의의가 있다. 근력트레이닝으로 근력은 분명히 향상되었지만, 경기성적에 반영되지 않는다는 고민은 없앨 수 없다. 크로스 컨디셔닝은 이러한 문제를 해결하는 키워드가 될 수도 있을 것이다.

04
트레이닝지도자의 역할

1) 정의

트레이닝지도자란 '대상이나 목적에 따라 과학적 근거에 기반하여 적절한 운동프로그램을 작성하고 이것을 효과적으로 지도·운영하기 위한 지식과 기능을 갖춘 전문가'를 말한다.

2) 지도대상과 주요 트레이닝목적

경기스포츠분야에서 트레이닝지도자는 스포츠선수에게 경기력향상을 위한 체력향상, 상해예방, 컨디션조절 등을 목적으로 트레이닝을 지도한다. 경기스포츠 이외의 분야(이후 '건강관리분야'라고 한다)에서 트레이닝지도자는 건강한 사람(연령을 불문하고)에게 건강과 체력의 증진, 생활의 질 개선, 생활동작기능 향상 등을 목적으로 트레이닝을 지도한다(표 4-1).

표 4-1. 지도대상과 주요 트레이닝목적

경기스포츠분야	건강관리분야
대상 : 스포츠선수 목적 : 경기력향상을 위한 체력향상, 상해예방, 컨디션조절 등	대상 : 건강한 사람(연령 불문) 목적 : 건강과 체력증진, 생활의 질 개선, 생활동작기능의 향상 등
※ 질병과 상해가 있는 사람을 대상으로 트레이닝지도를 실시할 때에는 원칙적으로 의사의 운동허가를 필요로 한다.	

트레이닝지도자가 질병이나 장애가 있는 사람을 대상으로 트레이닝을 지도할 때에는 원칙적으로 의사의 운동허가를 필요로 한다. 트레이닝지도자는 원칙적으로 트레이닝참가자의 부상부위(환부)의 '재활(rehabilitation)'에 관해서는 독자적으로 판단해서는 안 되며, 의사의 지시에 따라 '환부트레이닝'을 실시해야 한다.

3) 트레이닝지도자의 호칭

(1) 경기스포츠분야

경기스포츠분야에서는 트레이닝지도자를 '애슬래틱 트레이너(athletic trainer)'와 혼동하여 단순히 '트레이너(trainer)'라고 부르는 경우가 많다. 그밖에 트레이닝지도자의 호칭에는 다음과 같은 것들이 있다.

트레이닝코치(training coach) ▷▶ 1970년대 무렵부터 주로 프로야구에서 사용되어 확산된 호칭이다.

스트렝스코치(strength coach) ▷▶ 1970년대 무렵부터 주로 미국의 아메리칸풋볼경기에서 근력트레이닝을 지도하는 전문가의 호칭으로 쓰였다.

스트렝스 & 컨디셔닝코치(strength & conditioning coach) ▷▶ 근력트레이닝 이외의 운동프로그램이나 선수의 컨디션조절 등에 폭넓게 대응하는 트레이닝지도전문가를 호칭할 때 주로 사용되었다. 단순히 '컨디셔닝코치'라고 부르기도 한다.

피지컬코치(physical coach) ▷▶ 주로 축구경기에서 체력강화를 위한 트레이닝이나 워밍업 및 쿨링다운을 담당하는 전문가를 호칭할 때 많이 사용한다.

피트니스코치(fitness coach) ▷▶ 럭비경기에서 많이 사용되는 호칭이다.

(2) 건강관리분야

헬스클럽과 같은 상업시설에서는 인스트럭터(instructor), 피트니스 인스트럭터(fitness instructor), 트레이너 등의 호칭이 사용되고 있다. 우리나라에서는 1990년대 이후부터 트레이닝참가자(고객이나 클라이언트)와 개인계약을 맺어 트레이닝을 실시하는 퍼스널트레이너(PT : personal trainer)라는 호칭도 많이 사용되기 시작하여 현재에 이르고 있다.

4) 트레이닝지도자의 활동형태

트레이닝지도자의 활동형태는 다음과 같다.

(1) 경기스포츠분야

▶ 팀, 회사, 학교 등과 전속계약을 맺고 활동(기간제 혹은 종신고용)
▶ 개인사업자로서 복수의 지도처(단체 혹은 개인)와 파트타임계약을 맺고 활동
▶ 애슬래틱 트레이너(atheltic trainer)와 병행하여 활동
▶ 교사로서 활동
▶ 부업 혹은 자원봉사자로서 활동

(2) 건강관리분야

▶ 헬스클럽의 사원으로서 활동(기간제 혹은 종신고용)
▶ 개인사업주로서 복수의 지도처(개인 혹은 단체)와 파트타임계약을 맺고 활동
▶ 부업 혹은 자원봉사자로서 활동

트레이닝지도자의 필요성은 다음과 같다.

(1) 경기스포츠분야

경기스포츠가 고도화됨에 따라 경기력향상을 위해서는 보다 높은 수준의 체력을 단기간에 효율적으로 획득해야할 필요성이 높아지고 있다. 또한 각 팀의 코치에게는 높은 수준의 기술·전술의 지도능력과 팀운영능력이 요구되고 있으며, 이들은 여기에 많은 시간과 노력을 들이고 있다.

이러한 상황을 배경으로 기술·전술의 지도나 팀운영을 전문으로 하는 코치와 체력강화나 컨디션조절을 전문으로 하는 코치(트레이닝지도자)로 분업화되는 경향이 있다. 경기스포츠분야에서는 체력강화에 관한 높은 수준의 전문적 지식과 지도능력을 갖고 있는 스페셜리스트의 필요성도 높아지고 있다.

표 4-2. 트레이닝지도자의 역할과 업무

1. 트레이닝 프로그램의 작성
2. 트레이닝 프로그램의 운영과 관리
3. 측정과 평가
4. 교육적 지도
5. 환경정비와 조직운영
6. 건강관리와 응급처치

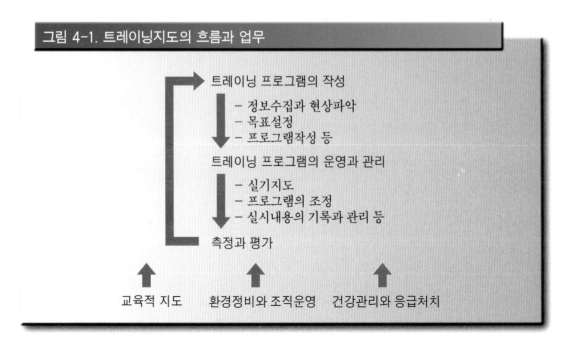

그림 4-1. 트레이닝지도의 흐름과 업무

(2) 건강관리분야

일반인들의 생활습관병예방과 체형개선에 대한 의식함양문제, 어린이들의 체력저하문제, 고령자들의 간호문제 등으로 건강관리분야에서는 트레이닝참가자와 운동의 목적이 다양화되는 경향이 있다.

따라서 다양한 참가자와 운동목적에 따라 적절한 운동프로그램을 작성·지도할 수 있는 전문가의 필요성이 높아지고 있다.

3 트레이닝지도자의 역할과 업무

1) 트레이닝 프로그램의 작성

트레이닝참가자에 관한 정보를 여러 각도에서 수집하여 현상을 파악한 다음 트레이닝목표를 설정하고, 이것을 달성하기 위해 효과적인 트레이닝 프로그램을 작성한다.

(1) 정보수집과 현상파악

트레이닝 프로그램을 작성할 때에는 조사표나 면담 등을 통해 트레이닝참가자에 관한 여러 가지 정보를 수집해야 한다(표 4-3). 수집해야할 정보는 이름·연령·거주지와 같은 '일반적 정보' 외에, 체중·체지방률·근력·전신지구력과 같은 '형태·체력에 관한 정보', 과거의 내과적 질환과 정형외과적 상해·건강검진결과와 같은 '의학적 정보', 생활상황(직업, 학업, 수면 등)·식사상황·정신적 스트레스상황·이용할 수 있는 트레이닝시설과 같은 '트레이닝환경에 관한 정보' 등이다. 또한 트레이닝참가자의 트레이닝에 관한 지식수준과 이해도, 가치관, 심리적 특성, 자기관리능력 등에 대해서도 조사해둘 필요가 있다.

스포츠선수를 대상으로 할 때에는 해당종목 스포츠의 특성에 관련된 정보를 수집해야한다. 여기에는 경기규칙·용구·웨어·경기장소와 같은 '일반적 정보', 경기에서 필요로 하는 신장과 근육량과 같은 '형태에 관한 정보', 실제경기동작과 트레이닝으로 강화시켜야할 동작과 같은 '기술적 특성에 관한 정보', 경기에서 요구되는 체력과 같은 '체력특성에 관한 정보', 경기에서 일어나기 쉬운 상해와 그 발생메커니즘과 같은 '상해에 관한 정보' 등이 있다. 또한 선수가 출전하는 경기일정과 경기목표(경기에서의 순위나 기록 등), 기술 및 전술의 과제에 대해서도 파악해둘 필요가 있다.

한편 트레이닝지도자가 경험해보지 못한 경기종목인 경우에는 시합이나 연습을 견학하거나 필요에 따라 실제로 경기를 체험해보는 것도 좋다.

표 4-3. 트레이닝 프로그램을 작성할 때 수집해야할 정보
- 스포츠선수를 대상으로 하는 경우 -

트레이닝참가자에 관한 정보	경기에 관한 정보
1. 일반적 정보 ▶ 이름, 연령, 성별, 거주지, 연락처 등 2. 체력에 관한 정보 ▶ 체력측정데이터 등 3. 의학적 정보 ▶ 정형외과적 상해, 내과적 질환의 과거병력과 현상 등 4. 트레이닝환경에 관한 정보 ▶ 생활상황(직업, 학업, 수면 등) ▶ 식사상황(식사내용, 영양제복용 등) ▶ 연습과 트레이닝환경 등 5. 경기에 관한 정보 ▶ 전문종목, 경기력 ▶ 연습, 합숙, 원정, 시합일정 ▶ 경기의 목표 ▶ 기술·전술적 과제 등 6. 기타 ▶ 트레이닝에 관한 지식 수준, 이해도 ▶ 심리적 특성 ▶ 자기관리능력 등	1. 일반적 정보 ▶ 경기규칙 ▶ 사용하는 용구(공, 라켓 등)와 경기장(기온, 습도, 바람, 표면 등) ▶ 주요 시합일정 등 2. 필요한 형태 ▶ 신장, 체중, 체지방률, 근육량 등 3. 기술특성 ▶ 강화해야할 동작과 국면 ▶ 많이 사용하는 부위 등 4. 체력특성 ▶ 경기에서 요구되는 체력 ▶ 주전선수의 체력특성 등 5. 경기에서 일어나기 쉬운 상해 ▶ 일어나기 쉬운 상해와 그 메커니즘

(2) 목표설정

정보수집과 현상파악이 끝나면 트레이닝으로 달성해야할 목표를 검토한다. 트레이닝목표에는 1년부터 수년의 장기목표와 몇 주에서 몇 개월인 단기목표가 있다. 목표를 설정할 때에는 트레이닝효과와 트레이닝에 대한 의욕을 높이려면 '달성기한을 명확히 한다', '트레이닝실시에 의해 실현가능한 수준으로 설정한다' 등을 배려해야 한다.

(3) 프로그램작성

설정된 목표를 효율적으로 달성할 수 있는 트레이닝 프로그램을 작성한다.

프로그램을 작성할 때에는 일반적으로 1년에서 수년의 기간 동안 영향을 미치는 '장기프로그램'과 몇 주에서 몇 달까지의 구체적인 트레이닝내용을 나타낸 '단기프로그램'의 2가지로 나눠 검토한다. 스포츠선수의 경우에는 출전하는 시합의 시기와 중요도 등을 고려하여 '기간나누기' 개념에 바탕을 둔 장기프로그램을 작성한다.

구체적인 프로그램을 작성할 때에는 트레이닝목표, 강화해야할 체력요소, 운동형태 등을 고려하여 엑서사이즈를 결정함과 동시에 각 엑서사이즈의 강도와 양, 프로그램의 실시빈도와 같은 조건을 설정한다.

2) 트레이닝 프로그램의 운영과 실기지도

트레이닝 프로그램이 결정되면 트레이닝참가자에게 프로그램내용을 설명함과 동시에 실기를 지도한다. 참가자가 처음으로 하는 엑서사이즈를 실시할 때에는 올바른 동작의 지도뿐만 아니라, 지도자의 시범도 요구된다.

트레이닝실시 중에 지도자는 참가자의 움직임과 실시조건(부하나 횟수, 동작 스피드 등)을 관찰하여 필요에 따라 조언을 해준다. 근력트레이닝을 실시할 때에는 지도자가 보조하는 경우도 있다.

시설의 수용능력을 넘어 많은 사람들이 동시에 트레이닝을 실시할 때에는 그룹으로 나눠서 하고, 시간과 요일을 바꿔가며 트레이닝을 실시하는 등의 배려가 필요하다.

트레이닝 프로그램의 진척상황을 관리하기 위하여 트레이닝실시기록이나 지도기록을 작성함과 동시에 그 내용을 정기적으로 확인한 다음 평가·조정한다.

3) 트레이닝 프로그램의 측정과 평가

트레이닝 프로그램의 실시효과를 파악하려면 일정기간별로 각 항목을 측정하여 결과에 대한 평가와 동시에 필요에 따라 트레이닝목표나 프로그램내용을 조정해야 한다.

측정내용에는 체중·체지방률·부위별 둘레 등의 형태측정, 근력·지구력·유연성 등의 체력측정 외에, 식사·수면 등의 생활습관조사, 정신적인 면의 조사, 건강검진 등이 포함된다.

측정데이터는 트레이닝참가자의 필요성에 따라 그래프나 표 등으로 가공하여 알기 쉽게 설명해주어야 한다. 구체적인 평가법은 목표치나 표준치(우리나라 사람의 평균치, 경기별 평균치 등)와 비교, 평가기준을 이용한 평가(예: 5단계 평가에 의한 radar chart의 작성 등), 지난 번과의 비교나 지금까지의 추이(꺾은선그래프의 작성 등) 외에도 스포츠선수의 경우에는 팀 내 순위나 주전선수와 비교 등이 있다.

측정결과에 따라 프로그램 진척상황의 평가와 동시에 앞으로의 트레이닝 프로그램의 조정과 실시포인트 등을 검토하여 되도록 빨리 참가자나 코치에게 설명한다.

4) 트레이닝지도자의 지도방법

효율적으로 트레이닝효과를 높이고 목표달성을 위해서는 참가자 자신이 트레이닝에 관한 올바른 지식을 갖고, 트레이닝의욕을 계속해서 유지해나가는 것이 중요하다. 이를 위해 트레이닝지도자는 참가자에게 올바른 지식과 정보를 알기 쉽게 전달함과 동시에 트레이닝의욕을 높이는 여러 가지 역할을 해야 한다.

트레이닝지도자가 실시하는 지도방법에는 다음과 같은 것들이 있다.

(1) 트레이닝에 관한 올바른 지식과 정보의 전달

트레이닝참가자는 트레이닝에 대해 단편적인 정보 때문에 편향된 인식을 갖고 있는 경우가 많다. '근력트레이닝을 하면 스피드나 유연성이 떨어진다'는 말이 있다. 이러한 인식을 해소시키기 위해서는 참가자의 특성과 수준에 따라 과학적 근거에 기반한 올바른 지식과 정보를 알기 쉽게 설명해야할 필요가 있다.

(2) 트레이닝에 대한 동기부여

트레이닝에 대해 '힘들다' '재미없다'라는 부정적인 이미지를 가지고 있는 경향이 많다. 특히 스포츠선수는 대개 연습과 병행하여 체력트레이닝이 실시되기 때문에 트레이닝을 대충하는 선수가 많다. 트레이닝을 할 때에는 '왜 이 트레이닝을 해야 하는가?', '이 트레이닝에 의해 어떤 이점을 얻을 수 있는가?'와 같은 것들을 참가자가 알기 쉽도록 사례나 설명을 통해 전달하는 것이 중요하다.

(3) 자기관리능력 향상기능과 자립 지원

트레이닝효과를 높이기 위해서는 참가자가 스스로 의욕을 갖고 임함과 동시에 식사나 수면 등의 생활습관도 스스로 컨트롤할 수 있는 자기관리능력을 향상시켜야 한다. 트레이닝지도자는 지도방법의 일환으로서 참가자 스스로 자기관리능력을 높이도록 여러 가지 어프로치를 해야 한다.

트레이닝지도자가 평생 동안 항상 참가자 옆에서 지도를 계속하기란 불가능하며, 또 일상생활관리도 한계가 있으므로 참가자 스스로 트레이닝에 대한 동기부여를 행하는 자기동기부여를 높여 최종적으로 지도자로부터 자립할 수 있도록 지원하는 자세도 중요하다.

5) 트레이닝환경의 정비와 조직운영

(1) 트레이닝환경의 정비

시설 및 기구의 정비 ▷▶ 트레이닝을 효과적으로 추진하기 위해서는 트레이닝을 실시하기 위해 하드웨어 역할을 하는 시설과 기구의 정비가 필요하다. 트레이닝지도자는 트레이닝시설의 설계, 트레이닝기구의 선정과 레이아웃, 시설과 기구의 유지 · 보수 등의 업무에 관여한다.

예산확보 ▷▶ 트레이닝지도과정에서는 트레이닝기구 · 측정기구 등을 구입하기 위한 설비비, 소모품구입비, 통신비, 교통비, 스탭의 인건비 · 교육비 · 연구비 등의 비용이 필요하다. 트레이닝을 원활하게 지도하기 위해 필요한 예산을 확보하는 것은 트레이닝지도자의 중요한 업무 중의 하나이다. 예산을 확보하려면 영리 또는 공공 트레이닝시설에서 활동하는 트레이닝지도자의 경우에는 지출품의서를 작성하고, 경영과 운영 책임자의 경우에는 보다 많은 이익을 거두려는 노력과 동시에 스폰서를 획득하기 위한 영업활동도 검토한다.

생활환경과 트레이닝시간의 정비 ▷▶ 트레이닝지도자가 관여하는 환경정비에 관련된 업무에는 트레이닝참가자의 식사나 휴식에 관련된 생활환경의 정비와 트레이닝 실시시간의 정비 등이 있다.

(2) 트레이닝소식의 운영

조직과 운영시스템의 구축 ▷▶ 여러 명의 트레이닝지도자가 지도할 때에는 조직과 운영시스템을 효율적으로 구축할 필요가 있다. 지도스탭을 확보하기 위해서는 인건비의 확보가 필요하지만, 인턴십(실습생)을 활용하는 방법도 있다. 스탭을 증원할 때에는 지도의 질 향상을 위하여 연수를 실시한다.

다른 분야 전문가의 활용과 업무제휴 ▷▶ 트레이닝을 효과적으로 지도하려면 관련분야 전문가의 조언이나 서포트를 받는 것도 유효하다. 관련분야의 전문가로는 의사, 물리치료사, 애슬레틱 트레이너, 영양사, 멘탈트레이닝지도자, 스포츠과학자 등이 있다. 트레이닝지도자가 이미 다른 분야의 전문가가 활동하고 있는 팀이나 단체에 관여할 때에는 조직구성과 역할분담을 파악하여 서로 제휴된 활동을 실시할 수 있도록 노력해야 한다.

한편 개인 자격으로 활동하는 트레이닝지도자는 세무사, 회계사, 변호사 등의 조언을 받을 수도 있다.

6) 건강관리와 응급처치

(1) 건강관리

트레이닝지도자는 참가자의 일일건강관리에도 관여해야 한다. 트레이닝지도자가 관리해야할 건강관리에 관한 업무는 건강관리에 필요한 측정(체중, 체지방률, 혈압, 심박수 등)의 실시와 데이터관리, 생활습관(식사, 수면 등)의 체크와 조언, 수분과 영양보급에 관한 조언 등이다.

또, 트레이닝지도자는 운동환경(더운환경, 추운환경, 고지환경 등)의 변화에 따른 건강관리와 도핑컨트롤에 관한 조언뿐만 아니라 오버트레이닝, 번아웃증후군, 섭식장애 등의 발생에도 유의해야 한다. 필요에 따라 전문가와 제휴하여 대책을 마련한다.

트레이닝지도자가 스포츠팀에 관련된 활동을 할 때에는 이러한 건강관리에 관한 업무는 팀닥터, 애슬레틱 트레이너, 영양사 등 전문가와 제휴하여 수행한다.

(2) 응급처치

트레이닝지도자는 만일의 사고나 상해발생에 대비하여 긴급상황발생 시의 대응시스템을 구비하고, 평소에 충분한 훈련을 해두는 것이 중요하다. 지도할 때 트레이닝참가자에게 상해가 발생한 경우에는 즉시 응급처치를 하며, 필요에 따라 의사의 진단을 받도록 권한다.

심장정지나 호흡정지 상황이 발생하면 구급차가 도착할 때까지 심폐소생술(CPR : cardiopulmonary resuscitation)을 실시한다. 트레이닝지도자는 필수적으로 심폐소생술을 습득해두어야 한다.

4 경기스포츠분야에서 상황에 따른 활동

1) 일상적인 연습기의 활동

스포츠현장에서 일상적인 연습기의 주요활동은 다음과 같다.

컨디션체크 ▷▶ 연습 전후에 선수의 컨디션을 조사·관찰한다.

워밍업과 쿨링다운 ▷▶ 그날의 기후와 선수의 컨디션, 연습내용 등에 따라 적절한 워밍업과 쿨링다운을 지도한다.

연습 시 ▷▶ 연습상황을 관찰하고, 각 선수의 움직임을 체크한다. 상해에 의해 연습제한이 있는 선수에 대해서는 의사나 애슬레틱 트레이너 등과 제휴하여 트레이닝을 지도한다.

트레이닝 시 ▷▶ 트레이닝 프로그램에 따라 실기를 지도한다.

2) 합숙·원정 시의 활동

합숙과 원정 시에는 평상시와는 다른 장소에서 선수나 스탭들과 숙식을 함께하는 집단생활을 하게 된다. 트레이닝지도자가 선수와 합숙이나 원정을 함께하는 경우에는 선수의 식사, 수면, 피로회복, 건강관리 등에 대해 코치나 애슬레틱 트레이너 등과 의논하여 적극적으로 서포트한다.

합숙과 원정 시에는 통상 연습기와는 다른 연습방법이 채용되는 경우가 많고, 심신의 피로가 높아지는 경우도 많기 때문에 선수의 컨디션을 충분히 관찰해가면서 트레이닝, 워밍업 및 쿨링다운의 내용을 적절하게 조정하여 실시해야 한다.

3) 시합 시의 활동

트레이닝지도자가 선수와 경기장에 함께가는 경우에는 시합개시까지 컨디션조절에 관련된 업무를 수행하는 한편 워밍업과 쿨링다운을 지도한다. 시합 중에는 선수의 움직임을 관찰하고, 운동수행내용을 파악한다. 팀 내에 다른 의과학스탭이 없다면 도핑컨트롤에 관한 어드바이스를 할 수도 있다.

5 트레이닝지도자의 자질

1) 인간성

많은 지식과 기능을 가지고 있어도 트레이닝참가자와 신뢰관계가 구축되어 있지 않으면 트레이닝지도자로서의 업무를 다하기는 어렵다. 또한 경기스포츠현장은 결과가 엄격히 요구되는 긴장감이 있는 환경이므로 선수뿐만 아니라 코치 · 감독 · 애슬레틱 트레이너 등의 스탭들과도 충분한 커뮤니케이션을 도모하면서 업무를 수행해야 한다.

트레이닝지도자는 '물건'이 아닌 '사람'을 대상으로 업무를 수행하므로 좋은 인간관계를 확보해야 하고, 동시에 다른 사람으로부터 신뢰받는 인간성을 갖추어야 한다. 트레이닝지도자의 경우에 인간성은 가장 중요한 자질이라고 할 수 있다.

인간성은 폭넓게 해석되는 개념이긴 하지만, 트레이닝지도현장에서 인간성에 기인한 행동과 태도에 의해 문제가 일어나는 사례는 다음과 같다.

▶ 고압적인 태도로 억압된 분위기에서 지도한다.

▶ 자기주장이 강하고, 지론을 도도하게 펼치며, 다른 사람의 의견을 수용하지 않는다.

▶ 참가자의 특성이나 환경을 배려하지 않고, 교과서적인 지식과 기능을 밀어붙인다.

▶ 결과가 안 나오는 원인을 환경(시설과 도구가 제대로 갖춰져 있지 않음, 예산 부족, 주위의 이해부족 등)의 탓으로 돌린다.

▶ 사회인으로서의 매너가 부족하다(인사를 잘 하지 않는다, 장소나 상황에 따라 적절한 옷차림을 갖추지 못한다, 보고 · 연락 · 상담을 잘 못한다).

▶ 트레이닝지도자로서 걸맞지 않는 태도나 행동을 한다.

▶ 선수 앞에서 감독을 비판하거나, 피트니스클럽의 이용자 앞에서 경영자를 비판한다.

2) 직업관과 가치관

트레이닝지도자의 업무는 일반적인 비즈니스와는 달리 이익지상주의와 코스트(cost)주의만으로는 성립되지 않는 측면이 있다. 트레이닝지도자는 의료나 교육분야 종사자와 마찬가지로 과학적 근거가 있는 안전한 상태에서 효과적인 프로그램을 제공할 의무가 있으며, 이익추구를 위해 이를 벗어나는 행동을 해서는 안 된다.

트레이닝지도현장에서는 구속시간이 길고, 많은 신체적 부담이 요구되며, 그 역할에 따른 보수가 기대만큼 보장되지 않는 상황도 적지 않다. 그러나 트레이닝지도자는 어떤 환경에서도 업무를 담당하기로 한 이상 최선을 다하고 창의적인 생각을 집중하여 최대한의 능력을 발휘하려고 하는 자세가 필요하다.

트레이닝지도자 한 사람 한 사람이 이러한 자세로 업무에 임하여야 트레이닝지도자가 사회에서 평가받고, 스스로의 사회적 지위를 향상시킬 수 있게 될 것이다. '참가자의 목표달성을 향해 전력을 다한다'는 기본이념을 가지고, 이것에 기쁨과 자부심을 느낄 수 있는 직업관과 가치관을 갖는 것이 트레이닝지도자에게 매우 중요한 자산이라고 할 수 있다.

6 트레이닝지도자가 익혀야할 능력

1) 지식

트레이닝지도자로서 질 높은 업무를 수행하기 위해서는 요구되는 전문적인 지식수준을 높여두어야 한다. 스포츠의·과학에 관한 연구는 눈부시게 진보했으며, 새로운 지식이 계속해서 생겨나고 있다. 따라서 서적·잡지·인터넷·강습회 등 여러 가지 매체를 통해 지식과 기능수준을 향상시켜주는 것이 필요하다. 또한 경영이나 법률지식뿐만 아니라 실무에 관련된 지식을 갖추는 것도 업무에 플러스가 된다.

한편 사람과 접하는 일을 생업으로 하는 트레이닝지도자는 전문적인 지식뿐만 아니라 일반교양관련 지식수준도 높여 폭넓은 지식을 갖추어야 한다.

2) 실기능력

트레이닝지도자는 시범을 보일 기회가 많기 때문에 자신의 실기능력을 높여둘 필요가 있다. 지도자의 수준 높은 시범은 참가자가 올바른 동작을 이미지화하기 위한 효과적인 수단이 된다. 지도자 자신의 시범능력을 높이려면 자신의 동작을 비디오나 사진으로 확인하거나, 다른 사람에게 체크를 부탁하는 것이 효과적이다.

트레이닝지도자 자신이 여러 가지 트레이닝을 장기에 걸쳐 실천하고, 체력과 체형을 개선시키는 체험을 갖는 것도 지도에서는 굉장히 의의 있는 일이다. 이것은 책상에서 고안한 프로그램이 얼마만큼 고된지를 이해하거나 참가자의 컨디션에 따라 트레이닝내용을 미묘하게 조절하는 데 큰 도움이 된다. 무엇보다도 트레이닝을 실천해온 지도자는 참가자로부터 신뢰를 얻기 쉽고, 발언에도 무게를 더 실을 수 있다.

3) 지도 · 전달기능

아무리 풍부한 지식을 갖추고 훌륭하게 시범을 보이더라도 트레이닝참가자의 수준과 필요성에 따른 적절한 조언과 지도가 이루어지지 않는다면 효과적인 트레이닝지도는 어렵다.

지도능력을 높이려면 심리학 · 교육학 · 운동학습이론 · 코칭이론 등을 익힌 후에 현장에서 지도경험을 충분히 쌓아야 한다. 또, 매일매일 지도기록을 남겨 자기평가를 하거나, 정기적으로 자신이 지도하는 모습을 비디오로 확인하거나, 다른 지도자에게 보여주고 어드바이스를 받는 것도 중요하다. 그리고 트레이닝지도자를 꿈꾸는 사람이라면 인턴십(실습생)으로 현장경험을 쌓는 방법이 효과적이다.

트레이닝을 지도할 때에는 참가자에 대한 정보제공과 트레이닝에 대한 동기부여를 목적으로 강의를 하거나 각종 자료를 작성할 기회가 많다. 지도자로서의 경험이 별로 없으면 자신이 공부한 전문용어를 그대로 참가자에게 사용해버리는 경향이 있는데, 참가자의 수준과 필요성에 따라 가능한 한 알기 쉽게 설명하고 친숙한 언어로 전달하는 것이 중요하다. 또한 자료를 작성할 때에는 알기 쉬운 문장을 사용하면서 도표, 일러스트, 사진 등을 활용하여 시각적 효과를 높이는 배려도 중요하다.

4) 커뮤니케이션능력

진술한 바와 같이 트레이닝지도자는 '사람'을 상대로 활동하기 때문에 좋은 인간관계를 구축하기 위해 커뮤니케이션능력을 향상시켜두어야 한다.

커뮤니케이션능력에는 여러 가지 요소가 포함되어 있으나 기본적인 예는 인사를 잘 하는가, 바른 언어를 사용할 수 있는가, 트레이닝지도자로서 걸맞는 행동과 태도를 취할 수 있는가, 자기주장만 고집하지 않고 상대의 의견을 존중할 수 있는가 등이 중요하다. 또한 팀과 조직 안에서 활동하는 경우에는 다른 스탭에 대한 보고 · 연락 · 상담을 적절히 행할 수 있을 것, 협조성을 발휘할 수 있을 것 등이 요구된다.

5) 코디네이터능력

스포츠과학이 급속도로 고도화 내지 진보됨으로써 트레이닝지도자가 활동을 행할 때에는 스포츠의·과학 관련영역 전문가(의사, 애슬레틱트레이너, 영양사, 멘탈트레이닝지도자, 스포츠애널리스트, 스포츠과학자 등)의 도움을 받거나 코디네이터(cordinator)역할을 수행하는 기회가 늘어나고 있다. 트레이닝지도자는 이러한 전문가들과 유대를 강화하여 필요에 따라 조언을 받거나 원활한 제휴·협력관계를 구축하는 능력을 익혀두어야 한다.

다른 분야의 전문가와 함께 일할 때에는 입장과 인식의 차이에 의한 문제발생을 방지하기 위해서 조건과 내용을 사전에 문서로 명확하게 해둘 필요가 있다. 예를 들면 선수와 고객을 다른 전문가에게 소개할 때나, 그 반대의 경우에는 구두의뢰뿐만 아니라 '소개장'과 같은 문서의 이용도 바람직하다. 또한 다른 전문가를 강습회에 초빙할 때에는 보수 등에 대해 충분한 협의를 거친 후 '의뢰서'와 '승낙서'를 주고받아야 한다.

6) 조직운영능력

트레이닝지도자가 팀이나 회사와 같은 조직 안에서 활동할 때에는 조직의 일원으로서 다종다양한 능력이 요구된다. 구체적으로는 업무시스템구축, 스탭의 확보와 조직화, 예산획득 등의 능력이 필요하다.

트레이닝지도자가 회사를 설립하려면 경영능력도 있어야 한다. 또한 스탭을 이끄는 리더의 입장인 경우에는 리더십도 발휘해야 한다.

7) 정보수집 및 분석능력

트레이닝지도자는 활동에 필요한 많은 지식과 정보를 적절히 수집하는 능력이 있어야 한다. 국내뿐만 아니라 해외의 문헌이나 사이트를 읽을 줄 아는 능력도 갖추고 있다면 이상적이다.

최근 각종 미디어가 건강과 운동에 관한 정보를 쏟아내고 있으나, 과학적 근거가 희박하거나 객관적인 관점이 결여된 내용도 적지 않다. 트레이닝지도자는 이러한 정보를 취사선택하는 능력도 갖추어야 한다. 또한 트레이닝지도 시에 참가자의 움직임을 관찰하여 이것을 적절히 분석하는 능력도 필요하다.

8) 학문적 능력

트레이닝지도를 안전하고 효과적으로 하기 위해서는 과학적 근거를 중시하는 태도가 중요하다. 따라서 트레이닝지도에 관련된 학술논문을 읽는 능력과 학회 및 연구회 등에서 연구자와 의견교환을 할 수 있을 정도의 능력을 길러두는 것이 이상적이다.

또한 트레이닝지도자 자신의 활동을 의사의 임상보고처럼 사례보고로 수집하여 발표할 수 있는 능력도 익혀두는 것이 좋다. 자신의 활동을 공표하는 것은 다른 사람으로부터 의의가 있는 어드바이스를 얻어내거나, 인적 네트워크구축에도 연결된다.

9) 자기관리능력

질 높은 지도활동을 하려면 자기 자신의 건강관리가 중요함은 두 말할 필요도 없다. 트레이닝지도자는 자기관리능력을 기르고, 참가자의 이상형이 될만한 체형과 체력을 유지하여, 모범적인 생활을 할 수 있도록 노력해야 한다.

아무리 이론과 기능이 높아도 지도자 자신의 식생활이 엉망이고, 담배를 피우거나, 정신적인 스트레스에 시달리고 있다면 활력 있고 활동적인 업무를 할 수 없게 되어 트레이닝참가자들의 신뢰를 얻을 수 없게 된다.

7 트레이닝지도자의 행동과 윤리

1) 전문직으로서 지켜야할 규범과 규칙

우리나라에서는 트레이닝지도자가 직업훈련과 실무연수를 받을 기회가 제한되어 있다. 이 때문에 직무상의 규범과 규칙을 이해하지 못한 채 현장에 나가는 사람이 많다. 이것들이 원인이 되어 문제가 발생하는 경우에는 지도자 개인뿐만 아니라 업계 전체가 신뢰를 잃게 될 위험성도 있다.

트레이닝지도자의 사회적 지위향상을 위해서는 지도자 한 사람 한 사람이 사회적 질서는 물론, 업무상의 규범과 규칙을 잘 지켜 직업윤리에 반하는 행위를 삼가도록 노력해야 한다.

2) 트레이닝지도자의 행동

트레이닝지도자는 사회 전체의 신뢰를 받기 때문에 공인이라는 의식을 갖고, 사회적 질서와 직무상의 규범을 지키며, 전문직에 걸맞는 행동을 취할 필요가 있다.

(1) 마음가짐

트레이닝지도자는 전문직으로서 사회적 지지나 이해를 얻을 수 있는 마음가짐을 갖는 것이 중요하다. 소속기관의 이름이나 기업로고 등이 들어가 있는 옷이나 신발을 착용할 때에는 이 점을 충분히 고려해야 한다.

현장에서 볼 수 있는 부적절한 사례는 다음과 같다.

- ▶ 선수에게 지급되는 옷을 평상시에 착용한다.
- ▶ 과거에 트레이닝지도를 하던 팀의 옷을 계약이 종결되었음에도 불구하고 착용하고 있다.

(2) 말과 태도

트레이닝지도자는 전문직에 걸맞고 품위를 해치지 않는 말과 태도를 유지해야 한다. 이것은 각종 매체에 문장과 영상 등으로 발표할 때에도 마찬가지이다.

구체적으로 다음과 같은 점을 배려해야 한다.

- ▶ 트레이닝지도자로서의 품위나 신뢰를 손상시키거나 오해를 받을만한 발언과 행동을 하지 않는다.
- ▶ 과학적 근거에 기반하여 오해를 사지 않을 발언을 한다.
- ▶ 특정개인과 단체, 동업자를 중상모략하는 발언은 하지 않는다.
- ▶ 선수 앞에서 팀이나 감독, 스탭 및 다른 선수를 비판하지 않는다.
- ▶ 피트니스클럽회원 앞에서 클럽이나 다른 회원을 비판하지 않는다.
- ▶ 공개된 장소에서 '저 선수는 내가 키웠다'와 같은 발언을 해당선수나 코치의 허가를 받지 않고 해서는 안 된다.

(3) 직업상의 매너

트레이닝지도자는 사회인으로서 일반적인 직무상의 매너를 지키는 것이 중요함을 말할 필요도 없다.

구체적으로는 다음과 같은 점은 배려해야 한다.

- ▶ 계약사항의 엄수
- ▶ 약속시간의 엄수
- ▶ 철저한 보고, 연락, 상담

3) 개인정보보호와 비밀엄수 의무

트레이닝지도자는 직무상 알게 된 개인이나 단체에 관한 정보와 비밀을 함부로 누설해서는 안 된다. 이것은 업무에 종사하는 기간뿐만 아니라 후에도 마찬가지이다.

트레이닝지도자는 구체적으로 다음과 같은 행위를 방지하도록 노력해야 한다.

▶ 트레이닝참가자에 관한 각종 정보를 허가없이 다른 사람에게 열람시키거나 대여하는 행위

▶ 트레이닝참가자에 관한 각종 정보를 언론매체(서적, 잡지, 신문, TV, 인터넷 등), 학회, 연구회, 세미나 등에서 허가 없이 공표하는 행위

▶ 트레이닝참가자에 관한 각종 정보자료를 사무실 책상 위에 방치하거나 컴퓨터 화면에 띄워놓은 상태에서 그 자리를 떠나는 행위

개인정보가 기재된 문서와 자료를 폐기할 때에는 정보누설이 되지 않도록 파쇄기(shredder) 등을 이용해야 한다. 또한 개인정보가 보존된 미디어나 노트북의 분실·도난, 컴퓨터바이러스 등에 의한 개인정보의 외부유출 등을 상정하여 미리 대책을 세워두는 것도 중요하다.

4) 각종 허레스먼트의 방지

트레이닝지도자는 상대의 뜻과는 상관없이 불쾌한 상태로 만드는 행위인 '허레스먼트(harassment ; 골칫거리, 괴로움)를 이해하고, 이것을 방지하기 위해 노력해야 한다.

허레스먼트에는 여러 종류가 있지만, 언어나 태도 등으로 상대에게 상처를 주는 행위인 '모럴 허레스먼트', 직업상의 입장을 이용하여 불쾌한 행위를 하는 '파워 허레스먼트', 상대의 뜻에 반하는 성적 언동(성적 불쾌감)을 의미하는 '섹슈얼 허레스먼트' 등이 많이 알려져 있다.

트레이닝지도자가 현장에서 활동할 때에는 지도자의 의도와는 무관하게 섹슈얼 허레스먼트에 해당되는 경우가 적지 않게 있으므로 이에 관한 충분한 대책을 갖춰둘 필요가 있다. 예를 들어 남성 트레이닝지도자가 여성 참가자에게 근력트레이닝을 보조하거나 파트너스트레치를 할 때 신체가 접촉하는 경우가 있다. 트레이닝 미경험자는 이것을 불쾌하게 느낄 수도 있으므로 사전에 설명하여 허가를 받는 등의 배려가 필요하다.

지도자 입장에서는 나쁜 의도가 없었더라도 상대가 불쾌함을 느끼는 경우에는 섹슈얼 허레스먼트에 해당될 가능성이 있다. '이 정도라면 상대가 수용할만하다', '이 사람과는 이미 좋은 인간관계를 맺고 있으니까 괜찮아'와 같이 생각해버리는 것은 금물이다.

그밖에 트레이닝지도자가 현장에서 피해야만할 구체적 행위는 다음과 같다.

▶ 이성 트레이닝참가자의 사생활, 가족, 신조 등에 관한 질문을 필요 이상으로 한다.

▶ 지도자의 입장을 이용하여 식사를 같이 하자고 한다.

▶ 다른 사람이 있는 곳에서 트레이닝참가자가 공개하고 싶어하지 않는 신체적 특징을 언급한다.

5) 인폼드 컨센트

인폼드 컨센트(informed consent)란 '올바르게 정보가 수집된(전달된) 상태에서의 동의'를 의미하는 개념이다. 트레이닝지도는 참가자에 대해 트레이닝실시내용과 기대되는 효과, 예상되는 리스크 등에 관한 내용을 문서로 동의를 구하는 것이 필요하다.

스포츠과학영역에서 사람을 대상으로 실험과 조사를 할 때에는 문서로 참가자의 동의를 구하는 것이 필요하다.

6) 기타

(1) 매스컴에 대응

프로팀이나 국가대표팀의 트레이닝을 담당하는 트레이닝지도자라면 매스컴 관계자로부터 선수의 동향과 컨디션, 부상의 상태 등에 관한 질문을 받는 경우가 많다. 이럴 때에는 허가없이 질문에 대답해서는 안 된다. 매스컴관계자에 대한 대응방법은 팀의 대표자나 홍보담당자 등과 미리 협의를 해두는 것이 필요하다.

(2) 지적재산권에 대한 배려

트레이닝지도자는 지적재산권에 관한 법률을 이해하고 준수하는 것이 필요하다. 지적재산권에는 특허권, 실용신안권, 의장권, 상표권, 저작권, 초상권 등이 포함된다.

최근 트레이닝기구와 트레이닝방법에 대해 특허권과 상표권이 취득되는 경우가 늘어나고 있다. 특허권과 상표권이 취득된 트레이닝법에 관한 강습회를 무허가로 개최하는 행위나 지도료를 받는 행위는 위법행위로 간주될 수도 있으므로 주의해야 한다.

또한 저작권을 침해하는 행위인 서적과 자료·선수의 사진 등을 무허가로 인용·전재하는 행위나 컴퓨터소프트의 불법복제, 파일교환소프트의 불법이용 등도 피해야 한다.

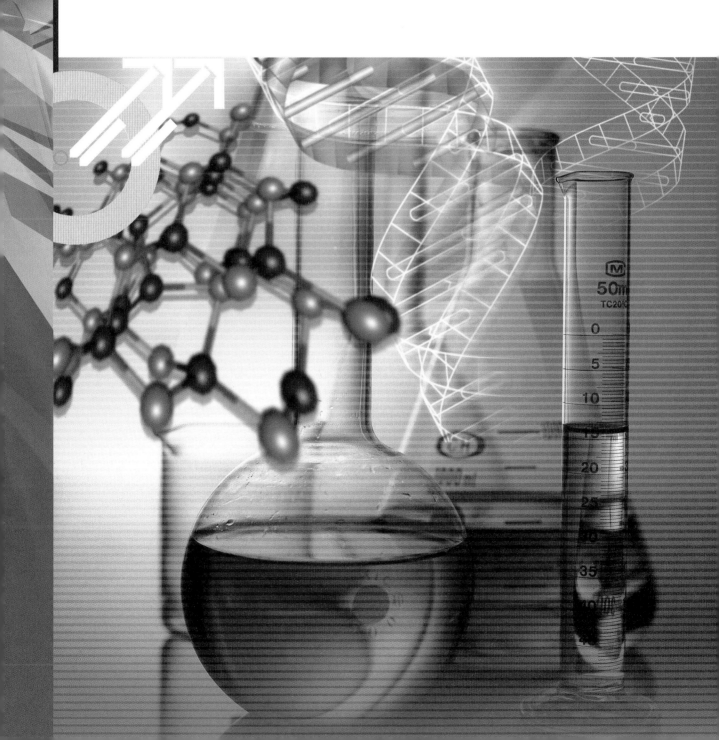

05
트레이닝계획

1 트레이닝이란

1) 운동수행능력과 트레이닝

(1) 운동수행능력의 규징요인

운동수행능력을 규정하는 요인은 크게 외적 요인과 내적 요인으로 나눌 수 있다(그림 5-1). 외적 요인에는 날씨 · 기온 · 습도 등의 자연조건, 설비 · 도구 등의 인공적 조건, 심판 · 관중 등의 인적 조건이 포함된다. 내적 요인은 선수의 능력 그 자체를 가리키며, 운동영역 · 정신영역 · 건강영역의 3가지 영역이 있다. 이 중에서 운동영역은 또다시 운동능력, 기술, 전술이라고 하는 하위영역으로 나눠진다. 운동능력은 좁은 의미의 행동체력과 거의 같은 뜻이다. 시합에서 좋은 결과를 내기 위하여 얼마나 내적 요인의 준비가 되어 있는지를 나타내는 개념이 준비성이다.

스포츠에서 트레이닝이란 수행능력을 최대화하기 위해 선수의 준비성을 종합적으로 높이는 과정이라고 할 수 있다.

(2) 준비성을 높이기 위해 하는 트레이닝

준비성을 높이는 방법에는 시합 그 자체, 전문적 트레이닝, 일반적 운동, 휴식 등이 포함된다.

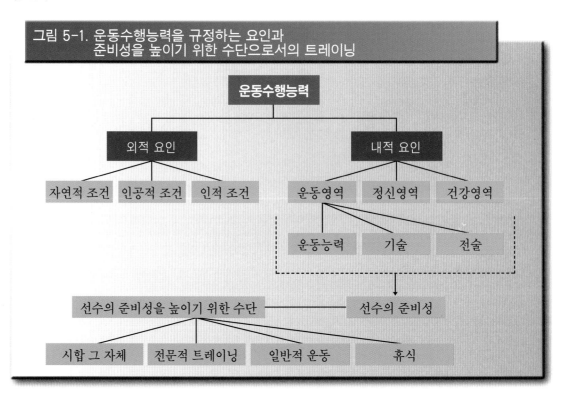

그림 5-1. 운동수행능력을 규정하는 요인과 준비성을 높이기 위한 수단으로서의 트레이닝

▶ 시합 그 자체에는 연습시합, 청백전, 기록회 등이 포함된다.

▶ 전문적 트레이닝은 주로 그 종목과 포지션에 필요한 고유의 운동과 체력요소에 영향을 미치는 트레이닝이다.

▶ 일반적 운동은 전문종목과는 거리가 있는 다양한 모든 운동을 가리키며, 레크리에이션적 운동도 포함된다.

▶ 휴식은 단순히 비운동상태·비활동상태를 가리키는 것이 아니라 영양·수면·원기회복·마사지 등을 포함한 피로회복 시스템으로 볼 수 있다.

운동수행능력 향상을 위한 트레이닝이란 좁은 의미로는 전문적 트레이닝을 가리키지만, 넓은 의미로는 선수의 준비성을 높여주는 모든 방법을 의미한다.

2) 생활의 질과 트레이닝

(1) 운동부족으로 생기는 문제

일상생활을 문제없이 하려면 걷기, 앉기, 서기, 계단 오르기, 물건 옮기기 등 최소한의 신체운동이 필요하다. 또, 위험물로부터 몸을 피하기, 넘어지지 않도록 균형을 잡아가며 버티기 등 조금 강도 높은 운동 역시 필요하다. 이와 같이 일상생활에 필요한 운동을 정확하게 실시하는 능력은 오래 동안 자연스럽게 획득·유지되어오고 있다. 그러나 교통이 발달하고, 생활이 편리해지면서 일상생활만으로는 자연스럽게 체력이 유지·향상되지 못하게 되었다.

평소에 특별한 운동을 거의 하지 않던 사람이 어떤 이유로 약간 심한 운동을 하거나 무리해서 장시간 운동을 하면 큰 피로가 오고, 몸이 아플 수도 있기 때문에 좀 더 편한 생활스타일을 추구하게 된다. 이러한 생활스타일은 운동부족이 원인이 되어 생기는 생활습관병을 초래한다. 나아가 연령에 따라 체력저하를 촉진시키는 원인이 되기도 한다. 운동부족과 그에 따른 체력저하에 의해 고령자는 넘어질 위험이 높아짐과 동시에 넘어짐에 의해 신체기능에 미치는 대미지(damage)가 커져서 그 후 생활에 지장을 초래하게 된다.

(2) 트레이닝과 생활의 질 향상

운동부족에 기인하는 악순환을 끊기 위해서는 생활을 보다 활동적으로 하거나, 스포츠활동과 같은 신체운동과 체력 트레이닝을 도입하는 수밖에 없다. 현대생활에서 일상생활만으로 체력을 유지·증진시키려면 생활을 지금보다 불편하게 하지 않으면 안 된다. 그러나 이것은 생활이나 직업 측면에서 지장을 초래하게 되기 때문에 현실적으로는 어렵다.

보다 효율적으로 체력을 유지·증진시키려면 스포츠활동과 체력 트레이닝이 유효하다. 이것은 스포츠활동이나 체력 트레이닝은 자기실현의 수단이어서 즐거움이나 기쁨이 될 뿐만 아니라, 다른 활동을 위한 체력적인 준비가 된다는 측면도 있음을 의미한다. 나아가 활발하고 의욕적인 생활을 할 수 있게 함으로써 생활의 질을 향상시킨다.

건강관리를 위한 체력 트레이닝을 지도하는 트레이닝지도자는 이러한 생활의 질과 트레이닝의 관계를 확실히 알아두어야 한다.

2 트레이닝의 원리와 원칙

1) 트레이닝의 원리적 모델

트레이닝의 원리에 관해 일반모델은 보다 효과적인 트레이닝을 계획하거나 트레이닝상태를 검토하기 위한 이론적인 토대로 사용되고 있다. 이 모델은 트레이닝에 의해 체력 혹은 선수의 준비성을 향상시키는 이론적인 일반 메커니즘을 경험과 구체적인 사례, 과학적 데이터 등에 기반하여 설명하기 위한 가상의 모델이다. 이것은 기초과학에 의해 모든 것이 뒷받침되지는 않지만 트레이닝계획의 입안과 현재 행해지고 있는 트레이닝을 점검할 때 굉장히 도움이 되는 모델로서, 세계적으로 많은 지도자들이 이용하고 있다.

(1) 초회복모델
적절한 트레이닝을 하면 트레이닝에 의해 피로가 생긴다. 저하된 체력 혹은 준비성수준은 그 후의 적절한 휴식에 의해 회복된다. 이때 원래수준을 넘어 회복되는데, 이것을 초회복(super compensation)이라고 한다(그림 5-2). 초회복이 생기고 있는 기간을 초회복

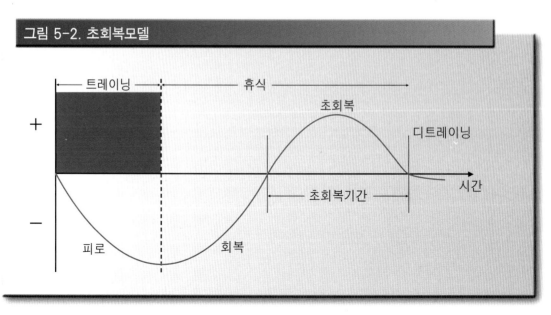

그림 5-2. 초회복모델

기간이라고 한다. 초회복기간을 지나면 트레이닝효과는 사라져가는데, 이것을 디트레이닝(detraining, 탈트레이닝)이라고 한다.

초회복기간에 트레이닝을 하면 트레이닝에 의해 향상된 수준에서 새로운 피로→회복→초회복이라는 변화를 거쳐 좀 더 새로운 초회복수준까지 도달하게 된다(그림 5-3 ①). 이것의 반복이 이상적인 효과를 가져오는 트레이닝의 기본원리이다. 이상적인 효과를 가져오는 조건은 적절한 부하의 트레이닝, 적절한 휴식과 회복, 그리고 트레이닝 타이밍(휴식시간의 길이)이다.

만약 트레이닝의 간격이 너무 짧으면 회복과 초회복이 생기기 전에 피로가 쌓여 트레이닝효과는 얻을 수 없을 뿐만 아니라, 과로 때문에 오버트레이닝(over training)에 빠지게 될 위험성도 생긴다(그림 5-3 ②). 반면에 트레이닝의 간격이 너무 길면 초회복기간 종료 후에 새로운 트레이닝을 하게 되므로 트레이닝효과는 얻을 수 없다(그림 5-3 ③).

또, 부하가 너무 크면 회복에 오랜 시간이 요구되어 초회복도 생기기 어렵기 때문에 트레이닝효과를 얻을 수 없는 경우가 많다(그림 5-3 ④). 반대로 부하가 너무 적어도 초회복이 일어나지 않아 트레이닝효과를 얻을 수 없다(그림 5-3 ⑤).

의도적으로 짧은 회복시간에 연속적으로 부하를 주고, 그 후에 약간 장시간의 회복기간

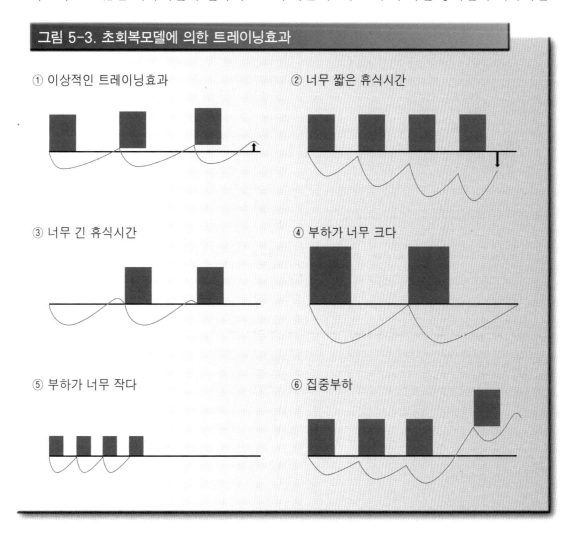

그림 5-3. 초회복모델에 의한 트레이닝효과

① 이상적인 트레이닝효과

② 너무 짧은 휴식시간

③ 너무 긴 휴식시간

④ 부하가 너무 크다

⑤ 부하가 너무 작다

⑥ 집중부하

을 조합시키면 통상 얻을 수 있는 것보다 더 큰 초회복수준과 보다 장기의 초회복기간을 얻는 트레이닝전략이 있다(그림 5-3 ⑥). 이것을 집중부하법이라고 하며, 어느 정도 수준 이상의 선수에게 자주 이용되고 있다.

이와 같이 초회복모델은 트레이닝 프로그램을 수립할 때 유효하지만 약간 단순한 측면이 있다. 최근에는 이것이 달라져서 새롭게 제안된 피트니스-피로이론이 주목받고 있다.

(2) 피트니스-피로이론

피트니스-피로이론에서는 체력 혹은 준비성 수준은 트레이닝에 의해 얻어진 피트니스와 피로라고 하는 2가지 요인에 의해 결정되는 것으로 본다. 초회복모델이 피로→회복→초회복이라고 하는 하나의 요인변화로 설명되는 데 대응하여 2요인이론으로 불리기도 한다(그림 5-4 참조).

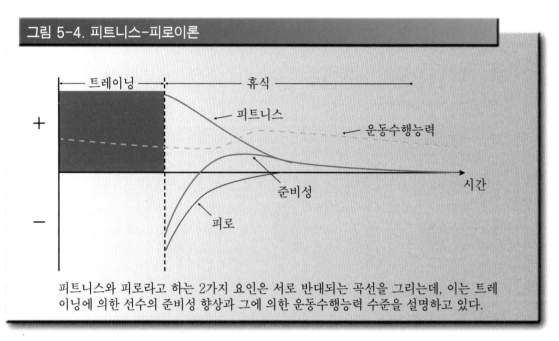

그림 5-4. 피트니스-피로이론

피트니스와 피로라고 하는 2가지 요인은 서로 반대되는 곡선을 그리는데, 이는 트레이닝에 의한 선수의 준비성 향상과 그에 의한 운동수행능력 수준을 설명하고 있다.

트레이닝 종료시점에서는 트레이닝에 의해 획득된 피트니스 수준이 가장 높지만, 피로도 가장 크다. 트레이닝 후의 휴식기간에는 트레이닝으로 얻어진 피트니스 수준은 서서히 저하되어간다. 반대로 피로는 서서히 회복된다. 이 두 가지의 차이가 그 시점에서의 체력 혹은 준비성 수준이 된다. 즉 체력 혹은 준비성의 피크는 어디까지나 트레이닝에 의해 획득된 피트니스와 피로의 관계로 결정된다. 절대로 피로가 완전히 회복된 단계에서가 아니다. 따라서 피트니스를 될 수 있는 한 높게 유지하면서 피로를 될 수 있는 한 축적시키지 않고 빨리 회복시키는 것이 높은 운동수행능력을 발휘하기 위해 필요하다.

초회복이론은 피로가 회복되어 초회복되기를 기대하고 기다리는 것처럼 수동적인 측면이 강하다. 반면 피트니스-피로이론에서는 트레이닝에 의한 피트니스 향상과 유지라고 하는 능동적 측면을 강조하여 얼마나 피로를 축적시키지 않고 또다시 빠르게 회복시키는가와 같은 회복과정으로서 적극적인 구성이 필요하다. 이 때문에 초회복모델보다 좀 더 면밀한 트레이닝 및 회복과정을 위한 계획이 필요하며, 지도자가 컨트롤해야할 요인이 늘어나게 된다. 따라서 체력요소의 지표와 피로상태를 측정하여 모니터하고 체크할 필요가 있다.

2) 트레이닝의 효과

(1) 트레이닝효과와 적응

트레이닝자극에 신체를 적응시켜가는 과정이 트레이닝이며, 적응에 따라 얻어지는 변화가 트레이닝효과이다. 트레이닝효과는 기간과 함께 변화하지만, 기간의 경과에 따라 항상 일정한 비율로 효과가 얻어지는 경우는 드물다. 큰 향상이 보이거나, 정체하거나, 저하하는 경우도 있다. 넓은 의미에서 트레이닝이 적절하다면 전체적으로 트레이닝효과는 올라가게 되어 있다. 그러나 트레이닝효과에서 나타난 커다란 효과의 변화량은 서서히 작아지게 되며, 결국엔 거의 변화하지 않게 된다. 이것을 트레이닝적응이라고 한다.

(2) 트레이닝효과의 종류

트레이닝효과는 바로 나타나는 것부터 일정기간을 거쳐 서서히 나타나는 것까지 다양하다. 지도자는 이렇게 다양한 효과를 제대로 이해한 다음 전체적으로 성과를 올릴 수 있도록 트레이닝을 계획하고 수정할 필요가 있다.

즉시효과 ▷▶ 트레이닝실시 중 혹은 며칠 사이에 나타나는 트레이닝효과를 즉시효과라 한다. 기술과 전술에서 자주 보인다. 그런데 트레이닝효과가 있어도 피로 때문에 나타나지 않는 경우도 있다.

급성효과 ▷▶ 트레이닝실시 후 며칠부터 몇 주간의 짧은 기간에 나타나는 트레이닝효과를 급성효과라 한다. 일반적인 트레이닝연구에서 이용하는 4~12주간의 트레이닝으로도 의미있는 효과가 나타난다.

지연효과 ▷▶ 트레이닝을 종료한 후 일정기간이 지나고 나서 나타나는 트레이닝효과를 지연효과라 한다. 8~12주간 집중적으로 근력 트레이닝을 실시한 후 거의 같은 기간이 지나야 스피드나 폭발적 근력에 커다란 변화가 나타나는 경우 등이 여기에 해당된다.

축적효과 ▷▶ 트레이닝실시 후 몇 개월이나 몇 년에 걸쳐 겨우 얻어지는 효과를 축적효과라 한다. 여러 종류의 트레이닝에 의한 즉시효과 · 급성효과 · 지연효과 등이 쌓여 나타나는 효과이다.

잉여효과 ▷▶ 트레이닝중단 후에도 일정기간 남아 있는 효과를 잉여효과라 한다. 잉여효과의 정도를 알면 얼마 동안 트레이닝을 중단해도 그 효과가 어느 정도 남아 있는지를 알 수 있다.

부분효과 ▷▶ 트레이닝성과가 목적으로 한 운동수행능력의 개선에 직접적으로 연결되지 않아도 그 운동수행능력을 구성하는 국면과 부분으로 나타나는 효과를 부분효과라 한다.

이렇게 다양한 트레이닝효과가 종합적으로 작용하여야 일정기간이 지난 후에 드디어 트레이닝성과가 나타나게 된다. 트레이닝 실시시간과 효과가 나타나는 시기에는 반드시 시간적인 차이가 따른다. 효과가 나타나는 시기를 잘못 예측하면 잉여효과가 소실되어버리거나, 미약한 효과를 얻는데서 그치는 결과가 생길 수 있다. 트레이닝효과가 바로 눈에 보이는 성과로 바로 나타나는 것은 아니다. 이런 의미에서 트레이닝은 '구입'이 아니라 '투자'라고 표현할 수 있다.

3) 트레이닝의 원칙

(1) 과부하의 원칙

트레이닝으로 효과를 얻으려면 이미 도달해 있는 수준 이상의 부하(과부하, over road)를 줄 필요가 있다. 그렇지 않으면 가지고 있는 능력이 유지되거나 저하된다. 한편 경험한 적이 없는 활동이나 엑서사이즈도 과부하가 된다. 따라서 같은 종류의 엑서사이즈나 활동을 같은 부하로 장기간 계속하면 트레이닝효과는 나타나지 않는다.

그밖에 과부하가 되는 것에는 트레이닝이나 시합의 외적 조건변화, 일정기간의 시합수 증가, 강한 상대와의 시합수 증가, 보조기구의 사용빈도 감소, 트레이닝빈도의 증가, 트레이닝과 시합을 위한 이동거리 증가 등이 있다. 이러한 것들이 총체적으로 작용되도록 배려해야할 필요가 있다.

(2) 특이성의 원칙

특이성이란 그것이 갖추고 있는 특수한 성질을 말하며, 트레이닝에 의한 적응은 실시한 트레이닝의 종류에 따라 다르다. 따라서 지구력 트레이닝으로는 스피드향상을 거의 기대할 수 없다. 반대로 근육섬유를 굵게 하기 위한 트레이닝으로는 지구력향상을 많이 기대할 수 없다.

한편 특이성은 트레이닝수준이 높으면 높을수록 두드러진다. 반대로 트레이닝수준이 낮으면 낮을수록 어떤 트레이닝을 하더라도 여러 가지 기능의 향상을 기대할 수 없다.

(3) 개별성의 원칙

같은 종류, 같은 크기의 부하에서도 트레이닝하는 사람이 다르면 효과가 다르다. 어떤 방법에서 큰 효과가 얻어진다고 하더라도 같은 방법을 다른 사람이 실시하면 같은 정도의 효과가 얻어진다고 단정할 수 없다. 이것은 같은 나이·성별로 같은 종목에서 같은 포지션을 맡고 있는 선수에게도 해당되는 말이다. 체격, 트레이닝경험, 선천적 특성, 개인별 체력요소의 특성 등에 따라 트레이닝에서 이용되는 엑서사이즈나 부하의 크기를 신중하게

선택할 필요가 있다. 특히 사춘기 전후에는 발달속도의 개인차가 매우 크므로 트레이닝을
할 때에는 충분한 배려가 필요하다.

트레이닝계획의 수립

1) 트레이닝 프로그램의 작성절차

트레이닝성과를 올리려면 사전에 주도면밀한 계획을 세워야 한다. 계획 없이 트레이닝을
하면 중요한 트레이닝과제나 요소가 누락되거나, 다른 종류의 트레이닝과 시간적인 전후
관계가 부적절해지거나, 시합시기에 필요한 체력요소를 필요한 수준까지 끌어올리지 못하
는 등의 문제가 생긴다. 트레이닝 프로그램을 작성하는 대략적인 절차는 그림 5-5와 같다.

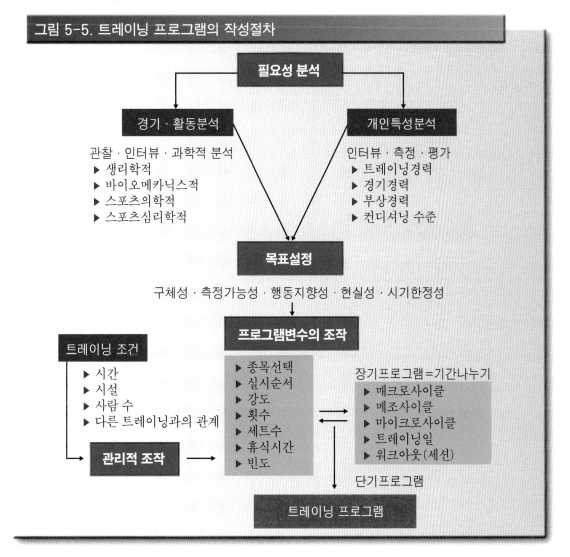

그림 5-5. 트레이닝 프로그램의 작성절차

트레이닝계획을 수립할 때 가장 중요한 것은 목표설정이다. 이 때문에 처음에는 필요성 분석을 한다. 필요성 분석에 따라 목표를 설정하고, 목표달성을 위한 트레이닝 프로그램을 단기 및 중·장기 양쪽으로 작성한다. 작성 시에는 프로그램변수라고 불리는 프로그램을 구성하는 요소를 조작한다. 또한 실제 기능적으로 프로그램을 구성하려면 실제트레이닝조건을 고려한 관리적인 조작도 필요하다.

2) 필요성 분석

필요성 분석은 두 가지 면에서 실시한다. 하나는 객관적인 경기특성과 활동특성의 분석이며, 다른 하나는 경기나 운동수행능력을 향상시키고 싶어하는 트레이닝참가자의 개인특성 분석이다.

(1) 경기·활동특성 분석

관찰과 인터뷰 외에 생리학적·바이오메카닉스적·스포츠의학적·스포츠심리학적 관점에서 경기나 활동의 특성을 명확화한다. 시합에서 이용되는 동작의 특성, 시합 중의 이동거리·대시거리나 횟수와 같은 게임의 분석과 시합 중의 심박수 측정과 같은 분석도 경기·활동특성 분석에 포함한다.

이러한 작업에 의해 경기와 활동에 필요한 모든 체력요소를 추출하여 구조화한다. 체력요소의 구조를 근거로 하여 일반적으로 트레이닝해야할 요소를 구성한다. 그림 5-6은 이렇게 만들어진 축구경기를 위한 트레이닝요소의 구성 예이다.

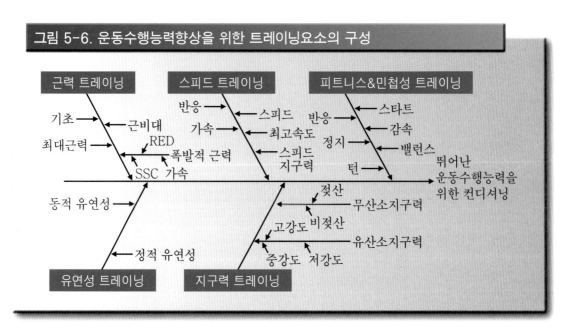

그림 5-6. 운동수행능력향상을 위한 트레이닝요소의 구성

주로 인터뷰와 측정에 의해 실시한다. 측정 시에는 트레이닝의 진행단계에서 성과가 확인되도록 반복실시가 가능한 내용을 포함해야 한다. 따라서 실험실에서 행하는 측정뿐만 아니라, 간단한 준비로 시간을 들이지 않고 유용하고 정확한 데이터를 얻을 수 있도록 필드테스트를 포함시킬 필요가 있다.

이와 같은 경기·활동 분석에 의해 얻어진 경기·활동특성과 수준 그리고 개인특성 분석에 의해 얻어진 각종 정보를 비교·검토하여 강화·개선해야할 체력요소를 분명히 한다.

3) 건강스크리닝

스포츠선수가 아닌 일반인들을 대상으로 체력의 유지·증진과 질병의 예방 혹은 재활을 위한 트레이닝을 도입할 때에는 사전에 스크리닝해야 한다. 이것은 부하를 주는 측정과 트레이닝 중 안전성을 확인하여 효과적인 트레이닝실시를 목적으로 한다.

미국스포츠의학회의 지침에 의하면 45세 이하의 남성 및 55세 이하의 여성에게서 자각증상 없이 가족병력·흡연경력·고혈압·고콜레스테롤혈증·공복시혈당이상·비만·신체활동이 적은 생활 등의 위험인자에 하나밖에 해당되지 않는 사람은 낮은 위험층에 속한다. 남성 45세 이상 및 여성 55세 이상으로 2개 이상의 위험인자에 해당되는 사람은 중간 위험층에 속한다. 그리고 저·중간 위험층이라면 최대산소섭취량의 66% 이상되는 심한 운동을 하더라도 운동참가에 앞서 특별히 건강검진을 필요로 하지 않는다.

그러나 의학적으로 보아 운동을 하는 것이 부적절한 사람을 식별하기 위해서, 또한 운동을 개시하기 전에 의사에 의한 진단과 운동부하검사를 해야할 사람을 위해 '운동저해요인설문(PAR-Q : Physical Activity Readiness Questionnaire)'이라고 하는 7항목으로 구성된 신체활동도 문진표에 의한 스크리닝이 권장되고 있다. 결과에 따라 의사와 상담하도록 되어 있다.

의사면허를 갖고 있지 않은 트레이닝지도자는 법적으로 의학적인 진단을 할 수는 없다. 건강스크리닝에 의해 위험요인이 있다고 여겨지면 트레이닝시작 전에 반드시 건강검진을 받도록 권장할 필요가 있다. 만약 트레이닝참가자가 건강검진을 거부한다면 희망하는 운동강도를 낮추게 하거나 의사의 지시하에 트레이닝을 실시할 수 있는 다른 기관을 소개한다.

4) 트레이닝목표의 설정

트레이닝목표를 설정할 때에는 몇 위 입상과 같은 경기성적상의 목표와 풀코스마라톤

Physical Activity Readiness
Questionnaire - PAR-Q
(revised 2002)

PAR-Q & YOU

(15~69세를 위한 설문지)

규칙적인 신체활동은 재미있고 건강한 활동이며, 점점 더 많은 사람들이 매일 더 많은 신체활동을 하고 있습니다. 대부분의 사람들의 경우 더 활발하게 활동을 하는 것이 매우 안전합니다. 그러나 일부 사람들은 더 활발한 활동을 하기 전에 먼저 의사와 상담하는 것이 좋습니다.

만일 지금보다 훨씬 더 많은 신체활동을 하려고 계획하고 있다면 아래 박스의 일곱 가지 질문에 답을 하십시오. 15~69세 사이에 해당된다면, PAR-Q가 의사와 상담을 해야 하는지 또는 그렇지 않은지를 알려줄 것입니다. 만일 69세 이상이거나 신체적으로 활동적이지 않은 사람이라면 의사와 상담하십시오.

아래 질문에 답할 때 상식이 가장 좋은 지침이 될 것입니다. 질문을 잘 읽고 정직하게 대답하십시오. Yes나 No에 표시하십시오.

Yes	No	
☐	☐	1. 담당의사가 당신에게 심장질환이 있다고 말하거나 의사가 추천한 신체활동만을 해야 한다는 말을 한 적이 있습니까?
☐	☐	2. 신체활동을 할 때 가슴에 통증이 있습니까?
☐	☐	3. 지난 달에 쉬고 있는 중에도 가슴에 통증을 느낀 적이 있습니까?
☐	☐	4. 어지럼증으로 쓰러졌거나 의식을 잃은 적이 있습니까?
☐	☐	5. 신체활동에 변화가 생기면 악화될 수 있는 관절이나 뼈의 문제(예를 들면 허리, 무릎 또는 엉덩관절)가 있습니까?
☐	☐	6. 고혈압이나 심장질환으로 처방받아 복용하는 약(예를 들면 이뇨제)이 있습니까?
☐	☐	7. 신체활동을 해서는 안 되는 다른 이유를 알고 있습니까?

만일 당신의 대답이

하나 이상에서 'Yes'라면

신체활동을 증가시키기 전 또는 체력평가를 받기 전에 먼저 의사와 상담을 하십시오. 의사에게 PAR-Q에 관해, 그리고 어떤 항목에 Yes를 했는지 말씀하십시오.
· 원하는 어떠한 활동도 다 가능할 수 있습니다. 혹은 천천히 시작해서 점차적으로 늘려가거나 신체활동을 안전한 몇 가지로 제한할 수도 있습니다. 의사에게 원하는 운동을 말하고 의사의 조언에 따르십시오.
· 어떤 지역사회의 프로그램이 안전하고 당신에게 도움이 되는지도 알아보십시오.

모든 항목에서 'No'라면

만일 당신의 대답이 모든 PAR-Q에서 정직하게 No라면
· 신체적으로 더 활발해져도 됩니다. 천천히 점차적으로 늘려가십시오. 이것이 가장 안전하고 쉬운 방법입니다.
· 체력 평가를 보십시오. 당신의 기본적인 체력을 평가해볼 수 있는 훌륭한 기회이며, 활동적인 삶을 위해 최선의 방법을 계획할 수 있는 좋은 기회입니다. 또한 혈압 측정을 강력히 권장합니다. 만일 결과가 144/94mmHg 이상이라면 신체활동을 증가시키기 전에 의사와 먼저 상담하십시오.

더 많은 신체활동을 하기 전에 잠시 미루어야 하는 경우
· 만일 감기나 열로 인해 몸상태가 좋지 않으면 나아질 때까지 미루십시오.
· 임신이라면 신체활동을 시작하기 전에 의사와 상의하십시오.

주의사항: 만일 건강상태가 변해서 위의 질문에 Yes라는 대답을 했다면, 체력 또는 건강 전문가와 상의하십시오. 신체활동 계획을 바꾸어야 하는지도 상담하십시오.

변용금지, PAR-Q의 사진 복사는 허용합니다 다만 서식 전체를 그대로 사용한다는 조건에 한해서만 가능합니다.

주의사항: 만일 건강상태가 변해서 위의 질문에 Yes라는 대답을 했다면, 체력 또는 건강 전문가와 상의하십시오. 신체활동계획을 바꾸어야 하는지도 상의하십시오.

"본인은 이 질문지를 읽고 이해하고 완성했습니다. 모든 질문에 만족스럽게 대답을 했습니다."

이름_____

서명_____ 날짜_____

보호자의 서명_____ 증인_____

주의: 이 신체활동 확인서는 작성한 날로부터 최대 12개월까지 유효합니다. 하지만 만일 몸상태가 변하여 일곱 가지 질문에 Yes라고 대답한다면 무효입니다.

완주나 산정상 정복과 같은 활동상의 목표는 구별되어야 한다. 이것들은 트레이닝을 하는 목적이지, 트레이닝 그 자체의 목표는 아니다. 트레이닝목표는 어디까지나 트레이닝의 대상이 되는 체력요소나 운동수행능력으로 나타나는 체력특성에 대한 목표치여야 한다.

(1) 목표설정의 요건

트레이닝목표를 될 수 있는 한 확실하게 달성하기 위해서는 다음과 같은 요건을 충족시켜야 한다.

▶ 될 수 있는 한 구체적으로 설정된 목표가 바람직하다. 발이 빨라지기와 같은 막연한 목표와 10m 대시타임의 단축이라는 목표 사이에는 트레이닝구성상 큰 차이가 있으며, 후자쪽이 보다 구체적인 지도를 하기 쉽다.

▶ 설정하는 목표는 수치로 측정가능해야 한다. 절대치에 의한 설정 외에 신장률이나 상대치(예를 들면 근력의 체중화)로 설정하는 것도 가능하다.

▶ 실현가능한 목표를 세운다. 노력함으로써 달성이 가능한 목표를 설정해야 한다.

▶ 달성하는 것이 본래 트레이닝의 목적, 예를 들면 운동수행능력의 개선에 의미가 있는 목표를 설정한다. 이때 트레이닝목표는 트레이닝을 행하는 목적과 얼마나 합치하고 있는지가 포인트가 된다.

▶ "이러한 목표를 언제까지 달성할 것인가"와 같이 그 시기를 명확히 한다. 최종적으로 달성할 목표를 몇 단계로 나누어 시기를 구별한 하위목표를 설정하는 것도 효과적이다.

5) 트레이닝 프로그램의 작성

(1) 프로그램변수의 조작

프로그램변수는 트레이닝 프로그램의 구성요소이다. 프로그램을 작성하는 작업이란 다음과 같이 나타나는 모든 프로그램변수 중에서 가장 적절한 것을 골라 최대의 효과를 얻을 수 있도록 최적화된 조합을 검토·결정하는 것이다.

엑서사이즈종목 ▷▶ 실시하는 운동의 종류 그 자체를 말하며, 변동사항이 있으면 그에 대해서도 검토해둔다.

강도 ▷▶ 강도설정 방법에는 중량·높이·속도 등 물리량으로 설정하는 물리적 방법과 심박수나 젖산치로 설정하는 생리적 방법이 있다. 또, 각각 절대치로 설정하는 절대적 방법과 개인차를 고려하여 개인의 최대치에 대한 비율로 설정하는 상대적 방법이 있다.

양 ▷▶ 양은 부하의 크기를 결정하는 변수이며, 강도와 구별된다. 이는 시간·거리·횟수 등에 따라 설정되며, 횟수는 '반복횟수×세트수'의 형식을 취하는 경우가 많다. 일반적으로 강도를 높게 하면 양이 줄어들고, 양을 늘리면 강도가 낮아지는 관계가 있다. 강도와 양에 따라 트레이닝부하의 크기가 결정된다.

엑서사이즈의 배열 ▷▶ 이것은 선택한 엑서사이즈를 1회의 트레이닝세션에서 실시하는 순서를 말한다. 같은 엑서사이즈라고 하더라도 실시하는 순서가 다르면 그 효과는 다르다. 일반적으로 피로의 영향을 받기 쉬운 것은 신경계통의 활동수준이 높은 싱싱한 상태에서 먼저 실시한다. 피로의 영향을 잘 받지 않거나 피로한 상태에서 해도 그다지 문제가 되지 않거나 오히려 피로한 상태에서 해야만 하는 것은 마지막에 실시한다.

휴식시간 ▷▶ 각 엑서사이즈 사이나 세트 사이에는 휴식시간을 설정한다. 휴식시간은 완전회복시켜 최대노력을 반복할 필요가 있으면 비교적 길게 설정하고, 불완전회복상태에서 부하를 걸어 체력의 지구적 요소에 작용할 필요가 있으면 비교적 짧게 설정한다.

한편 휴식시간은 반복횟수나 세트수와 조합하여 설정해야 한다. 50m 대시 30번이라고 하더라도 30초의 휴식을 30번 반복하는 것과 15초의 휴식을 5번 반복하는 것을 1세트로 하고, 3분간의 휴식을 넣어 6세트를 반복하는 것은 트레이닝에서 의미가 달라진다.

빈도 ▷▶ 빈도는 일정기간 동안의 트레이닝횟수이다. 통상적으로 1주간을 기본단위로 하여 주당 횟수를 나타낸다. 정확하게는 세션수가 아니라, 특정 엑서사이즈나 프로그램을 실시하는 횟수이다.

빈도는 각 엑서사이즈나 프로그램에서 피로회복에 필요한 시간과 목적에 따라 개별적으로 설정한다. 예를 들면 팔의 트레이닝은 하루 걸러 한 번씩 주 3회, 다리의 트레이닝은 주 2회, 등허리부위의 트레이닝은 주 1회와 같은 구성이다.

(2) 프로그램의 결정

필요성 분석→목표설정을 거쳐 최종적인 프로그램을 결정한다. 순열조합으로 생각해보아도 트레이닝 프로그램의 수는 무한대로 많지만, 지도자의 경험과 동료들의 조언, 세미나에서 알게 된 정보, 최신 과학적 연구데이터 등으로부터 가장 타당하다고 여겨지는 것을 골라낸다. 그리고 트레이닝에 쓸 수 있는 시간·시설·사람수·다른 종류의 트레이닝 등과의 관계를 고려하여 최종적인 프로그램을 결정한다.

6) 트레이닝기간의 구조와 중·장기계획

트레이닝효과는 중·장기적인 트레이닝을 계속하여야 달성되는 것이다. 따라서 1회의 프로그램작성뿐만 아니라 좀 더 장기간에 걸친 계획이 필요하게 된다.

(1) 트레이닝기간의 구조

단기프로그램과 중·장기프로그램의 관계를 고려하여 전체로서 최종목표달성을 위한 계획과 일일계획이 잘 들어 맞도록 하기 위해 지도자는 트레이닝기간의 구조를 파악해야 한다.

세션 혹은 워크아웃 ▷▶ 트레이닝의 가장 작은 단위는 세션(session) 혹은 워크아웃(work out)이다. 이는 1회의 트레이닝이기도 하며, 몇 가지 엑서사이즈와 휴식으로 이루어진다. 통상 30분의 휴식이 중간에 들어가면 그것은 다른 세션으로 본다.

트레이닝일 ▷▶ 트레이닝일은 1회 혹은 몇 회의 세션으로 이루어진다. 합숙 등에서는 복수의 세션으로 구성되는 경우가 많다.

마이크로사이클 ▷▶ 트레이닝일이 며칠간 모여 마이크로사이클(microcycle)이 구성된다. 통상 사회생활의 리듬을 반영하여 1주간으로 하지만, 시합스케줄에 따라 그보다 짧아지거나 길어지기도 한다. 1년은 전체 52 마이크로사이클이 된다.

메조사이클 ▷▶ 마이크로사이클이 몇 개가 모여 메조사이클(meso cycle, mezzo cycle)이 된다. 통상 2~8주간이 하나의 메조사이클을 이룬다. 기본적인 메조사이클의 길이는 특정 부하를 계속 주어 목적으로 하는 특정한 적응을 끌어내기 위한 기간이다. 메조사이클이 너무 길어지면 적응부전과 오버트레이닝이 생기거나, 트레이닝효과의 정체가 생기기도 한다.

매크로사이클 ▷▶ 1년간 중요한 시합이나 대회기간이 1회 있는 경우에는 매크로사이클(macro cycle)은 1년간이 되며, 2시즌제인 경우에는 통상 6개월간, 3시즌제일 때에는 4개월이 된다. 관리상의 문제나 집중력의 지속이라는 이유로 통상 1년간의 매크로사이클을 짜는 경우는 드물다. 1시즌제인 경우라도 6개월 이하의 매크로사이클을 구성할 수 있다. 매크로사이클은 메조사이클이 모인 것이다. 예를 들어 2시즌제인 6개월의 매크로사이클인 경우, 전체 24주를 2~8주간인 메조사이클을 몇 번인가 반복하는 것이 된다.

발달단계를 확인하는 청소년기의 트레이닝이나 올림픽 혹은 세계선수권대회를 목표로 하는 다년계획을 세울 때에는 매크로사이클보다 긴 장기계획이 세워지기도 한다.

4 기간나누기

1) 기간나누기의 필연성

(1) 트레이닝의 단계성과 주기성

트레이닝에 의한 체력의 향상과 발달이 한결같이 혹은 일직선으로 진행되는 경우는 드물다. 보통 먼저 피로가 동반된 체력수준의 정체나 저하 단계가 있고, 그중에 적응이 진행되는 시기가 와서 새로운 체력수준의 획득단계가 이어지며, 그때까지 획득된 체력수준이 일시적으로 소실되는 단계가 온다. 따라서 트레이닝에 집중하는 시기와 획득한 능력을 시합에서 발휘하는 시기를 동시에 진행시키는 것은 불가능하다. 일반적으로 6개월 정도되면 피크에 도달하며, 그 후 일단 저하사이클을 나타내는 경우가 많다.

이와 같이 중·장기트레이닝에는 과제나 부하가 각각 다른 몇 가지 단계가 주기적으로 반복되는 특성이 있다. 이 단계성과 주기성이 트레이닝에서 기간나누기(periodization)를 필연화시키고 있다.

(2) 단계성과 주기성의 존재이유

트레이닝에서 단계성과 주기성이라는 2가지 특성이 존재하는 이유는 다음과 같다.

▶ 항상 같은 종류의 트레이닝과 부하가 계속되면 적응과정에 정체가 생긴다(적응). 정체현상이 나타나면 트레이닝자극을 변화시킬 필요가 있다.

▶ 강한 부하를 장기간 계속하면 오버트레이닝에 빠질 위험성이 증가한다. 부하를 주기적으로 감소시키는 단계를 설정하면 회복을 촉진하여 적응을 끌어낼 뿐 아니라 오버트레이닝을 미연에 방지할 수 있다.

▶ 메조사이클의 일정기간에 트레이닝과제를 몇 가지 체력요소에 한정하여 적응시키면 복수의 과제를 동시에 추구하는 것보다 큰 트레이닝효과를 얻을 수 있다.

2) 기간나누기의 기본모델

(1) 준비기, 시합기 및 이행기

일반적인 기간나누기는 준비기, 시합기, 이행기(휴식기 또는 회복기)의 3가지 메조사이클로 구성된다.

준비기 ▷▶ 일반적 준비기와 전문적 준비기로 크게 나뉜다. 일반적 준비기는 비교적 큰 피로를 동반하며, 최종적으로 향상시키고 싶은 체력요소의 일시적인 저하를 전제로 하여 큰 부하를 일정기간 주는 것이 주요목적이 된다. 전문적 준비기는 일반적 준비기에 축적된 피로를 회복시키면서 보다 전문적인 체력요소의 사이에 단기간의 이행기를 넣는 경우도 있다.

시합기 ▷▶ 피트니스-피로모델 중에서 피트니스수준을 안정시켜 피로가 축적되지 않도록 준비성을 될 수 있는 한 높게 유지하여 운동수행능력의 안정화를 도모하는 시기이다.

이행기 ▷▶ 시즌 중에 축적된 신체적·정신적 피로를 회복시켜 부상을 치료하고, 전 시즌을 분석·평가하여 새로운 시즌 계획을 세우는 시기이다.

(2) 트레이닝의 양과 강도의 변화

위에서 설명한 목적을 달성하기 위해 트레이닝의 양과 강도를 바꾼다. 그림 5-7 ①과 같이 트레이닝의 양과 강도를 상반되게 하여 양을 줄이고 강도를 높여가는 방법이 옛날부터 실시되고 있지만, 선수의 수준과 경기종목 혹은 대회나 시합스케줄 등에 따라 그림 5-7 ②~④와 같은 방법도 자주 사용되고 있다.

그림 5-7. 기간나누기의 변화

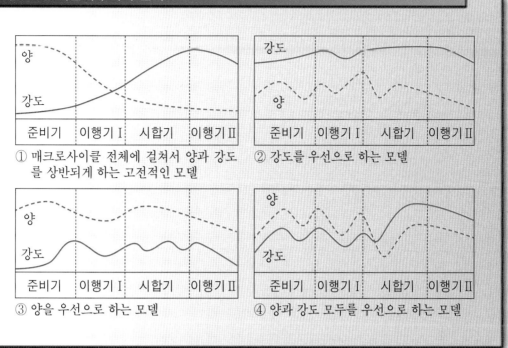

① 매크로사이클 전체에 걸쳐서 양과 강도를 상반되게 하는 고전적인 모델

② 강도를 우선으로 하는 모델

③ 양을 우선으로 하는 모델

④ 양과 강도 모두를 우선으로 하는 모델

3) 여러 가지 기간나누기

(1) 메조사이클의 분류 : 매크로사이클로 자리매김

표 5-2의 메조사이클의 분류와 같이 단계별로 특수한 목적과 시기적 특성에 따라 다양한 메조사이클을 설정할 수 있다.

표 5-3에 메조사이클이 매크로사이클에 어떻게 자리매김하는가를 예시하였다. 8주간 계속되는 일반적 준비기에서 시작하여 일반적 및 전문적 트레이닝과 회복을 주기적으로 반복하면서 안정화, 그리고 시합기로 이행하여 주요대회의 6주간 클라이맥스를 맞이하여 2~4주간의 회복기에서 끝난다.

(2) 집중부하시스템

집중부하시스템이란 준비기에 의도적으로 고부하트레이닝을 실시하는 것이다. 이것은 전문적 체력요소의 저하를 가정하고 실시하게 된다. 시합기에 이행하는 것에 따라 처음에는 양·강도 모두 낮게 설정하여 피로를 회복시켜가면서 서서히 강도를 높여가는 전문적 체력요소의 트레이닝을 실시한다. 그에 따라 시합기 후반까지 전문적 체력요소의 트레이닝효과가 유지되기를(장기적 지연트레이닝효과) 노린다.

이 시스템에서는 집중부하가 과잉되어 피로회복이 늦어지면 전문적 체력요소의 저하가 심각해져 바람직한 적응을 끌어내기 어려워질 위험성이 있다. 그러나 위험성을 우려하여

표 5-2. 메조사이클의 분류

명칭	기간	주요과제
일반	무기한	일반적인 교육과 트레이닝. 주로 일반적 준비기에 이용하며, 체력의 기초를 높인다.
기초적 전문적	~6주간	전문적인 운동기술수행능력을 향상시켜 전문체력을 발달시킨다.
준비	~6주간	시합준비를 위한 트레이닝에 집중한다. 시합기를 위한 체력과 기술을 직접 향상시키기 위해 최대하 내지 최대부하를 이용한다.
직전의 준비	~2주간	회복과 시합을 향한 피킹(peaking)에 초점을 모으는 트레이닝. 테이퍼링(tapering) 혹은 실제 테스트를 하는 경우도 있다.
안전화	~4주간	테크닉과 체력의 완성. 기술과 피트니스를 안전시키면서 테크닉과 체력면에서의 실패를 줄여간다.
빌드업 (build-up)	~3주간	장기의 준비기간에 기초적인 운동기술과 체력을 향상시키기 위해 트레이닝부하를 증강시킨다. 전문성보다도 일반성을 중시한 트레이닝과 컨디셔닝을 실시한다. 조기에 행하는 전문적이며 고부하트레이닝에서부터 적극적 회복에도 이용된다.
시합 전	~6주간	특별한 시합이나 대회기간을 향해 모든 기술과 체력요소를 최적으로 발휘할 수 있는 능력을 발달시킨다. 개인별로 부하를 이용한 특별한 전문적 트레이닝을 하고, 모든 체력과 기술특성을 피크로 끌어올린다.
시합 빌드업	~3주간	장기간 걸친 시합기간 중에 체력회복을 목표로 한다.
시합	~2~6주간	메조사이클 중의 특정시합에 대한 특별 준비
회복	~1~4주간	회복과 재활에 집중한다. 연속된 시합 사이나 세계선수권대회와 같은 중요한 시합 사이에 이용되는 경우도 있다.

표 5-3. 메조사이클이 매크로사이클로 자리매김하는 예

유형	기간	주요과제
일반	8주간	일반적 체력과 운동기술향상의 시작
기초적, 전문적	6주간	스포츠의 전문적인 체력과 운동기술의 향상
회복	2주간	적극적 회복(휴식)
기초적, 전문적	4주간	일반적인 체력과 기술로 돌아간다.
안정화	4주간	일반적 및 전문적 기술의 안정화
준비	6주간	체력과 운동기술을 최대한으로 향상시키기 위해 부하를 증가시킨다.
시합 전	4주간	시합준비
시합 빌드업	3주간	처음에 출전하는 대회를 위한 회복과 테이퍼링
시합	3주간	예선경기를 치른다.
시합 전	2주간	다음 대회를 위한 준비
시합	6주간	주요 대회를 치른다.
회복	2~4주간	다음 시즌이나 매크로사이클을 위한 휴식과 재활

부하의 크기를 불충분하게 하면 생각만큼의 효과를 얻을 수 없다.

부하를 늘려갈 때 유의할 점은 다음과 같다.

▶ 선수의 이해와 동기부여를 충분히 높여주는 실질적인 증가를 도모한다.

▶ 형식적인 횟수나 세트수에만 해당하는 증가가 되지 않도록 한다.

▶ 다른 종류(예를 들면 기술, 전술)의 트레이닝과 연습시합 등의 부하가 동시에 상승하여 결과적으로 전체로서 오버트레이닝이 되지 않게 한다.

(3) 접합적 연속시스템

접합적 연속시스템은 다른 체력요소에 작용하는 몇 가지 단계를 그 전후관계를 고려하여 연속적으로 배치하고, 최종적으로 목적으로 하는 전문적 체력요소를 최대한 향상시키려는 시스템이다. 어떤 체력요소를 트레이닝하고, 다음 단계에서 다른 체력요소를 트레이닝할 때에는 트레이닝효과를 높이기 위해 2가지 단계를 시기적으로 오버랩시켜 배치한다. 이것을 반복하면 최종목표로 하는 체력요소를 최대한으로 발달시킬 수 있다.

무산소해당계에 의해 스피드지구력 향상을 목표로 할 때에는 심장순환계통에 작용하는 유산소계 트레이닝단계에서부터 근력계통에 작용하는 무산소계 트레이닝단계, 스피드 트레이닝을 중심으로 하는 ATP-CP계 트레이닝단계를 거쳐 최종적으로 스피드지구력에 작용하는 무산소해당계의 트레이닝단계에 이른다.

(4) 기타 기간나누기

접합적 연속시스템과 상반되는 전략으로 논리니어(non-linear)모델이라고 불리는 기간나누기 시스템도 있다. 이것은 거의 1년 내내 시합이 있는 프로스포츠선수에게 적용되는 모델이다. 다른 과제를 향한 프로그램, 예를 들면 근비대와 최대근력과 파워향상이라고 하는 3가지 프로그램을 마이크로사이클(1주간)에 혼재시켜 일정기간의 메조사이클 중 계속한다. 주내변동형 모델이라고도 한다.

한편 하프 메조사이클이라고 불리는 모델도 있다. 앞서 집중적으로 트레이닝한 체력요소가 다음 단계에 저하되는 것을 피하기 위해 통상(4~8주간)보다도 짧은 2주간의 메조사이클로 반복한다. 이때 주로 강화되지 않는 체력요소라도 완전히 트레이닝에서 제외시키는 것이 아니라, 일정 잉여효과를 갖고 유지되도록 양을 억제하면서 어느 정도 높은 강도에서 계속한다는 전략이다.

나아가 고중량·저속저항 트레이닝은 2~3주 이상은 계속 시키지 말고, 정기적으로 1주 정도의 고속트레이닝을 실시한다는 모델도 제안되어 있다. 고중량·저속저항 트레이닝을 장기간 계속하면 폭발적 근력발휘 특성을 갖는 유형의 근육섬유가 감소한다고 하는 근육생리학의 가설과 데이터에 기반을 둔 모델이다.

이와 같이 여러 가지 기간나누기모델이 실시되고 있다. 목적과 조건에 따라 가장 효과적인 기간나누기를 지도자 자신이 계획하는 것이 중요하다.

표 5-4는 며칠에서 최대 2주간 사이에 이용되는 각각의 특별한 목적을 가진 다양한 마이크로사이클의 예이다. 이러한 마이크로사이클은 적절한 메조사이클의 각 시기에 자리매김하여 이용된다.

표 5-4. 마이크로사이클의 예

유형	특징
일반적 준비	주로 준비 초기에 이용되는 마이크로사이클의 유형. 일반적 체력과 운동기술의 발달을 목적으로 이용된다.
전문적 준비	거의 대부분이 전문적 엑서사이즈로 이루어진다. 준비기의 종반에 이용된다. 스포츠의 전문적 체력과 기술발달을 목적으로 한다.
일반적 및 전문적 마이크로사이클의 서브타입	
준비기/빌드업	마이크로사이클 사이에 트레이닝부하를 서서히 높여간다.
쇼크	선수에게 충격을 가해 피로를 증가시키고, 장기적인 트레이닝의 지연효과를 끌어내는 것을 목적으로 하여 트레이닝부하를 급하게 증가시킨다.
시합/캠프	수일간에 걸쳐 시합과 같은 조건에서 시합에 직면하는 부하를 시뮬레이션한다. 부하를 서서히 줄여가는 테이퍼링이라고 하더라도 심리적·생리적인 부하를 집중시키는 방법으로도 이루어진다.
도입 마이크로사이클의 서브타입	
테이퍼링	트레이닝부하를 낮추고 회복을 촉진하여 운동수행능력을 정점에 도달시킨다.
시합시뮬레이션	트레이닝부하를 올리고 다가올 시합에 직면하는 스트레스의 유형과 크기를 선수에게 가르친다.
시합	시합 직전의 준비, 이동, 시합장에서의 준비, 워밍업, 그리고 시합
회복	쇼크 마이크로사이클 후에 이용되며, 시합이나 대회가 이 사이에 계속된다. 주요 목적은 휴식, 회복, 치유 그리고 다음 트레이닝과 시합을 위한 준비이다.

Training Methodology to Improve Physical Fitness and Performance

제2부

트레이닝의 방법

06

근력 트레이닝의 효과와 프로그램

근력 트레이닝의 대상과 목적은 다양화되는 경향이 있으므로 정확한 목표설정과 효과적인 프로그램작성을 위해 근력 트레이닝의 여러 가지 효과를 알아야 한다(그림 6-1).

근력 트레이닝을 실시하면 들어올리는 무게와 반복횟수의 증가, 근비대 등의 변화모습이 보인다. 이렇게 몇 달 동안 트레이닝실시에 의해 관찰할 수 있는 효과나 형태에 대한 효과를 '일차적 효과' 혹은 '일반적 효과'라고 한다. 한편 근력 트레이닝을 좀더 장기에 걸쳐 적절히 계속해가면 경기수행능력이나 일상생활동작의 향상, 건강증진, 상해예방 등 트레이닝의 목적에 따라 보다 실용적인 효과를 얻을 수 있다. 이러한 효과를 '이차적 효과' 또는 '전문적 효과'라고 한다.

그림 6-1. 근력 트레이닝의 효과

근력 트레이닝의 실시

일차적 효과(일반적 효과)

▶ 근력향상
▶ 파워향상
▶ 지구력향상
▶ 근비대 등

이차적 효과(전문적 효과)

▶ 생활습관병의 예방 및 개선
▶ 체형을 다듬어준다
▶ 비만예방
▶ 자세개선
▶ 골밀도개선
▶ 근육골격계통의 상해(요통, 어깨결림 등) 예방 및 개선
▶ 운동수행능력 향상
▶ 고령자의 생활의 질 개선 등

1) 스포츠선수의 근력 트레이닝효과

(1) 경기수행능력의 향상

인간의 동작은 근수축이 원동력이 되어 발현되기 때문에 근육의 형태와 기능을 직접적으로 향상시키는 근력 트레이닝은 스포츠선수로서의 기초를 형성하는 데 필요한 트레이닝으로 자리매김하고 있다. 즉 근력 트레이닝은 스포츠별 요구수준에 따른 근육량과 근력을 단기간에 효과적으로 양성하는 데 도움을 주며, 이것은 스포츠별로 필요로 하는 전문

표 6-1. 근력 트레이닝의 경기수행능력향상 효과

▶ 경기에 필요한 근육량의 획득
▶ 스포츠동작의 파워향상
▶ 효과적인 움직임 만들기 : 신체 각 부위의 협조적인 근력발휘, 파워의 전달효과 향상
▶ 자세지지능력 개선
▶ 스포츠동작의 경제성 개선

적 체력·기술·전술 등의 향상에 공헌하게 된다(표 6-1). 그밖에 근력 트레이닝은 자세지지능력과 스포츠동작의 효율성 향상에도 기여한다.

(2) 스포츠상해예방

스포츠상해는 1회의 큰 충격에 의해 발생하는 '상해'와 비교적 작은 충격이 반복되거나 너무 많이 사용함에 따라 일어나는 '(만성)장애'의 2가지로 분류된다. 스포츠상해의 발생 메커니즘에는 여러 가지 요인이 연결되어 있지만, 대부분 외부에서 가해지는 충격이 상해의 직접적인 요인이 되고 있다. 근력 트레이닝에 의한 근력강화는 외부에서 가해지는 충격에 대한 내성을 높이는 데 도움을 수기 때문에 결과적으로 스포츠상해를 예방하는 효과가 있다(표 6-2). 그밖에 근력 트레이닝은 관절의 안정성향상, 신체 각 부위의 근력밸런스향상 등의 효과도 있다.

표 6-2. 근력 트레이닝의 상해예방 효과

▶ 외부의 충격에 대한 내성향상	▶ 관절의 안전성개선
▶ 자세개선	▶ 근력밸런스 조정
▶ 안전한 동작습득	

2) 일반인의 근력 트레이닝효과

(1) 생활습관병의 예방

일반인을 대상으로 하는 근력 트레이닝의 효과는 콜레스테롤치의 개선, 음식물의 창자 속 통과시간(장내체류시간) 단축 등이다. 이것을 유산소운동과 함께 실시하면 생활습관병 예방에도 좋은 영향을 미친다.

(2) 체형의 개선

운동부족이 계속되면 근육이 야윔과 동시에 체지방이 축적되어 볼품없는 체형이 되어버린다. 근력 트레이닝을 실시하면 부족한 근육량을 회복시킴과 동시에 특정부위의 근력을 집중적으로 크게 하여 멋진 체형을 만드는 효과도 기대할 수 있다.

(3) 안정시에너지소비량의 증가

근력 트레이닝에 의한 근비대는 기초대사와 안정시에너지소비량을 증가시키며, 나아가 비만의 예방 및 개선에도 좋은 영향을 미친다.

(4) 올바른 자세유지능력 향상과 근육·골격계통 상해의 예방·개선

근력 트레이닝으로 몸통부위의 근력을 강화시키거나 자세지지에 연관된 근육군의 컨트롤능력을 적절히 높여주면 자세불량에 의해 발생하는 요통이나 어깨결림과 같은 근육·골격계통 장애를 예방·개선시킨다.

(5) 스포츠나 힘든 노동에 대한 부담경감과 안전성향상

적절한 근력 트레이닝은 여가로 하는 운동·스포츠의 수행능력을 높여 보다 즐길 수 있게 한다. 또한 건설업이나 운송업과 같은 힘든 노동에 종사하는 사람들의 업무부담을 경감시키고 안정성향상에도 도움을 준다.

(6) 고령자의 생활의 질 개선

나이가 들어 근력이 저하되면 이불을 펴고개기, 계단오르내리기, 의자나 침대에서 일어나기 등과 같은 일상생활의 여러 가지 동작에 지장을 초래한다. 일상생활동작에 대한 지장은 활동공간을 좁히고, 생활의 질(quality of life)을 저하시킴과 동시에 주위사람들에게 간병 등의 부담을 증대시킨다.

고령이 되어도 근력 트레이닝을 계속하면 평생동안 자기 스스로 활동적인 생활을 영위할 수 있고, 나아가 생활의 질을 유지하는 데 도움이 된다. 그밖에 고령자가 근력 트레이닝을 실시하면 전도를 예방하고, 골밀도개선에 의한 골다공증의 예방·개선, 뜻밖의 사고예방 등에도 도움이 된다.

2 근력 트레이닝 프로그램의 조건설정

1) 근력 트레이닝 프로그램의 구성요소

근력 트레이닝 프로그램에는 엑서사이즈, 부하, 횟수, 세트수, 세트 사이의 휴식시간 등의 구성요소가 있다. 이러한 요소는 트레이닝참가자의 특징과 목적에 따라 적절히 조정해야 한다(표 6-3).

프로그램을 작성할 때에는 각 변수에 관한 자세한 내용을 파악해두어야 한다.

표 6-3. 근력 트레이닝의 프로그램을 구성요소

▶ 엑서사이즈(동작형태, 사용기구 등)	▶ 세트 간 휴식시간
▶ 엑서사이즈의 배열	▶ 동작스피드, 가동범위
▶ 부하	▶ 트레이닝빈도
▶ 횟수	▶ 기간나누기
▶ 세트수	▶ 트레이닝 시스템, 테크닉 등

2) 엑서사이즈의 분류와 선택

근력 트레이닝의 엑서사이즈(트레이닝종목)에는 많은 종류와 여러 갈래가 있다. 프로그램을 작성할 때에는 엑서사이즈를 특정에 따라 분류해서 이해해두면 엑서사이즈의 선택과 배열을 스무스하게 할 수 있다(표 6-4, 5). 엑서사이즈의 주요분류와 그 내용은 다음과 같다.

표 6-4. 엑서사이즈의 분류

분류 기준	엑서사이즈의 명칭
트레이닝 목적	주요 엑서사이즈, 보조 엑서사이즈, 전문적(개별) 엑서사이즈
동원된 관절수	다관절 엑서사이즈, 단관절 엑서사이즈
사용된 근육크기	큰근육군의 엑서사이즈, 작은근육군의 엑서사이즈
동원된 근육수	복합적(compound) 엑서사이즈, 국소적(isolation) 엑서사이즈
체중부하상태	비부하, 부분부하, 전부하

표 6-5. 엑서사이즈를 선택할 때 고려해야할 주요 포인트

1. 트레이닝목적
   ▶ 특히 강화하고 싶은 동작과 부위, 개선하고 싶은 체력요소에 합치되는 엑서사이즈를 많이 선택한다.
   ▶ 개개의 근육을 단련하는 것인지, 특정동작에 관련된 근력을 향상시킬 것인지를 고려한다.
2. 트레이닝경험과 체력수준
   ▶ 초심자는 난이도가 낮고, 자세를 습득하기 쉬운 엑서사이즈를 중심으로 선택한다.
3. 근력밸런스
   ▶ 일반인은 상반신과 하반신, 왼쪽과 오른쪽, 미는 동작과 당기는 동작 등의 동작에 관련된 근력밸런스나 근력이 강한 부위와 약한 부위를 검토하고 밸런스를 배려하여 엑서사이즈를 선택한다.

(1) 트레이닝목적에 따른 분류

주요 엑서사이즈 ▷▶ 신체운동의 원동력이 되는 큰근육군(넙다리부위, 엉덩부위, 가슴부위, 등부위 등)을 동원하는 일반적인 동작(누르기, 달리기, 서기 등)의 엑서사이즈를 말한다. 구체적인 예는 벤치프레스나 스쿼트와 같은 엑서사이즈를 들 수 있다. 스포츠선수를 대상으로 할 때에는 전문스포츠에서 필요로 하는 근육량과 근력의 효과적인 향상을 주목적으로 하는 엑서사이즈가 여기에 해당된다.

보조 엑서사이즈 ▷▶ 주요 엑서사이즈의 효과를 보충하기 위해 실시되는 엑서사이즈이다. 특정부위를 국소적으로 강화시킬 목적으로 하는 엑서사이즈, 상해예방을 목적으로 하는 엑서사이즈, 자세지지력 향상을 목적으로 하는 엑서사이즈 등이 있다.

전문적(개별) 엑서사이즈 ▷▶ 개인별 특정과제달성을 목적으로 실시되는 엑서사이즈이다. 스포츠선수를 대상으로 할 때에는 스포츠별 특유의 동작과 요구되는 체력특성, 선수별 특징과 과제 등을 고려하여 실시한다.

(2) 동원된 관절수에 따른 분류

다관절 엑서사이즈 ▷▶ 동작 중에 복수의 관절이 동원되는 엑서사이즈이다. 자세습득이 비교적 어렵고 사용하는 근육을 의식하기 어렵다는 단점이 있지만, 동작 중에 많은 근육이 동원되므로 이것들을 협조적으로 발휘하는 능력을 기르기 쉽다. 벤치프레스나 스쿼트와 같은 엑서사이즈가 여기에 포함된다.

단관절 엑서사이즈 ▷▶ 동작 중에 하나의 관절을 사용하는 엑서사이즈이나, 특정부위를 국소적으로 강화할 때 효과가 있다. 동작의 습득이 비교적 간단하며, 사용하는 근육을 의식하기 쉬운 특징이 있다. 사이드 레이즈(side raise)나 레그 익스텐션(leg extension)과 같은 엑서사이즈가 여기에 포함된다.

3) 부하의 수단과 트레이닝기구

부하의 수단에는 프리웨이트(바벨이나 덤벨처럼 자유롭게 트레이닝을 실시할 수 있는 기구), 트레이닝머신, 밴드 등의 기구를 사용하는 것과 특별한 기구를 사용하지 않고 자신의 체중과 파트너의 힘을 부하로 이용하는 것이 있다.

트레이닝기구는 크게 프리웨이트와 트레이닝머신으로 나눌 수 있다. 트레이닝기구를 선택할 때에는 각각의 특징을 이해하고 장점을 살리도록 배려해야 한다(표 6-6). 일반적으로 초심자나 고령자를 대상으로 할 때에는 자세의 습득과 지지가 쉬운 트레이닝머신을 사용한 엑서사이즈를 많이 이용하지만, 트레이닝경험을 쌓고 체력수준이 높은 사람을 대상으로 할 때에는 프리웨이트를 이용한 엑서사이즈가 많이 이용된다.

표 6-6. 프리웨이트와 트레이닝머신의 특징

	프리웨이트	트레이닝머신
안전성	주의가 필요	높다
보조	많은 엑서사이즈가 필요	거의 필요 없음
동작의 습득	어려운 종목이 많다	쉽다
종목수나 베리에이션	매우 많다	적다
동작의 궤도	자유	대부분 일정하다
부하를 가하는 방향	중력방향	여러 가지 방향으로 대응 가능
중력과 관성을 컨트롤하는 능력	기르기 쉽다	기르기 어렵다
코디네이션	기르기 쉽다	기르기 어렵다
성취감	비교적 높다	비교적 낮다
※ 트레이닝도구를 선택할 때에는 양자의 특징을 배려하여 장점을 살리도록 노력해야 한다.		

4) 엑서사이즈의 배열

근력 트레이닝 프로그램에서 나중에 하는 엑서사이즈는 먼저 실시한 엑서사이즈의 영향을 받기 때문에 엑서사이즈를 배열할 때에는 다음과 같은 원칙이 필요하다.

주요 엑서사이즈와 전문적 엑서사이즈는 보조 엑서사이즈보다 먼저 실시한다. ▷▶ 주요 엑서사이즈와 전문적 엑서사이즈는 보조 엑서사이즈보다 고도의 테크닉을 필요로 함과 동시에 신경계통의 기능향상을 요구하기 때문에 피로한 상태에서는 효과를 거두기 어렵다. 따라서 주요 엑서사이즈와 전문적 엑서사이즈는 보조 엑서사이즈보다 먼저 실시하는 것이 효과적이다.

큰근육군 엑서사이즈는 작은근육군 엑서사이즈보다 먼저 실시한다. ▷▶ 가슴 · 등 · 넙다리 부위와 같이 비교적 큰근육(대근육군)의 엑서사이즈는 어깨 · 팔 · 종아리 · 배부위와 같이 비교적 작은근육(소근육군)의 엑서사이즈보다 먼저 실시한다. 예를 들어 벤치프레스에서는 큰가슴근(대근육군)이 주동근으로 사용되지만, 어깨세모근과 위팔세갈래근(소근육군)은 공동근으로 사용된다. 따라서 벤치프레스에 앞서 어깨세모근과 위팔세갈래근을 주동근으로 하는 엑서사이즈를 실시하면 이것들의 피로에 의해 뒤에 실시하는 벤치프레스의 사용무게와 반복횟수가 저하되어버릴 수도 있다. 이에 대해 벤치프레스를 한 후에 어깨세모근이나 위팔세갈래근을 주동근으로 하는 엑서사이즈를 실시하면 반대의 순서로 하는 경우보다 큰 지장을 초래하지 않는다.

다관절 엑서사이즈는 단관절 엑서사이즈보다 먼저 실시한다. ▷▶ 트레이닝동작 중에 복수의 관절을 사용하는 다관절 엑서사이즈는 하나의 관절만을 사용하는 단관절 엑서사이즈보다도 먼저 실시한다. 다관절 엑서사이즈는 단관절 엑서사이즈보다 많은 근육을 동원함과 동시에 보다 고도의 테크닉과 자세지지력 등이 요구되기 때문에 될 수 있는 한 피로하지 않은 상태에서 실시하는 것이 효과적이다.

효과를 높이고 싶은 엑서사이즈를 먼저 실시한다. ▷▶ 트레이닝참가자가 효과를 높이고 싶은 엑서사이즈를 될 수 있는 한 먼저 하는 것이 효과적이다.

피로하지 않은 프로그램 전반은 프로그램 후반보다도 트레이닝효과를 높이기 쉽다. 한편 프로그램 후반은 전반의 엑서사이즈에 의한 피로, 에너지의 소모, 집중력 저하 등의 영향으로 충분한 트레이닝효과를 거두기 어려운 경향이 있다. 이 때문에 특히 효과를 높이기 위한 엑서사이즈는 프로그램 전반에 하는 것이 효과적이다.

고도의 테크닉이 요구되는 엑서사이즈를 먼저 실시한다. ▷▶ 스쿼트와 데드리프트(dead lift)와 같이 고도의 테크닉이 요구되는 엑서사이즈는 피로하지 않은 상태에서 실시하는 것이 효과적이다. 다른 엑서사이즈에 의해 피로한 상태에서 실시하면 자세가 흐트러지거나 상해를 입을 위험성이 높다.

근력과 파워를 향상시키고 싶은 엑서사이즈를 먼저 실시한다. ▷▶ 최대근력을 향상시키고 싶은 엑서사이즈나 파워 또는 스피드를 향상시키고 싶은 엑서사이즈는 운동단위의 동원 촉진이나 각 근육군의 협조적 혹은 폭발적인 근력발휘 등과 같은 신경계통의 기능개선이 중요한 과제가 되기 때문에 될 수 있는 한 프로그램의 처음 또는 전반에 피로하지 않은 상태에서 실시하는 것이 효과적이다.

자세지지근육군의 엑서사이즈는 후반에 실시한다. ▷▶ 자세지지에 작용하는 근육군의 엑서사이즈는 원칙적으로 프로그램 후반에 실시한다. 예를 들면 스쿼트동작 중 등아래쪽이나 배부위 등 몸통부위의 근육군은 신체를 바른 자세로 유지하기 위한 안정장치 역할을 하지만, 스쿼트를 하기 전에 백익스텐션(back extension)과 같은 척주세움근육군을 중점적으로 강화시키는 엑서사이즈를 실시하면 스쿼트를 하기 어려워질 뿐만 아니라, 자세가 무너져버릴 위험도 있다.

서킷법을 채용할 때에는 같은 부위의 엑서사이즈를 연속해서 배열하지 않는다. ▷▶ 건강증진과 종합적인 체력향상을 목표로 할 때에는 같은 부위의 엑서사이즈를 1세트씩 실시하는 서킷법을 많이 채용한다. 서킷법을 사용할 때에는 같은 부위의 엑스사이즈를 연속해서 배열하는 것이 아니라 '상반신의 엑서사이즈와 하반신의 엑서사이즈', '누르는 동작의 엑서사이즈와 당기는 동작의 엑서사이즈', '펴는 동작의 엑서사이즈와 구부리는 동작의 엑서사이즈' 등과 같이 다른 부위나 동작방향의 엑서사이즈를 교대로 배열하여야 효과적이다.

5) 부하의 설정

(1) 최대들어올리기무게를 지표로 하는 방법(퍼센트법)

최대들어올리기무게를 100%로 하고, 이에 대한 비율(%)을 기준으로 부하를 결정하는 방법을 '퍼센트법'이라고 한다. 퍼센트법을 채용할 때에는 최대들어올리기무게(1RM)를 파악하여야 한다.

표 6-7. 1RM테스트(직접적)의 순서

세트	부하의 기준	반복횟수
1	50~60%	8~10회
2	75~80%	3~5회
3	85~90%	1회
4	100%	1회
5	100회-2.5~5kg	1회

* 최대들어올리기 무게를 들어올리기 전에 워밍업을 3세트 실시한다
* 4세트째 들어올리지 못한 경우에는 다음 세트에서 4세트째의 중량보다 2.5~5kg 정도 가벼운 중량으로 1회 들어올리기를 실시한다.

표 6-8. 1RM에 대한 비율과 반복횟수의 관계

%1RM	반복횟수	%1RM	반복횟수
100%	1회	77%	9회
95%	2회	75%	10회
93%	3회	70%	12회
90%	4회	67%	15회
87%	5회	65%	18회
85%	6회	60%	20회
80%	8회	60%	20회 이상

* 엑서사이즈나 트레이닝경험 등에 따라 오차가 생길 수도 있다.

표 6-9. 반복횟수로부터 1RM을 추정하는 방법(간접법)

▶ 5~10RM 정도의 부하를 결정
▶ 최대반복횟수를 측정 : 반복이 곤란해지는 시점에서 자세를 풀기 전에 측정을 종료한다.
▶ 표를 이용하여 1RM을 추정
예) 40kg으로 8회 반복할 수 있는 중량은 80%에 해당하므로 다음과 같은 계산에 의해 1RM 추
정치를 산출할 수 있다
40kg ÷ 0.8 = 50kg

1RM을 조사할 때에는 실제로 최대들어올리기무게를 들어올리는 시험을 해보는 방법 (직접법, 표 6-7)과 최대보다 가벼운 최대하무게를 이용하여 실제가능한 반복횟수로부터 %1RM과 반복횟수와의 관계를 나타내는 '환산표(표 6-8, 9)'를 이용하여 추정하는 방법(간접법, 표 6-10)이 있다. 초심자나 일반인에게는 비교적 부담이 적은 간접법이 권장된다. 환산표에 나타난 수치는 트레이닝경험과 엑서사이즈의 종류에 따라 오차가 생길 수도 있다.

(2) 최대반복횟수를 지표로 하는 방법(RM법)

반복가능한 최대반복횟수(RM : repetition maximum)를 기준으로 하여 부하를 결정하는 방법을 'RM법'이라고 한다. 'RM'은 최대반복횟수를 나타내는 'repetition maximum'의 머릿글자를 딴 것이며, 'RM' 앞에 숫자를 붙여 '~RM'으로 표기한 경우에는 '~회 반복할 수 있는 최대부하'라는 의미가 된다. 예를 들어 '5RM'은 '5회 반복할 수 있는 최대부하'이며, 6회째에는 반복할 수 없는 부하를 의미한다.

(3) 주관적 운동강도에 의한 방법

밴드나 자기체중을 부하로 사용할 때에는 프리웨이트나 트레이닝머신과 같이 부하의 크기를 숫자로 구체적으로 설정하는 것이 어렵다. 이 경우에는 트레이닝동작 중 감각에 의한

표 6-10. 주요 엑서사이즈의 1RM 추정표   (단위 : kg)

1RM	2RM	3RM	4RM	5RM	6RM	7RM	8RM	9RM	10RM	12RM
100%	95%	92.5%	90%	87.5%	85%	82.5%	80%	77.50%	75%	70%
200	190	185	180	175	170	165	160	155	150	140
195	185	180	175	170	165	160	155	150	147.5	137.5
190	180	175	170	165	160	155	152.5	147.5	142.5	132.5
185	175	170	167.5	162.5	157.5	152.5	147.5	142.5	137.5	130
180	170	165	162.5	157.5	152.5	147.5	145	140	135	125
175	167.5	162.5	157.5	152.5	150	145	140	135	130	122.5
170	160	157.5	152.5	147.5	144.5	140	135	132.5	127.5	120
165	157.5	152.5	147.5	145	140	135	130	127.5	122.5	115
160	152.5	147.5	145	140	135	130	127.5	125	120	112.5
155	147.5	142.5	140	135	132.5	127.5	125	120	115	107.5
150	142.5	137.5	135	130	127.5	122.5	120	117.5	112.5	105
145	137.5	135	130	127.5	122.5	120	115	112.5	107.5	100
140	132.5	130	125	122.5	120	115	112.5	107.5	105	97.5
135	127.5	125	120	117.5	115	110	107.5	105	100	95
130	122.5	120	117.5	112.5	110	107.5	105.5	100	97.5	90
125	120	115	112.5	110	105	102.5	100	97.5	92.5	87.5
120	115	110	107.5	105	102.5	100	97.5	92.5	90	85
115	110	105	102.5	100	97.5	95	92.5	90	87.5	80
110	105	102.5	100	97.5	92.5	90	87.5	85	82.5	77.5
105	100	97.5	95	92.5	90	87.5	85	80	77.5	72.5
100	95	92.5	90	87.5	85	82.5	80	77.5	75	70
95	90	87.5	85.5	82.5	80	77.5	75	72.5	70	67.5
90	85	82.5	80	77.5	77.5	75	72.5	70	67.5	62.5
85	80	77.5	77.5	75	72.5	70	67.5	65	62.5	60
80	75	75	72.5	70	67.5	65	65	62.5	60	57.5
75	70	70	67.5	65	65	60	60	57.5	55	52.5
70	67.5	65	62.5	60	60	57.5	57.5	55	52.5	50
65	62.5	60	57.5	57.5	55	52.5	52.5	50	47.5	45
60	57.5	55.5	55	52.5	50.7	50	47.5	47.5	45	42.5
55	52.5	50	50	47.5	47.5	45	45	42.5	42.5	37.5
50	47.5	45	45	42.5	42.5	40	40	37.5	37.5	35

'주관적 운동강도'를 기준으로 하는 부하설정방법을 이용하면 효과적이다(표 6-11).

표 6-11. 근력 트레이닝의 자각적 운동강도

강도(%)	자각적 운동강도
50 이하	꽤 가볍다
55	꽤 가볍다~가볍다
60	가볍다
65	가볍다~약간 무겁다
70	약간 무겁다
75	약간 무겁다~무겁다
80	무겁다
85	무겁다~매우 무겁다
90	꽤 무겁다
95	꽤 무겁다~상당히 무겁다
100	상당히 무겁다

6) 트레이닝목적에 따른 조건설정

엑서사이즈의 종류나 트레이닝목적에 따른 트레이닝조건 설정방법은 다음과 같다(표 6-12).

표 6-12. 엑서사이즈의 종류와 목적에 따른 트레이닝조건의 기준

	주요 엑서사이즈		보조 엑서사이즈		전문적 엑서사이즈
목적	근비대	근력향상	부위별 근력향상	상해예방	
부하	6~12RM	1~6RM	8~10RM	15~20RM	개선하고 싶은 동작의 특성을 고려하여 결정
	70~85%	85~100%	75~80%	60~65%	
반복횟수	8~12회 (최대반복)	1~5회 (최대반복 하지 않는다)	8~10회	15~20회	
휴식시간	30~90초	2~5분	1~2분	1~2분	

(1) 주요 엑서사이즈

근비대를 목적으로 하는 경우 ▷▶ 근육을 비대하게 하려면 가벼운 부하로 워밍업을 실시하는 동안 70~85%(6~12RM)의 부하를 이용하여 6~12회의 최대반복을 30~90초간 휴식시간을 끼워넣어 3세트 이상 실시하는 방법이 채용된다.

이러한 조건의 트레이닝에서는 근비대를 위해 필요한 성장호르몬의 분비를 촉진시키는 효과와 일시적인 근손상을 일으켜 그 후의 근회복에 따른 근비대효과 등을 기대할 수 있다.

근력향상을 목적으로 하는 경우 ▷▶ 근력향상이란 특정동작에 필요한 근출력을 높이는 것을 의미한다. 가벼운 부하에 의한 여러 세트의 워밍업을 실시하는 동안 85%(6RM) 이상의 고부하를 이용하여 1~5회의 전력반복을 2~5분의 휴식시간을 끼워넣어 2세트 이상 실시하는 방법이 채용된다.

이러한 조건의 트레이닝에서는 근출력을 높이기 위한 요인인 운동단위의 동원촉진과 트레이닝동작의 효율화 등 신경계통의 기능개선을 기대할 수 있다.

(2) 보조 엑서사이즈

주요 엑서사이즈에서는 강화하기 어려운 부위나 동작에 필요한 근력강화를 목적으로 하면 일반적으로 8~10RM의 부하를 이용하고, 8~10회 반복을 행하는 방법이 많이 채용된다.

또, 상해예방을 목적으로 하는 엑서사이즈에서는 15~20RM의 부하를 이용하여 15~20회 반복하는 경우가 많다.

(3) 전문적(개별) 엑서사이즈

운동수행능력의 향상과 개인의 특별한 트레이닝목적 달성을 주목적으로 하는 전문적(혹은 개별) 엑서사이즈에서는 스포츠경기의 특성에 따라 실제 경기장면에서 가해지는 부하의 크기, 동작스피드, 운동시간 등을 고려하여 될 수 있는 한 이것들과 근접된 조건으로 실시하는 것이 필요하다.

7) 세트 구성방법

(1) 싱글세트법

각 엑서사이즈에 대해 1세트마다 휴식을 취해가면서 실시하는 방법이다.

(2) 멀티세트법

하나의 엑서사이즈에 대해 휴식을 취하면서 여러 세트 연속하여 실시하는 방법이다. 근력향상과 근비대를 목적으로 하는 경우에는 멀티세트(multi-set)법이 자주 채용된다.

(3) 서킷세트법

8~10종목의 엑서사이즈를 휴식을 취하지 않고 1세트씩 실시하여, 이것을 여러 차례 반

복하여 순환하는 방법이다. 이것을 채용한 프로그램은 서킷 웨이트 트레이닝이라고 불린다. 근력 트레이닝에 따라 신체 각 부위에 적당한 정도의 트레이닝자극을 부여함과 동시에 심폐지구력 등 다른 체력요소도 종합적으로 향상시키고 싶은 경우에 효과적이다.

(4) 그밖의 방법

트레이닝경험을 쌓은 사람이 근비대를 목적으로 하는 경우에는 여러 가지 엑서사이즈를 연속해서 실시하는 방법(수퍼세트법 등)을 채용할 수도 있다(표 6-13). 또, 근력과 심폐지구력을 종합적으로 향상시키고 싶은 경우에는 근력 트레이닝과 유산소운동을 교차로 실시하는 '수퍼서킷 웨이트 트레이닝' 방법을 재용하기도 한다.

표 6-13. 특수한 세트구성방법(경험자용)

> 1. 수퍼세트법
>   서로 길항하는 근육의 엑서사이즈를 2개 연속해서 실시하고, 이것을 여러 번 순환하는 방법
>   위팔의 예: 바벨 컬(barbell curl)+트라이셉스 익스텐션(triceps extension)
>   넙다리의 예: 레그 익스텐션(leg extension)+레그 컬(leg curl)
> 2. 컴파운드세트법
>   같은 근육의 엑서사이즈를 2가지 연속해서 실시하고, 이것을 여러 번 순환하는 방법
>   가슴의 예: 벤치프레스(bench press)+덤벨플라이(dumbbell fly)
>   등의 예: 래트풀다운(lat pull down)+시티드로우(seated row)
>   어깨의 예: 숄더프레스(shoulder press)+사이드레이즈(side raise)
> 3. 트라이세트법
>   같은 근육의 엑서사이즈를 3가지 연속해서 실시하고, 이것을 여러 번 순환하는 방법
>   가슴의 예: 벤치프레스(bench press)+인클라인 벤치프레스(Incline bench press)+덤벨 플라이(dumbbell fly)
>   팔의 예: 바벨 컬(barbell curl)+인클라인 덤벨컬(Incline dumbbell curl)+컨센트레이션 컬(concentration curl)
> 4. 자이언트세트법
>   같은 근육의 엑서사이즈를 4가지 연속해서 실시하고, 이것을 여러 번 순환하는 방법
>   배의 예: 트렁크 컬(trunk curl)+덤벨 사이드벤드(dumbbell side bend))+트렁크 트위스트(trunk twist)+레그 레이즈(leg raise)

8) 세트별 무게와 횟수의 설정

일반적인 프로그램에서는 하나의 엑서사이즈에 대해 여러 세트를 실행하는 '멀티세트법'이 채용된다. 다음에 트레이닝목적에 따른 세트별 조건설정방법을 소개한다.

(1) 중량고정법

가벼운 부하로 워밍업을 하는 동안 모든 세트를 같은 중량으로 트레이닝하는 방법이다. 세트별로 부하를 변경할 필요가 없고, 반복횟수의 증가에 따라 중량을 늘리면 항상 적절한 부하로 조정할 수 있다는 점에서 초심자가 하기 쉬운 방법이다(표 6-14, 15)

표 6-14. 중량고정법 1(초심자가 자세연습을 하는 경우)

세트	부하		횟수
1	20RM	×	10회
2	20RM	×	10회
3	20RM	×	10회
* 세트간 휴식시간은 1~2분			

표 6-15. 중량고정법 2(근비대를 목적으로 하는 경우)

첫회
  1. 70%×10회
  2. 70%×9회
  3. 70%×9회
  * 10회 3세트 시도해보았지만 세트별로 횟수가 줄어들고 말았다.
4주 후
  1. 70%×10회
  2. 70%×10회
  3. 70%×10회
  * 2, 3세트째에도 10회의 반복이 가능해졌다.
5주째 이후
  1. 75%×10회
  2. 75%×9회
  3. 75%×8회
  * 반복횟수의 증가에 따라 부하를 높인다.
  * 세트간 휴식시간은 1분 정도

(2) 피라미드법

세트별로 부하를 높였을 때에는 횟수를 줄이고, 부하를 줄였을 때에는 횟수를 늘리는 방법이다. 세트별로 중량을 늘려 횟수를 줄이고, 최대중량에 도달하면 같은 중량으로 여러 세트 실시하는 방법을 플랫피라미드(flat pyramid)법(표 6-16)이라고 하는데, 이는 최대근력의 향상을 목적으로 하는 경우에 많이 채용되고 있다. 그밖에 어센딩피라

표 6-16. 플랫피라미드법(트레이닝경험을 쌓은 사람이 최대근력향상을 목적으로 하는 경우)

세트	부하		횟수
1	60%(20RM)	×	8회
2	70%(12RM)	×	5회
3	80%(8RM)	×	3회
4	90%(4RM)	×	1~2회
5	90%(4RM)	×	1~2회
* 세트간 휴식시간은 1~2분			

미드(ascending pyramid)법, 디센딩피라미드(descending pyramid)법, 더블피라미드(double pyramid)법(표 6-17) 등으로 변화시킬 수 있다.

표 6 17. 더블피라미드법(근력향상과 근비대를 목적으로 하는 경우)

세트	부하		횟수
1	60%(20RM)	×	8회
2	70%(12RM)	×	5회
3	80%(8RM)	×	3회
4	90%(4RM)	×	1~2회
5	80%(8RM)	×	5회
6	70%(12RM)	×	8회
7	60%(20RM)	×	10회

* 세트간 휴식시간은 2~4분

(3) 웨이트리덕션법

웨이트리덕션(weight reduction)법은 여러 세트의 워밍업을 하는 동안 세트별로 중량을 줄여가면서 목표반복횟수까지 최대반복하는 방법으로, 근비대를 목적으로 하는 경우에 많이 이용된다(표 6-18).

표 6-18. 웨이트리덕션법(트레이닝경험을 쌓은 사람이 근비대를 목적으로 하는 경우)

세트	부하		횟수	
1	50%	×	10회	(워밍업)
2	70%	×	5회	(워밍업)
3	75~80%	×	8~10회	(최대반복
4	70~75%	×	8~10회	(최대반복)
5	65~70%	×	8~10회	(최대반복)

* 세트간 휴식시간은 2~4분
*3세트째 이후 8~10회의 목표반복횟수로 최대반복에 도달할 수 있도록 부하를 설정한다.

근비대를 위해서는 목표반복횟수를 6~12회로 설정하고, 세트별로 반복할 수 없을 때까지 실시한다. 세트간 휴식은 30~90초로 짧으며, 다음 세트에서 앞의 세트와 같은 중량으로 하면 피로의 영향으로 반복횟수가 줄어들기 때문에 세트별로 목표반복횟수를 실시할 수 있는 수준까지 무게를 적당히 줄여가는 것이 포인트이다.

9) 특수한 트레이닝시스템

(1) 멀티파운디지법

멀티파운디지(multi-poundage)법은 특정한 무게를 최대반복한 후에 무게를 줄이고 휴식을 취하지 않은 채 좀더 반복을 계속하는 방법(표 6-19)이다. 어느 무게에서 반복을 할 수 없게 되더라도 무게를 줄이면 반복을 계속할 수 있게 되는 성질을 이용하는 방법이다.

표 6-19. 멀티파운디지법

제1세트 80%×8회+60%×5회+50%×5회 제2세트 70%×8회+40%×8회+30%×8회 반복이 불가능해질 때까지 반복하며, 무게를 줄여가면서 반복을 계속하는 제1세트와 제2세트 사이에는 2~3분간 휴식을 취한다.

(2) 플레이 이그조스천법

플레이 이그조스천법(play exhaustion)법은 사전피로법이라고도 한다. 이것을 다관절 엑서사이즈를 할 때 주동근에 좀더 큰 자극을 주기 위하여 다관절 엑서사이즈를 실시하기 전에 (주로) 단관절 엑서사이즈에 의해 사전에 주동근을 피로하게 만들어두는 방법이다. 구체적인 예로는 벤치프레스 전에 큰가슴근을 국소적으로 사용하는 덤벨플라이를 실시하는 방법 등이 있다.

(3) 강제반복법

강제반복법은 반복할 수 없게 된 시점에서 보조자의 힘을 빌려 몇 차례 좀 더 반복하는 방법이다. 일반적으로 트레이닝 중에 반복할 수 없게 되어 동작이 멈춰버리는 자세는 가장 힘을 발휘하기 어려운 관절각도이다. 반복을 할 수 없게 되면 힘을 발휘하기 어려운 포지션주변의 범위만큼 파트너에게 보조를 받으면 다른 포지션은 자력으로 동작할 수 있게 된다. 또한 웨이트를 내리는 국면(eccentric 국면)의 근력은 웨이트를 들어올리는 근력(concentric)보다도 큰 근력을 발휘할 수 있는 성질이 있기 때문에 세트 중에 들어올릴 수 없는 상태가 되더라도 파트너가 들어올려주면 자력으로 천천히 내리는 것이 가능하다.

강제반복법은 파트너의 힘을 빌려 몇 차례 더 반복함으로써 근력이 강한 자세나 내리는 동작국면에 대해서도 탈진까지 몰아넣는 것을 목적으로 한다.

10) 동작스피드

근력 트레이닝에서 목적효과를 높이려면 부하와 횟수를 올바르게 설정함과 동시에 트레이닝의 동작스피드도 고려해야 한다.

근력 트레이닝의 동작스피드에는 '스피드리프팅(speed lifting)'과 '슬로리프팅(slow lifting)'의 2가지 방법이 있다. '스피드리프팅'은 웨이트를 가능한 한 재빨리 들어올리는 방법인데, 이는 들어올리는 동작 그 자체의 근력과 파워를 높일 때 이용된다. 한편 '슬로리프팅'은 모든 가동범위에 걸쳐 천천히 가속을 붙이지 않고 동작을 하는 방법이며, 초심자의 자세습득을 목적으로 하거나 근비대를 목적으로 할 때 이용된다(표 6-20).

표 6-20. 근력 트레이닝의 동작스피드

슬로리프팅
▶ 가속과 반동적 동작을 제한하여 일정 스피드로 동작을 행하는 사용부위(근육)를 의식한다.
▶ 자세의 습득과 특정부위의 근비대에 효과적이다.
스피드리프팅
▶ 될 수 있는 한 재빨리 동작을 한다.
▶ 들어올리기에 의식을 집중시킨다.
▶ 운동단위의 동원과 코디네이션의 개선에 효과적이다.
▶ 근력과 파워향상에 효과적이다.

트레이닝목적에 따른 동작스피드의 기준은 다음과 같다.

초심자가 자세습득을 목적으로 하는 경우 ▷▶ 웨이트를 올리는 동작은 3카운트(혹은 초), 내리는 동작도 3카운트를 기준으로 하여 천천히 일정스피드로 실시한다.

근비대를 목적으로 하는 경우 ▷▶ 웨이트를 높이는 동작은 2카운트, 내리는 동작은 2~3카운트를 기준으로 천천히 일정스피드로 실시한다.

근력과 파워향상을 목적으로 하는 경우 ▷▶ 올리는 동작은 될 수 있는 한 재빨리 하고, 내리는 동작은 1~2카운트의 일정스피드로 실시한다. 가벼운 부하를 이용할 때에는 내리는 동작과 원위치시키는 동작을 재빨리 할 수도 있다.

11) 트레이닝빈도

트레이닝빈도란 일정기간 내에 실시하는 트레이닝횟수를 의미한다. 근력 트레이닝의 빈도는 주로 트레이닝실시에 따른 피로나 대미지(근육손상 등)상태와 트레이닝 후 회복에 필요한 시간 등에 따라 결정된다. 일반적으로 근력 트레이닝의 빈도는 동일 내용의 프로그램을 실시할 때에는 가운데 1~2일을 비우고 2~3회를 기준으로 한다. 그러나 프로그램을 분할하는 경우(예: 상반신의 엑서사이즈와 하반신의 엑서사이즈를 다른 날 실시하는 경우 등)에는 주 4회까지 빈도를 늘리는 것도 가능하다.

트레이닝빈도를 결정할 때 특히 배려해야할 요인은 다음과 같다.

(1) 트레이닝의 강도와 양
원칙적으로 트레이닝강도가 높거나 양이 많으면 그렇지 않은 경우보다 트레이닝빈도를 줄여야 한다. 예를 들면 1RM의 90% 이상 표준부하를 이용하는 경우와 최대반복 후에 또 다시 보조자의 도움을 빌려 여러 번 반복하는 '강제반복법'을 채용하는 경우에는 트레이닝빈도를 줄일 필요가 있다. 한편 1RM의 50% 이하인 가벼운 부하로 여유를 갖고 세트를 끝내려고 하는 트레이닝내용인 경우에는 빈도를 높일 수도 있다.

(2) 근육통의 유무

웨이트를 낮추는 동작을 의식적으로 천천히 하거나 내릴 때 강한 부하를 거는 트레이닝을 하면 근손상을 동반한 지연발생근육통(DOMS: delayed onset muscle soreness, 지연성근육통)이 발생할 수 있다. 지연발생근육통이 발생하면 원칙적으로 트레이닝빈도를 줄이고, 회복할 때까지는 그 부위에 대한 강도 높은 엑서사이즈는 피해야 한다.

(3) 초회복

근력 트레이닝을 하면 일시적으로 피로해져 무거운 중량을 들 수 없게 되거나 근육통과 근육이 붓는 증상이 일어나기도 하지만, 며칠간의 휴식을 취하면 회복되어 전 회보다도 무거운 중량을 들 수 있게 되거나 동일중량이라면 더 많이 반복할 수 있게 되는 경우가 있다. 이러한 현상은 '초회복(super compensation)'이라고 하는데, 이는 근력 트레이닝의 빈도를 결정하는 중요한 요인이다.

(4) 부위별 회복시간차이

트레이닝빈도를 결정할 때에는 트레이닝부위별 회복시간에 차이가 있음을 알아야 한다. 예를 들면 큰근육군은 작은근육군보다도 회복에 시간이 더 걸리는 경향이 있다. 어깨·팔·배 등 작은근육군 엑서사이즈보다 넙다리·가슴·등 등 큰근육군 엑서사이즈에서는 트레이닝빈도를 낮게 제어할 필요가 있다.

(5) 트레이닝 이외의 신체활동, 수면, 식사, 스트레스 등

스포츠선수의 경우에는 기술연습의 내용을 고려할 필요가 있다. 일반인의 경우에는 직장과 학교, 가정 내 등에서 하는 신체활동내용을 깊이 고려하여 트레이닝빈도를 결정한다. 그밖에 수면시간과 식사의 내용, 정신적인 스트레스 등도 트레이닝에 의한 피로회복에 영향을 미치는 요인이므로 고려해야 한다.

12) 근력 트레이닝 프로그램의 분할

근력 트레이닝을 시작할 때의 프로그램은 실시하는 엑서사이즈의 수가 적기 때문에 1회의 트레이닝으로 모든 엑서사이즈를 실시하기란 불가능하다. 또한 트레이닝경험을 쌓아가면 실시해야할 엑서사이즈의 수가 늘어나거나 트레이닝의 강도와 양이 높아지기 때문에 1회의 트레이닝 안에서 모든 엑서사이즈를 효과적으로 실시하는 것이 어려워진다. 이러한 경우에는 프로그램을 2가지 이상의 코스로 분할하면 트레이닝의 강도와 질을 떨어뜨리지 않도록 1회당 트레이닝 양과 소요시간을 적정히 조정할 수 있다.

트레이닝 프로그램을 분할할 때에는 각 코스 상호간 피로의 영향과 트레이닝부위에 의한 회복시간차이 등을 고려한다. 예를 들면 고부하를 이용한 데드리프트를 실시한 다음 날은 등아래쪽의 피로에 의해 올바른 자세로 스쿼트를 실시하기 어려워질 수도 있다. 이러한 경우에는 스쿼트를 데드리프트 전날 실시하는 방법과 같은 날에 실시하는 방법 등을 검토할 필요가 있다.

특히 강화하고 싶은 부위와 엑서사이즈가 있는 경우에는 해당 엑서사이즈를 코스별로 적당히 나누어 각각의 코스의 전반(혹은 처음)에 실시하는 방법도 효과적이다. 왜냐하면 강화하고 싶은 엑서사이즈를 먼저 실시함으로써 피로하지 않은 상태에서 집중하여 질 높은 트레이닝을 실시할 수 있기 때문이다.

13) 장기 트레이닝 프로그램의 작성

일정기간별로 프로그램에 변화를 가하는 기법을 '기간나누기(periodization, 주기화)'라고 한다(그림 6-2, 표 6-23 참조).

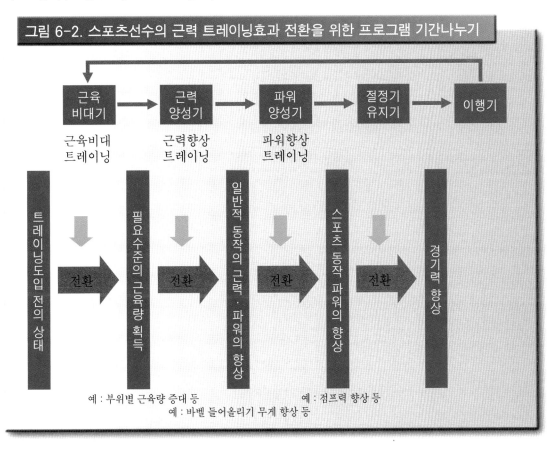

그림 6-2. 스포츠선수의 근력 트레이닝효과 전환을 위한 프로그램 기간나누기

표 6-23. 근력 트레이닝의 기간나누기

매크로사이클 (1년간)	준비기			시합기		이행기
메조사이클 (몇 주~몇 달)	근육비대기	근력양성기	파워양성기	절정기	유지기	이행기
미크로사이클 (며칠~1주)						
매크로사이클 메조사이클 미크로사이클	장기계획 : 수년간~1년간의 사이클 중기계획 : 수주간~수개월간의 사이클 단기계획 : 수일~1주간의 사이클					

'기간나누기'는 장기간 같은 프로그램을 실시함으로써 발생하기 쉬운 트레이닝효과가 한계점에 이른 현상, 오버워크, 정신적 싫증(매너리즘화) 등을 방지할 뿐만 아니라 장기에 걸쳐 트레이닝효과를 효율성 있게 성취하도록 한다.

'기간나누기'는 트레이닝의 일차적(일반적) 효과를 이차적(전문적) 효과로 넘기기 위한 유효한 수단으로서 활용되고 있다. 예를 들면 벤치프레스나 스쿼트 등의 일반적 엑서사이즈의 들어올리기무게 향상이 스포츠동작과 일상생활동작 등의 수행능력향상에 도움을 주기 위해서는 일반적 엑서사이즈에 의한 근비대와 근력향상을 목적으로 하는 프로그램에서 전문적 엑서사이즈에 의한 스포츠동작과 일상생활동작의 파워향상을 목적으로 하는 프로그램으로 서서히 이동해가는 방법이 채용된다.

14) 전문적(개별) 엑서사이즈의 설정

전문적(혹은 개별) 엑서사이즈란 트레이닝참가자의 개인적인 필요성에 따라 트레이닝목적을 달성하기 위한 엑서사이즈를 가리킨다.

스포츠선수들의 경우 전문적 엑서사이즈는 운동수행능력 향상을 주목적으로 하며, 전문 스포츠의 동작특성과 요구되는 체력요소를 고려하여 실시하게 된다. 전문적 엑서사이즈의 설정은 경기특성과 함께 선수 개인의 기술·전술적인 특성과 과제에 대한 배려도 필요하다.

일반인의 경우에는 전문적(개별) 엑서사이즈는 '계단을 가볍게 오르내릴 수 있게 되었으면 좋겠다', '걷기자세나 동작습관을 수정하고 싶다' 등과 같은 개인 특유의 트레이닝목적을 달성하기 위해 실시된다.

전문적 엑서사이즈의 설정에서 개선하고 싶은 동작과 요구되는 체력요소를 분석하여 사용되는 근육과 동작의 궤도, 힘을 발휘하는 각도, 관절가동범위, 동작 중에 가하는 부하의 크기와 동작스피드, 운동지속시간 등을 파악해두는 것도 필요하다. 이러한 정보를 기반으로 개선하고 싶은 동작과 관련이 있는 움직임과 조건에서 트레이닝을 실시한다(그림 6-3, 표 6-24, 25).

그림 6-3. 전문적 엑서사이즈의 설정수순

단계 1 : 개선하고 싶은 동작과 체력요소의 추출과 분석

- ▶ 특히 개선하고 싶은 동작은?
- ▶ 특히 개선하고 싶은 체력요소는?

단계 2 : 트레이닝동작의 결정

- ▶ 실제동작과 사용근육군과 관련이 높은 엑서사이즈를 선택
- ▶ 특히 개선하고 싶은 움직임을 재현한 트레이닝동작을 고찰

단계 3 : 부하수단과 기구의 선택

- ▶ 적절한 부하수단과 트레이닝기구의 선택
- ▶ 특히 개선하고 싶은 동작의 궤도와 힘을 발휘하는 방향 등을 배려

단계 4 : 부하, 횟수 등의 조건설정

- ▶ 개선하고 싶은 움직임과 체력요소에 연관이 있는 부하와 횟수, 세트수, 휴식시간 등의 설정

표 6-24. 전문적 엑서사이즈동작 결정 시의 포인트

1. 신체 각 부위의 움직임과 동작패턴
- ▶ 힘을 발휘하는 방향
- ▶ 신체 각 부위의 궤도
- ▶ 특징적인 동작패턴 : 체중의 지지형태, 좌우의 동작패턴, 파워의 전달패턴 등
2. 자세와 관절각도, 동작의 가동범위
3. 사용되는 근육 : 동작 중의 주동근과 공동근, 자세지지근 등

표 6-25. 전문적 엑서사이즈 트레이닝조건 설정 시의 포인트

1. 부하 : 실제경기장면에서 가해지는 부하의 크기
2. 힘의 발휘특성과 동작스피드 : 폭발적인 힘발휘(급격한 가속), 천천히 힘을 발휘(완만한 가속), 최대스피드의 크기, 스피드의 변화(가속, 감속 등)
3. 운동시간(대사특성) : 운동시간과 동원되는 에너지공급기구, 힘의 발휘형태(지속적인지, 단속적인지)
4. 근수축특성 : 동작 중의 근수축양식

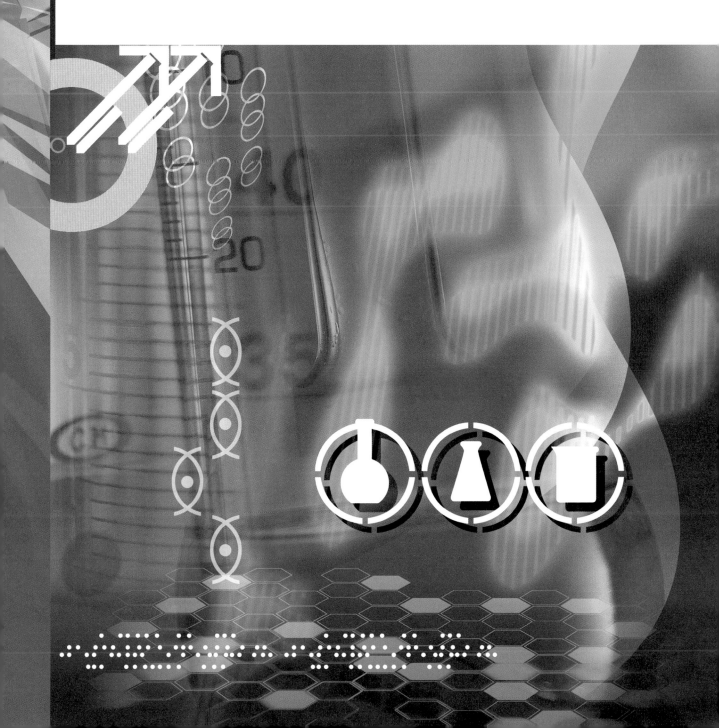

07

파워와
파워향상 트레이닝 프로그램

1) 파워의 요소

파워(power)는 스포츠나 일상생활동작에서 중요한 역할을 하는 체력요소 중의 하나이다. 물리학에서 파워는 '단위시간당 작업량'으로 정의되며, '힘×스피드'로 표시한다. 파워를 구성하는 요소이기도 한 힘(force)은 '질량×가속도'로 나타내는데, 이 경우에는 스피드의 요소를 포함하고 있지 않기 때문에 파워와는 명확히 구분할 필요가 있다(표 7-1 참조).

표 7-1. 병진운동과 회전운동의 파워

[병진운동의 파워]
▶ 힘(force)
 - 힘(N)=질량(kg)×가속도(m/sec.^{2})
▶ 파워(power)
 - 일량(J)=힘(N)×거리(m)
 - 파워(W)=일량(J)÷시간(sec.)
        =힘(N)×거리(m)÷시간(sec.)
        =힘(N)×스피드(m/sec.^{2})

[회전운동의 파워]
▶ 토크(torque)
 - 토크(N·m)=힘(N)×모멘트 팔의 길이(m)
▶ 파워(power)
 - 일량(J)=토크(N·m)×각변위(rad)
 - 파워(W)=일량(J)÷시간(sec.)
        =토크(N·m)×각변위(rad)÷시간(sec.)
        =토크(N·m)×각속도(red/sec.)

예를 들어 무게 50kg을 1m 들어올리는 데 1초가 필요한 경우와, 같은 무게 50kg을 0.5초에 1m 들어올리는 경우 힘과 일량은 모두 같다. 그러나 파워는 1초에 들어올린 경우가 50kg×9.8m/sec.^{2}(중력가속도)×1m/1초(평균스피드)=490Watt, 0.5초에 들어올린 경우는 50kg×9.8m/sec.^{2}(중력가속도)×1m/0.5초(평균스피드)=980Watt가 되어, 후자 쪽이 우수하다.

파워를 구성하는 힘과 스피드는 매우 상반된 기능이 포함된 능력이다. 그림 7-1과 같이 힘은 스피드가 제로일 때 최대치를 나타내며, 스피드는 힘이 제로일 때 최대치를 나타낸다. 그리고 역학적(기계적) 파워는 최대근력의 30% 부하일 때 최대가 되는데, 이때 스피드는 최대스피드의 30%에 해당한다.

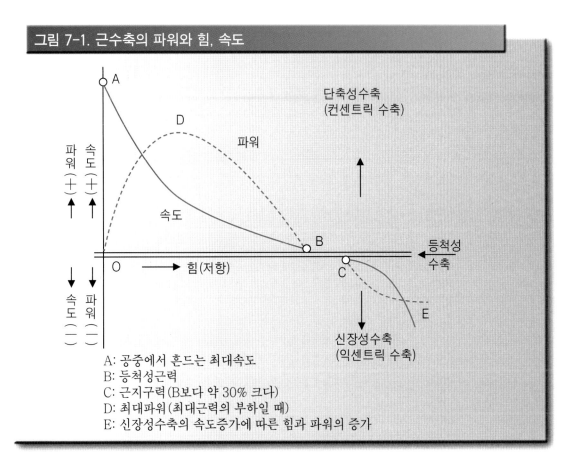

그림 7-1. 근수축의 파워와 힘, 속도

단축성수축
(컨센트릭 수축)

파워

속도

등척성
수축

파워(＋)　속도(＋)

힘(저항)

속도(－)　파워(－)

신장성수축
(익센트릭 수축)

A: 공중에서 흔드는 최대속도
B: 등척성근력
C: 근지구력(B보다 약 30% 크다)
D: 최대파워(최대근력의 부하일 때)
E: 신장성수축의 속도증가에 따른 힘과 파워의 증가

2) 다관절운동에서의 파워

스포츠나 일상생활동작의 대부분은 하나의 관절보다 여러 관절(다관절)의 협응에 의해 이루어지는 경우가 많다.

역학적 파워를 설명할 때 이용되는 최대근력이란 단관절운동에 의한 등척성(isometric)근활동의 최대근력인데, 이는 다관절운동에 의한 등장성(isotonic)근활동의 최대근력(1RM)과는 다르다.

다관절운동에서 발휘되는 최대파워의 크기는 근활동양식과 운동양식에 따라 다르다. 예를 들어 다관절운동의 대표적인 엑서사이즈인 벤치프레스와 스쿼트에서는 1RM의 40~70%의 범위에서 최대파워가 발휘된다. 복합관절의 협응에 의해 동작이 이루어지는 행클린(hang clean ; 바벨의 위치가 무릎관절의 상부에서부터 이루어지는 파워클린)에서는 1RM의 90~100%에서 최대파워가 발휘된다.

스포츠나 일상생활동작에서는 등척성근활동에 의해 재빨리 큰 힘이 발휘되는 경우도 있다. 등척성근활동에서 역학적 파워의 출력은 제로가 되지만, 근육원섬유의 액틴과 미오신 수준에서는 근육은 재빨리 수축되어 있고, 힘줄은 늘어나 있기 때문에 외견상 스피드는 제로이지만 실제로 근육은 파워를 발휘하고 있는 것이다.

이처럼 스포츠나 일상생활동작에서의 파워는 다양하며, 최근 스포츠계에서는 역학적 파워와 비슷한 개념으로 다음과 같은 용어도 사용되고 있다.

▶ 폭발적근력(explosive strenght)
▶ 스피드근력(speed strength)
▶ 힘을 내는 속도(RFD : rate of force development)
▶ 스타트근력(start strength)

2   힘을 내는 속도

1) 단시간에 재빨리 힘을 내는 능력

스포츠나 일상생활동작에서 파워향상에 중요한 역할을 담당하는 힘을 내는 속도(RFD : rate of force development)라는 요소가 있는데, 이는 RFD는 단위시간당 근력증가율을 나타낸다.

힘을 내는 속도가 중요시되는 이유는 스포츠에서는 힘이 발휘될 때까지 0.3초 이상을 요하는 경우가 드물기 때문이다. 연구에 의하면 스프린트나 뛰기의 착지시간, 던지기에서 투사시간 등은 모두 다 0.2초 이내로 밝혀졌다. 이에 대해 최대근력을 발휘하는 경우에는 0.6~0.8초 이상을 필요로 하는 것으로 밝혀졌다. 즉 대부분의 스포츠에서 필요로 하는 것은 단시간의 RFD에서 재빨리 힘을 내는 능력이다. 다시 말해서 등근력과 악력을 측정할 때처럼 천천히 조금씩 큰 힘을 발휘하는 능력은 아니다.

2) 힘을 내는 속도향상과 근력 트레이닝

고부하 · 저속 근력 트레이닝에서는 최대근력이 향상된다. 그러나 RFD는 개선하기 어렵다. 한편 저부하 · 고속 근력 트레이닝과 폭발적인 벌리스틱(ballistic) 엑서사이즈에서는 스타트에서부터 0.03~0.05초 이내의 힘이 생기는 속도를 나타내는 '스타트근력'과 0.1~0.3초 이내의 'RFD'를 개선할 수 있다.

또, 20kg의 부하로 무릎관절 90도 굽힘자세로 실시하는 스쿼트점프에서는 '될 수 있는 한 높이 점프한다'는 의식으로 할 때보다 '동작초기에 될 수 있는 한 빠르게 움직이기 시작한다'라는 의식으로 하여야 점프스피드를 더 높일 수 있다. 즉 재빨리 힘을 낸다는 생각으로 트레이닝을 하여야 RFD와 파워향상에 공헌할 가능성이 있다. 예를 들어 등척성 근활동의 경우에도 재빨리 힘을 내도록 의식하면서 노력하는 것이 중요한 의미를 갖는다.

3 파워발휘양식의 분류

파워발휘는 근육섬유·성별·연령·근육량 등의 요인 외에도 힘과 속도의 관계, 관절각도, 운동양식, 근육활동양식 등과 같은 바이오메커닉스적 요인의 영향도 받는다. 따라서 트레이닝 프로그램작성 시에는 스포츠와 일상생활동작에서 파워발휘유형의 특이성을 고려해야 한다.

파워발휘유형은 힘-속도의 관계(표 7-2), 동작양식(표 7-3), 근육활동양식(표 7-4) 등으로 분류할 수 있다.

표 7-2. 힘과 속도의 관계에 의한 파워발휘유형

파워의 유형	부하	속도	주요 스포츠동작
저속파워	고	저속	중량물들기, 씨름의 준비자세에서 막 일어서려는 순간, 포환던지기, 럭비의 스크럼(scrum), 정지상태에서 신체나 물체를 폭발적으로 가속하는 경우 등
중속파워	중	중속	육상경기의 뛰기, 농구, 저속에서 고속으로 가속할 때의 이동국면 등
고속파워	저	고속	탁구의 스매시, 태권도의 찌르기, 이미 움직이기 시작한 신체나 물체를 좀 더 가속하는 경우 등

표 7-3. 운동양식에 의한 파워발휘유형

파워의 유형	주요 스포츠동작
일회적 파워	육상경기 중에서 던지기종목, 뛰기종목, 배구의 점프 등
연속적 파워	육상경기 중에서 스프린트종목, 수영경기, 스피드스케이트 등
전신적 파워	중량물들기, 야구의 투구, 육상경기 중에서 뛰기 등
국소적 파워	라크로스(lacrosse)를 할 때 팔에 의한 작고 빠른 동작으로 하는 슛과 패스 등

표 7-4. 근육활동양식에 의한 파워발휘유형

파워의 유형	주요 스포츠동작
단축성근육활동	스프린트의 스타트 국면, 씨름의 준비자세에서 막 일어서려는 순간, 수영경기의 스타트 등
신장성근육활동	체조경기의 착지 등
등척성근육활동	양자의 힘이 대항하여 상대를 움직이게 하려고 노력해도 움직이지 않을 때 등
신장-단축사이클 (SSC : stretch-shortening cycle)	큰 반격 국면 : 배구의 스파이크 점프에서의 발 구르기 동작 등 작은 반격 국면 : 대시의 최대스피드 국면, 구기의 커팅 등

　　현재까지 고안되어 있는 파워측정기기로는 등속성(isokinetic)근력측정기가 있다. 한편 스포츠와 건강관리분야에서는 수직뛰기, 제자리멀리뛰기, 공던지기, 클린과 스내치의 1RM, Magaria-Kalamen 테스트 등이 있다.

　　최근에는 '리니어 포지션 트랜스듀서(Linear Position Transduce)'라는 파워측정기가 보급되었다. 이 측정기는 높은 정밀도로 파워와 동작속도를 측정할 수 있어서 연구분야에서도 사용가능할 뿐만 아니라 대부분의 프리웨이트 엑서사이즈는 물론, 근력 트레이닝머신에서의 발휘파워, 스포츠와 일상생활동작과 유사한 동작파워, 동작속도 등도 측정할 수 있다. 이 측정기기를 활용하면 스쿼트, 벤치프레스, 악력, 등근력 등과 같은 근력·파워 및 스피드측정을 일반화할 수 있다.

5　**파워향상 트레이닝 프로그램의 전략과 변수**

1) 트레이닝 프로그램전략의 기본적인 사고방법

　　'파워＝힘×스피드'에서 알 수 있듯이 파워향상을 목적으로 하는 트레이닝 프로그램의 기본전략은 근력과 근수축스피드 향상에 있다. 근력은 신경계통기능과 근육의 횡단면적 등의 요인에 의해 향상되며, 스피드는 신경계통기능·근육길이·힘줄이음부 등의 요인에 의해 향상한다. 그러나 근수축스피드는 유전적 요소에 의한 영향도 받기 쉽기 때문에 낮은 트레이너빌리티(trainability)가 지적되고 있다. 이 때문에 근력증대가 파워향상의 필수조건이 된다.

　　그런데 근력증대에 의해 파워가 향상되는 것은 초기단계에 한정되어 있다. 또, 고부하·저속 근력 트레이닝을 장기간 계속하면 파워와 RFD가 저하하고, 나아가 타입Ⅱb섬유가 타입Ⅱa섬유로 이행하여 파워발휘가 억제되는 경우도 있다. 따라서 계속해서 근력향상만 하지 말고, 여러 프로그램변수의 조작과 모니터, 기간나누기 등의 트레이닝전략이 필요하게 된다.

2) 스포츠특성과 성차에 대한 사고방법

육상경기의 단거리종목과 뛰기종목, 체조경기 등에서는 근육량증대에 따른 체중증가로 인해 가속능력과 스피드가 감소되어 발휘파워를 저하시키는 경우가 있다. 한편 종합격투기, 씨름, 미식축구 등과 같이 상대선수와 충돌하는 스포츠에서는 체중증가에 의해 가속능력과 스피드가 조금씩 감소하여도 충돌 시의 콘택트파워가 증가할 수도 있다. 따라서 스포츠의 특성에 따라 근육량과 체중을 컨트롤할 필요가 있다.

일반적으로 여성의 파워 · 근력 · 스피드는 남성보다 낮은 것으로 알려져 있으나 ① 스피드의 성차보다도 파워나 근력의 성차가 크고, ② 다리에 비해 팔의 근력과 파워가 낮다와 같은 성차의 특성도 밝혀졌다. 이 때문에 여성에게는 기초가 되는 근력획득 및 팔 트레이닝에 대한 배려가 남성 이상으로 필요하다.

3) 트레이닝 프로그램의 변수

(1) 강도

유도에서는 상대를 넘어뜨리기 위해 매우 큰 힘이, 육상경기 중 단거리달리기에서는 자기체중을 전진시키는 힘이, 야구에서는 공을 던지는 힘이 필요하다. 즉 실제의 스피드에서는 신체나 물체에 대해 힘을 빠른 스피드로 발휘하는 것이 공통이지만, 발휘되는 힘의 크기는 스포츠종목, 국면, 동작, 포지션 등에 따라 다르다.

신체기능은 부하와 속도의 관계에 따라 적응상태가 달라진다. 즉 파워향상 트레이닝은 실제스포츠나 일상생활동작에서 발휘되는 파워와 유사한 강도로 실시할 필요가 있다.

한편 강도는 동작이 몇 가지 국면으로 나눠져 과제가 있는 국면의 파워발휘속도에 따라 설정하는 것이 바람직하다. 이것은 정차되어 있는 자동차를 상상하면 이해하기 쉬울 것이다. 자동차의 경우 발진하여 시속 60km에 도달할 때까지 1, 2단의 로기어(low gear)부터 3, 4, 5단의 미들기어나 하이기어로 시프트업하여 서서히 가속해간다. 마찬가지로 정지상태에서부터 폭발적으로 가속하는 스포츠동작에서도 신체움직임의 시작부터 끝까지는 저속부터 고속까지의 몇 단계의 파워가 필요하다. 따라서 육상경기의 단거리달리기처럼 국면별로 스피드를 측정하여 스포츠국면에 과제가 있는 것으로 판명되면 고속에서의 파워뿐만 아니라 저속에서의 파워도 강화시키는 트레이닝전략을 세워야 한다.

(2) 동작스피드

뉴턴의 제2법칙에 의하면 "힘은 질량(m)에 가속도(a)를 곱한 값(F=ma)이 된다." 질량(부하)이 같다면, 스피드향상에 따라 큰 힘이 가해지게 되기 때문에 발휘파워도 증대한다. 즉 스피드를 컨트롤함으로써 강도의 증감도 가능한데, 이때 동작스피드는 파워향상 트레이닝에서 중요한 프로그램변수이다.

파워향상 트레이닝에서는 항상 최고속도에서 들어올리려는 노력이 중요하다. 트레이닝 때 최고속도로 들어올리고 있는지의 확인은 스톱워치에 의한 측정으로는 불가능하며, 결국은 선수의 의지와 지도자의 주관에 기댈 수밖에 없는 것이 현재상황이다.

리니이 포지션 트랜스듀서(Linear Position Transduce)를 이용하여 들어올리는 스피드와 파워를 모니터하고, 선수에게 피드백을 주면서 트레이닝을 실시한 경우, 스피드나 파워의 현저한 향상이 나타난다. 이러한 측정기를 이용한 동작스피드 관리는 파워향상 트레이닝 프로그램의 수행에서 중요한 요소가 된다.

(3) 횟수

들어올리기횟수는 강도 · 파워발휘양식 등에 따라 다르지만, 피로의 영향을 받기 쉬운 신경계통기능의 흥분수준을 유지하고 스피드저하를 억제하는 것이 파워향상 트레이닝의 전제조건이다.

일반적인 근력 트레이닝에서는 1RM에 대한 강도(%)와 횟수(RM)의 관계가 나타나지만, 고속에서 힘을 발휘하는 파워 트레이닝에서 이 관계는 일치하지 않는다. 파워 트레이닝의 목적은 얼마나 높은 파워를 발휘하는가이지, 탈진에 이를 때까지 몰아붙이는 것은 아니다.

따라서 1회적 동작의 파워향상에는 고부하에서 1~5회 이내 횟수의 짧은 휴식시간을 끼워넣어가면서 폭발적으로 실시한다. 연속적 동작의 파워향상에는 저부하와 중등도의 부하에서 5~10회 내의 횟수를 폭발적이면서도 리드미컬하게 연속적으로 실시한다.

(4) 세트수

세트를 설정할 때에도 역시 피로의 영향을 가능한 한 제거해야 한다. 세트수는 강도, 스피드, 횟수, 세트 간의 휴식시간, 세트 내의 휴식시간 등의 조합과 대상자의 경험 등에 따라 다르지만, 보통 3~5세트 정도를 기준으로 한다.

(5) 휴식시간

세트 사이의 휴식시간은 보통 2~5분 이상으로 설정해야 한다. 왜냐하면 항상 최대스피드를 발휘할 수 있도록 파워 트레이닝의 조건을 설정해야 하기 때문이다. 이것은 높은 파워발휘에 이용되는 ATP(아데노신3인산)과 CP(크레아틴인산) 등의 무산소에너지원의 회복(재합성)을 꾀하며, 심신 모두 프레시(fresh)한 상태에서 트레이닝을 실시하기 위해서이다.

세트 내의 휴식시간도 고려해야할 프로그램변수 중 하나이다. 설정된 횟수를 연속해서 행하면 들어올리기횟수의 증가와 함께 스피드는 저하하지만, 1회 들어올리기마다 수초에서 16초 정도의 세트 내 휴식시간을 끼워넣으면 스피드저하를 억제시킬 수 있다.

(6) 빈도

빈도는 일반적인 근력 트레이닝과 마찬가지로 엑서사이즈수, 강도, 양, 경기시즌, 대상자의 경험과 수준, 피로도, 다른 트레이닝의 강도·양 등 여러 조건을 고려하여 결정한다. 보통 주 3~4회의 빈도로 1일이나 2일 간격으로 실시한다. 왜냐하면 스피드에 영향을 미치는 신경계통의 피로는 근육피로보다 회복에 시간을 더 필요로 하기 때문이다. 강도가 같다며 주 1회의 빈도에서도 수주간은 근력과 파워의 유지가 가능하다.

(7) 엑서사이즈

스포츠에서는 동작의 처음부터 끝까지 전체를 가속상태에서 계속하는 경우가 많다. 그러나 일반적인 근력 트레이닝에서는 동작 초기에 아무리 큰 힘으로 빨리 가속해도 동작의 후반에는 감속한다. 부하가 가벼울수록 감속국면이 증가하는데, 이는 동작의 50%가 길항근의 작용에 의해 감속되어 파워출력이 저하되기 때문이다. 그런데 스포츠의 파워발휘양식과 실제의 트레이닝양식이 일치하지 않는 경우가 있다.

파워향상 트레이닝에서는 처음부터 동작의 끝까지 계속해서 가속하는 퀵리프트(quick lift), 동작의 종반까지 계속해서 가속하여 신체나 물체를 실제로 투사하는 스쿼트점프(squat jump), 플라이오메트릭스(plyometrics) 등의 벌리스틱 엑서사이즈(ballistic exercise)를 스포츠나 일상생활동작의 특이성·파워발휘양식·참가자의 경험과 수준 등에 따라 도입할 필요가 있다.

한편 파워향상 트레이닝에서는 바벨을 사용하여 양팔과 다리를 동시에 움직이는 경우가 많다. 그런데 양다리와 양팔을 동시에 움직이는 양측성 트레이닝에서는 한쪽 다리와 한쪽 팔을 단독으로 움직이는 편측성 운동과 비교하면 양측성 기능저하라고 불리는 발휘근력의 저하와 반응속도의 지연현상이 일어나는 것으로 알려져 있다. 또한 양측성 동작에서는 양쪽에서 발휘되는 근력과 파워가 향상되고, 편측성 트레이닝에서는 한쪽에서 발휘되는 근력과 파워가 향상되는 특이성도 생긴다.

따라서 조정·수영의 평형·접영 등의 양측성 경기에서는 바벨을 이용한 양측성 트레이닝을 하고, 자전거경기·육상경기·수영의 자유형·배영 등 다리와 팔을 교차로 움직이거나 한쪽 다리나 팔을 단독으로 움직이는 편측성 경기에서는 덤벨을 이용한 편측성 트레이닝이 필요하다.

4) 장기적 프로그램

고전적인 장기트레이닝계획에서는 일년 동안 단계적으로 프로그램을 진행한다. 참가자가 스포츠선수이든 일반인이든 강도와 양의 조작과 일반적 엑서사이즈부터 전문적인 엑서사이즈로 단계적으로 이행한다는 기본개념은 같다.

파워향상 트레이닝에서는 고도의 테크닉을 필요로 한다. 수주간의 트레이닝기간 동안 테크닉의 습득과 파워의 획득이 불충분한 경우도 있으므로 일년 동안 올바른 테크닉을 계속해서 습득해나가고, 강도나 양을 단계적으로 조작하도록 기간나누기를 도입한다.

나아가 ① 참가자가 상급수준에 도달해 있는 경우, ② 프로스포츠와 같이 경기시즌이 길고 트레이닝시즌이 짧은 경우, ③ 여러 과제를 수행해야만 하는 경우에는 과제를 시계열로 배열하지 말고 각 과제의 프로그램변수(강도, 양, 엑서사이즈 등)를 전략·방침·우선도·측정·평가 등에 기반하여 조작하는 병렬적인 장기프로그램도 실시되고 있다.

이처럼 대상자의 수준과 전략, 스포츠종목 등의 조건에 따라 가장 효과적인 장기적 트레이닝계획을 입안하는 것이 중요하다.

6 파워향상 트레이닝의 종류와 특징

1) 퀵리프트

퀵리프트란 역도(weight lifting)경기에 채용되어 있는 클린 & 저크(clean and jerk, 인상)와 스내치(snatch), 그리고 그 보조 및 응용 엑서사이즈의 총칭이다(표 7-5). 일반

표 7-5. 퀵리프트종목의 분류법

분류항목/종목	스내치, 클린	저크
스타트 포지션	플로어	프론트
	행(행 클린, 행 스내치)	백(비하인드 백)
	박스(대)	랙(랙 저크)
캐치 포지션	하이(파워 클린, 파워 스내치)	하이
	미들	미들
	로(스쿼트 클린, 스쿼트 스내치)	로
캐치 스탠스	패러렐	패러렐
	스프린트(앞뒤로 다리벌리기)	스프린트(앞뒤로 다리벌리기)
	와이드(좌우로 다리벌리기)	엉덩관절·무릎관절 편 자세(푸시 프레스)
사용기구	바벨, 덤벨	
동작리듬	1회적, 연속적(반복)	
팔다리의 연동성	양측성, 편측성, 동측성, 반대쪽	

적인 근력 트레이닝에서 나타나는 동작 후반의 감속국면을 최소한으로 하고, 고부하·고속리프팅의 안전한 수행이 가능하다는 특징을 갖는 엑서사이즈이다.

톱클래스의 역도선수는 높은 파워를 발휘하는 능력이 있으며, 높이뛰기기록도 높은 것으로 알려져 있다. 또한 파워클린의 1RM에 대한 상대치(체중비)와 10m, 30m, 10~30m 스프린트스피드, 높이뛰기 시의 점프높이 등에서 각각 높은 상관을 나타낸다는 보고도 있다. 따라서 퀵리프트를 파워향상 트레이닝의 대표적인 엑서사이즈로 채용하는 경우가 많다.

한편 퀵리프트는 다른 근력 트레이닝에 비해 파워출력이 높다. 예를 들면 행클린(hang clean)에서는 부하의 증가에 따라 스피드도 약간 저하하긴 하지만, 벤치프레스와 같이 현저한 저하는 나타나지 않는다. 이것은 퀵리프트가 동작의 처음부터 한 번에 가속하여 다리에서 발생한 폭발적인 힘을 팔로 전달하여 동작의 후반까지 가속을 계속하기 때문이다. 이러한 운동연쇄의 특징은 스포츠나 일상생활동작에서 모두 비슷하다.

그러나 퀵리프트는 고도의 테크닉을 필요로 한다. 또한 테니스의 스트로크나 야구의 피칭동작에서 보이는 휘돌림계의 파워향상에는 대응할 수 없다. 따라서 테크닉 습득이 곤란하거나 휘돌림계의 파워를 양성하려면 다른 엑서사이즈를 선택해야 한다.

2) 부하가 걸린 스쿼트점프계의 엑서사이즈

스쿼트점프(squat jump)와 같은 벌리스틱 엑서사이즈(ballistic exercise)는 퀵리프트만큼 고도의 테크닉을 필요로 하지 않는 이상, 동작의 시작부터 종반까지 계속하여 가속하고 실제로 신체를 투사할 수 있기 때문에 다리의 파워향상 트레이닝에 적합한 엑서사이즈다. 한편 부하의 설정과 참가자의 수준에 따라 동작 종반에 감속하는 경우가 있는데, 이때 위험을 동반할 수도 있다.

예를 들어 바벨을 들고 하는 스쿼트점프에서는 착지 순간 어깨, 척주, 엉덩관절, 무릎관절 등에 큰 충격이 가해진다. 특히 고부하 스쿼트점프에서는 점프 순간의 밸런스, 착지 시의 충격과 밸런스에 신경 쓴 나머지 동작 종반에 감속해버리는 경우가 나타난다. 이 때문에 실시할 때에는 기초적인 근력의 양성, 점진적인 부하의 증가, 지도자의 적절한 지도·감시가 필요하다. 특히 초심자에게는 고부하트레이닝은 권장하지 않는다.

이런 유형의 엑서사이즈는 스포츠의 기능적 파워를 높이기 위해 실시되기 때문에 설정부하를 실제스포츠의 운동패턴을 깨지 않을 정도로 제한해야만 한다.

3) 고속으로 하는 근력 트레이닝

근력 트레이닝은 가속에 의해 관성을 억제하고, 가동범위 전반에 걸쳐 근육의 활동시간을 증가시키기 때문에 중간정도의 속도에서 실시되며, 신장성근활동에서 단축성근활동으로 가는 국면에서 반동을 이용하지 않는 스트릭트 스타일(strict style)이 이용되고 있다. 그 결과 근비대에 따른 근력증대에 의해 파워는 어느 정도 향상되지만, 근비대에 의한 최대근력의 향상은 한계가 없다. 나아가 들어올리기속도를 의도적으로 제한하는 장기트레이닝에는 파워나 RFD(rate of force development) 향상을 방해하는 경우조차 있다.

파워향상 트레이닝에서는 고속으로 들어올리기동작을 하는 근력 트레이닝을 원칙으로 한다. 또한 신장성근활동에서 단축성근활동으로 가는 국면에서 위험을 동반하지 않을 정도의 적절한 반동(SSC : stretch-shorting cycle＝신장-단축사이클)을 이용하는 치팅 스타일(cheating style)을 이용하면 스트릭트 스타일에 의해 제한된 SSC의 기능적인 개선도 기대할 수 있다.

그러나 저부하·고속 근력 트레이닝은 동작 후반의 감속국면이 증가해버리는 단점이 있다. 거기서 특히 상반신의 엑서사이즈를 할 때에는 바벨의 양끝에 튜브를 끼워 바벨이 들어올려짐에 따라 튜브도 끌어당겨지도록 바닥에 고정하여 튜브의 늘어남과 함께 부하가 증대하는 증장력성저항(탄성저항)을 활용하여 동작 후반까지 계속해서 가속이 되게 하는 방법도 고안되어 있다.

4) 플라이오메트릭스

플라이오메트릭스(plyometrics)는 러시아, 동유럽, 북유럽 등 겨울이 긴 나라의 선수들이 실시하는 트레이닝으로, 점프 트레이닝과 반동적 충격법이라는 이름으로 실시해온 것이다. 그 후 일반적인 근력 트레이닝을 스피드근력과 파워에 연결시키는 트레이닝방법으로 주목받아 1975년에 미국에서 '플라이오메트릭스'라고 이름 붙여져 소개된 후 급속히 확산되었다.

플라이오메트릭스에서 '플라이오'는 그리스어로 '보다 많은'을 나타내는 pleion이며, '메트릭스'는 '측정'을 의미하는 metric이다. 따라서 플라이오메트릭은 '좀더 큰 개선이 이루어진다'라든가 '측정불가할 만큼 큰 증가' 등의 의미가 있다. 오늘날 '플라이오메트릭 트레이닝'이나 '플라이오메트릭 엑서사이즈' 등의 이름으로 정착되었으며, 이러한 말들을 약칭하여 '플라이오메트릭스'라고 부른다.

플라이오메트릭스는 신장-단축사이클(SSC : stretch-shorting cycle) 중 스무스하고 효율적으로 되돌리는 능력을 개선하는 트레이닝이다. SSC는 달리기·뛰기·던지기·차기 등의 스포츠나 걷기·오르기·일어서기·들어올리기 등의 일상생활동작에서 빈번하게 이용되고 있다. 실제 스포츠나 일상생활동작에 가까운 부하(자기체중부하 및 저부하)로 플라이오메트릭스를 도입함에 따라 동작 초기의 폭발적인 가속능력이나 동작 종반까지 가속을 계속해서 신체나 물체를 투사하는 능력을 향상시킬 수 있다.

엑서사이즈로서는 하반신·다리·엉덩관절의 점프, 바운드, 스킵, 홉이 유명하다. 몸통·팔에서는 메디신볼을 이용한 트위스트, 패스(언더&오버), 스로 등이 있다. 휘돌림계와 다방향의 파워향상은 퀵리프트나 다른 벌리스틱 엑서사이즈에서는 어렵지만, 메디신볼 엑서사이즈라면 향상을 기대할 수 있다. 최근에는 앞십자인대손상 위험을 줄일 수 있다거나 수중운동이 육상운동과 같은 효과가 있다는 등의 새로운 사실이 보고되고 있다.

(1) 신장-단축사이클의 구조와 메커니즘

신장-단축사이클(SCC : stretch-shortening cycle)의 구조는 신장성근육활동 후에 매우 단시간의 등척성근육활동을 거쳐 재빨리 단축성근육활동을 하는 것이다(그림 7-2). 플라이오메트릭스에서는 이 SSC를 활용함으로써 폭발적인 파워를 효율적으로 발휘하게 된다. 폭발적 파워의 발휘에는 신장반사, 예비긴장, 골지힘줄반사의 억제, 탄성에너지의 축적과 재이용 등이 관계되어 있다.

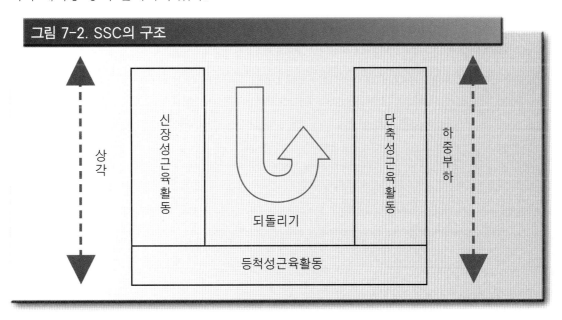

그림 7-2. SSC의 구조

신장반사 ▷▶ 신장반사란 근육이 외적인 힘에 의해 급격히 신장될 때 근육이 반사적으로 단축되어 근손상을 예방하는 기능이다. 외적인 힘으로 근육섬유 전체가 신장되면 신장된 근육의 길이와 속도를 감지하는 고유수용기인 근방추가 자극을 받는다. 그리고 구심성 Ia 신경섬유를 경유하여 척수로 임펄스가 보내지면 척수로부터 원심성 α 운동신경이 주동근으로 임펄스를 보내 근육이 반사적으로 단축하게 한다(그림 7-3).

SSC에서는 신장성근육활동 직후에 재빨리 단축성근육활동을 하지만, 신장성근육활동 때에 근육이 급격히 신장되면 근방추(muscle spindle)가 자극되어 반사적으로 단축성근육활동이 증강되는 것으로 보고 있다. 또한 근육이 신장되는 속도가 빠를수록 반사적으로 단축하는 힘이 커지기 때문에, 예를 들면 천천히 웅크렸다가 반동으로 점프하는 높이뛰기를 할 때에는 후자 쪽이 더 높이 점프할 수 있다.

신장반사가 생기는 속도는 굉장히 빠르기(0.03～0.06초 정도) 때문에 반동시간이 너무

그림 7-3. 플라이오메트릭의 반사기능

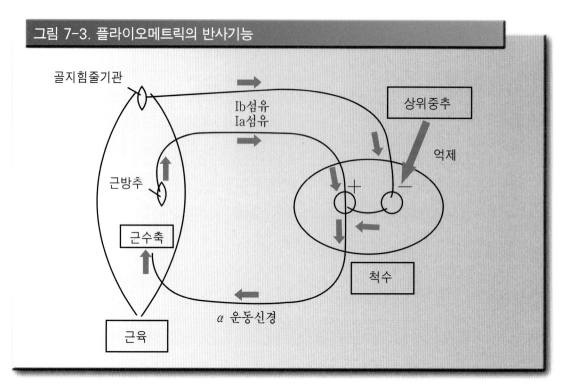

길면 큰 힘의 발휘에는 공헌할 수 없게 된다는 점에 주의할 필요가 있다.

예비긴장 ▷▶ 근육이 큰 힘을 발휘하기 위해서는 액틴과 미오신이 교차결합(cross bridge)하여 근육섬유길이가 적절한 '길이-장력'관계를 이루어야 한다. 근육이 이완된 상태에서는 힘발휘에 시간이 걸리기 때문에 순식간에 큰 힘을 발휘하기 위해서는 근육을 미리 긴장(수축)시켜두어야 하는데, 이것을 예비긴장이라고 한다.

플라이오메트릭스에서는 신장성근육활동 시에 근육을 미리 수축시켜둔다. 이에 의해 근육의 과도한 신장이 최소한에 머무르게 되어 반동 시의 시간단축이 되어 재빠른 단축성근육활동이 가능해진다.

골지힘줄반사의 억제 ▷▶ 골지힘줄반사란 근육이 활동 중에 급격히 신장될 때 힘줄손상을 예방하기 위해 근육을 이완시키는 자기억제기능이다. 활동근이 외적인 힘에 의해 신장되면 근육힘줄이음부 근처에서 힘줄의 길이를 감지하는 고유수용기(골지힘줄기관)가 자극받아 구심성의 Ia신경섬유를 경유하여 척수에 임펄스를 보낸다. 그렇게 하면 그 임펄스가 억제형 사이신경세포(개재뉴런)를 자극하여 그 근육의 원심성 Ia운동신경의 작용을 억제하여 발휘되는 근력을 저하시킨다.

그러나 골지힘줄반사가 작용하면 근육이 이완하여 파워발휘를 막기 때문에 플라이오메트릭스에서는 상위중추의 명령에 따라 골지힘줄반사를 억제하는 기능이 작용하게 된다. 골지힘줄반사를 억제시키려면 엑서사이즈의 점진적 수행이 필요하다.

탄성에너지의 축적·재이용 ▷▶ 플라이오메트릭스의 신장성근육활동 시에는 주로 신장되는 힘줄에 탄성에너지가 축적되어 단축성근육활동 시에 축적된 탄성에너지를 이용하여 큰 힘을 발휘하게 된다. 이것은 힘줄에 충분한 탄성에너지를 축적시키려면 일정수준의 근력이 필요하다는 것을 의미한다.

또한 탄성에너지의 축적 · 재이용은 대항운동(countermovement)점프와 같이 반동동작을 이용하는 동작과 드롭점프(뎁스점프)와 같이 상각국면에 큰 충격이 가해지는 동작은 물론, 스쿼트점프와 같이 반동동작을 이용하지 않는 동작에서도 큰 역할을 한다. SSC에서 파워의 증대에는 탄성에너지의 축적 · 재이용이 다른 요소 이상으로 큰 공헌을 한다.

(2) 플라이오메트릭스의 프로그램변수

엑서사이즈의 선택과 종목수 ▷▶ 엑서사이즈는 상각시간, 상각양식, 상각형태, 운동형태, 운동방향 등으로 분류된다(표 7-6). 여기서 말하는 상각은 SSC에서 신장성근육활동의 시작부터 단축성근육활동의 시작까지를 가리킨다. 엑서사이즈의 종목수는 목적으로 하는 동작의 특이성 · 강도 · 난이도 · 경기시즌 · 참가자의 경험과 수준 등을 고려하여 초심자의 경우에는 5종류 이내, 상급자의 경우는 10종류 이내를 기준으로 선택한다.

표 7-6. 엑서사이즈의 분류

상각시간	숏타입(0.25초 미만), 롱타입(0.25초 이상)
상각양식	스쿼트점프형, 대항운동점프형, 리바운드점프형
상각형태	양쪽, 한쪽, 교대
운동형태	일회적 파워를 발휘하는 타입, 연속적 파워를 발휘하는 타입
운동방향	신체 혹은 물체를 투사하는 방향(수직방향, 수평방향, 옆쪽방향, 비스듬한 방향 등)
운동양식	하반신 엑서사이즈, 상반신 엑서사이즈, 몸통 엑서사이즈, 복합동작 엑서사이즈

엑서사이즈를 선택할 때에는 목적으로 하는 동작의 상각시간을 살펴볼 필요가 있다. 육상경기의 단거리달리기나 뛰기의 착지와 같은 숏타입(0.25초 미만)인지, 높이뛰기와 배구의 스파이크에서 발구름 등과 같은 롱타입(0.25초 이상)인지를 판단해야 한다. 또한 상각시간, 파워출력에 영향을 미치는 동작의 관절각도, 상각양식 등도 확인해볼 필요가 있다.

상각양식은 표 7-7과 같이 분류된다. 스쿼트점프(SJ : squat jump)형은 반동을 이용

표 7-7. 상각양식에서 엑서사이즈의 분류

엑서사이즈의 타입	주요 동작양식과 스포츠동작
스쿼트점프형	반동을 이용하지 않는 타입으로, 육상경기의 단거리달리기에서 스타트 순간, 수영경기의 스타트동작 등과 유사하다.
대항운동점프형	큰 반동을 이용하는 타입으로, 육상경기의 단거리달리기에서 가속장면, 높이뛰기, 배구의 스파이크점프 등과 유사하다.
리바운드점프형	신속한 반동을 이용하는 타입으로, 육상경기의 단거리달리기에서 최대스피드장면, 육상경기의 도움닫기 멀리뛰기의 동작 등과 유사하다.
운동양식	하반신 엑서사이즈, 상반신 엑서사이즈, 몸통 엑서사이즈, 복합동작 엑서사이즈

하지 않는 것처럼 보이며, 실제로는 아주 적고 재빠른 되돌리기 국면이 있고, 단축성근육활동을 강조하여 파워를 발휘하는 타입이다. 대항운동점프(CMJ : countermovement jump)형은 신장성근육활동으로부터 단축성근육활동으로의 되돌리기 국면이 크다. 이러한 타입이 가장 큰 파워를 발휘한다. 리바운드점프(RJ : rebound jump)형은 재빠른 상각국면이 특징이다. 이러한 타입이 파워를 가장 신속하게 발휘한다.

　　강도 ▷▶ 플라이오메트릭스를 실시할 때에는 고속에서 근력발휘능력을 향상시키기 위해 자기체중과 메디신볼 등과 같은 가벼운 무게를 이용한다. 왜냐하면 설정강도가 너무 높으면 상해를 초래할 위험이 있기 때문이다. 뿐만 아니라 충격흡수를 위한 상각시간이 길어져서 신장반사가 이용되지 않고, 축적된 탄성에너지도 열이 되어 사라져 재이용되지 않아 골지힘줄반사가 현저하게 작용하여 근육활동이 오히려 억제되기 때문에 신경-근육의 적응을 피하고, 수행능력이 저하되기도 한다. 목적과 능력에 적합한 강도가 되려면 관절각도, 상각양식, 상각시간 등을 확인한 후에 점진적으로 강도를 설정해야 한다.

표 7-8. 플라이오케트릭스의 강도

항목	강도	주요 내용
상각형태	양쪽<한쪽	양다리, 양팔, 한쪽 다리, 한쪽 팔 등
부하	가볍다<무겁다	체중, 웨이트, 메디신볼의 무게 등
높이	낮다<높다	점프의 높이, 대의 높이, 허들의 높이 등
속도	늦다<빠르다	착지속도, 상각속도, 이동속도 등
양	소량<다량	상각횟수, 이동거리 등

　　양 ▷▶ 횟수와 세트수를 나타내는 양은 강도와 난이도 등과 관계가 있다. 다른 트레이닝 프로그램변수와 마찬가지로 모든 조건에 따라 달라지지만, 일반적으로 부하를 이용하지 않는 엑서사이즈에서는 10회×3~5세트가, 부하를 이용하는 엑스사이즈에서는 5회×3~5세트가 권장된다.

　　휴식시간 ▷▶ 파워향상 트레이닝의 저해요인이 되는 신경계통의 피로에 의한 영향을 최소화하기 위한 세트간 휴식시간의 기준은 엑서사이즈 실시시간의 4~10배라고 한다. 일반적으로 저강도종목은 30초~1분, 중강도종목은 1~2분, 고강도종목은 2~3분의 휴식시간을 설정한다.

　　빈도 ▷▶ 근육과 힘줄의 피로를 회복하고, 상해를 예방하기 위해서는 48~72시간 이상의 회복시간을 필요로 하기 때문에 2일 연속으로 같은 부위를 엑서사이즈하지 않는 등의 배려가 필요하다. 따라서 일반적으로는 주 2~3회의 빈도로 실시되며, 고강도 엑서사이즈인 경우에는 주 2회 정도가 된다.

　　또한 같은 강도로 같은 종목을 주 3회 하는 것이 아니라 고강도, 저강도, 중강도의 종목을 1주 내에 편입시켜 실시한다. 팔·다리의 엑서사이즈를 교대로 실시할 때에는 주 4회의 실시도 가능하다.

프로그램작성 시의 주의사항 ▷▶ 플라이오메트릭스는 워밍업 후 심신이 안정된 상태에서 하는 트레이닝이지만, 기술·전술연습의 우선도 등을 고려하여 순서를 확정한다. 일반적으로는 ① 워밍업→ ② 스피드계 트레이닝→ ③ 플라이오메트릭스→ ④ 근력 트레이닝→ ⑤ 무산소지구력 트레이닝→ ⑥ 유산소지구력 트레이닝→ ⑦ 쿨링다운이 기본순서이다. 기술과 전술연습은 플라이오메트릭스의 전후에 실시하는 경우가 많다.

또한 높이뛰기·제자리 멀리뛰기·뎁스점프 등의 도약높이, 일정거리의 연속점프로 이동하는 시간, 폭발적 반응다리근력지수(리바운드지수: 도약높이/접지시간) 등의 테스트를 정기적으로 실시하여 플라이오메트릭스의 효과를 평가함과 동시에 프로그램 작성·수정에 필요한 데이터를 수집한다.

표 7-9. 안전하고 효과적인 플라이오메트릭스 실시를 위한 유의점

▶ 상각국면에서의 재빠른 되돌리기동작을 강조하고, 골지힘줄반사의 억제가 기본조건이다.
▶ 상각국면에서 되돌리기동작을 재빨리 하기 위해서는 예비긴장, 상각 시 관절의 순간적인 고정, 힘이 전달되는 올바른 자세 등이 중요하기 때문에 올바른 자세와 테크닉의 습득을 우선시한다.
▶ 틀린 자세나 테크닉으로 실시하면 플라이오메트릭스의 효과를 기대할 수 없을 뿐만 아니라, 상해를 불러일으킬 위험성도 있기 때문에 점진적으로 트레이닝을 해야할 필요가 있다.
▶ 플라이오메트릭스의 효과를 끌어내고, 상해발생위험을 피하기 위해서는 근력 트레이닝으로 근력을 일정수준으로 높여두어야 한다.
▶ 설정강도가 너무 높으면 상각시간이 길어지기 때문에 상각 시의 관절각도변화 등을 확인하여 강도를 조절한다. 특히 체중이 100kg 이상이어서 상대근력이 낮은 사람은 주의가 필요하다.
▶ 중학생 이하인 경우에는 고강도종목은 피하고, 평형력이 강한 뎁스점프 등의 종목은 제2차성징이 끝나는 고등학교 입학 이후를 기준으로 도입한다.
▶ 근력 트레이닝과 격렬한 연습 후에 플라이오메트릭스를 실시하면 SSC의 작용이 방해받을 수 있으므로 될 수 있는 한 심신의 피로도가 적은 상태에서 실시해야 한다.
▶ 충격이 흡수되지 않는 콘크리트나 아스팔트 위, 염좌의 위험성이 높고 상각시간이 길어지는 부드러운 체조용 메트리스나 그라운드 등에서는 가능한 한 실시하지 않는다.
▶ 염좌의 위험성이 높고, 가로가 좁고, 구두창이 높은 신발이나 한쪽의 안정성이 떨어지는 신발은 착용하지 않는다.
▶ 메디신볼을 이용할 때 손가락을 세게 부딪혀 삐거나, 안면·두부를 부딪히지 않도록 주의한다.

표 7-10. 파워향상 트레이닝에서 프로그램작성기준

엑서사이즈	파워클린, 스내치 등		스쿼트점프 등		플라이오메트릭스	
파워의 종류	1회적 파워	연속적 파워	1회적 파워	연속적 파워	1회적 파워	연속적 파워
강도	80~90%	75~85%	50~80%	30~60%	자기체중~ 가벼운 무게	자기체중~ 가벼운 무게
횟수	1~2회	3~5회	5회 이내	5~10회	1~5회	10회
세트수	3~5세트	3~5세트	3~5세트	3~5세트	3~5세트	3~5세트
세트 간 휴식시간	2~5분	2~5분	2~5분	2~5분	30초~3분	30초~3분
세트 내 휴식시간	15초 이내	0~15초이내	15초 이내	0초	15초 이내	0초

7 파워향상 트레이닝의 응용

　나이가 많아지면 악력·등근력·높이뛰기 등의 능력은 민첩성·유연성과 마찬가지로 저하된다. 연령에 따른 신체기능의 저하는 근육량보다도 근력이, 근력보다도 파워나 RFD가 두드러진다. 근력과 파워의 저하원인은 연령에 따른 근섬유수의 감소, 근위축, 운동단위 동원수의 저하 등이다. 특히 근육섬유에서는 타입Ⅱ섬유의 위축이 두드러지는데, 이것이 파워발휘능력의 저하를 초래한다고 볼 수 있다.

　피트니스분야에서 실제로 행해지고 있는 근력 트레이닝은 중간강도의 가속 트레이닝이 주가 되지만, 실제로 일상생활동작에서는 고속 움직임도 필요하다. 또한 의도적으로 들어올리기를 제한한 장기적 근력 트레이닝은 파워나 RFD의 향상을 방해한다. 나아가 빠른 움직임을 동반하는 근력 트레이닝이나 신장성근육활동 트레이닝에서는 타입Ⅱ섬유가 우선적으로 이용된다. 이 때문에 고령자에게 실시하는 파워향상 트레이닝은 의자에서 일어나는 스피드, 계단오르기스피드, 보행스피드 등의 일상생활수행능력을 개선시킨다는 보고도 있다.

　건강관리분야에서는 안전성을 기본적으로 고려하여 파워향상 트레이닝의 단계적인 도입과 실천적·기능적인 파워 엑서사이즈를 고안할 필요가 있다.

08
지구력과
지구력향상 트레이닝 프로그램

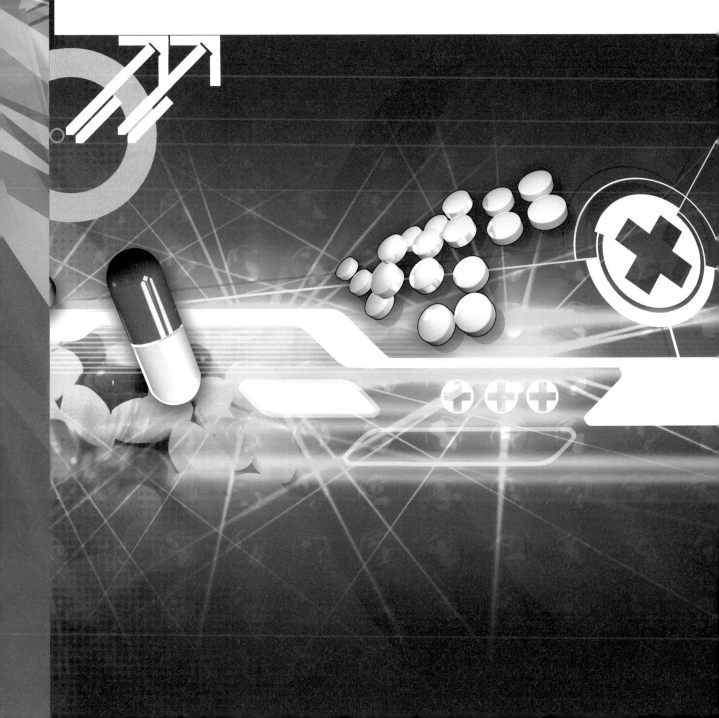

1) 지구력이란

지구력(endurance)이란 장시간에 걸쳐 최대하운동을 계속하는 능력을 말한다. 지구력은 유산소지구력(aerobic endurance)과 무산소지구력(anaerobic endurance)의 두 가지 유형으로 나눠진다.

(1) 유산소지구력

유산소지구력은 전신지구력 혹은 스태미너(stamina)라고도 불리며, 비교적 저강도〔젖산축적이 보이지 않는 운동강도 ; 무산소역치(AT : anaerobic threshold) 이하의 운동강도〕에서 장시간 운동을 지속하는 능력이며, 호흡·순환계통의 기능과 관련성이 높다. 에너지공급기구로는 거의 산소계가 사용된다.

(2) 무산소지구력

무산소지구력은 스피드지구력(speed endurance)이라고도 불리며, 장시간 최대속도를 유지하는 능력 혹은 반복동작의 최대속도를 유지하는 능력이다. 에너지공급기구로는 젖산계가 중심이 된다. 지속시간이 짧은 때에는 ATP-CP계도 관여하며, 긴 때에는 산소계도 관여한다.

2) 에너지공급기구에서 본 유산소대사와 무산소대사

운동의 직접적인 에너지는 근육 중의 아데노신삼인산(ATP : adenosine triphosphate)의 분해에 의해 공급된다. 근육 중의 ATP용량은 한도가 있기 때문에 운동을 계속 혹은 반복하여 실시하려면 분해에서 생긴 아데노신이인산(ADP : adenosine diphosphate)을 ATP로 재합성하여야 한다. ATP 재합성과정의 차이에 의해 에너지공급기구는 ATP-CP계, 젖산계, 산소계의 3가지로 크게 나눠진다. 이 중에서 ATP-CP계·젖산계는 무산소대사이며, 산소계는 유산소대사이다.

(1) ATP-CP계(무산소대사)

이것은 ATP를 재합성하기 위해 크레아틴인산(CP : creatine phosphate)을 분해하는 에너지공급기구이며, 산소를 필요로 하지 않는 무산소대사이다. ATP-CP계의 에너지공급량은 100cal/kg으로 많지 않지만, 단위시간당 에너지공급량은 13cal/kg/초로 매우 많다. 최대한 공급한다고 가정하면 지속시간은 약 7초로 가장 짧다.

육상경기 중 단거리달리기 · 필드경기 등 지속시간이 매우 짧은 스포츠나, 야구 등 순발적인 동작을 반복하는 팀스포츠에서 주요한 에너지공급기구가 된다.

(2) 젖산계(무산소대사)

이것은 근육 중의 글리코겐을 젖산으로 분해하여 ATP를 재합성하는 에너지공급기구이다. ATP-CP계와 마찬가지로 산소를 필요로 하지 않는 무산소대사이다. 젖산계의 대사산물인 근육 중의 젖산과 수소이온은 근수축과정에 영향을 미친다. 다만 젖산 자체는 피로물질이 아니라 젖산계에서 산출되는 대사물질로, 젖산계이용의 지표가 된다.

표 8-1. 스포츠종목별 주요 에너지공급기구

스포츠종목	주요 에너지공급기구		
	ATP-CP계	젖산계	산소계
야구	고		
골프	고		
역도	고		
육상의 필드경기	고		
테니스	고	중	
단거리달리기	고	중	
배구	고	중	
체조경기	고	중	
복싱	고	고	
농구	고	고	
축구	고	중	고
미식축구	고	중	저
경영(단거리)	고	고	
경영(장거리)		고	고
레슬링	고	고	중
중거리달리기	중	고	중
장거리달리기		중	고
마라톤		저	고
트라이애슬론		저	고
크로스컨트리스키		저	고

※ 어떤 스포츠든 모든 에너지공급기구가 어느 정도 관여한다. 이 표에는 중요한 것만 나타냈다.

젖산계의 에너지공급량은 230cal/kg로서 ATP-CP계보다 크고, 단위시간당 에너지공급량은 7kcal/kg/초로 ATP-CP계보다 작으나 산소계보다는 크다. 최대한으로 공급한다고 가정하면 젖산계는 약 33초를 사용한다. 무산소에너지공급에서 한계는 ATP-CP계와 젖산계에서 약 40초이다. 이것은 운동지속시간이 1~3분 정도인 중거리달리기, 단거리수영, 복싱, 레슬링 등에서 주요한 에너지공급기구가 된다.

(3) 산소계(유산소대사)

이것은 에너지원(주로 탄수화물, 지방)을 산소 분해하여 최종적인 대사산물인 물과 이산화탄소를 생성하고, 그 과정에서 ATP를 재합성하여 에너지를 공급하는 기구이다. ATP-CP계·젖산계와는 달리 유산소대사를 한다. 산소계의 에너지공급량은 산소공급이 충분하다면 매우 크지만, 단위시간당 에너지공급량은 3.6cal/kg/초로 가장 적다.

장시간 운동을 지속하는 장거리달리기·마라톤, 원영, 트라이애슬론, 자전거경주(로드레이스) 등에서 주요 에너지공급기구가 된다. 표 8-1은 스포츠종목별 주요 에너지공급기구이다.

2 유산소지구력향상 트레이닝의 변화

1) 심장혈관계통의 변화

(1) 심장

단기적 변화 ▷▶ 유산소운동을 할 때에는 골격근이 다량의 혈액을 필요로 하므로 심장에서 다량의 혈액을 내보내게 된다. 심장에서 내보내진 혈액량은 심박출량으로 나타난다.

심박출량=심박수×1회박출량

운동개시 후 초기는 부교감신경에 의한 심박수억제작용이 경감되어 심박수가 증가하고, 그 후에는 교감신경계의 자극으로 심박수가 증가해간다. 다시 말해서 운동강도의 증가에 비례하여 심박수는 증가해간다. 운동 중에는 많은 혈액이 심장에서 밀려나와 말초혈관저항이 50~60% 감소하고 1회박출량이 증가한다. 1회박출량은 40~60%의 운동강도에서 최대수준에 도달하고, 그 후 정점지속상태(plateau, 고원상태)를 유지하게 된다.

운동 시에는 심박수와 1회박출량이 상승하므로 이 두 개를 곱한 값인 심박출량(심박출량＝심박수×1회박출량)도 대폭 증가한다. 최대강도의 심박출량은 일반인은 안정시(약 5ℓ/분)심박출량의 4배(20～22ℓ/분)에 달하며, 마라토너는 6배에 달한다.

장기적 변화 ▷▶ 유산소지구력향상 트레이닝의 장기적 적응으로 심장이 비대해지고, 심방·심실의 부피가 약 40% 증가하며 1회박출량이 증가한다. 또한 안정시 및 최대하운동 시의 심박수도 저하된다. 다만 최대심박수는 유산소지구력향상 트레이닝의 영향을 받지 않고, 일정하거나 약간 저하한다. 지구력계 운동선수는 심박수가 40～60박/분으로 낮은 서맥이 종종 발견된다. 여성 마라토너의 심박수는 36～38박/분으로 보고되고 있다.

(2) 산소섭취량

산소섭취량이란 체내의 조직에 들어오는 산소량이다. 산소섭취량의 최대치가 최대산소섭취량($\dot{V}O_2max$, 최대유산소파워)인데, 이는 신체의 컨디셔닝과 상관이 높고 유산소지구력의 지표로서 가장 일반적으로 이용되고 있다.

안정시산소섭취량은 3.5ml/kg/분으로 추정된다. 또, 건강한 성인의 최대산소섭취량은 25～80ml/kg/분이지만, 여기에는 연령차·남녀차·개인차가 있다.

산소섭취량

＝심박출량(ml/분)×동정맥산소차

＝심박수×1회박출량×동정맥산소차

동정맥산소차는 동맥혈과 정맥혈에 포함되어 있는 산소량의 차인데, 이는 근육 속에서의 산소흡입률을 나타낸다.

단기적 변화 ▷▶ 산소섭취량은 운동강도에 비례하여 증가한다. 정점지속상태(plateau)에 도달하여도 증가하지 않는 포인트가 유산소용량(aerobic capacity ; 최대산소섭취량 혹은 $\dot{V}O_2max$라고도 불림)인데, 이것을 kg단위의 체중으로 나눈 값을 유산소파워(aerobic power)라고 한다.

장기적 변화 ▷▶ 유산소지구력향상 트레이닝에 의해 최대산소섭취량을 5～30% 증가시킬 수 있으나, 어느 정도 증가하는가는 트레이닝시작 시의 유산소능력에 따라 다르다. 최대산소섭취량의 증가는 대부분 트레이닝 시작 후 6～12개월에 이루어진다. 1년 이상 유산소지구력향상 트레이닝을 실시하면 최대산소섭취량의 향상에 의해 운동(달리기, 수영 등)효율과 젖산역치(LT : lactate threshold)를 효율적으로 향상시킨다.

(3) 혈압

정상혈압은 수축기(최고혈압) 110～140mmHg, 확장기(최저혈압) 60～90mmHg이다. 유산소운동 시는 수축기혈압이 운동강도에 비례하여 상승하여 220～260mmHg 정도가 될 때가 있다. 한편 확장기혈압은 안정시 수준 정도이거나, 혹은 약간 저하한다. 유산소지구력향상 트레이닝이 혈압에 미치는 장기적인 영향은 적다.

(4) 혈액·혈관계통

단기적 변화 ▷▶ 안정 시 골격근으로 보내지는 혈액은 심박출량의 15~20%이다. 격렬한 운동 시에는 심박출량의 90%가 골격근으로 보내지며, 근육으로 가는 혈류는 대폭증가하고 다른 기관으로 가는 혈류는 감소한다.

장기적 변화 ▷▶ 계속적인 유산소지구력향상 트레이닝에 의해 혈액량은 증가한다. 왜냐하면 유산소지구력향상 트레이닝에 의해 모세혈관밀도가 증가하여 근육이 산소를 받아들이기 쉽게 되기 때문이다.

표 8-2. 유산소지구력향상 트레이닝에 의한 심장혈관계통의 변화

심장	비대
최대산소섭취량	증가(트레이닝 시작 후 6~12개월)
안정시심박수	저하(서맥)
최대하운동시심박수	저하
최대심박수	변화가 없거나 약간 저하
동정맥산소차	증가
1회박출량	증가
심박출량	증가
혈압	변화 없음
혈액량	증가
모세혈관밀도	증가
근육의 산화능력	향상

2) 대사의 변화

(1) 에너지공급기구

단기적 변화 ▷▶ 유산소운동 시의 에너지공급은 주로 산소계(유산소대사)가 맡고 있으며, 당질과 지방이 에너지원으로 이용되고 있다. 운동강도가 높아지면 에너지원으로서 당질만이 이용되는 젖산계(무산소대사)가 동원되며, 그에 따라 무산소운동으로 바뀌어가면서 장기간 운동수행은 곤란해지게 된다.

장기적 변화 ▷▶ 계속적으로 유산소지구력향상 트레이닝을 하면 근육 및 간 속의 당질인 글리코겐저장량이 많아지고, 중성지방(triglyceride)농도가 증가한다. 글리코겐저장량의 증가에 의해 운동지속시간이 길어지며, 중성지방농도의 증가에 의해 지방이용능력이 높아

지게 된다. 또한 근육 중의 미토콘드리아함유량이 증가하며, 산화기구가 강화된다.

(2) 유산소역치

유산소역치(aerobic threshold)는 주요 에너지원이 지방과 탄수화물에서 탄수화물만으로 이행되는 지점이며, 유산소대사로부터 무산소대사(젖산계)로 변위하는 포인트이다.

단기적 변화 ▷▶ 경도부터 중간강도의 운동강도에서는 근육에 산소가 충분히 공급되어 주로 유산소대사로 대응할 수 있고, 생성되는 젖산보다 많은 양의 젖산이 제거되므로 젖산은 축적되지 않는다. 그러나 운동강도가 높아지면 유산소대사로는 젖산생성은 따라갈 수 없게 되어 혈액 속에 젖산이 축적되기 시작한다. 이 수준이 LT 혹은 AT인데, 이 이상의 운동강도에서는 무산소대사(젖산계)가 중심이 된다.

장기적 변화 ▷▶ 계속적으로 유산소지구력향상 트레이닝을 실시해가면 LT(AT)가 보다 높은 운동강도로 바뀌게 된다. 즉 보다 높은 운동강도에서도 유산소대사 중심으로 운동이 가능해진다. 달리기의 경우 보다 빠른 페이스로 장시간 달릴 수 있게 되며, 수행능력향상도 기대할 수 있게 된다.

3) 호흡계통의 변화

단기적 변화 ▷▶ 운동 중 산소공급을 위해 허파에서의 가스교환이 촉진되고, 환기량이 증가한다. 중간강도의 운동강도까지는 1회환기량의 증가에 따라 환기량이 증가한다. 운동강도가 좀 더 높아지면 1회환기량은 정점지속상태에 도달하고, 호흡수의 상승에 따라 환기량이 증가한다. 한편 운동강도가 높은 경우에도 동맥혈 중의 산소농도와 이산화탄소농도는 거의 변화하지 않는다.

호흡수는 안정시 12~15회/분이며, 운동강도의 상승에 따라 35~45/분까지 증가한다. 1회환기량은 안정시 0.4~1ℓ/분이지만 운동강도의 상승에 따라 3ℓ/분까지 증가한다. 호흡수와 1회환기량을 곱한 값인 환기량은 안정시 6ℓ/분이지만, 운동강도의 상승에 따라 90~150ℓ/분으로 안정시의 15~25배까지 도달한다.

장기적 변화 ▷▶ 계속적인 유산소지구력향상 트레이닝에 의해 허파용량이 증대되어 많은 산소를 받아들일 수 있게 된다.

4) 골격계통의 변화

단기적 변화 ▷▶ 달리기와 같이 충격도가 높은 유산소지구력향상 트레이닝을 하면 뼈밀도가 증가한다. 뼈밀도의 변화는 단기간에 나타나지만, 그 이후는 거의 증가하지 않는다.

장기적 변화 ▷▶ 달리기와 같은 충격도가 높은 유산소지구력향상 트레이닝을 하면 뼈밀도는 초기에만 증가하고, 장기적으로는 변화하지 않는다. 한편 관절연골의 퇴화는 일반적인 현상이 아니다.

5) 체성분의 변화

단기적 변화 ▷▶ 유산소지구력향상 트레이닝을 하여도 안타깝게도 체성분은 단기간에 급격한 변화를 일으키지 않는다. 달리기와 같은 유산소지구력향상 트레이닝 직후에는 일시적인 체중감소가 나타나지만, 그 대부분은 수분량의 감소이며, 체지방량의 감소는 아주 약간일 뿐이다.

장기적 변화 ▷▶ 에너지원으로서 지방의 비율이 큰 유산소지구력향상 트레이닝에 의해 서서히 체지방량은 감소한다. 신체활동량이 적은 사무직 종사자는 하루에 20~30분 정도 가벼운 유산소운동(걷기 등)이 권장된다.

유산소지구력향상 트레이닝만으로는 근육량을 증가시키는 효과는 적기 때문에 근육량을 향상시키는 레지스턴스 트레이닝이 필요하다. 지구력계 운동선수가 유산소 트레이닝을 너무 많이 하면 이화적 대사가 우위가 되는 근육의 단백질합성이 억제된다. 이때 레지스턴스 트레이닝을 하면 동화적 대사를 촉진하여 근회복을 촉진시킨다.

6) 내분비계통의 변화

단기적 변화 ▷▶ 유산소지구력향상 트레이닝에 의해 단기적으로 인슐린감수성이 향상되고, 글루코스의 체내흡수가 촉진된다. 트레이닝종료 후 48시간 동안 인슐린에 의한 글루코스흡수가 증가한다.

장기적 변화 ▷▶ 계속적으로 유산소지구력향상 트레이닝을 하면 인슐린감수성을 증가시켜 인슐린반응도 증대시킨다. 인슐린감수성이 증가함으로써 연령에 따른 인슐린감수성 저하를 억제시킬 수 있다.

3 무산소지구력향상 트레이닝의 효과

1) 고강도운동에 대한 내성향상

무산소지구력이 크게 관련되는 스포츠(예를 들면 800m 달리기)에서는 젖산계가 주요

에너지공급기구가 되어 파워발휘를 높은 수준으로 유지시킨다. 그러나 높은 파워발휘를 유지하면 젖산계의 대사산물인 젖산과 수소이온이 축적되어 근육대사의 밸런스가 무너져 파워가 저하되고 피로감이 생긴다.

무산소지구력향상 트레이닝을 계속해서 실시하면 젖산과 수소이온의 완충능력이 향상되고, 혈중 및 근육 중의 젖산과 수소이온농도의 내성이 향상되고, 고강도운동에 대한 내성(고강도운동을 지속하는 능력)을 높인다. 무산소지구력이 관련된 스포츠(예를 들면 800m 달리기, 레슬링)를 할 때에는 근육의 산성도가 pH 7.0에서 pH 6.4로 저하되며, 혈중산성도가 pH 7.4에서 pH 7.0으로 저하한다. 이러한 산성환경에 견뎌내는 능력은 무산소지구력향상 트레이닝에 의해 향상된다.

그런데 젖산계에 많이 의존하는 스포츠를 실시한 후에 나타나는 구역질(retching) · 현기증 · 구토(vomitus) · 탈진 등은 무산소지구력향상 트레이닝을 적절히 실시하면 저감시킬 수 있다. 운동선수가 무산소지구력향상 트레이닝 후에 토하거나 토하고 싶은 기분을 느끼는 것은 트레이닝 질의 향상을 꾀하는 효과적인 수단이 아니라, 적절한 트레이닝 프로그램을 실시하고 있지 않음을 의미한다.

2) 유산소대사의 향상

무산소지구력향상 트레이닝은 젖산계가 관여하고 있으며, 보통 유산소대사에 영향을 미치지 않는다. 그러나 휴식방법과 트레이닝수단에 따라 유산소능력에도 영향을 미친다.

3) 신경계통의 적응력 향상

무산소지구력향상 트레이닝을 계속하면 운동효율이 향상되어 원활한 동작을 수행할 수 있게 된다. 이것은 운동기술이 향상되었기 때문인데, 운동자극에 대한 신경계통의 적응력이 향상되고 있음을 뜻한다.

4 지구력향상 트레이닝 프로그램작성의 기본

지구력향상 트레이닝 프로그램작성의 기본은 4가지 트레이닝요소(수단, 빈도, 시간, 강도)의 적절한 컨트롤이다.

한편 효과적이면서도 효율적인 트레이닝을 하기 위해서는 장기적 트레이닝계획이 필요하다. 대부분의 코치·선수는 성공한 선수의 트레이닝계획을 이용하는 경향이 있는데, 이것은 참고로 할 수는 있지만 선수의 특성(신체적, 심리적, 성장단계 등)을 고려하고 폭넓은 시점에서 트레이닝계획을 작성할 것이 요구된다.

1) 트레이닝방법

대표적인 지구력향상 트레이닝방법은 달리기, 수영, 자전거타기, 각종 트레이닝머신이용 등이다. 트레이닝을 실시할 때에는 경기의 동작패턴에 가까운 트레이닝방법을 선택해야 한다. 예를 들면 상반신근육의 적응이 중요한 수영에서는 팔 트레이닝이 중심이 되어야 한다.

적절한 트레이닝방법을 선택하여야 경기별 특이적인 근육동원, 에너지공급기구, 대사시스템 등의 적응이 이루어질 수 있다. 예를 들면 유산소지구력향상 트레이닝방법으로 달리기를 실시하면 다리근육군의 서근섬유(SO섬유 : slow oxidative twitch fiber)가 특이적으로 발달한다.

원칙적으로 전문으로 하는 경기의 동작과 가장 유사한 트레이닝방법을 실시해야 한다. 그러나 불가피한 사정으로 경기동작과 유사한 트레이닝방법을 실시할 수 없으면 크로스트레이닝 등 대체트레이닝으로 기초적인 유산소 및 무산소지구력을 유지하면서 서서히 전문적·특이적인 트레이닝방법으로 되돌아간다.

2) 트레이닝빈도

(1) 유산소지구력향상 트레이닝

유산소지구력향상 트레이닝은 AT 이하의 저강도로 오래달리는 장거리저속달리기(LSD : long slow distance) 트레이닝이 주가 된다. 저강도의 유산소지구력향상 트레이닝은 거의 매일 실시할 수 있으며, 최고수준의 마라토너는 1일 2회의 트레이닝도 실시하고 있다.

트레이닝빈도의 증가는 단기적으로는 운동수행능력을 향상시키는 효과가 있지만 오버트레이닝과 심리적인 번아웃(burn-out)을 초래하기 쉬우며 장기적으로는 폐해도 동반된다. 따라서 트레이닝빈도는 기간나누기, 발육단계, 선수의 특성 등을 고려하여 종합적으로 판단할 필요가 있다.

인터벌 트레이닝 등 고강도의 유산소지구력향상 트레이닝은 무산소영역을 포함하여 운동수행능력향상에 크게 공헌한다. 특히 높은 수준의 지구력계 운동선수에게는 꼭 필요한 트레이닝이다. 그러나 고강도의 트레이닝은 근육에 미치는 대미지가 크며, 심리적인 부담도 크다. 원칙적으로 1주일에 2~3회 이내의 트레이닝빈도가 적절하며, 2일간 연속실시는 피해야 한다.

초심자나 컨디션이 불충분한 운동선수는 저강도의 유산소지구력향상 트레이닝에서 시작하여 컨디션이 회복된 후에는 고강도의 트레이닝을 점진적으로 실시해야 한다. 또, 건강·다이어트를 목적으로 할 때에는 저강도의 유산소지구력향상 트레이닝으로도 충분하며, 고강도의 트레이닝은 건강을 해칠 수도 있다.

(2) 무산소지구력향상 트레이닝

무산소지구력향상 트레이닝은 고강도운동에 적응할 수 있는 내성을 높이는 것을 목표로 하며, 거의 최대고강도로 실시한다. 이 트레이닝은 중거리달리기·경영(단거리)·레슬링 등 스피드지구력을 필요로 하는 운동선수에게는 꼭 필요하지만, 매우 고강도이므로 근육이 입는 대미지가 크고 심리적인 부담도 크다. 원칙적으로 1주일에 2~3회 이내의 트레이닝빈도가 적절하며, 2일간 연속실시는 피해야 한다.

컨디션이 좋지 않은 운동선수는 다른 트레이닝(유산소지구력향상 트레이닝, 레지스턴스 트레이닝 등)을 실시하고, 컨디션이 회복된 후에 무산소지구력향상 트레이닝을 점진적으로 실시해야 한다.

한편 건강·다이어트를 목적으로 할 때에는 무산소지구력향상 트레이닝은 불필요하며, 오히려 건강을 해칠 수도 있다.

3) 트레이닝시간

유산소지구력향상 트레이닝에서 1회당 트레이닝시간은 비교적 길어진다. 그러나 휴식시간이 짧기 때문에 총트레이닝시간은 별로 길지 않다. 한편 무산소지구력향상 트레이닝은 1회당 트레이닝시간은 비교적 짧지만, 충분히 휴식을 취해가면서 여러 세트 반복하기 때문에 총트레이닝시간은 길어진다.

4) 트레이닝강도

트레이닝을 효과적·효율적으로 실시하려면 적절한 트레이닝강도의 설정이 중요하다. 강도가 너무 낮으면 신체에 과부하를 줄 수 없어 충분한 트레이닝효과를 얻을 수 없게 된다. 또, 강도가 너무 높아도 충분한 트레이닝량을 확보할 수 없다. 특히 유산소지구력향상 트레이닝에서는 적절한 트레이닝강도의 설정이 중요하다.

(1) 유산소지구력향상 트레이닝

트레이닝강도를 결정하는 정확한 방법은 운동부하검사를 실시하여 측정한 최대산소섭취량($\%\dot{V}O_2max$)을 이용하는 것이다. 또는 혈중젖산농도로부터 AT를 추정하여 트레이닝강도를 설정하기도 한다. 그러나 이러한 방법은 비용·시간 등의 제약이 커서 현장에서 이용하기에는 어려움이 따른다. 따라서 비교적 측정이 편리한 심박수, 주관적 운동강도(RPE : rate of perceived exertion), 운동속도(페이스) 등에 의해 트레이닝강도를 설정한다.

심박수는 산소소비량과 높은 상관관계가 있으므로 가장 널리 이용되고 있는 지표이다. 심박수로부터 트레이닝강도를 추정할 때에는 카르보넨(Karvonen)법이 자주 이용된다. 유산소지구력향상 트레이닝의 목표심박수는 60~80%의 운동강도에 상응하지만, 유산소지구력 운동선수의 경우에는 85%의 운동강도도 적절한 범위가 된다. 한편 초심자 또는 건강이나 다이어트를 목적으로 하는 사람은 50%의 운동강도가 적절하다.

카르보넨(Karvonen)법

목표심박수

= (추정최고심박수−안정시심박수)×운동강도+안정시심박수

* 추정최고심박수＝220−연령

운동강도를 추정할 때에는 RPE(표 8-3)가 자주 이용되지만, 정확성이 결여되어 있어서 심박수 등 다른 추정방법을 겸용하는 것이 바람직하다. 한편 운동속도(페이스)를 트레이닝강도의 설정에 이용하는 경우도 많다. 달리기·자전거경기·수영 등의 시합은 목표타임을 기준으로 하므로 이에 맞게 트레이닝페이스를 설정한다. 다만 운동속도(페이스)는 기상조건, 컨디션, 지형변화 등의 영향도 받으므로 트레이닝강도를 정확하게 반영하지 못한다.

표 8-3. 주관적 운동강도(RPE)
Gunnar Borg, 1970. 1985. 1994. 1998.

6	전혀 노력 없음
7	매우 편안함
8	
9	꽤 편안함
10	
11	편안함
12	
13	약간 힘듦
14	
15	힘듦(심함)
16	
17	꽤 힘듦
18	
19	매우 힘듦
20	최대 노력

(2) 무산소지구력향상 트레이닝

트레이닝강도를 정확하게 평가하기 위해서는 트레이닝하는 동안과 트레이닝 후의 혈중젖산농도를 측정해야 한다. 그러나 이 방법은 비용이 많이 들고, 또 많은 시간을 필요로 하므로 현장에서 실시하기에는 어려움이 있다. 일반적으로는 운동속도(페이스)로부터 목표페이스를 설정하고, 일정거리 혹은 일정시간의 최대운동(대체로 30초 이상)을 실시한다.

5) 장기적 트레이닝계획

장기적 트레이닝계획을 수립할 때에는 기간나누기를 이용하는 경우가 많다. 장거리달리기의 경우 세계적인 명코치였던 리디어드 아서(Lydiard Arthur, 뉴질랜드의 세계적인 육상코치)가 제시한 트레이닝계획이 큰 영향을 주고 있다. 리디어드의 계획은 고전적인 기간나누기이다. 먼저 오프시즌(기초트레이닝기)에 저강도의 유산소달리기를 많이 실시하여 산소계의 기초를 쌓는다. 그 후 플레이시즌(이행기)부터 레이스를 향해 스피드를 점진적으로 높여가며, 인시즌(시합기)에 피킹을 하여 최고운동수행능력을 목표로 한다. 포스트시즌(과도기)에 리프레시(refresh)한다. 리디어드의 영향을 받은 장기트레이닝계획은 유산소의 기초를 쌓는 오프시즌(기초트레이닝기)의 트레이닝시간이 가장 길어진다.

이에 반해 저명한 선수인 세바스찬 코(Ssebastion Coe, 영국의 육상선수)의 코치인 피터 코(Peter Coe)는 멀티티어시스템(multi tier system)을 제창하여, 고강도의 유산소 트레이닝과 무산소 트레이닝을 어떤 트레이닝기에도 일정비율로 실시할 것을 권장하고 있다.

---

5 지구력향상 트레이닝 프로그램작성의 실제

1) 건강증진을 목적으로 하는 지구력향상 트레이닝 프로그램

(1) 성인의 건강증진 · 대사증후군예방을 위한 트레이닝 프로그램

건강증진을 위해서는 저강도의 유산소지구력향상 트레이닝이 효과적이며 안전성도 높다. 나아가 대사증후군(metabolic syndrome)예방을 위한 지방연소효과도 가장 높고 효과적이다. 건강증진 · 대사증후군예방을 위해서는 무산소지구력향상 트레이닝은 큰 도움이 되지 않는다.

트레이닝을 실시할 때에는 시작 시의 체력 · 체중 · 체지방률 등을 고려하여 트레이닝방법을 선택해야 한다. 시작시점에서 체중 · 체지방률이 너무 높으면 수영 · 걷기 등이 안전하다. 체력이 향상되면 점진적으로 트레이닝량을 늘려간다. 유산소지구력향상 트레이닝은 계속적으로 실시해야 효과가 나타나므로 트레이닝을 즐기기 위한 노력이 필요하므로, 동료와 함께 트레이닝을 하는 환경조성도 중요하다.

(2) 고령자의 건강증진을 위한 트레이닝 프로그램

고령이 되면 유산소능력과 근력이 서서히 저하되어간다. 이것은 방지하려면 저강도의 유산소지구력향상 트레이닝과 레지스턴스 트레이닝이 효과적이다.

트레이닝 시작시점에서 운동습관이 없는 고령자라면 유산소운동으로서 걷기, 수중걷기, 자기체중을 이용한 각종 저항 트레이닝 등이 적절하다.

2) 연령에 따른 지구력향상 트레이닝 프로그램

(1) 어린이를 위한 트레이닝 프로그램

초등학생 때부터 유산소지구력향상 트레이닝을 과도하게 실시하면 적절한 신체발육을 방해하고, 조기에 심리적인 번아웃을 발생시키기 쉽다. 초등학생 때부터 마라톤을 전문적으로 실시하여 일류선수로 키워진 사람은 한 사람도 없다. 신경계통의 발달이 두드러지는 초등학생 때에는 게임성을 띤 운동이나 스포츠를 하면서 자연스럽게 유산소능력을 향상시켜야 한다. 무리한 무산소지구력향상 트레이닝은 초등학생 때에는 피해야 한다.

중학생 때는 발육차가 큰 시기이다. 충분히 발육된 사람은 유산소지구력향상 트레이닝을 시작해도 되는 시기이며, 무산소지구력향상 트레이닝을 도입해도 좋다. 지도자 · 코치는 발육차를 고려하여 신중하게 트레이닝을 처방해야 한다.

고등학생은 성인에 준하는 유산소지구력향상 트레이닝, 무산소지구력향상 트레이닝이 실시할 수 있다. 운동선수로서 장기적 활약을 목표로 한다면 단계적 · 계획적으로 트레이닝강도, 트레이닝량을 상승시켜야 한다. 단기적으로 급격히 강도와 양을 상승시키면 단기적인 성공은 기대할 수 있지만 장기에 걸친 활약은 곤란해진다.

체중이 가볍고 체지방률이 낮은 사람이 지구력계 스포츠에서는 유리하기 때문에 일부 고등학생 여자 운동선수 중에는 무리한 감량으로 인해 생리불순이 종종 나타나기도 한다. 이것은 여성기능의 발육부전으로 이어지며 골다공증의 원인이 되기도 하므로, 감량 시에는 충분히 주의해야 한다.

(2) 지구력계 스포츠애호자를 위한 트레이닝 프로그램

기록향상을 목표로 하는 러너뿐만 아니라 트라이애슬론 · 원영 · 자전거경기와 같이 자신의 한계에 도전하는 일반 지구력계 스포츠애호가가 증가하고 있다.

트레이닝을 시작한 스포츠애호가들은 저강도의 유산소지구력향상 트레이닝으로 체지방률을 저하시킴과 동시에 스포츠 특유의 동작을 스무스하게 행할 수 있도록 한다. 체력이 향상됨에 따라 점진적으로 트레이닝량을 증가시켜 간다.

경험이 쌓여 체력이 향상된 중급자 이상은 강도가 약간 높은 유산소지구력향상 트레이닝(AT를 기준으로 하는 지속 트레이닝)을 주에 1~2회 도입해간다. 적극적으로 기록향상을 노리는 상급자들은 무산소적인 부분을 포함하는 인터벌 트레이닝을 주에 1회 이상 도입하는 것이 효과적이다. 그리고 고강도의 유산소지구력향상 트레이닝은 육체적 · 심리적인 고통도 동반하기 쉬우므로 트레이닝그룹을 형성하여 집단으로 서로를 격려해가며 실시하면 좋다. 또한 일반 지구력스포츠애호자가 트레이닝을 과도하게 실시하면 사회생활에 지장을 초래할 수도 있으므로 충분한 배려가 필요하다.

3) 스포츠선수의 경기력향상을 위한 지구력향상 트레이닝 프로그램

(1) 로파워계 스포츠선수(지구력계 경기자)를 위한 트레이닝 프로그램

로파워(low power)계 스포츠선수의 트레이닝은 유산소지구력향상 트레이닝을 중심으로 한다. 레이스보다 강도가 낮은 유산소지구력향상 트레이닝(LSD 등)은 체지방률을 떨어뜨려 운동선수로서 적합한 신체를 유지·형성해간다. 그러나 저강도의 트레이닝만으로는 레이스강도가 부족할 뿐만 아니라 충분한 운동수행능력도 획득할 수 없다.

충분한 운동수행능력을 획득하기 위해서는 AT를 기준으로 하여 지속 트레이닝을 어떤 트레이닝시기에도 주 1회 이상 실시하고, 레이스가 얼마 남지 않은 시기에는 주 2~3회 실시해야 한다. 나아가 무산소적인 부분을 포함하는 인터벌 트레이닝을 주 1~2회 이상 실시해간다. 실시할 때에는 목표레이스부터 역산한 기간나누기에 따라 지속 트레이닝과 인터벌 트레이닝의 빈도와 강도를 컨트롤해간다.

고전적인 기간나누기 모델에서는 레이스가 가까워짐에 따라 인터벌 트레이닝의 빈도를 늘리고, 강도도 레이스페이스에 가깝게 한다. 레이스 중 스피드의 변화, 레이스 후반의 스퍼트에 대응하기 위해서는 무산소지구력향상 트레이닝인 레피티션 트레이닝의 도입도 필요할 것이다.

(2) 미들파워계 스포츠선수를 위한 트레이닝 프로그램

무산소지구력이 관여하는 중거리달리기, 경영(단거리), 레슬링 등을 위한 트레이닝수단은 레피티션 트레이닝(repetition training)이다. 1회당 지속시간은 경기시간·경기거리에 따라 설정하고, 30초~1분 30초 정도 거의 전력으로 실시한다. 휴식시간은 충분히 갖고, 5~10 세트 정도 반복한다. 레피티션 트레이닝은 매우 고강도의 트레이닝으로 근육이 받는 대미지가 크고, 심리적으로도 부하가 크다. 원칙적으로 1주일에 2~3회 이내의 트레이닝빈도가 적절하며, 2일간 연속실시는 좋지 않다.

한편 미들파워(middle power)계 스포츠선수의 경우에도 경기할 때에는 유산소대사가 이용되므로 유산소지구력향상 트레이닝을 실시할 필요가 있다. 기초적인 트레이닝을 실시할 때에 AT를 기준으로 한 지속 트레이닝을 주 2~3회 실시하는 것이 좋다.

(3) 미들파워계 구기종목선수(축구, 농구 등)를 위한 트레이닝 프로그램

유산소대사로 회복을 도모하면서 무산소대사를 단속적으로 발휘하는 경기형식인 축구,

농구 등은 미들파워계의 구기경기이다. 이러한 경기에서는 무산소지구력향상 트레이닝과 유산소지구력향상 트레이닝을 경기특성·경기시간을 고려해가면서 균형 있게 실시하는 것이 중요하다.

기초 트레이닝을 실시하는 시기에 중점적으로 무산소지구력향상 트레이닝과 유산소지구력향상 트레이닝을 실시하지만, 경기특성으로부터 볼 때 LSD와 같은 저강도의 유산소지구력향상 트레이닝은 그다지 적절하지 못하다.

(4) 하이파워계 구기종목선수(야구, 미식축구, 필드경기 등)를 위한 트레이닝 프로그램

경기를 할 때에는 대부분 무산소대사(ATP-CP계)가 이루어지고 있지만, 유산소대사력도 운동 중에 잃어버린 에너지의 재합성에 필요하다. 기초 트레이닝을 실시하는 시기에 유산소지구력향상 트레이닝을 종목특성에 가까운 형태로 도입한다.

09

스피드 · 민첩성과
스피드 · 민첩성향상 트레이닝 프로그램

공의 움직임에 순간적으로 반응하거나 상대의 움직임을 순식간에 파악하고 빠져나가기 위해서 스피드는 스포츠에서 없어서는 안 될 요소이다. 일류 스포츠선수는 탁월한 기술과 함께 스피드도 겸비하고 있다. 따라서 스포츠에서 필요로 하는 스피드를 몸에 익히는 것은 운동수행능력향상에 큰 의미를 갖는다고 해도 과언이 아니다.

여기에서는 많은 스포츠경기에서 필요로 하는 스피드를 향상시키기 위한 기본개념과 메커니즘을 이해하고, 뛰어난 스피드를 획득하기 위한 트레이닝 프로그램작성과 실시방법을 살펴본다.

1 스피드와 민첩성

스피드(speed)에는 100m 스프린트와 같이 방향전환 없이 직선거리를 최고속도로 이동하는 동작(이것을 '스피드'라고 한다) 외에도, 가속과 감속 · 방향전환 등의 움직임을 될 수 있는 한 효율적으로 재빨리 행하는 동작(이것을 '민첩성'이라고 한다)이 있다.

2 스피드와 민첩성을 향상시키는 요인

스피드와 민첩성(agility)을 향상시키려면 먼저 기초근력, 최대근력, 파워 등과 같은 신체적 요소의 향상이 필요하다. 이러한 신체적 요소의 향상에 덧붙여 동작 중인 인체의 무게중심을 컨트롤하는 능력향상과 효율적인 가속과 감속 · 방향전환을 가능하게 하기 위한 올바른 동작스킬의 획득도 필요하다. 또한 특정자극(상대와 공의 움직임 등)에 대해 재빨리 반응하면서 이러한 동작을 실행하는 능력의 획득도 중요한 요소가 된다.

스피드와 민첩성을 향상시켜 다양한 스포츠현장에서 그것들을 충분히 살리려면 폭발적인 스타트와 뛰어난 가속 · 감속 · 방향전환 등과 같은 동작의 바탕이 되는 요소를 하나나 확실하게 그리고 단계적으로 개선해나가야 한다.

스피드와 민첩성을 안전하게, 효율적으로, 효과적으로 향상시키기 위해서는 복잡하고 복합적인 동작(가속, 감속, 방향전환 등)을 단순한 요소로 분해하고, 분해된 하나하나의 요소를 단계적 · 점진적으로 향상시켜 최종적으로는 향상된 요소를 다시 한 번 복합적이면서도 고도의 동작(즉 스포츠현장에서 실천적으로 살릴 수 있는 형태)으로 승화시켜가는 작업이 필요하다(그림 9-1).

스피드·민첩성향상 트레이닝은 처음부터 복잡한 형태로 반복연습되고 있지만, 다른 기술연습과 마찬가지로 기초적 요소의 충분한 구축 없이는 그 효과를 기대할 수 없다. 그러나 계획적·점진적인 트레이닝어프로치에 의한 스피드·민첩성향상은 운동수행능력을 최대한으로 끌어올리고, 상해예방에도 큰 도움이 된다.

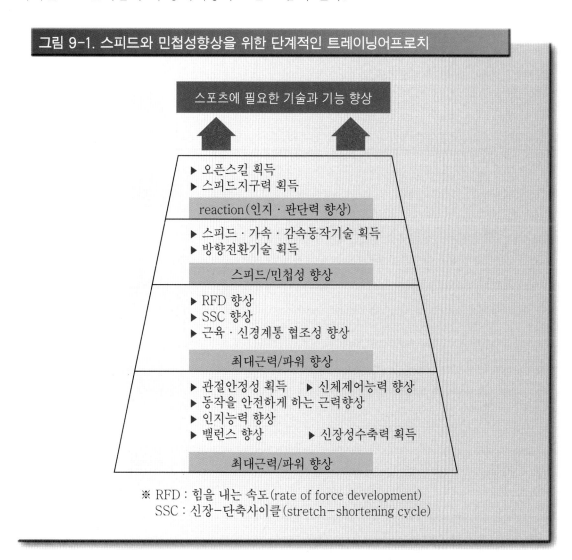

그림 9-1. 스피드와 민첩성향상을 위한 단계적인 트레이닝어프로치

스포츠에 필요한 기술과 기능 향상

▶ 오픈스킬 획득
▶ 스피드지구력 획득

reaction(인지·판단력 향상)

▶ 스피드·가속·감속동작기술 획득
▶ 방향전환기술 획득

스피드/민첩성 향상

▶ RFD 향상
▶ SSC 향상
▶ 근육·신경계통 협조성 향상

최대근력/파워 향상

▶ 관절안정성 획득   ▶ 신체제어능력 향상
▶ 동작을 안전하게 하는 근력향상
▶ 인지능력 향상
▶ 밸런스 향상   ▶ 신장성수축력 획득

최대근력/파워 향상

※ RFD : 힘을 내는 속도(rate of force development)
　 SSC : 신장-단축사이클(stretch-shortening cycle)

3 · 기초근력, 최대근력 및 파워의 향상

스포츠에서 필요로 하는 스피드나 가속·감속·방향전환 등과 같은 동작은 매우 짧은 시간 동안 급속한 힘발휘를 통해 달성된다. 이러한 힘발휘는 힘을 내는 속도(RFD : rate of force development)나 수축 · 단축사이클(SSC : stretch-shorting cycle ; 근육이 재빨리 펴진 직후에 수축하는 것) 등과 관련되어 있다. 따라서 RFD나 SSC 개선에 효과적인 파워의 향상은 탁월한 스피드 · 민첩성을 만들어내는 중요한 요소의 하나이다.

SSC에 의해 유인되는 근육의 탄력적 요소는 파워를 폭발적으로 발휘시키는 요소의 하나이기 때문에 파워향상 트레이닝을 할 때에는 SSC기능개선에 효과적인 플라이오메트릭스나 폭발적인 힘발휘를 필요로 하는 퀵리프트 엑서사이즈(클린, 저크, 스내치 등)를 적극적으로 실시할 필요가 있다. 플라이오메트릭스 등을 통한 파워향상 트레이닝이 스포츠에서 필요로 하는 스피드향상에 매우 효과적인 것은 최근의 연구보고에서도 과학적으로 증명되고 있다.

뛰어난 파워를 획득하기 위한 전단계에서는 충분한 기초근력을 구축하고 최대근력을 향상시켜야 한다. 왜냐하면 기초근력을 구축하여야 상해를 미연에 방지하기 위한 관절의 안정성을 높일 수 있고, 여러 가지 동작을 안전하게 수행하기 위한 근력을 양성함과 동시에 밸런스능력과 신체제어능력을 끌어올릴 수 있기 때문이다. 또, 최대근력이 향상되어야 운동수행능력발휘를 위한 신경-근육의 협조성과 급격한 감속이나 방향전환에 필요한 힘을 양성할 수 있다.

스피드 · 민첩성을 향상시키기 위해서는 이러한 기초적인 단계부터 뛰어난 감속 · 방향전환능력의 바탕이 되는 하반신의 신장성수축력을 강조하는 트레이닝과 유니래트럴(unilateral : 좌우단독동작) 트레이닝이 필요하다는 것이 최근의 연구에서 밝혀졌다. 또한 스포츠 등에서 필요로 하는 신체제어, 가속, 복잡한 풋워크, 폭발적인 방향전환 등의 동작은 지면반력의 효율적인 이용이 요구되기 때문에 많은 닫힌사슬운동(CKC : close kinetic chain ; 다리가 지면에 붙어 있는 상태에서 실시하는 동작) 엑서사이즈의 도입도 필요하다.

4   코어스트렝스의 중요성

최대근력 · 파워의 향상과 함께 기초단계부터 충분한 코어스트렝스(core strength, 중심근력)의 구축도 중요하다. 몸통과 골반(허리, 볼기)을 중심으로 한 코어가 안정되면 동작 중에 자세를 올바르게 유지하고, 신체제어 특히 무게중심을 제대로 컨트롤할 수 있으며, 나아가 신체의 추진력도 증가시킨다. 또한 신체에서 만들어지는 힘을 컨트롤하고, 그 힘을 효율적으로 팔로 전이시킬 수 있다. 동작 중의 적절한 자세유지와 중심컨트롤은 상해예방으로 이어지고, 나아가 신체의 추진력증대는 운동수행능력향상에 크게 기여한다.

코어스트렝스의 중요한 요소 중 하나인 볼기근육군은 닫힌사슬운동의 메인 드라이버이며, 팔에서 이용되는 파워를 만들어내는 중심부위이기 때문에 볼기근육군의 강화는 코어스트렝스 구축에 가장 중요한 항목의 하나로 여겨지고 있다.

5 스피드에 관련된 동작테크닉의 획득

스포츠에서 급격한 가속·감속·방향전환 등의 동작은 단순히 빠른 스피드보다 중요한 경우가 많다. 그러나 스프린트향상을 목적으로 하는 스피드 트레이닝에는 다양한 스포츠현장에서 필요로 하는 폭발적 스피드나 가속도를 향상시키기 위한 수단이 포함되어 있다.

여기에서는 스프린트향상을 목적으로 하는 스피드 트레이닝을 ① 스타트, ② 가속, ③ 최대속력의 3국면으로 분류하여 각각의 국면에 공통되는 중요한 자세·팔동작·다리동작을 중심으로 살펴보기로 한다.

1) 스타트

(1) 다리동작

양다리로 힘껏 지면을 차면서 신체를 밀어낸다. 이때 뒷다리는 앞다리보다 더 큰 힘을 만들어내도록 힘차게 눌러준다. 앞다리는 뒷다리보다 접지시간이 길기 때문에 보다 긴 힘을 발휘시켜 최적의 첫 가속을 만들어내도록 노력한다.

(2) 자세

편 다리에서 윗몸·머리까지가 일직선을 그리고, 그 자세가 지면에 대해 확실히 앞으로 기울어져 있으면 훌륭한 스타트자세가 된다(이상적인 전방경사각도는 42~45도. 그림 9-2 참조).

(3) 팔동작

팔흔들기는 폭발적으로 하고, 신체의 추진파워를 보조적으로 조장시킨다. 뒤쪽 손을 흔들 때는 볼기 뒤까지 가져온다. 이때 팔꿈치의 각도는 90도보다 커지지만, 억지로 갖다 붙이지 않도록 주의한다(그림 9-2 참조).

2) 가속

(1) 다리동작

스타트부터 최초의 2보까지는 발은 신체의 무게중심 아래쪽을 착지하고, 그 후에는 발이 무게중심의 앞에 착지한다. 최초의 3~6 걸음째 정도까지는 특히 파워풀하고 힘찬 다리의 트리플 익스텐션(triple extension; 엉덩관절, 무릎관절, 발목관절의 삼중펴기)을 강조한다.

(2) 자세

점점 스트라이드의 빈도(피치)와 길이를 증가시켜 윗몸의 전방경사각도를 서서히 작게 한다.

(3) 팔동작

팔을 힘차게 흔듦과 동시에 큰 드라이브를 강조한다(그림 9-2 참조).

그림 9-2. 스타트 및 가속동작

3) 최대속력

(1) 다리동작

착지할 때 발은 신체의 무게중심 아래쪽을 착지하여 될 수 있는 한 감속파워를 억제한다(그림 9-3 참조). 발이 공중에 있을 때에는 차올린 다리의 발꿈치가 볼기에 닿을 정도까지 무릎을 구부리고 발목을 끌어올린다. 그 후 진자처럼 다리를 흔들며 최대속력으로 전방으로 밀어내서 추진파워를 보조하는 역할을 하게 한다. 밀어낸 다리힘을 이용하여 종아리가 스무스하게 흔들어지도록 하고, 무게중심의 바로 아래쪽이 고정되도록 착지한다.

(2) 자세

가능한 한 이상적인 추진파워를 만들어내기 위해서는 체중의 밸런스를 유지하면서 엄지발가락두덩부위로 착지한다. 차내는 부분에서는 다리의 트리플 익스텐션을 의식한다. 차내는 각도는 앞으로 기울어지게 된다(이상적인 차내기각도는 50~55도). 윗몸은 직립자세를 유지한다.

그림 9-3. 착지동작

(3) 팔동작

팔흔들기는 전방은 어깨높이까지, 후방은 망치를 내려치듯 힘차게 볼기 후방까지 가져간다.

스피드향상에 꼭 필요한 요소는 ① 스트라이드빈도(피치)와 스트라이드길이의 향상, ② 발의 착지에 의한 추진스피드를 최대속도로 높이기, ③ 착지 시의 감속파워를 최소한으로 억제하기(그림 9-3 참조), ④ 차낼 때 수직파워를 최소한으로 억제하기, ⑤ 접지시간을 단축하여 폭발적 파워를 만들어 스트라이드빈도를 증가시키기, ⑥ 무릎굽힘근력의 신장성 수축력을 향상시켜 무게중심 밑에 확실히 착지할 수 있도록 하기 등이다.

6 민첩성을 향상시키는 요인

민첩성(agility)은 특정자극에 대한 응답 중에서 가속과 감속, 방향전환을 동반하는 급격한 신체동작으로 정의된다. 일반적으로 민첩성은 수평방향(앞쪽이동, 뒤쪽이동, 옆쪽이동 등)과 수직방향(뛰기, 내려가기, 웅크리기 등)의 동작, 감속부터 재스타트 등의 동작, 민첩성처럼 미리 정해진 동작을 시간 내에 겨뤄가는 클로즈드스킬 어질리티(closed skill agility), 구기경기나 대인스포츠에 많은 미리 동작이 구성되어 있지 않은 오픈스킬 어질러티(open skill agility; reaction) 등이 있다. 이러한 동작을 경기특성과 필요조건에 따라 향상시켜가는 것이 민첩성 트레이닝의 최종목표이다.

1) 감속

(1) 다리동작

다리근력의 신장성수축력을 충분히 살려 감속파워를 이용하여 감속동작을 실시한다. 효율적인 감속동작을 하려면 적절한 스텝워크와 무게중심에서부터 약간 앞까지 이어지는 연속된 착지를 하려면 네거티브 신 앵글(negative shin angle ; 발과 정강이의 각도가 90도 이상이 되는 경우)을 만들고, 다리의 트리플 플렉션(triple flexion; 엉덩관절, 무릎관절, 발목관절의 삼중굽히기)에 유의해야 한다. 또, 착지 시 마이너스지면반력각도를 예각으로 하여야 감속파워가 증가된다(그림 9-4 참조).

스텝은 될 수 있는 한 크고 횟수가 적은 동작으로 하고, 감속거리를 단축시켜 로스타임을 적게 한다.

그림 9-4. 네거티브 신 앵글

(2) 자세

감속 후의 재스타트동작에서는 신체의 폭발적인 파워발휘를 통한 플러스지면반력이 필요해지기 때문에 신장성수축력의 활용과 충격흡수를 하면서 트리플 플렉션을 이용하여 그림 9-5와 같은 파워포지션에서 균형 있게 감속해가야 한다.

2) 재스타트

(1) 자세

세로방향·가로방향 모두 스타트동작에서는 최대수평파워를 획득할 수 있는 발진각도를 만들어내는 것이 중요하다(그림 9-2 참조). 또한 스타트와 동시에 머리를 진행방향으로 이동시켜 스타트 시의 동작을 보다 스무스하게 한다.

(2) 다리동작

관성을 극복한 좋은 스타트를 위해서는 포지티브 신 앵글(positive shin angle ; 발과 정강이의 각도가 90도 이내인 경우)을 만들어내야 한다(그림 9-5). 또, 스타트동작에서는

그림 9-5. 포지티브 신 앵글

목표방향으로의 폭발적인 추진파워가 필요하기 때문에 엉덩관절·무릎관절·발목관절의
트리플 익스텐션을 통해 지면을 확실히 밀어 지면반력을 최대한 이용해야 한다.

(3) 팔동작

세로방향, 가로방향 모두 팔은 폭발적으로 흔들어 추진력의 일부로 작용시킨다.

스타트 후의 가속에 대해서는 직선적인 스피드에서의 가속과는 달리 언제든지 재빨리
감속할 수 있도록 가속스피드를 원활히 컨트롤해야 한다.

3) 방향전환

방향전환동작에서 중요한 것은 '무엇보다도 먼저 시선은 새로운 방향을 향한다'. '시점
이 정해지면 바로 머리를 목표방향으로 이동시킨다'는 것이다.

목표방향으로 시점이 정해지지 않으면 방향전환 시 동작이 너무 크게 되어 이상적인 라인에서 벗어나 로스시간이 많아지고 효율성이 저하된다. 또, 바로 머리를 목표방향으로 이동시키면 신체중심의 위치를 컨트롤하기 쉬워져 낭비 없는 효율적인 방향전환이 가능해진다.

스포츠경기에서 많이 이용되고 있는 수평방향의 방향전환은 주로 가로방향인데, 여기에는 다음과 같은 종류가 있다.

(1) 오픈스텝 동작

진행방향에 있는 발을 이동방향으로 내밀어 가속한다. 발을 내밀 때 머리도 진행방향으로 이동시켜 무게중심이 진행방향을 향하도록 한다(그림 9-6 참조).

(2) 크로스오버스텝 동작

진행방향의 발을 축으로 하여 골반을 진행방향으로 회전시키고, 반대쪽에 있는 발을 크로스시켜 가속한다(그림 9-7 참조).

그림 9-6. 오픈스텝

그림 9-7. 크로스오버스텝

7 반작용을 강화시키는 요인

많은 스포츠에서 가속·감속·방향전환 등의 동작은 특정자극(상대나 공의 움직임 등)에 대해 재빨리 반응해가면서 실행해가는 경우가 많다. 이것을 오픈스킬 어질리티(open skill agility)라고 한다.

민첩성(agility)은 가속 · 감속 · 방향전환 등을 바람직하게 실행할 수 있는 동작기술에 더하여 반응능력(상대나 공의 움직임 등 특정자극에 의한 외적 정보를 될 수 있는 한 빨리 인지하고, 거기에 대해 적절한 동작의 판단을 내리고, 내적인 정보를 인식하여 중심을 컨트롤하고, 실제동작을 확정하는 일련의 프로세스를 가능한 한 단기간에 실행할 수 있는 능력)에도 숙달되어야 한다.

그러므로 많은 민첩성 트레이닝에서는 기초적인 근력형성과 필요한 동작기술을 획득한 후에 실제스포츠를 할 때에 일어날 수 있는 시각적 · 청각적 · 촉각적 자극을 도입한 형태의 리액션 드릴(reaction drill)의 전개가 필요하다.

그러나 이러한 리액션 드릴은 기초적인 요소 하나하나가 확립된 후에 프로그램의 최종적인 단계에서 가해져야할 요소라는 점에도 충분히 주의를 기울이지 않으면 안 된다.

8 스피드 · 민첩성향상 트레이닝 프로그램

스피드 · 민첩성향상 트레이닝 프로그램의 작성 시에 중요한 것은 실제스포츠를 할 때 이용되는 복잡한 동작을 가능한 한 단순한 동작으로 분해하고, 분해된 하나하나의 요소를 단계적 · 점진적으로 끌어올려 최종적으로 그것들을 통합하고, 스포츠의 여러 가지 장면에서 활용할 수 있도록 해가는 것이다. 그러기 위해서는 관련스포츠에서 어떠한 신체동작의 향상이 필요할지(예를 들면 수평방향점프 동작의 향상, 급격한 방향전환 동작의 향상 등)에 대한 필요성 분석을 확실히 하여 목표가 명확한 계획적인 프로그램을 작성하여야 한다.

필요성 분석을 충분하게 하지 않고, 무계획적인 형태로 수많은 드릴만을 늘어놓고 하는 스피드 · 민첩성향상 트레이닝 프로그램을 실시하면 결과적으로 잘못된 동작패턴을 습득하게 될 뿐만 아니라 오버트레이닝과 부상을 불러일으킬 위험성도 뒤따른다.

다시 말하면 충분한 기초근력과 기본적인 동작기술의 구축도 없이 복잡한 스피드 · 민첩성향상 트레이닝을 실시하면 올바른 동작메커니즘은 길러지지 않는다. 예를 들어 트레이닝 자체는 이루어질 수 있다고 하더라도 그것이 상해예방이나 운동수행능력 향상에 기여하는 능력으로는 이어지지 않는다.

스피드 · 민첩성향상 트레이닝의 변수

효과적인 스피드 · 민첩성향상 트레이닝 프로그램을 작성하고, 그것을 실행하기 위해서는 위에서 설명한 필요성 분석을 충분히 하고, 동시에 레지스턴스 트레이닝 프로그램작성과 마찬가지로 엑서사이즈의 선택과 강도 · 양 · 휴식시간 · 빈도와 같은 프로그램변수에 세심한 주의를 기울여야 한다. 이러한 프로그램변수는 스포츠의 특성, 기술연습을 포함한 전체의 연습량과 연습시간, 선수의 피로도, 숙달정도, 이해도 등을 충분히 고려하여 항상 변화하는 연습현장의 상황에 맞는 형태로 유연하게 대응해갈 필요가 있다.

다음은 스피드 · 민첩성향상 트레이닝 프로그램의 변수에 관련된 가이드라인이다.

1) 엑서사이즈의 선택

스피드 · 민첩성향상 트레이닝에서는 최종적으로 복잡한 스포츠기술의 향상으로 이어지도록 하나하나의 동작을 단순한 것에서부터 복잡하고 복합적인 것까지 점진시켜 계속적으로 필요한 모든 신체동작을 향상시켜야 한다. 이것을 위하여 트레이닝 초기단계에서는 특히 올바른 기술과 안전하에서 효율적인 동작을 획득할 수 있도록 제대로 된 동작을 반복해서 실행할 수 있는 심플한 종목을 선택해야 한다. 나아가 그것들을 적절한 형태로 반복연습해가는 것도 중요하다.

2) 강도

엑서사이즈의 선택과 마찬가지로 프로그램 초기단계에서는 하나하나의 동작을 정확하게, 그리고 신체부담이 적은 상태 즉, 동작 중의 바디밸런스 등을 충분히 컨트롤할 수 있는 상태에서 실행할 수 있는 스피드와 강도에서 프로그램을 진행해가는 것이 중요하다.

3) 양

많은 스포츠에서 보이는 날렵한 동작은 수초간 일어나는 동작이 거의 대부분이다. 이런 사실로부터 스피드 · 민첩성향상 트레이닝 프로그램은 동작 중에 걸리는 시간과 거리를 충분히 고려한 후에 구성해야 한다. 스피드 · 민첩성향상 트레이닝은 컨디셔닝트레이닝이 아니므로, 동작향상에 적합한 양을 넘어서는 프로그램을 작성하여 실천하면 잘못된 동작 패턴의 학습과 상해발생으로 이어질 수도 있다. 예를 들어 민첩성향상 트레이닝에서 드릴

설정의 거리기준은 10m에서부터 20m 이내로 한다.

4) 휴식시간

지구적 요소의 향상을 목적으로 하는 스피드 · 민첩성향상 트레이닝을 제외한 기본적인 스피드 · 민첩성향상 트레이닝 프로그램에서는 하나하나의 드릴을 정확한 동작과 적절한 스피드에서 실행할 수 있도록 하는 것이 중요하다. 이러한 이유로 하나하나의 드릴에서 세트 간의 휴식은 충분히 취할 필요가 있다. 예를 들면 민첩성향상 트레이닝은 1~4분이 적당하다.

5) 빈도

고강도 트레이닝이나 파워향상 트레이닝과 마찬가지로 충분한 피로회복과 상해예방, 다른 트레이닝요소에 대한 고려(기술연습의 시간과 웨이트 트레이닝 시간 등)라는 관점에서 연속하지 않는 형태로 주 2일 정도의 실시가 일반적이다. 그러나 신체의 신경계통에 대한 계속적인 적응을 고려하여 스피드 · 민첩성향상 트레이닝은 가능한 한 장기간 안정된 형태로 계획 · 실시하는 것이 바람직하다.

---

10 정리

많은 스포츠에서 나타나는 날렵한 움직임은 대부분 수초간 일어나는 동작이 대부분이다. 이것은 머리로 생각하고, 그것을 신체로 전달하여 동작이 일어나는 종류의 것이 아니다. 본능적으로 직감적으로 일어나는 동작이다. 이러한 동작을 신체가 기억하도록 만들어 스포츠현장에서 살려나가기 위해서는 트레이닝을 다음과 같은 순서로 전개해야 한다.
▶ 최대근력 및 파워의 향상
▶ 동작기술의 습득
▶ 클로즈드스킬 어질리티의 습득
▶ 오픈스킬 어질러티의 습득
▶ 실제스포츠에서 필요로 하는 동작패턴과 유사한 형태의 동작기술 습득
그리고 최종적으로 시합 중에 쌓이는 피로를 극복하면서 획득한 동작기술을 반복하여 실행해갈 수 있도록 지구적인 요소를 가미해가는 것이 이상적이다.

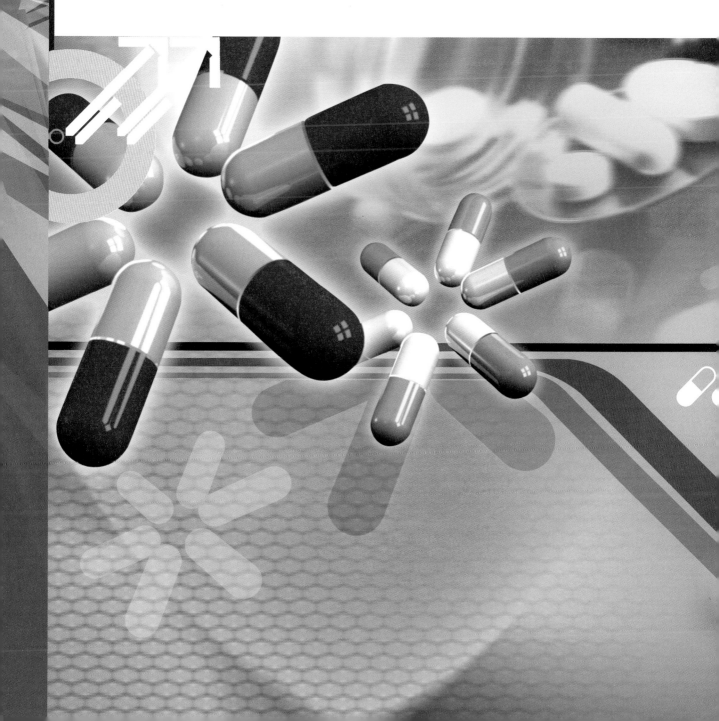

10
유연성과 스트레칭

1 유연성

1) 유연성이란

유연성(flexibility)이란 스포츠현장에서 자주 화제가 되는 체력요소이다. 유연성이라는 말의 의미는 정해진 것이 아니라 애매하고 추상적이다. 근육의 질, 관절의 상태, 늘어나는 정도 등을 뜻할 뿐만 아니라 다양한 대상과 움직임을 나타낼 때에도 사용된다. 주관적인 관점에서 '유연성이 있다, 없다'라고도 하며, 스케일 등을 이용하여 객관적으로 유연성을 보는 경우도 있다.

유연성의 정의는 다음과 같다.
▶ 하나 혹은 여러 개의 관절에서 운동가능한 생리적 최대가동범위
▶ 관절에서 달성할 수 있는 최대가동범위
▶ 운동에 관여하는 모든 근육이 유연하며, 각 관절이 갖는 생리적 최대가동범위의 획득
▶하나의 관절, 혹은 일련의 관절의 가동범위

일반적으로 유연성은 '관절의 가동범위'로 평가하는 경우가 많다.

2) 관절가동범위의 제한인자

정상적인 관절에서 혹은 생리학적 가동범위 내에서 원활하게 운동을 하려면 다음의 3가지가 필요하다.
▶ 관절의 구조적 요인
▶ 주동근의 수축력
▶ 길항근을 펴는 능력

관절가동범위는 뼈·관절주머니·인대 등의 구조적 요소와 근육·힘줄 등의 기능적 요소에 의해 결정된다.

한편 관절주위의 지방조직과 피부 등의 상태도 관절가동범위에 영향을 준다. 비만한 사람의 과잉피하지방과 보디빌더의 과도한 근비대는 동작에 장애가 되는 경우도 있을 것이다. 또, 온도나 습도 등도 관절가동범위에 영향을 주는 요소이다.

2 스트레칭

1) 스트레칭이란

스트레칭(stretching)은 유연체조의 한 종류이며, 직역하면 '펴기(운동)'이다. 일반적으로 '유연체조'라고 하면 '하나, 둘, 셋'이라고 구령을 부쳐 반동을 이용하는 것과 보조자가 힘차게 밀고 당겨주는 것이 많다. 그러나 이 방법으로는 유연성이 크게 향상되지 않을 뿐만 아니라, 무리를 하게 됨으로써 근육과 관절구성체(인대 등)에 상해를 입히는 경우도 있다.

이러한 것을 시정하기 위하여 반동을 이용하든지, 아픔을 참아가면서 하는 것이 아니라 "근육을 천천히 늘여가서 그 상태를 유지한다."라는 근육펴기를 목적으로 하는 새로운 형태의 유연운동인 'static stretching'이 실시되고 있다. 이것은 반동을 붙여 행하는 'ballistic (혹은 dynamic) stretching'과는 구별된다.

여러 연구에 의하면 스트레칭은 유연성향상뿐만 아니라 근육과 관절의 여러 장애를 예방하고, 동시에 근육과 정신이 받는 스트레스를 없앨 수 있다. 즉 스트레칭의 제1목적은 여러 근육과 관절의 상해예방이고, 유연성향상은 제2의 목적이라고 할 수 있다.

한편 1975년에 미국의 밥 앤드슨(Bob Anderson)이 『STRETCHING』이라는 반동을 붙이지 않고 행하는 유연체조해설서를 출판했다. 그때 미국에서는 일반인들에게 조깅과 함께 이 '새로운 형태의 유연체조'가 매우 주목을 받음으로써 이 책은 4년 동안 3,500,000부나 판매되었다.

'반동을 붙이지 않는 유연체조'는 그것보다 10년 이전부터 주목받고 있었다. 1960년 오코넬(Oconnel, E. G.), 1961년 로전(Lojon, G. A.), 1962년 드브리에(de Vries H. A.) 등이 "종래의 반동을 붙인 유연체조보다도 반동을 붙이지 않는 유연체조가 유연성을 더 높인다.", "간단히 유연성을 향상시킬 뿐만 아니라, 근육통예방과 치료에도 효과적이다." 라고 논하였다.

그러나 1960년대에는 '유연성'에 대해서는 일반인들은 물론, 올림픽선수 등 최고수준의 선수들과 그 코치들도 그다지 관심을 보이지 않았다. 1970년대가 되면서 이기기 위해서는 고도의 질적·양적 트레이닝을 필요로 하므로 근육과 관절은 과사용(over use)상태가 되고, 근육이 급속히 수축되어 끊어지거나 근육·힘줄과 인대의 상해라고 하는 여러 가지 스포츠상해가 생겨났다. 또, 기초체력이 부족한 일반 애호가들의 스포츠참여 증가에 의해 상해가 많이 발생하게 되었다. 이러한 근육과 관절상해 방지 및 치료를 위하여 지금까지 간과되어온 스트레칭이 새롭게 주목받게 된 것이다.

스태틱 스트레칭은 정적 스트레칭이라고도 한다. 그 방법은 신장(늘어남)반사가 유발되지 않도록 천천히 목적으로 하는 근육을 일정시간 의식적으로 늘리는 것이다. 신장반사는 골격근을 보호하기 위해 근수축이 자동적으로 일어나는 일종의 '반사운동'이다. 골격근이 급속히 늘어나면 근육 속의 근방추가 그 자극을 감지하여 감각신경을 거쳐 척수의 세포체에 전달하게 된다. 이때 척수에서 운동신경을 거쳐 근육을 수축시키는 명령이 원래 골격근으로 되돌아가 골격근이 수축하게 되는데, 이것이 신장반사이다.

근육 전체가 천천히 충분히 스트레치되면 힘줄도 따라서 늘어나고, 힘줄 속의 감각기관인 골지힘줄기관(Golgi tendon organ)도 늘어나게 된다. 그 정보는 골지힘줄기관에서 척수로 전달되며, 척수부터는 근육을 이완시키는 명령이 내려져 목적이 되는 근육이 보다 쉽게 늘어난다. 이때 스트레치 효과는 배로 늘어난다. 따라서 스태틱 스트레칭을 할 때에는 근육뿐만 아니라 힘줄도 늘어난다는 이미지로 실시해야 한다.

예전부터 행해지고 있던 반동을 이용한 준비체조는 신장반사를 유발하기 쉬워 근육상해를 일으키기 쉽다. 스태틱 스트레칭은 안전하고 효과적으로 근육을 늘어나게 할 수 있기 때문에 스포츠현장에서 워밍업과 쿨링다운으로도 행해지고 있다.

그러나 최근 경기 전에 스태틱 스트레칭을 실시하면 운동수행능력이 저하될 수 있다는 연구결과가 보고되어 그 효과가 재고되기 시작하고 있다. 확실히 육상경기의 스프린터들은 질주 직전에 스태틱 스트레칭을 실시하는 경우는 드물다. 특히 최고수준의 선수에게 그런 경향이 강하다.

운동생리학적으로는 스태틱 스트레칭을 실시하면 가동범위는 넓어지지만 근육을 이완시키기 때문에 최대근력과 파워발휘에는 반대효과가 일어난다는 것이 주된 이유이다. 운동단위를 보다 많이 동원할 필요가 있는 경기에서는 보다 동적인 스포츠동작에 직결되는 다이내믹 스트레칭쪽이 효과적이다.

한편 스태틱 스트레칭의 근육을 이완시키고 구축상태를 개선시키는 효과가 있으므로 쿨링다운 시나 근피로 시에 실시하면 효과적이다. 목적과 상황에 따른 각종 스트레칭의 선택과 응용이 중요하다.

2) 스태틱 스트레칭

스태틱 스트레칭(static streching)은 다음과 같은 방법으로 실시한다.
▶ 목적으로 하는 근육을 천천히 통증이 없는 가동범위까지 펴준다.
▶ 펼 때에는 반동을 주지 않는다.
▶ 실시 중에는 호흡을 멈추지 않는다.
▶ 시작자세부터 숨을 내쉬면서 펴고, 가동범위까지 도달하면 그 자세를 유지하면서 자연스럽게 호흡을 한다.

▶ 근육이 펴지는 느낌은 대뇌에서 의식하고, 해부학적인 근육의 이는곳과 닿는곳을 상상할 수 있으면 효과적이다.

생리학적으로는 근육을 천천히 펴주면(신장자극) 근육 속의 감각기관(고유수용기)인 근방추를 자극하지 않아 신장반사가 발생하지 않기 때문에 근육이 펴지는 느낌이 지각신경을 거쳐 척수에서 대뇌로 전달되고, 근육을 이완시키는 명령이 피드백되어 스트레치효과가 배가된다. 이에 따라 부교감신경 우위상태가 되어 심신의 릴랙스효과를 만들어낸다. 트레이닝지도자가 보다 상세한 해부학적인 지식을 가지고 실천·지도하면 목적으로 하는 근육군에 필요한 펴는 자극을 줄 수 있을 것이다.

펴는 시간은 10~30초가 효과적이다. 피로도가 높거나 근육상해 등의 과거병력이 있으면 보다 긴 시간(60초 이상) 펴주는 것이 좋다. 체온이 높을수록 많이 펴지기 때문에 실시 전에 체온을 상승시켜 둔다. 특히 겨울철에는 체온을 유지할 수 있는 실내환경을 마련한다. 또, 몸과 마음을 모두 릴랙스할 수 있는 장소를 설정해두는 것도 중요하다. 소음이 없고 안전한 장소를 확보해두는 것도 지도자의 역할이다.

경기 전의 워밍업에서는 다이내믹한 워밍업을 하기 전 준비요소로서 스태틱 스트레칭을 마련하면 좋을 것이다. 다만 기계체조, 신체조, 피겨스케이트, 격투기 등에서는 관절가동범위가 운동수행능력을 좌우하는 중요한 요소이므로 꼼꼼히 스트레칭을 실시할 필요가 있다. 트레이닝지도자는 경기특성을 고려하여 스트레칭을 포함한 워밍업 프로그램을 세우는 것이 중요하다.

[스태틱 스트레칭의 포인트]
▶ 신장반사가 일어나지 않는 범위에서 천천히 통증이 없는 범위까지 스트레치한다.
▶ 머리로 근육이 펴지는 느낌을 의식한다.
▶ 숨을 내쉬면서 펴고, 가동범위까지 펴지면 그 상태를 유지하면서 자연스럽게 호흡한다.
▶ 10~30초 정도 편다.
▶ 필요에 따라 시간을 연장하고, 세트수를 늘린다.
▶ 실시 전의 준비상황을 고려한다(체온을 올린다, 환경을 정비한다).
▶ 경기특성에 맞춰 실시한다.

3) 동적 스트레칭

동적 스트레칭에는 벌리스틱 스트레칭(ballistic stretching)과 다이내믹 스트레칭(dynamic stretching)이 있다. 이러한 스트레칭은 스포츠현장에서 명확한 정의가 내려

그림 10-1. 스포츠상해 및 스포츠종목별 스트레칭

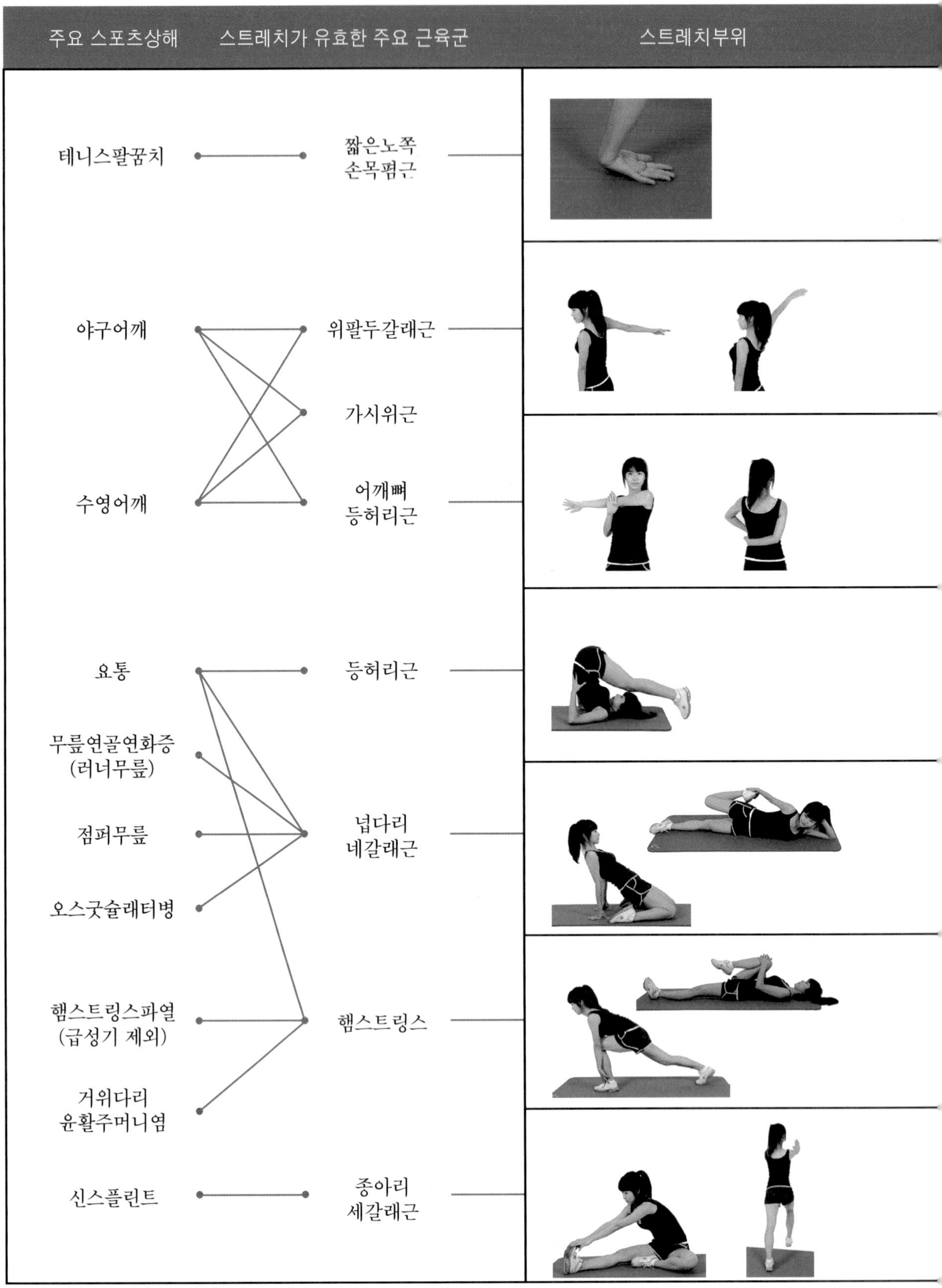

주요 스포츠상해	스트레치가 유효한 주요 근육군	스트레치부위
테니스팔꿈치	짧은노쪽 손목폄근	
야구어깨	위팔두갈래근	
수영어깨	가시위근	
	어깨뼈 등허리근	
요통	등허리근	
무릎연골연화증 (러너무릎)	넙다리 네갈래근	
점퍼무릎		
오스굿슐래터병		
햄스트링스파열 (급성기 제외)	햄스트링스	
거위다리 윤활주머니염		
신스플린트	종아리 세갈래근	

스트레치부위	주요 근육군	스포츠종목
아래팔	넓은 등근육군	테니스
위팔	위팔 근육군	야구
어깨	어깨주변, 어깨뼈주변 근육군	수영
허리	등허리 근육군	배구
넙다리 앞면	넙다리앞면 근육군	농구
넙다리 뒷면	넙다리뒷면 근육군	축구
장딴지	종아리뒷면 근육군	육상경기 (달리기)

져 있지 않지만 신장반사의 유발유무에 따라 구별할 수 있다.

(1) 벌리스틱 스트레칭

벌리스틱 스트레칭(ballistic stretching)은 생리학적으로는 스태틱 스트레칭과 반대되는 개념의 스트레칭이다. 반동을 이용하여 근육을 펴주는 스트레칭이며, 예전부터 행해져오던 2인 1조의 유연체조가 대표적인 엑서사이즈이다. 신장반사를 유발시켜 강제적으로 근육을 늘어나게 하기 때문에 상해를 일으키기 쉽다.

(2) 다이내믹 스트레칭

다이내믹 스트레칭(dynamic stretching)은 보다 특이적인 스포츠동작을 모방하여 실시하고, 길항근군을 대상으로 동적으로 실시한다. 예를 들면 레그 스윙의 엑서사이즈에서 엉덩관절을 폈다 굽히는 경우, 펼 때에는 주동근인 엉덩관절의 굽힘근(엉덩허리근, 넙다리곧은근 등)을 의식적으로 수축시킨다. 이때 길항근인 엉덩관절의 폄근(볼기근, 햄스트링스)은 이완된다. 즉 주동근을 수축시킴으로써 길항근의 이완을 촉진하는 스트레칭이다.

생리학적으로는 '상반성 억제(reciprocity restrain)'라고 불리는 작용에 의한 것이다. 상위중추로부터의 지령에 의한 수의적 엑서사이즈이기 때문에 위험한 신장반사는 일어나지 않는다. 스포츠에 특이적인 동작의 워밍업으로서 적정한 엑서사이즈이다. 축구의 브라질체조나 야구의 섀도피치(shadow pitching) 등이 여기에 해당된다.

[다이내믹 스트레칭의 포인트]

▶ 경기동작을 분석하고, 목적으로 하는 관절과 해부학적 움직임을 설정한다.
▶ 길항근이 상반성 억제를 일으킬 수 있도록 주동근을 의식적으로 수축시킨다.
▶ 경기나 스포츠에서 특이한 동작의 준비가 되는 이미지로 실시한다.

4) 맨손저항 스트레칭

맨손저항 스트레칭은 스포츠현장에서 관절가동범위 향상에 주로 이용된다. 즉 파트너 스트레칭으로 근육에 최대수축을 일으킴으로써 근육의 최대이완을 불러일으키고, 그에 의해 관절가동범위의 향상을 도모한다.

이 스트레칭은 올바르게 실시되면 효과를 기대할 수 있으나, 선수 수는 많으나 트레이너가 한정되어 있으면 효과를 기대하기 어렵다. 또한 맨손저항 스트레칭을 실시하는 트레이너의 기술이 스트레칭효과에 크게 영향을 미친다. 야구 등의 경우 잘못된 어깨스트레칭 때문에 상해가 발생할 수도 있으므로 충분한 주의가 필요하다.

5) 셀프 스트레칭과 파트너 스트레칭

스태틱 스트레칭은 기본적으로는 셀프 스트레칭(self stretching)이지만, 늘리려는 부위나 개인별 유연도에 따라 파트너 스트레칭이 필요한 경우도 있다. 파트너 스트레칭은 스트레칭을 받는 사람이 좀 더 릴랙스하여 근육이 펴지는 느낌을 의식할 수 있기 때문에 가동범위 향상에는 효과적이다. 그러나 무리한 펴기에 의해 근육과 관절을 손상시킬 수도 있으므로 파트너의 숙련도나 서로의 커뮤니케이션이 중요하다.

6) 단계적인 스트레칭

스트레칭은 단계적으로 실시해가야 안전하면서 효과적이다. 이것은 어떤 스트레칭에서든 공통되는 사항이다. 통상적으로는 3단계로 나눠서 실시하는 것이 좋다. 편안한 기분으로 시작하여 서서히 펴지는 정도를 높여가거나 펴지는 근육을 많게 한다.

7) 스트레칭과 스포츠상해

피로·상해·장기간 운동부족 등에 의해 근육은 단축(경축)되고, 유연성이 저하된다. 근육의 유연성이 저하되면 혈류저하와 신전성저하가 초래되는데, 이때 가동범위제한뿐만 아니라 스포츠상해의 발생요인도 된다. '노화는 경화'라는 말이 있듯이 나이도 근육의 유연성저하에 영향을 준다.

경기경력이 오래된 베테랑선수들은 근육의 유연성유지가 중요한 컨디션요소이다. 특히 유의해야할 부위와 상해는 다음과 같다.

▶ 넙다리네갈래근(무릎관절 폄)의 유연성저하→점퍼무릎, 오스굿슐래터병 등

▶ 햄스트링스의 유연성저하→근파열의 발생과 관련

▶ 등허리근의 유연성저하→허리뼈앞굽이에서 요통

▶ 종아리세갈래근(가자미근, 장딴지근)의 유연성저하→아킬레스힘줄염, 아킬레스힘줄파열

11

워밍업과 쿨링다운

워밍업과 쿨링다운은 경기스포츠의 수행능력에 큰 영향을 미친다. 이것을 올바른 방법으로 실시하더라도 패턴화하여 매너리즘상태에서 실시하면 운동수행능력에 마이너스로 작용할 수도 있다. 트레이닝지도자는 경기특성과 개인차를 고려하여 최적의 워밍업과 쿨링다운을 계획·실시하여야 한다.

1) 워밍업의 효과

워밍업(warming-up)이 운동수행능력에 미치는 효과는 다음과 같다.

(1) 호흡순환계통 및 대사기능

워밍업에 의해 체온상승, 심박수증가, 산소운반능력의 활성화, 사용하는 근육의 혈류량과 산소섭취량의 증가, 젖산제거대사의 촉진, 전신적 혈액순환의 촉진 등이 이루어진다. 그것에 의해 뇌로 가는 산소공급이 증가됨으로써 집중력과 대뇌의 흥분도가 높아지며, 주운동능력과 경기수행능력을 발휘할 수 있는 준비자세를 갖추게 된다.

(2) 근력 및 파워

워밍업에 의해 근육온도가 상승하면 근육과 힘줄의 저항력이 저하되어 근력발휘가 스무스하게 된다. 또, 운동단위의 동원이 촉진되어 RFD(힘을 내는 속도), 근력치, 근수축속도, 파워출력, 신장-단축사이클(SSC : stretch-shorting cycle) 등의 기능이 촉진되어 근육의 에너지효율을 향상시킬 수 있다.

(3) 신경근 및 반응시간

워밍업은 주운동의 리허설이다. 그것에 의해 신경전달시간과 반사시간의 단축이 촉진된다. 수영과 육상경기와 같은 기록계 경기나 구기에서 상대선수나 공에 대한 리액션동작이 준비된다.

(4) 유연성

체온이 상승되면 근육과 힘줄의 저항력이 저하되어 각 부위의 탄성을 향상시키고, 관절가동범위를 확대시킨다. 정적 유연성의 향상과 함께 주동근과 길항근의 리드미컬한 연동을 꾀할 수 있으며, 동적 유연성도 향상된다.

(5) 기술 및 전술적 리허설

워밍업(전문적 워밍업) 중에 특이적인 동작과 포지션별·개인별로 관련된 동작을 수행하면 신체적 컨디션을 확인하고, 기술·전술을 리허설할 수 있다. 근육·힘줄뿐만 아니라 중추신경계통에서도 작용하며, 동작과 감각을 확인하고 준비할 수 있다. 공의 릴리스 감각, 스피드감, 근력발휘의 반응, 동작의 정확성, 타이밍 등이 리허설을 겸한 워밍업에서 의식할 수 있는 요점이다.

(6) 상해예방 및 컨디셔닝

워밍업 부족(시간, 양, 질)에 의해 근육온도·근육과 힘줄의 점성·탄성도·유연성·신경근의 협응성 등이 준비되지 않으면 근육·힘줄의 파열과 근육파열, 관절염좌 등과 같은 스포츠상해가 발생할 우려가 있다. 동작 시 올바른 얼라인먼트(발끝과 무릎이 같은 방향인지 등)의 확인도 중요하다. 무릎관절과 발목관절의 인대손상은 니인 토아웃(knee-in, toe-out ; 무릎은 안쪽, 발끝은 바깥쪽)과 같은 위험한 동작을 할 때 발생한다.

또한 워밍업 시에는 '신체가 가볍다, 무겁다', '근육과 힘줄의 위화감' 등의 감각을 의식하여 컨디션을 셀프체크하는 습관을 붙여야 한다. 워밍업 상태에서 판단하여 사전준비를 부가하거나, 변경(마사지, 온열, 엑서사이즈의 종류와 시간)하기도 한다. 트레이닝지도자는 선수들이 시합에서 최고의 운동수행능력을 발휘할 수 있도록 노력해야 한다.

(7) 심리적 준비 및 사이킹업(팀 전체의 의식 고무)

워밍업은 경기참가 전에 하는 일련의 의식과 같은 것으로, 신체뿐만 아니라 심리·정신적으로도 중요하다. 워밍업을 실시함으로써 긴장감이 서서히 높아져 경기에 집중하게 된다. 최근에는 '존에 들어간다'(궁극의 집중상태)라는 표현이 자주 사용되는데, 적정한 워밍업은 이러한 사이킹업(psyching-up)에 도달하는 과정의 하나이다.

팀스포츠는 경기를 할 때 팀의 일체감을 요구한다. 팀원 모두가 동시에 같은 프로그램으로 워밍업을 하고, 집중과 사기를 서로 고무시킴으로써 팀에 일체감을 줄 수 있다. 한편 사격, 양궁, 골프 등의 경기에서 과도한 긴장은 경기성적에 마이너스 영향을 미친다. 따라서 과도한 긴장을 없애기 위한 워밍업 프로그램이 필요하다.

2) 워밍업의 분류

(1) 일반적 워밍업

일반적 워밍업이란 경기나 스포츠종목별로 특정되지 않는 것으로, 공통으로 실시하는 것이다. 일반적 워밍업의 목적은 근육온도를 높이고 기본동작을 실시하여 각 부위의 움직임을 원활하게 하는 데 있다. 걷기, 조깅, 스킵 등의 기본드릴, 줄넘기, 스트레칭, 각종 체조 등이 여기에 포함된다.

(2) 전문적 워밍업

전문적 워밍업은 경기나 스포츠종목별로 특수하게 요구하는 체력요소, 특이적 동작, 콤비네이션, 전문기술·전술을 고려한 동작, 예방해야할 상해 등을 고려한 워밍업을 말한다.

구기경기의 경우에는 풋워크, 포지션별 동작, 개별성 등을 고려하여 실시한다. 예를 들면 농구의 슛, 배구의 서브, 야구나 소프트볼의 토스배팅과 캐치볼 등은 전형적인 전문적 워밍업이다. 빙상스포츠나 수영경기는 육상에서 일반적 워밍업을 실시한 후에 각 스포츠 환경에 맞는 전문적 워밍업을 실시한다.

(3) 수동적 워밍업

수동적 워밍업이란 능동적인 일반적·전문적 워밍업과 병용하여 실시하는 것으로, 일반적·전문적 워밍업의 앞뒤 혹은 중간에 실시한다. 그 내용은 마사지, 온열요법(온찜질, 핫팩), 온수욕, 사우나 등이다. 파트너나 트레이너와 하는 스트레칭도 수동적 워밍업에 포함된다.

각각의 피로도와 피로부위, 부상경력, 연령, 체질 등을 고려하여 실시하면 좋다. 겨울철의 옥외구기경기, 수상스포츠나 스키, 스노보드 등과 같이 추운 환경에서 하는 스포츠에서는 경기를 준비하는 필수적인 수단이다.

3) 워밍업의 실제

일반적인 워밍업의 흐름을 팀스포츠는 그림 11-1에, 개인스포츠는 그림 11-2에 소개했다. 각 내용은 다음과 같다.

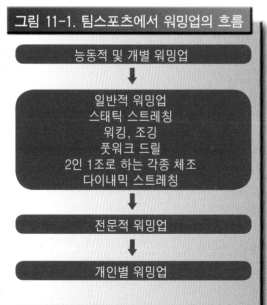

그림 11-1. 팀스포츠에서 워밍업의 흐름

능동적 및 개별 워밍업
↓
일반적 워밍업
스태틱 스트레칭
워킹, 조깅
풋워크 드릴
2인 1조로 하는 각종 체조
다이내믹 스트레칭
↓
전문적 워밍업
↓
개인별 워밍업

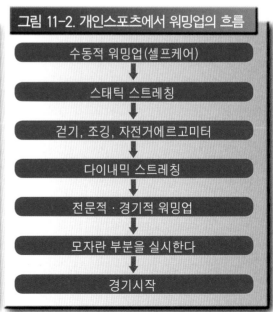

그림 11-2. 개인스포츠에서 워밍업의 흐름

수동적 워밍업(셀프케어)
↓
스태틱 스트레칭
↓
걷기, 조깅, 자전거에르고미터
↓
다이내믹 스트레칭
↓
전문적·경기적 워밍업
↓
모자란 부분을 실시한다
↓
경기시작

팀 전체의 워밍업과 본격적인 워밍업을 하기 전에 연령, 체력, 과거병력, 컨디션 등을 고려하여 개인별로 준비한다. 근육파열 등과 같은 과거병력이 있는 사람은 트레이너로부터 케어(환부마사지, 온열요법, 테이핑)를 받거나, 특정부위의 스태틱 스트레칭을 꼼꼼하게 실시한다.

추운 환경에서는 온욕(와류욕)으로 사전에 체온을 높여 둔다. 이때 교감신경계통에 미치는 자극을 중시하여 따뜻한 물에서 단시간에 끝낸다. 또, 온욕 후에는 물와 땀을 잘 닦아 신체가 다시 식지 않도록 한다.

(2) 일반적 워밍업

스태틱 스트레칭(5~10분) ▷▶ 통상적으로 가벼운 유산소운동부터 시작한다. 신체를 움직이기 전에 아킬레힘줄, 넙다리네갈래근 , 햄스트링스, 다리 등의 스태틱 스트레칭을 단시간 실시한다.

워킹, 조깅(5~15분) ▷▶ 워킹과 조깅을 5~15분 계속한다. 처음에는 담소를 해가면서 천천히 걷는 페이스로 시작하여 서서히 페이스를 올리고, 땀이 조금 날 때까지 강도를 높여간다. 기본적인 스텝을 하거나 암스윙 등의 움직임을 넣어서 전신을 자극해간다. 워밍업에 집중하도록 트레이닝지도자는 힘차게 구령을 붙인다.

풋워크 드릴(5~15분) ▷▶ 조깅 후에는 사다리나 미니허들을 이용하여 기본적 드릴과 저강도 플라이오매트릭스를 실시하고, 동적 유연성발휘나 신장-단축사이클을 준비한다. 실시할 때에는 바닥면과 선수 개인의 컨디션을 고려해야 한다. 휴대용 사다리, 미니콘, 미니허들 등을 사용하는 것이 효과적이다. 기본패턴에서 서서히 경기에 가까운 동작으로 발전시켜간다.

각종 체조, 동적 스트레칭(다이내믹 스트레칭) (5~10분) ▷▶ 전신순환이 촉진되어 체온과 근육온도가 적당한 정도로 상승한 후 신체 각 부위의 관절·근육을 동적으로 움직여간다. 대표적인 운동으로서 축구의 브라질 체조가 있다. 또, 경기의 특이성을 고려하여 다이내믹 스트레칭을 실시한다. 2인 1조로 자세를 보조하면서 실시하면 효과적이다.

전문적 워밍업(10~15분) ▷▶ 워밍업에서 가장 중요한 것이 전문적 워밍업이다. 기술연습으로 원활히 이행할 수 있도록 스포츠에서 필요로 하는 동작과 체력요소에 관련 있는 내용·방법으로 실시한다. 스포츠에 특이적인 동작, 패턴, 구성, 순서, 강도, 지속시간, 근수축, 반응 등을 고려한 내용을 계획한다. 트레이닝지도자의 계획력이 요구되는 부분이다.

경기나 연습 전의 최후마무리로서 팀스포츠의 경우에는 전체의 일체감과 사기를 높이고, 좋은 의미의 긴장감을 갖고 실전에 집중할 수 있도록 트레이닝지도자는 코칭과 지시를 하게 한다.

격렬한 스포츠 후에는 혈중젖산치가 20mmol/ℓ (안정시에는 0.5～2mmol/ℓ) 가까이 까지 상승하는 경우가 있다. 혈중젖산은 혈액순환에 의해 간으로 운반되며, 글리코겐에 재합성된다. 경기 후에 재빨리 전신의 혈액순환을 촉진하고, 적절한 수분 및 영양보급을 하고 휴식을 취하는 것은 피로회복을 위해 꼭 필요한 요소이다.

운동 후에 나타나는 생리적 변화는 ① 이산화탄소배출량 증가, ② 운동 후 주동근의 혈류체류, ③ 세포에서 칼륨누출, ④ 근글리코겐의 고갈 등이다. 또한 운동 후에 급하게 동작을 중지하면 근펌프에 의해 정맥환류량이 감소하고, 심장의 혈액박출량이 감소하여 급격한 혈압저하부터 섰을 때 눈앞이 캄캄해지는 증세, 뇌빈혈 등을 일으킬 수도 있다. 격렬한 운동 후에는 서서히 운동강도를 내려 운동 중의 대사를 단계적으로 안정시로 되돌리는 것도 필요하다.

조깅부터 걷기, 다이내믹 스트레칭부터 스태틱 스트레칭과 같이 단계적으로 실시해가는 것이 좋다. 그라운드나 잔디에서라면 맨발로 쿨링다운을 실시하면 발바닥이 자극되어 한층 효과적이다(그림 11-3).

격렬한 스포츠로 10배 이상 증가한 젖산치는 아무것도 하지 않고 있으면 반감하는 데 30분 정도가 걸리지만, 40% V̇O₂max 강도의 운동을 하면 15분 단축된다. 이렇게 가벼운 운동이라도 쿨링다운효과가 있다. 조깅과 걷기와 스트레칭을 조합시켜 실시해도 좋다. 또한 10～15분 정도의 슬로 페이스로 실시하는 수영도 전신마사지효과와 심신의 릴랙스효과를 기대할 수 있다.

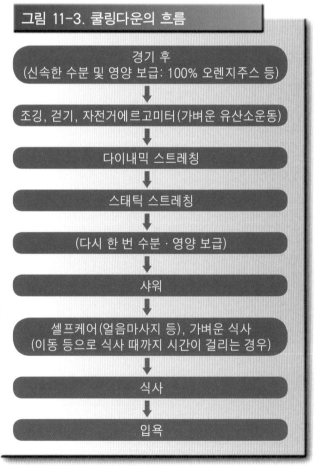

그림 11-3. 쿨링다운의 흐름

경기 후
(신속한 수분 및 영양 보급: 100% 오렌지주스 등)
↓
조깅, 걷기, 자전거에르고미터(가벼운 유산소운동)
↓
다이내믹 스트레칭
↓
스태틱 스트레칭
↓
(다시 한 번 수분·영양 보급)
↓
샤워
↓
셀프케어(얼음마사지 등), 가벼운 식사
(이동 등으로 식사 때까지 시간이 걸리는 경우)
↓
식사
↓
입욕

12
특수집단을 위한 트레이닝 프로그램

1 대사증후군에 대한 트레이닝 프로그램

지금까지 동맥경화증(vascular sclerosis)예방에는 고콜레스테롤혈증을 표적으로 하는 방법이 주가 되었다. 한편 고혈압과 고혈당이라는 다른 위험인자는 개별적으로 치료되어 왔다. 그러나 오늘날 고혈당, 고지질혈증, 고혈압 등은 그 정도가 가볍다고 하더라도 한 사람에게 몰리면 동맥경화의 위험인자가 되는 대사증후군(metabolic syndrome)을 발증시킨다고 밝혀졌다. 이에 따라 그 증상을 일으키는 기반이 되는 내장지방감소를 통한 동맥경화증의 예방법이 대두되었다.

내장지방조직에서 베타 아드레날린작용제(β-adrenergic agonist)의 지방분해능력은 피하지방조직보다 높고, 트레이닝은 내장지방을 선택적으로 감소시킨다. 대사증후군에 대한 운동요법의 요점은 중간강도 이하의 유산소운동이지만, 고령자의 경우에는 레지스턴스 트레이닝을 병용하는 데 있다.

적절한 트레이닝 프로그램의 실시는 운동근에서 잉여에너지를 다량 소비시켜 인슐린저항성(insulin resistance, 인슐린내성)을 개선시킨다. 또, 중성지방이 감소하고, HDL 콜레스테롤이 증가하며, 동시에 고혈압도 어느 정도 개선된다.

이와 같이 트레이닝에 의해 내장지방의 감소뿐만 아니라 비만에 의한 다른 위험인자도 개선되는 것으로 밝혀져 있다. 그러나 실제 트레이닝처방에서는 합병하는 위험인자에 의해 운동적응과 위험관리방법이 달라지기 때문에 주의가 필요하다.

1) 내장지방형비만에 대한 트레이닝 프로그램

(1) 트레이닝의 적응과 금기

운동요법을 적용할 수 있는 비만자는 내분비성비만(endocrine obesity), 유전성비만(heredity obesity), 시상하부성비만(hypothalamic obesity) 등의 이차성(증후성)비만을 제외한 원발성(단순성)비만이다. 트레이닝을 시작하기 전에 건강검진을 하여 트레이닝으로 상태를 악화시킬 수 있는 요인(정형외과적 질환을 포함)을 검색한다.

비만자에 대한 트레이닝 금기사항은 다음과 같다.

▶ 컨트롤되어 있지 않은 고혈압, 당뇨병, 간기능장애(dyshepatia), 콩팥장애(renal disorder) 등
▶ 명확한 증상을 갖는 심장혈관장애
▶ 급성감염증
▶ 고도비만(BMI 35 이상)

(2) 트레이닝의 실제

운동종목 ▷▶ 운동을 하면 지방조직의 중성지방이 분해되고, 유리지방산(FFA : free fatty acid)이 생성된다. 근육에서 유리지방산은 β 산화를 거쳐 아세틸CoA(acetyl-CoA hydrolase)가 되며, 삼카르복실산회로(TCA cycle : tricarboxylic acid cycle)로 대사되므로 유산소운동이 원칙이다. 운동의 대사촉진효과는 운동근에 한정되므로 온몸(팔다리)의 근육을 사용하는 운동이 바람직하다.

근력이 저하된 고령자는 제지방체중(LBM : lean body mass) 증가를 위해 레지스턴스 트레이닝을 병용한다. 구체적으로는 걷기, 조깅, 자전거에르고미터, 수영, 수중걷기 등 온몸근육을 사용하는 유산소운동의 실시이다. 최근 핀란드에서 처음으로 시작된 2개의 폴을 사용하는 노르딕워킹이 우리나라에서도 유행되고 있다. 폴을 사용하면 팔의 근육군이 동원되어 에너지소비량이 20% 증가함에도 불구하고 다리부위관절은 부하가 경감되기 때문에 대사증후군 개선을 위한 운동요법으로서 큰 기대를 모으고 있다.

운동강도 ▷▶ 강도 높은 운동은 인슐린길항호르몬(insulin antagonistic hormone)의 분비에 의해 혈당치를 상승시키고, 나아가 과격한 운동은 혈중과산화지질(TBARS : thiobarbituric acid-reactive substances)에 의해 장기장애와 연령에 따른 변성을 촉진시킨다. 중간강도 이하의 운동강도에서는 당질과 유리지방산(FFA : free fatty acid)이 모두 근에너지원으로서 이용된다. 운동강도가 증가함에 따라 당질이용률도 증가하기 때문에 혈중젖산치가 상승하고 FFA값은 저하한다. 따라서 비만증 예방·치료를 위한 운동강도는 FFA 이용률이 높은 값이 되는 중간강도 이하로 설정해야 한다(운동강도 산출방법은 옆면 참조).

고혈압증(hypertension) 등의 합병에 의해 베타 차단제(β-blocker)를 복용하고 있는 사람은 통상보다도 심박수가 저하되어 운동에 의한 심박상승이 억제되기 때문에 심박수를 이용한 운동강도 산출방법을 적용할 수 없다. 이 경우에는 주관적 운동강도(RPE : rating of perceived exertion)에서 '11(약간 편함)~13(약간 힘듦)'에 상당하는 운동강도를 기준으로 한다.

운동지속시간 ▷▶ 운동시작부터 20분 정도는 주로 당질이 에너지원으로서 이용되며, 그 후에는 주로 지질을 이용하게 된다. 비만해소를 위해서는 운동시간을 20분 보다 길게 하여야 효율적으로 지질을 연소시킬 수 있다. 그러나 매번 같은 운동만 계속하면 운동에 대한 흥미가 떨어질 뿐만 아니라 과사용상해위험도 높아지게 되기 때문에 몇 종류의 유산소운동을 교대로 실시하면 좋다.

운동빈도 ▷▶ 운동을 하면 에너지를 대량으로 소비할 뿐만 아니라, 운동 후에는 기초대사량이 상승된다. 그러나 이 운동에 의한 효과도 24~48시간 정도밖에 지속되지 않기 때문에 운동은 하루 건너 하루 하는 식으로 적어도 주 3회, 더 좋은 것은 주 4~5회 하는 것이 권장된다.

운동강도 산출방법

▶ 운동부하검사

　혈중젖산치 측정에 의한 젖산역치(LT : lactate threshold), 날숨가스분석에 의한 $\dot{V}O_2$max50~60% 강도, 무산소작업역치(AT : anaerobic threshold) 등을 기준으로 한다.

▶ 연령예측최대심박수(Karvonen법)

　최대심박수의 50% 전후(20~30대는 130박/분, 40~50대는 120박/분, 60~70대는 100~110박/분)로 한다.

　카르보넨법은 연령예측최대심박수와 안정시심박수를 이용하여 운동 시의 목표심박수를 산출하는 방법이다.

　〔카르보넨(Karvonen)법〕

　예측최대심박수＝{(220−연령)−안정시심박수}×운동강도＋안정시심박수

　예를 들면 연령은 60세이고 안정시심박수가 80박/분일 때 50%의 강도로 운동을 한다면 예측최대심박수는 {(220−60)−80}×0.5＋80＝120이 된다.

▶ 주관적 운동강도(표 12-1)

표 12-1. 주관적 운동강도의 범주와 세분화한 범주

범주	세분화한 범주	
6	0 아무것도 느끼지 않는다	강도를 느끼지 않는다
7 아주 즐겁다	0.3	
8	0.5 극단적으로 약하다	조금 느끼지 않는다
9 약간	0.7	
10	1 아주 약하다	
11 다소 즐겁다	1.5	
12	2 약하다	가볍다
13 다소 심하다	2.5	
14	3 조금 좋다	
15 심하다(고달프다)	4	
16	5 심하다(고달프다)	심하다(고달프다)
17 약간 심하다	6	
18	7 약간 심하다	
19 아주 심하다	8	

2) 2형당뇨병에 대한 트레이닝 프로그램

당뇨병은 성인을 중심으로 많이 발생되는 질병으로서 유전성, 비유전성, 만성질환 등에 의해 일어난다. 소변 중에 당이 섞여나오는 질병으로 인슐린(insulin)부족이 대표적 원인이다. 드물게는 이자염(pancreatitis, 췌장염)·이자암 등으로 이자(췌장)조직이 파괴되어 생기는 경우도 있으나, 대부분 그 원인이 확실하게 밝혀지지 않고 있다. 당뇨병은 대사장애와 광범위한 전신혈관계통장애를 일으키는 유전질병(genetic disease)이라고 할 수 있다.

당뇨병의 특징은 다음과 같다.

▶ 인슐린분비이상(insulopathic)으로 생기는 대사장애이다.
▶ 유전적 요인에 기인하지만, 그 병이 생기려면 이른바 병을 일으키는 그 어떤 인자의 작용이 중요하다.
▶ 전신의 혈관장애, 특히 모세혈관증을 일으킨다.
▶ 초기 당뇨증상을 방치하면 특유의 당뇨병으로 진행된다.

(1) 당뇨병의 분류와 원인

당뇨병의 유형별 발병원인은 다음과 같다(표 12-2).

표 12-2. 당뇨병의 분류와 발병원인

	제Ⅰ형당뇨병(<5%)	제Ⅱ형당뇨병(>95%)	기타
발병연령	젊은 연령(30세 이전)	40세 이상 중년기 이후	임신성당뇨병, 이차성당뇨병 등
발병양상	갑자기 발병	서서히 진행	
원인	자가면역, 바이러스감염 등에 의한 이자의 파괴	유전적 경향이 강하며 비만, 노화, 스트레스 등에 의해 진행	
비만과 연관	없음	있음	
이자의 인슐린분비	완전결핍	감소되었거나 비교적 정상	
사용약물	인슐린	경구혈당강하제, 인슐린	

출처 : 대한당뇨병학회

인슐린의존형당뇨병(Ⅰ형당뇨병) ▷▶ 증상이 급격히 나타나며, 생명유지를 위해 인슐린치료를 받아야 한다. 제6염색체에 유전자자리를 가진 백혈구항원과 관계가 있으며, 이자(췌장)세포항체, 이자세포막항체의 특이한 추이로부터 나타나는 자가면역질환(autoimmune disease)이다. 바이러스염과도 관련이 있다.

인슐린비의존형당뇨병(Ⅱ형당뇨병) ▷▶ 이 병은 인슐린치료가 반드시 필요하지 않은 당뇨병이다. 다른 질병에 의해 나타나는 2차적이 아닌 경우에는 당뇨병의 변형이라고 본다.

유전에 의한 발병기전은 분명치 않으나 포도당부하에 대한 초기 인슐린분비이상을 생체의 생물학적 지표로 볼 수 있다. 이 질병은 발생 전에 비만인 경우가 많으며, 체중을 줄이거나 비만상태를 없애며 병적 상태가 개선되기도 한다.

기타 당뇨병 ▷▶ 특수한 질병이나 증후군에 동반되어 발증하는 당뇨병이다. 이런 종류의 당뇨병은 원인에 따라 다음과 같이 구분된다.

  ▶ 이자와의 관계 : 이자염, 이자암
  ▶ 간과의 관계 : 간염, 간경화증, 지방간
  ▶ 내분비계와의 관계 : 갑상샘기능항진증, 원발알도스테론증
  ▶ 약제와의 관계 : 이뇨제, 호르몬제, 신경활성물질
  ▶ 기타 : 스트레스, 정신질환, 중추신경계통질병

(2) 당뇨병의 증상

당뇨병이 진행되면 다음과 같은 증상이 나타난다(표 12-3)

표 12-3. 당뇨병의 증상

삼다증상	다음, 다뇨, 다식	피부증상	가려움증
전신증상	체중감소, 피로감, 공복감	부인과적 증상	국소소양감
인과적 증상	흐릿한 시력, 사물의 색깔변화	신경증상	손발저림, 감각상실, 냉감, 통증, 현기증, 소화불량
※ 당뇨병의 증상은 다양하며, 증상이 잘 나타나지 않을 수도 있다.			

출처 : 대한당뇨병학회

  ▶ 입마름 : 혈당이 높아지면 소변과 함께 당(포도당)이 배출된다. 그러면 요세관(nephric tubule)에서 소변의 삼투압이 높아지고 수분이 소변에 끌려 몸 밖으로 나가게 되어 소변량이 많아진다. 이 때문에 세포외액의 삼투압상승→세포 내 탈수→입마름현상이 생긴다.
  ▶ 다음(많은 양의 물을 마심) : 세포외액의 삼투압이 중추신경을 자극하여 갈증을 느끼게 하므로 물을 마시게 된다. 이것은 세포외액의 삼투압이 정상으로 될 때까지 계속된다. 당뇨증상이 개선되면 소변량도 적어지고 물 마시는 양도 정상으로 돌아온다.
  ▶ 다뇨 : 당뇨병상태에서는 당이 소변에 섞여 다량으로 배설된다. 이것은 요세관의 당재흡수기능을 높여 요세관을 흐르는 액의 삼투압을 높이고 주위의 혈관들이 물을 끌어들여 소변량을 많게 한다. 또, 당뇨병환자는 뇌하수체뒤엽의 항이뇨호르몬분비가 줄어들고 요세관에서 소변이 재흡수가 잘되지 않아 소변의 양이 많아지기도 한다.
  ▶ 다식 : 당뇨병환자가 식사를 많이 하는 것은 인슐린이 부족하여 포만중추의 흥분성

이 낮아져 있기 때문이다. 그밖에 당뇨병 때문에 포도당이용저하에 의한 대사이상을 가져와 당질을 많이 섭취하여 당대사를 정상수준에 가깝게 유지하려는 체내의 요구에 의해 식사를 많이 하게 된다.

▶ 피로 : 당뇨병은 항상 피로감이 따른다. 치료효과가 있는가 없는가를 판정하는 하나의 증거로 피로감을 들기도 한다. 전신적으로 피로하다고도 하며, 다리만 무겁다는 사람 또는 발에 지각장애가 동반되는 사람도 있다. 또 식사 후에 몸이 무겁고 졸리는 사람도 있다.

(3) 트레이닝의 적응과 금기

운동요법을 시작하기 전에 반드시 건강검진을 실시한다. 문진, 의학적 소견, 혈압, 심전도(운동부하검사 포함), 흉부X선, 눈바닥(ocular fundus, 안저)검사, 소변검사(당, 단백, 잠혈, 케톤체), 혈당치, HbA1c, 그밖의 혈액생화학적 검사 등을 실시하여 당뇨병의 컨트롤상태 및 당뇨병 특유의 합병증유무와 진행도를 파악한다.

검사 결과 명확한 합병증이 없는 확실한 고혈당(공복시혈당치 250mg/dl 이상)을 나타내지 않을 때 운동요법 적용대상이 된다. 그리고 미량의 알부민뇨(albuminuria)나 단백뇨(proteinuria)출현, 안저출혈의 위험성이 없는 단순망막증, 자율신경장애 등을 나타내지 않는 가벼운 당뇨병성 말초신경장애는 운동요법의 선택적 적용대상이다. 이러한 증상의 경우에는 식이요법을 철저하게 지도하고, 혈당을 양호하게 컨트롤할 수 있을 때부터 운동요법을 시작한다.

운동요법이 금기 또는 제한되는 당뇨병의 증상은 다음과 같다.

▶ 당뇨병의 대사컨트롤이 극단적으로 나쁜 증상(공복시혈당치 250ml/dl 이상, 또는 케톤체 중(中)도 이상 양성)

▶ 증식망막증(proliferative retinopathy)에 의해 눈바닥(안저)출혈이 있는 증상

▶ 콩팥부전(혈청크레아티닌: 남성 2.5mg/dl 이상, 여성 2.0mg/dl 이상)

▶ 허혈심장병(ischemic heart disease)과 심장허파기능에 장애가 있는 증상

▶ 급성감염증

▶ 당뇨병성괴저

▶ 고도의 당뇨병성자율신경장애. 이 경우에는 무증상심장근육경색의 위험도 있으므로 주의해야 한다.

(4) 트레이닝의 실제

운동종목 ▷▶ 유산소운동과 레지스턴스 트레이닝을 실시한다. 유산소운동은 걷기, 노르딕워킹, 조깅, 자전거타기, 수영, 수중걷기 등에서 몇 가지 선택하여 실시한다. 당뇨병의 예방과 치료를 위해 실시하는 레지스턴스 트레이닝은 고중량의 프리웨이트 등으로 발살

바(Valsalva)동작을 하는 것이 아니라, 가벼운 덤벨과 러버밴드(rubber-band) 등으로 저부하·다횟수의 근력 트레이닝을 실시해야 한다. 유산소운동은 레지스턴스 트레이닝에 비해 인슐린저항성 개선에 좋기 때문에 당뇨병 운동요법의 제1선택종목이 된다.

　그러나 중·고령자는 연령에 따라 골격근무게가 감소하여 인슐린감수성이 저하되므로 레지스턴스 트레이닝을 병용하면 효과적이다. 수중걷기는 유산소운동과 레지스턴스 트레이닝이 혼합된 운동이면서 무릎과 발목의 부하가 적기 때문에 비만당뇨병환자를 위한 안전하고 유효한 트레이닝방법이라고 할 수 있다.

　운동강도 ▷▶ 고강도운동은 인슐린길항호르몬(insulin antagonistic hormone)의 분비나 간당(肝糖 : 간에 들어 있는 당)의 배출을 촉진하기 때문에 운동강도는 중간강도 이하여야 한다. 최대산소섭취량($\dot{V}O_2max$)에 영향을 미치지 않는 저강도운동이라도 장기간 계속하면 감량효과는 없어도 인슐린저항성(insulin resistance)의 개선효과는 있다고 한다.

　유산소운동은 저강도($\dot{V}O_2max$의 30% 정도)에서 시작하여 서서히 강도를 높여 $\dot{V}O_2max$의 40~60%에 해당하는 저~중간강도의 범위에서 운동을 계속하도록 지도한다. 운동강도를 설정할 때에는 카르보넨법을 이용한다. 다만 60세 이상인 사람의 예측최대심박수는 200에서 연령을 뺀 수치로 한다.

　목표심박수는 50세 미만인 경우 120박/분 이내, 50세 이상은 100박/분 이내로 조절한다. 또, 부정맥 등으로 맥박수를 지표로 할 수 없을 때에는 환자 자신이 '약간 편하다'부터 '약간 힘들다' 정도의 자각적 운동강도(RPE : resting of perceived exertion)를 기준으로 한다.

　운동부하량 ▷▶ 운동을 시작한 후 한참 동안은 근글리코겐이 주요 에너지원으로 이용된다. 운동근에 의한 FFA 이용효율을 고려하면 1회당 10분 이상의 운동이 권장되지만, 그것이 곤란한 경우에는 단시간 운동이라도 좋다. 일반적으로 걷기라면 1회당 지속시간은 10~30분을 기준으로 한다. 그러나 운동지속시간을 설정할 때에는 실시가능한 운동강도와 1일 운동량에 의존한다.

　당뇨병환자를 대상으로 하는 운동요법에서 1일목표운동량은 총신체활동량의 10% 정도를 기준으로 설정하는 것이 현실적이다. 1일신체활동량은 칼로리측정계나 행동일지 등을 이용하면 비교적 간편하게 산출할 수 있다. 트레이닝에 의한 인슐린감수성 개선효과는 3일 이내에 저하하고, 1주 이내에 완전히 소실한다. 따라서 트레이닝은 3일 이상 간격을 두지 말고, 주 3~5일 실시하는 것이 좋다.

　운동실시상의 주의점 ▷▶ 2형당뇨병과 당내성부전환자의 운동요법은 식후 30분~1시간 사이에 실시하는 것이 원칙이다. 경구혈당강하제 혹은 인슐린치료를 받고 있는 환자 이외에는 운동에 의한 저혈당의 위험성은 없으므로 식전에 운동을 해도 괜찮다.

　인슐린치료를 받고 있는 환자는 운동 전에 인슐린을 2/3에서 3/4으로 감량한다. 또, 운동 중에는 저혈당에 대비하여 항상 보충식품의 준비를 게을리해서는 안 된다. 보충식품은 당질 위주로 하고, 운동 중에 저혈당이 일어난 경우에는 바로 포도당, 설탕물, 주스 등을 마시게 한다. 운동 전후의 저혈당방지를 위해서 쿠키, 우유, 치즈 등 효과가 지속되는 식품을 준다. 한편 1형당뇨병이든 2형당뇨병이든 운동이 장시간 계속되면 운동종료 몇 시간 내지 10 수 시간 후에 저혈당이 나타나는 경우가 있다. 그에 대한 예방으로는 통상보다 자가혈당측정(SMBG : self-monitoring of blood sugar)횟수를 늘리고, 취침 전에 보충식품을 섭취한다.

3) 고지질혈증에 대한 트레이닝 프로그램

지질은 소수성(疏水性 ; 물에 친화력을 가지지 않는 화학적 성질)이기 때문에 지질 단독으로는 용존하지 않고 물과 지질 양자의 친화성을 갖는 아포단백질(apoprotein)이 각 지질과 결합하여 가용성이 된 입자인 '지질단백질(lipoprotein)'로 존재한다. 혈중지질단백질은 중성지방(triglyceride)에 풍부하고 비중이 가벼운 카일로마이크론(chylomicron)이나 초저밀도지질단백질(VLDL : very low-density lipoprotein)과 콜레스테롤 함유량에 따라 저밀도지질단백질(LDL : low-density lipoprotein)과 고밀도지질단백질(HDL : high-density lipoprotein)로 크게 나눠진다.

체내에는 식사에 의한 외인성 콜레스테롤과 간에서 합성된 내인성 콜레스테롤이 있다. 내인성 콜레스테롤은 VLDL로 편입되어 혈액 속으로 방출된다. VLDL 중 중성지방은 지질단백질리파제(LPL : lipoprotein lipase)에 의해 분해되어 LDL로 변환된 후 LDL수용체를 거쳐 말초조직으로 들어간다. 혈청 중 콜레스테롤의 60~70%는 LDL에 포함되기 때문에 LDL 콜레스테롤과 혈청 총콜레스테롤 사이에는 강한 정(＋)의 상관관계를 나타낸다. LDL은 지질단백질 중에서도 가장 강한 동맥경화촉진작용이 있으며, LDL수용체를 거쳐 LDL대사이상 및 간에서 VLDL의 과잉생성이 고콜레스테롤혈증의 원인으로 여겨지고 있다.

운동을 하면 지방조직과 골격근의 모세혈관내피세포에 들어 있는 LPL 활성을 높이고 VLDL 속의 중성지방 분해를 촉진시킨다. 이 때문에 일상생활에서 운동을 규칙적으로 하면 중성지방값이 저하된다. 한편 갓생성된 HDL은 말초조직에서 유리콜레스테롤을 받아들여 레시틴콜레스테롤아실전이효소(LCAT : lecithin cholesterol acyltransferase)의 작용에 의해 콜레스테롤을 에스터화(esterification)시켜 HDL 속으로 보내고, 운동에 의해 LCAT활성을 높여 HDL 콜레스테롤값을 높이는 역할을 한다.

그러나 총HDL콜레스테롤값의 저하에 관해서는 운동의 효과는 기대할 수 없다는 보고도 많다. 그 이유는 운동에 의한 HDL 콜레스테롤값의 증가만큼 LDL 콜레스테롤값의 감소가 크지 않다고 보기 때문이다. 한편 운동에 의한 이러한 지질대사의 효과는 여성보다 남성에게서 현저하다.

혈청지질에 대한 운동의 효과는 HDL콜레스테롤에 가장 빨리 나타나 운동개시 후 약 2주만에 증가하며, 거의 같은 시기에 중성지방이 감소한다. 이보다 1~2주 늦게 LDL 콜레스테롤의 감소현상이 나타난다. 유산소운동으로 지질이상증을 개선하기 위해서는 최저 1개월, 통상 3개월이 필요하며, 저강도의 운동은 6개월~1년간 계속해야 한다.

(1) 트레이닝의 적응과 금기

다른 질환과 마찬가지로 고지질혈증의 경우에도 운동요법을 시작하기 전에 반드시 건강검진을 실시한다. 총콜레스테롤(LDL콜레스테롤) · HDL콜레스테롤 · 중성지방 등의 측정과 아포단백질 · 지질단백질의 분석은 필수이다. 고지질혈증환자의 경우에는 잠재성 심장병, 특히 허혈심장병(ischemic heart disease)이 발병될 위험이 많기 때문에 운동부하검사는 반드시 실시한다.

일반적으로 운동강도가 적절하면 고지질혈증(hyperlipemia) 그 자체는 운동금기사항은 아니다.

(2) 트레이닝의 실제

운동종목 ▷▶ 걷기, 조깅, 수영, 수중걷기, 자전거(에르고미터)타기 등 온몸의 근육을 사용하면서 지질동원을 촉진하는 유산소운동을 실시한다.

운동강도 ▷▶ FFA 이용률을 높이려면 저-중간강도의 유산소운동을 해야 한다. 운동강도는 50~60% $\dot{V}O_2$max가 바람직하다. 이것은 심박수에서 110~130박/분, 주관적 운동강도(RPE)에서 '11(약간 편함)~13(약간 힘듦)'에 해당된다.

운동지속시간 ▷▶ 에너지원으로서 지질이용률이 높아지는 유산소운동을 20분 이상 지속하는 것이 바람직하다. 1일 운동시간은 30분~1시간을 목표로 하고, 1회 운동시간이 20분 이상이라면 운동을 하루에 여러 번 나눠서 해도 상관없다.

운동빈도 ▷▶ 혈청지질, 특히 중성지방은 단시간의 운동에서도 일과성으로 저하하지만, 운동을 중지하면 2~3일만에 그 효과는 소실되어버리므로 기본적으로 운동빈도는 주 3회 이상을 목표로 한다.

운동실시상의 주의점 ▷▶ 고지질혈증환자는 동맥경화증(vascular sclerosis)을 비롯한 각종 질환이 합병되는 경우가 많으므로 합병증의 병상태를 충분히 파악해두어야 한다. 또, 운동시작 후 급격한 FFA의 상승은 부정맥을 발생시킬 우려가 있으므로 운동 전에는 반드시 워밍업을 실시한다.

4) 고혈압증에 대한 트레이닝 프로그램

심장혈관계통질환에서 중요시하는 것이 혈압인데, 혈압이란 혈액이 혈관을 통과하면서 혈관내벽에 미치는 압력을 말한다. 이때 심장근육이 수축하여 생긴 압력은 여기에 연결되어 있는 모세혈관까지 퍼지게 된다. 혈압은 대동맥에서 제일 높고 동맥의 말초로 이동함에 따라 낮아지며, 소동맥→모세혈관→정맥 순으로 낮아진다. 심실이 수축할 때의 압력을 수축기혈압(systolic pressure)이라고 하고, 심실이 이완할 때의 압력을 이완기혈압(diastolic pressure)이라 한다.

혈압은 인종·기후·환경·식생활 등에 따라 다르며, 하루의 생활 중에서도 컨디션에 따라 수없이 달라지기 때문에 일정한 한계를 정한다는 것은 무리라고 판단된다.

국제고혈압학회나 유럽고혈압학회에서는 고혈압은 적정, 정상, 높은 정상, 제1단계 고혈압, 제2단계 고혈압, 제3단계 고혈압, 수축기고혈압으로 분류하고 있다. 여기에서의 적정혈압은 대한고혈압학회가 정의한 정상과 같고, 정상과 높은 정상은 대한고혈압학회가 정한 고혈압전단계와 같다. 고혈압의 3단계는 수축기혈압이 160mmHg 이상이거나 확장기혈압이 110mmHg 이상인 경우로 정의하고 있다.

표 12-4. 성인의 혈압분류

혈압분류	수축기혈압 (mmHg)		확장기혈압 (mmHg)
정상(normal)	<102	그리고	<80
고혈압전단계(prehypertension)	120~139	또는	80~89
제1기 고혈압(stage1 hypertension)	140~159	또는	90~99
제2기 고혈압(stage2 hypertension)	≤160	또는	≤100

출처 : 대한고혈압학회

고혈압은 최고혈압이 160mmHg 이상, 최저혈압이 95mmHg 이상인 경우이다. 그에 따른 적합한 치료대책을 세우려면 고혈압에 대한 일차적 분류가 필요하다. 고혈압은 일반적으로 다음의 두 가지로 분류한다.

▶ 본태고혈압(essential hypertension ; 1차고혈압) : 대부분(대략 90%)의 고혈압환자가 이에 해당되며, 그 원인이 현재까지 뚜렷하게 규명되지 못하고 있다.

▶ 속발고혈압(secondary hypertension ; 2차고혈압) : 속발고혈압은 대부분 그 원인이 뚜렷하게 밝혀지고 있다.

(1) 본태고혈압(1차고혈압)의 원인

대략 90%의 고혈압환자들이 본태고혈압에 해당되며, 유전과 환경적 요인에 기인한다고 볼 수 있다. 그 원인은 약간씩 밝혀지고 있다.

유전적 요인 ▷▶ 본태고혈압에 관계되는 유전적 요인의 하나로 나트륨(Na)대사가 관계된다는 사실이 밝혀졌다.

▶ 세포 내 Na 증가……고혈압환자는 정상인보다 세포 내 Na 함량이 많다는 것이 확인되었다. 세포 속의 Na농도가 높아지면 그 혈관세포는 과민한 자극을 받아 지나친 수축반응을 일으키는데, 이것이 혈압을 상승시키는 요인이 된다.

▶ 세포막이상……고혈압환자는 세포막에 선천적으로 이상이 생겨 Na이 세포 밖에서 세포 안으로 들어오고 나가는 수송체계의 균형이 깨진다는 것이다.

환경적 요인 ▷▶ 혈압을 높이는 환경적(외적) 요인은 소금, 스트레스, 비만, 운동부족, 기호품 등이다. 유전적 요인은 극복하기가 힘들지만 환경적 요인은 개선이나 극복이 가능하다고 볼 수 있다.

▶ 소금……소금섭취량과 혈압상승은 매우 밀접한 상관관계가 있다. 우리나라 사람들은 염분을 과다섭취하는 경향이 있다. 소금이 혈압을 높이는 이유는 NaCl 중 Na 때문이다. K는 몸안에서 Na와 길항작용을 하므로 K 섭취량을 높이면 물론 혈압이 떨어진다. K 함류량이 많은 과일이나 채소류 등을 권장하는 이유도 여기에 있다. 한편 체질에 따라서 Na을 많이 섭취해도 혈압이 오르지 않는 사람도 있다.

▶ 스트레스……스트레스는 오늘날 많은 질병의 원인으로 보고 있지만, 특히 정신적 스트레스는 곧바로 혈압상승을 가져온다. 이러한 스트레스가 만성적으로 계속되면 혈압이 높은 상태로 계속 유지되며 말초동맥의 혈관근육이 비대해진다. 이렇게 되면 혈관지름이 좁아져 혈류에 대한 저항이 커져 고혈압상태가 된다.

▶ 비만과 운동부족……비만하다고 모두 혈압이 높은 것은 아니지만 비만인이 고혈압발생빈도가 높고, 비만인이 체중이 줄면 혈압이 낮아진다. 비만과 혈압의 직접적인 관계는 밝혀지지 않고 있으나 약간 혈압이 높은 비만인이 체중을 줄이면 혈압이 정상으로 되는 예는 많다. 이는 체중을 줄이기 위해 식사량을 감소하면 염분섭취량도 역시 감소된다는 이유도 있다. 운동부족도 비만의 한 원인이 된다. 운동을 하면 체온상승과 함께 혈압도 상승하지만, 운동 후에는 다시 체온과 혈압이 낮아진다. 따라서 규칙적인 운동을 실시하면 체중도 줄이면서 혈압을 낮추는 효과도 있다.

▶ 알코올……술(알코올)은 혈압과 직접적 관계가 높다. 알코올은 심장근육을 흥분시키며, 교감신경을 자극한다. 술을 마시는 동안은 혈관확장 및 빠른 혈액순환을 가져와 잠시 혈압이 낮아지지만, 마신 후에는 혈압이 상승하게 된다. 결국 알코올은 전체적 평균혈압을 상승시키는 효과를 가져와 결국 고혈압에 이르는 원인이 된다. 그러나 한두 잔 정도의 술은 심신의 스트레스해소에 도움이 된다. 담배가 폐암이나 심장근육, 심장동맥병 등을 유발시킨다는 연구결과는 많다. 담배는 동맥경화를 촉진시키고 협심증을 악화시켜 혈압을 상승시키는 요인이 된다.

(2) 속발고혈압(2차고혈압)의 원인
고혈압환자 중 속발고혈압(2차고혈압)환자는 10% 내외라는 사실은 앞에서 설명하였다. 이런 2차고혈압증의 원인은 내분비호르몬이상에 의한 것과 콩팥이상에 의해 일어나는 두 가지가 있다.

호르몬이상이 원인인 경우 ▷▶ 호르몬이상에 의한 고혈압증으로는 갑상샘기능항진증(갑상샘호르몬의 과잉생산에 의한 병)이 있다. 이 경우에는 갑상샘호르몬의 분비를 억제하는 약을 사용하면 좋다. 또, 부신속질에 종양이 생기면 혈압을 상승시키는 카테콜아민이 다량으로 분비되어 비만, 고혈압, 쿠싱증후군(Cushing's syndrome) 등이 될 수도 있다.

한편 부신겉질(부신피질)에 선종(腺腫, 샘상피세포와 매우 비슷한 세포로 이루어지는 양성종양)이라는 종양이 생기면 혈압상승물질인 알도스테론(aldosterone)을 분비한다. 그 결과 혈압이 높아져 팔다리마비가 생기든가 주기적으로 팔다리가 마비되는 병이 생기게 된다. 이것을 원발알도스테론증(primary aldosteronism)이라 한다.

부신에 장애가 있음을 알았으면 수술에 의하여 선종을 제거하면 좋으나, 진단이 여간 어려운게 아니다. 소변 중의 알도스테론이나 카테콜아민 등도 조사해야 하므로 전문의의 진찰과 임상검사를 받지 않으면 안 된다.

그밖에 내분비고혈압(endocrine hypertension)으로는 갱년기장애에 의한 여성호르몬부족으로 발생하는 것, 인슐린결핍에 의한 당뇨병이 원인이 되어 일어나는 것 등이 있다. 모두가 호르몬이상 때문에 고혈압증을 초래하므로 갱년기장애에는 여성호르몬, 당뇨병에는 식이요법이나 인슐린투여방법이 사용된다.

콩팥이상이 원인인 경우 ▷▶ 콩팥고혈압(renal hypertension)의 특징은 속발성이며, 속발고혈압의 대부분을 차지한다. 이는 콩팥에 사구체신장(토리콩팥)염·신우신염(neph-rolyelitis, 깔때기콩팥염) 등이 생기든지, 부신에 갈색세포층이나 원발알도스테론증이 있어 알도스테론이 과다분비되든지, 콩팥동맥이 좁아져 콩팥동맥고혈압이 생겨 레닌(단백분해요소)분비가 증가될 때 생기는 고혈압증이다.

또, 콩팥으로 들어오는 콩팥동맥이 좁아져 일어나는 콩팥혈관고혈압이라는 병이 있다. 이것은 여러 가지 혈관염이나 내장에 의한 압박 등으로 콩팥혈관이 좁아져 콩팥동맥이 패쇄되기 때문이다. 이렇게 되면 레닌이나 안지오텐신이라는 혈압을 높이는 물질이 콩팥 속에 증가되고, 또 혈액 중에 분비되어 혈압이 오르게 된다. 이 경우에는 콩팥혈관을 촬영하여 협착 또는 폐쇄된 부분을 찾아 수술하면 혈압이 내려간다.

(3) 고혈압증의 증상

고혈압증상은 고혈압환자의 성별, 연령, 증상, 합병증 유무, 환자의 심리상태 등에 따라 다양하게 나타난다. 고혈압 초기에는 여러 자극(스트레스)에 따라 혈압의 상승과 강하의 폭이 매우 크다. 그리고 전신피로, 불안감 등 전신증상과 두통, 현기증, 귀울림, 목과 어깨의 뻣뻣함 등 정신신경증상을 호소하기도 한다. 이런 때는 증상들이 일관성이 있어서 안정을 하거나 진정제를 쓰면 개선되는 경우가 많다. 그러나 혈압이 올라간 상태가 지속되면 여러 장기에 합병증이 생기고 두통, 현기증, 수면장애, 일과성뇌허혈(transient cerebral ischemia)발작, 팔다리마비, 지각장애, 두근거림, 협심증, 부종, 뇌·콩팥(신장)합병증 등이 나타난다. 또, 눈바닥(안저)에 출혈이 있으며 시력장애도 나타난다.

합병증으로는 기능부전이 심하면 두통, 두근거림, 발한, 불안·흥분이 심해지고, 시력 장애, 매스꺼움, 구토, 마비, 경련발작, 의식장애 등 급격한 혈압상승을 동반하는 증상이 생긴다. 특히 노인으로서 고혈압지속시간이 긴 사람에서는 머리가 무겁고, 현기증, 팔다리저림, 수면장애 등 뇌동맥경화에 의한 증상이 많아지는 경향이 있다. 이런 증상들은 고혈압증의 초기증상으로 나타나는 빈도가 많으며, 특히 두통은 고혈압의 중증도를 판정하는 중요한 기준의 하나이다.

(4) 트레이닝의 적응과 금기

트레이닝은 중간정도 이하의 고혈압(수축기혈압<180mmHg, 확장기혈압<110mmHg) 이면서 심장혈관합병증이 없는 고혈압환자에게 적용된다. 특히 심부전(heart failure), 허혈심장병, 뇌졸중 등과 같은 심장혈관질환이 있는 환자는 운동 중 혈압상승에 의한 심장혈관사고 발생위험이 있으므로 사전에 건강검진을 실시하여 금지 내지 제한대책을 강구한다. 또한 콩팥기능장애, 간기능장애, 당뇨병 등 관리불충분한 만성질환이 합병된 환자도 마찬가지로 배려해야 한다.

(5) 트레이닝의 실제

운동종목 ▷▶ 강압효과가 기대되는 운동종목은 큰근육군의 다이내믹한 수축과 이완을 반복할 수 있는 유산소운동인데, 여기에는 자전거(에르고미터)타기, 걷기, 노르딕워킹, 조깅, 수중걷기 등이 있다. 이러한 유산소운동을 하면 심박출량은 증가하지만 말초혈관저항은 저하하기 때문에 수축기혈압은 상승하지만 확장기혈압은 불변이거나 오히려 저하한다. 한편 발살바(Valsalva)동작을 동반하는 레지스턴트 트레이닝을 하면 계속적인 근수축으로 인해 혈관을 압박하는 상태가 되어 혈관저항을 증가시켜 수축기혈압과 확장기혈압 모두 상승하게 된다.

심장혈관합병증이 있는 고혈압환자가 발살바동작이 동반되는 고강도 레지스턴스 트레이닝을 하면 다음과 같은 위험이 따른다.

▶ 급격한 혈압상승에 의한 혈관파열(힘주기에 의한 뇌졸중)
▶ 힘을 주는 도중에 심박출량의 저하와 심장동맥의 혈류량저하(허혈심장병)
▶ 힘을 준 후에 정맥환류의 감소에 의한 혈압강하(허혈뇌병, 허탈상태)
▶ 힘을 준 후의 과잉혈압에 의해 반사적으로 일어나는 심박의 흐트러짐

운동강도 ▷▶ 운동요법에 의한 고혈압환자의 강압효과는 40~70% $\dot{V}O_2max$의 범위 내에서 확인되고 있다. 저강도에 비해 고강도의 운동은 운동 중 수축기혈압을 현저하게 상

승시킬 뿐만 아니라 강압효과도 떨어진다(그림 12-1).

그림 12-1. 운동강도차이에 따른 운동 중의 혈압상승

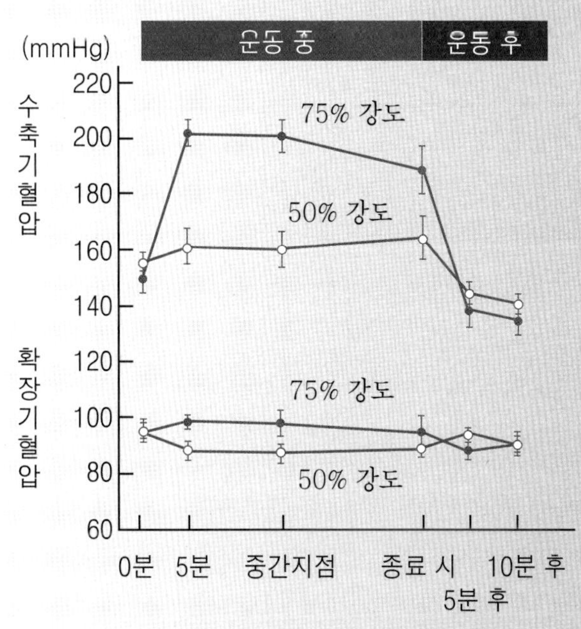

운동 중 수축기혈압은 75%강도의 운동에서는 약 60mmHg 상승하고, 50%강도에서는 약 10mmHg 상승한다. 운동 중 확장기혈압은 50%강도에서는 약간 저하한다.

또, 운동강도가 높아지면 운동 자체가 고통이 되어 운동을 계속하기가 힘들어지기 때문에 중·고령자는 40~60% $\dot{V}O_2max$의 범위 내에서 실시하는 것이 좋다.

고혈압환자를 위한 운동요법 프로그램을 작성할 때에는 운동부하검사를 하여 운동 중 혈압변화나 심전도이상을 체크하고, 운동의 금기 내지 제한유무를 확인해야 한다. 운동부하검사에서 LT(젖산역치)측정은 고혈압환자의 최적운동강도를 결정하는 방법으로 많이 사용된다. LT는 40~60% $\dot{V}O_2max$에 해당하며, 약물의 영향을 받지 않는다. 현장에서 할 수 있는 실용적인 방법은 자전거에르고미터를 이용하여 4분간의 간헐적 다단계운동부하검사를 실시하여 귓불(이타혈)의 젖산치로부터 LT를 구하는 방법이 많이 사용되고 있다. β-차단제를 복용하고 있는 사람은 심박수를 이용한 운동강도의 산출방법은 적용할 수 없다. 이러한 증상인 사람에게는 주관적 운동강도(RPE)의 '11(약간 편함)~13(약간 힘듦)'에 해당하는 운동강도를 기준으로 한다.

운동의 지속시간과 빈도 ▷▶ 지금까지의 연구보고에 따르면 30~60분간 계속하는 운동을 주 3회 이상 하면 유효한 강압효과가 나타난다고 한다. 일반적으로 30~45분간의 유산소운동을 거의 매일 실시하는 것이 좋다. 또, 한 번 운동을 중지하면 4주간 정도 운동에 의한 강압효과가 사라지기 때문에 운동은 계속하는 것이 중요하다.

운동실시상의 주의점 ▷▶ 고혈압환자에 대한 운동요법은 운동초기에는 전문가의 지도하에서 실시하는 것이 바람직하지만, 혈압컨트롤이 양호해지면 운동의 습관화를 위해서 일상생활에서 워킹 등의 운동을 실시한다. 스스로 운동을 할 때에는 운동시작 전에 혈압·심박수·컨디션 등을 체크할 것, 운동 중의 혈액점성을 방지하기 위해 200cc 정도의 수분을 보급할 것, 운동직후나 운동 중 혈압상승을 억누르기 위해 워밍업을 할 것, 운동 중에는 혈압의 급격한 상승을 방지하기 위해 심박수측정기(heart rate monitor)를 장착하여 심박수를 확인할 것, 운동 후에는 급격한 혈압하강을 방지하기 위해 쿨링다운을 행할 것 등을 철저하게 할 필요가 있다. 한편 혈관확장작용이 있는 Ca길항약을 복용하고 있는 사람은 운동 후에 저혈압이 생기기 쉬우므로 쿨링다운을 오래 해야 한다.

2 고령자에 대한 트레이닝 프로그램

1) 고령에 의한 신체기능의 변화

일반적으로 고령이 되면 신체의 모든 기능은 저하한다. 그러나 노화의 진행속도에는 개인차가 있으므로, 고령자의 정의를 특정연령대나 연령으로 하는 것은 적절하지 않다. 같은 연령대의 고령자 중에서도 젊은 사람들처럼 테니스나 러닝 등의 스포츠활동에 참가할 수 있는 사람이 있는가 하면, 걷기조차 제대로 못하는 사람도 있다.

고령기의 신체적 쇠약이 연령에 따른 것인지, 병에 의한 것인지, 운동부족으로 인한 것인지를 구별할 수는 없지만 트레이닝으로 노화의 진행속도나 가역성을 개선시킬 수 있는 여지는 충분히 있다. 고령기의 트레이닝에는 뇌졸중·심장근육경색 등과 같은 심장혈관질환의 발증·진전을 예방하는 효과나 생활장애의 개선과 전도로 인한 골절을 방지하는 효과를 인정받았다. 그러나 고령자는 어린 사람들과는 달리 외견상으로는 건강해도 허혈심장병과 같은 잠재질환이 숨어 있을 가능성이 있음을 트레이닝지도자는 알고 있어야 한다.

2) 위험요인관리

고령자는 심장혈관질환의 위험인자인 비만·고혈압증·당뇨병·고지질혈증 등의 이환율이 높을 뿐만 아니라 연령 자체가 심장혈관질환의 위험인자이기 때문에 운동에 참가하는 모든 고령자는 건강검진을 받아야 한다.

운동부하검사는 건강검진에서 심장동맥질환의 위험요인이 있는 고령자로 하여금 잠재

허혈심장병이나 중증부정맥의 존재 여부를 분명히 알게 하여 보다 안전한 트레이닝을 수행하도록 하기 위해 실시한다. 고령자라도 심장동맥질환이 나타나지 않으면 운동부하검사를 하지 않아도 된다. 그러나 심장혈관질환의 위험인자가 여럿이 있는 경우에는 증상이 없어도 운동부하검사를 받아야 한다. 운동부하검사의 실시여부는 운동참가자의 심장동맥질환 위험요인과 실천하는 운동프로그램의 내용을 고려하여 결정한다.

3) 고령자의 트레이닝 프로그램

(1) 골다공증예방을 위한 트레이닝

고령자의 트레이닝 프로그램 실시목적은 활동을 하지 않아 저하된 근육골격계통의 기능을 개선하고, 생활장애의 발생·진행을 방지하는 데 있다. 폐경 후의 고령 여성은 에스트로겐저하에 의해 뼈밀도(bone density)가 급속히 감소한다(그림 12-2). 뼈밀도가 저하되었더라도 증상이 없다면 임상적으로 문제되지 않는다. 문제는 뼈밀도의 저하가 진행되면 경미한 외상이나 전도 등으로도 척추뼈몸통압박골절과 넙다리뼈목골절 등을 일으킬 위험이 높다. 고령기의 골절은 뼈밀도와 매우 밀접한 관련이 있다.

그러나 골다공증이라고 하더라도 골절의 원인이 되는 전도를 일으키지 않으면 골절위험을 높지 않다. 따라서 고령자의 트레이닝에서는 뼈밀도유지를 도모하는 운동프로그램과 더불어 전도에 의한 골절예방 프로그램을 적극적으로 지도할 필요가 있다.

중량물을 이용한 근육의 부하와 같은 역학적 부하는 뼈형성을 촉진시키고 뼈흡수를 억제하여 뼈밀도를 증가시킨다. 반대로 장기간의 침상생활로 역학적 부하가 없어지면 일회

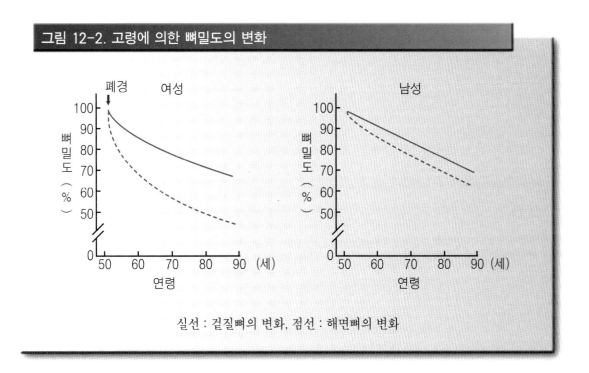

그림 12-2. 고령에 의한 뼈밀도의 변화

실선 : 겉질뼈의 변화, 점선 : 해면뼈의 변화

성뼈흡수의 촉진과 지속적인 뼈형성의 저하로 인해 뼈밀도가 급속히 감소한다. 골절로 단기간이라도 깁스고정을 하면 뼈밀도가 낮아진다. 우주비행사의 뼈밀도가 현저히 저하된 것은 많이 알려진 사실이다. 반대로 중량물을 들어올리는 선수나 점프경기의 선수는 뼈밀도가 높다고 한다. 신체활동이나 운동에 따라 역학적 부하가 긴뼈(long bone)에 가해지면 긴뼈의 오목한 부분은 단축되고, 볼록한 부분은 펴진다. 이러한 역학적 부하에 의해 물체에 생기는 단축 및 펴기와 같은 왜곡현상을 스트레인(strain)이라고 한다. 실제로 인체에 가해지는 스트레인은 미약하지만, 스트레인에 따라 생기는 뼈 속에서의 미세한 변화가 뼈밀도 증가의 빌미가 된다.

커(Kerr, A.) 등(1996)은 폐경기의 여성을 대상으로 근력 트레이닝이 뼈밀도에 주는 영향을 검증했다. 저강도·다횟수의 트레이닝보다 고강도·소횟수의 트레이닝이 뼈밀도의 증가와 밀접한 관련이 있다고 하였다. 따라서 발휘하는 근력이 클수록, 또 단시간에 근육을 수축시키는 능력(순발력)이 높을수록 뼈밀도 증가에 유리하다는 사실을 밝혀냈다.

어떠한 유형의 운동이라도 뼈밀도를 증가시킬 수 있지만, 특히 순발력을 발휘하도록 하는 종목이 골다공증에 효과적이라고 한다. 그러나 고령자의 순발력운동은 안전성 측면에서 권장할 수 없다. 이것은 고령자의 골다공증대책을 생각할 때 중요한 포인트인데, 중·고령기를 지나면 운동에 의한 뼈밀도 증가가 어려워지는 가장 큰 이유이기도 하다. 골다공증예방 측면에서 보았을 때에는 어렸을 때나 젊었을 때 도약이나 스프린트계의 운동을 하여 최대뼈밀도(peak bone density)를 높여두는 것이 중요하다.

고령기의 골다공증예방운동으로는 워킹에 순발력 요소를 도입한 파워워킹이 권장된다. 늘 걷는 거리를 될 수 있는 한 빠른 속도로 걷거나, 오르막길·계단을 빠른 페이스로 걸음으로써 뼈에 가해지는 스트레인의 유형을 다양화시킬 수 있다. 건강한 고령자는 줄넘기 100회, 스쿼트점프 및 박스점프(20cm 정도) 각각 10회 반복, 로 임팩트의 스텝엑서사이즈 30분 등과 같이 구체적인 목표를 설정하여 실시하면 보다 적극적인 자세로 운동에 몰두할 수 있을 것이다. 물론 8~10RM 정도의 무게를 이용한 레지스턴스 트레이닝으로도 뼈밀도저하를 방지할 수 있다.

(2) 전도예방을 위한 트레이닝

밸런스기능은 시각·전정감각·체성감각의 감각계통, 신경계통, 뼈·얼라인먼트 및 고차신경기능에 의해 유지된다. 고령기에는 감각계통, 신경계통, 근육·뼈조직 등에 퇴행성 변화가 생겨 밸런스기능이 저하된다. 藤田 등(2004)이 도시거주 고령자 1,094명을 대상으로 실시한 전도 관련 운동기능에서는 펑셔널 리치(FR : functional reach. 그림 12-3), Timed Up & Go Test 및 10m 최대보행속도의 성적은 연령과 함께 의미있게 저하했다. 1년간의 운동기능저하율을 보면 FR은 남성 7%, 여성 4%, Timed Up & Go Test(그림 12-4)는 남성 1.3%, 여성 2.5%였으나, 10m 최대보행속도에서는 변화가 나타나지 않았

그림 12-3. 펑셔널 리치(FR : functional reach)

고령자의 밸런스기능테스트 : 피검자는 서서 양팔을 어깨높이의 앞으로 들어올리고 발은 움직이지 않고 양팔을 될 수 있는 한 앞쪽으로 뻗은 자세에서 손목의 이동거리를 측정한다.

그림 12-4. Timed Up & Go Test

일상생활동작에서 밸런스기능평가테스트 : 피검자가 의자에서 일어나 쾌적하고 안전한 속도로 3m 앞의 목표물을 돌아와서 다시 의자에 앉을 때까지 소요된 시간을 측정한다.

다. 이러한 결과로부터 운동기능이 유지되고 있는 재택 고령자라도 밸런스기능은 1년 동안에 저하하고, 특히 FR과 같은 무게중심을 이동하여야 할 수 있는 운동능력은 현저히 저하한다는 사실을 알 수 있다.

고령자는 섰을 때나 보행 시에 미끄러짐이나 발이 걸려 넘어질 뻔 하는 등의 외부자극이 가해지면 1회의 스텝만으로 원래자세를 되찾기 어려우며, 몇 번씩 스텝을 하여야 밸런스를 되찾는 경향이 있다. 이러한 외부자극 후의 스테핑에서는 자세유지에 관련된 근육군(다리·몸통의 근육군)의 반응시간은 늦어지며, 반응강도도 약해진다. 이 때문에 고령자는 밸런스가 무너지면 몸통을 크게 동요시키고 팔을 크게 움직여 밸런스를 회복하여야 전도를 방지할 수 있다. 따라서 고령기의 전도예방을 위한 트레이닝은 일어서기, 발돋움, 뻗기 등 선자세에서의 다양한 일상동작과 걸을 때의 자세조절능력(동적 밸런스)의 향상을 도모하는 프로그램을 실시해야 한다.

4) 전도예방을 위한 트레이닝 프로그램의 실제

동적 밸런스는 다양한 외부자극(높이차이와 미끄러운 매트 등)에 의해 생긴 외력에 대해 다시 일어서려고 하는 능력, 지지기저면에서 무게중심을 이동하는 능력, 새로운 지지기저면에서 무게중심을 적절한 위치로 이동하는 능력 등으로 나눌 수 있다. 실제 운동지도에서는 이러한 요소를 믹스한 프로그램을 실시한다. 발바닥과 발목, 무릎관절의 위치감각과 근방추 등의 몸감각을 자극하기 위해서는 고무공이나 밸런스매트와 같은 불안정한 기구를 이용한다. 이러한 기구 위에서 다리 오므려 서기·다리 붙여 서기·발끝으로 서기·발꿈치로 서기·한 발로 서기 등과 같은 선 자세유지나 웅크려 앉기·일어서기·발돋움·여러 방향으로 뻗기·제자리걸음하기 등의 일상생활동작을 실시한다. 기본적으로 이러한 운동은 눈을 뜨고 실시한다. 고령자는 밸런스능력이 현저히 떨어져 있기 때문에 눈을 감고 하는 밸런스매트 운동은 감각계통의 과부하(over load)가 되어 전도위험성이 높기 때문에 피해야 한다.

밸런스 트레이닝은 먼저 통상적인 기구에서 하고, 그때의 밸런스 안정성을 참고하여 밸런스매트 위에서 트레이닝을 실시한다. 밸런스부하는 지지기저면에 대한 무게중심의 위치관계와 무게중심의 이동속도에 따라 정해지므로 트레이닝은 선 자세유지동작에서 시작하여 서서히 동적인 동작으로 이행하고, 움직임의 속도도 서서히 늘려가는 것이 좋다. 밸런스매트 위에서 이러한 일상동작을 안정감 있게 할 수 있게 되면, 런지 워크(lung walk)나 느슨한 음악에 맞춰 각종 스텝동작을 행하는 밸런스리듬체조를 하여 일상생활 동작의 안정화를 도모해간다. 또한 오버로드 리프트나 파트너 밸런스 체인지 등과 같은 종목을 2인 1조로 실시하면 참가자 간의 교류를 깊게 할 뿐만 아니라 밸런스 트레이닝에 대한 즐거움과 의욕을 높일 수 있다.

▶ 고무공 찌부러뜨리기운동(그림 12-5)

▶ 밸런스매트를 이용한 트레이닝(그림 12-6)

▶ 고무공 올리기(그림 12-7)

▶ 파트너 밸런스 체인지(그림 12-8)

　고령자는 골다공증에 의해 등이 앞 또는 뒤로 휜 척주변형이 밸런스불량에 영향을 미친다. 이 때문에 동적 밸런스 트레이닝 외에도 척주펴기, 특히 등뼈굣굽이를 완화시켜주는 몸통 스트레치와 근력 트레이닝의 실시가 바람직하다. 네 발로 기는 자세에서 하는 등허리 스트레치나 레그 & 암 레이즈, 누워서 하는 레그 레이즈와 브릿지, 벽을 이용한 엑서사이즈(월 푸시, 벽에 손을 대고 하는 힐 레이즈, 벽의 도움을 받는 팔 들어올리기 등)는 등뼈 뒷굽이를 감소 내지 방지하는 트레이닝으로 권장되고 있다.

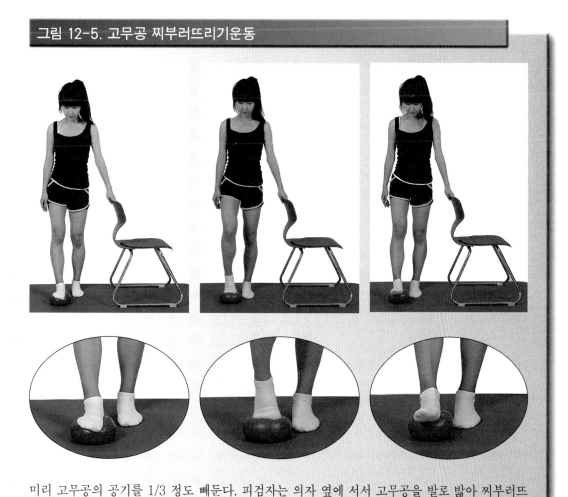

그림 12-5. 고무공 찌부러뜨리기운동

미리 고무공의 공기를 1/3 정도 빼둔다. 피검자는 의자 옆에 서서 고무공을 발로 밟아 찌부러뜨린다. 처음에는 의자를 지지하다가 운동에 익숙해지면 지지없이 실시한다. 지속시간은 5~10초를 기준으로 하고, 발바닥 전체→발끝→발꿈치순으로 찌부러뜨린다. 공기의 양을 늘리면 밸런스 부하가 높아진다.

그림 12-6. 밸런스매트를 이용한 트레이닝

1 발끝으로 서기

2 한 발로 서기

3 한 발 앞으로 낼미기

4 한 발 옆으로 내밀기

5 한 발 뒤로 빼기

6 서서 양말 신기

그림 12-6 (계속). 밸런스매트를 이용한 트레이닝

7 뛰어 들기자세

8 비행기 모양만들기

9 펑셔널 리치

10 옆으로 펑셔널 리치

그림 12-6 (계속). 밸런스매트를 이용한 트레이닝

11 한 발 들고 옆으로 펑셔널 리치

12 비스듬히 앞쪽으로 펑셔널 리치   13 한 발 들고 비스듬히 앞쪽으로 펑셔널 리치

그림 12-7. 고무공 올리기

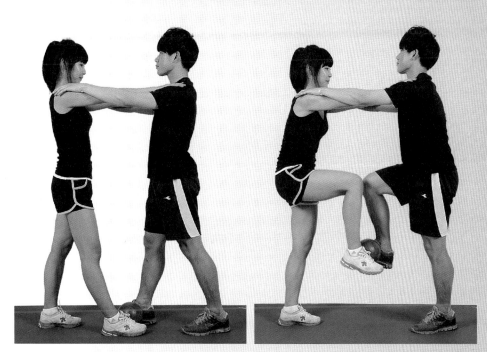

2인 1조가 되어 마주보고 서서 양어깨를 잡는다. 고무공을 서로의 발 사이에 껴서 들어올린다. 다리는 그 자세를 유지한다. 운동 중 허리와 등은 의식적으로 똑바로 편다.

그림 12-8. 파트너 밸런스 체인지

2인 1조로 마주보고 서서 손을 잡는다. B는 A에게서 공을 받으면, 공을 자신의 허리 뒤로 감춘다. A는 전방으로 손을 뻗어 공을 잡아 자신의 허리 뒤로 감춘다. 이것을 서로 반복한다.

한편 전도예방을 위한 트레이닝 실시상의 주의점은 다음과 같다(그림 12-9).

▶ 트레이닝환경을 정비한다. 미끄러지기 쉬운 바닥, 발밑의 장애물, 너무 밝은 방, 너무 많은 참가자 등은 전도가능성을 높인다.

▶ 움직이기 쉬운 복장, 발에 꼭 맞는 신발 등의 착용을 의무화한다.

▶ 화장실에 가거나 수분보급을 위해 적절한 휴식을 취한다.

▶ 전도위험이 높은 사람에게는 만일의 사태에 대비하여 1대 1로 보조한다. 가능하면 히프 프로텍터(hip protector)를 착용시킨다.

그림 12-9. 등이 휘는 것을 방지하는 운동

1 등허리근육 스트레치

2 레그 & 암 레이즈

3 브리지

▶ 밸런스 트레이닝에 익숙해져 있지 않거나, 도움을 주는 스텝이 부족할 때에는 참가자 끼리 손을 잡거나 어깨를 받쳐주어 전도위험을 줄인다.

▶ 만일의 전도사고에 대비하여 응급처치 준비를 확실히 해둔다.

3 임산부에 대한 트레이닝 프로그램

임산부는 운동에 의해 ① 산소나 그 기질(matrix)의 이용이 산모와 태아의 운동근육에서 일치하지 않은 경우, ② 고열에 의해 태아절박가사(fetal distress)나 출산이상이 유발되는 경우, ③ 자궁이 수축되는 경우 등의 역효과도 보고되고 있다. 실제로 임신 중 운동이 노에피네프린의 분비를 촉진하여 자궁수축을 일으키고, 그 결과 조산과 저체중아출산을 유발시키는 것이 보고되어 다시 한 번 그 안전성이 문제가 되었다. 그림 12-10은 임신에 대한 자세의 변화를 보여주고 있다.

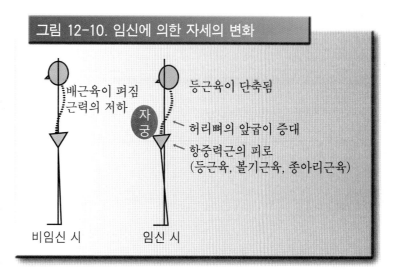

그림 12-10. 임신에 의한 자세의 변화

비임신 시: 배근육이 펴짐 / 근력의 저하
자궁
임신 시: 등근육이 단축됨 / 허리뼈의 앞굽이 증대 / 항중력근의 피로 (등근육, 볼기근육, 종아리근육)

그러나 최근에는 합병증이 없는 건강한 임산부라면 이러한 역효과를 우려하여 운동을 제한할 필요가 없다고 한다. 운동을 계속한 임산부와 그렇지 않은 임산부는 유산과 파수(분만 시 양수가 터져 나오는 것)율, 태아절박가사나 출산이상, 나아가 출산 직전까지의 경과에 차이가 없다는 사실이 보고되었다.

표 12-5는 미국산부인과학회(ACOG : American College of Obstetricians and Gynecologists)가 작성한 임신 중 및 출산 후의 운동에 대한 권고사항이다. 또, 표 12-6은 임산부의 스포츠실시조건이다. 임신 시에 운동참가를 희망하는 임산부는 운동시작 전 및 임신 28주경에 건강검진을 받는 것이 좋다. 더욱이 운동을 할 때마다 컨디션체크는 무조건 시행해야 한다.

ACOG에서는 임신 시의 운동강도는 모체심박수 140박/분 이하로 규정하고 있다. 또한

표 12-5. 미국산부인과학회(ACOG)의 임신 중 및 출산 후의 운동가이드라인

▶ 임신 중에 경도에서 중간강도의 운동을 정기적으로 계속하면 건강에 좋은 결과를 얻을 수 있다. 정기적인 운동(적어도 주 3회)을 일정한 간격을 두고 실시하는 것이 바람직하다.
▶ 임신 제1기(3개월) 이후에는 누워서 운동을 하면 심박출량이 감소하기 때문에 피하도록 한다. 격렬한 운동을 하면 심박출량이 내장혈관바닥(자궁을 포함)에서 다른 곳으로 우선적으로 배분되기 때문에 임신 중에는 하지 않도록 한다. 장기간 움직이지 않고 서 있는 자세도 피한다.
▶ 임신 시에는 유산소운동에 이용되는 산소가 감소하므로 모체의 증상에 맞춰 강도를 바꿔 운동하도록 지도한다. 피곤해하면 운동을 중지시키고, 탈진 시까지 운동하지 않도록 한다. 체중을 지지하지 않는 운동은 임신 전과 같은 조건하에서는 임신기간 중에도 계속해도 좋다. 사이클링과 수영 등 체중이 실리지 않는 운동은 상해발생위험성이 적어 임신 중의 운동으로 적당하다.
▶ 특히 임신제3기에는 임신의 형태학적 변화가 생기기 때문에 밸런스를 무너뜨릴 수 있는 운동은 모체나 태아에 유해할 수 있기 때문에 상대적 금기가 된다. 나아가 정도가 가볍더라도 배부위에 압력을 줄 가능성이 있는 운동은 어떠한 경우라도 피한다.
▶ 임신 중에는 대사의 항상성을 유지하기 위해 300kcal/일의 추가 칼로리가 필요하다. 따라서 운동을 하고 있는 임산부는 충분한 식사를 해야 한다.
▶ 임신 제1기에는 충분한 수분보급, 적절한 의복 및 적절한 환경하에서 운동을 실시하고, 열방산이 늘어나도록 한다.
▶ 임신의 생리학적 및 형태학적 변화의 대부분은 출산 후 4~6주까지 계속되므로 신체적 능력에 기반하여 서서히 운동을 재개한다.

표 12-6. 임산부의 스포츠실시조건

1. 임산부와 태아
   ▶ 현재 임신이 정상이고, 그 전에 임신했을 때 조산이나 반복된 유산이 없을 것
   ▶ 단태임신(single pregnancy)으로, 태아의 발육에 이상이 나타나지 않을 것
   ▶ 임신성립 후에 스포츠를 개시하는 경우에는 원칙적으로 임신 16주 이후로, 임신경과에 이상이 없을 것
   ▶ 스포츠 종료시기는 충분한 건강검진에 의해 특별한 이상이 나타나지 않는 경우에는 특별히 제한하지 않는다.

2. 환경
   ▶ 한여름의 염천하에 야외에서 하는 운동은 피한다.
   ▶ 육상 스포츠는 평탄한 장소에서 하는 것이 바람직하다.

3. 스포츠종목
   ▶ 유산소운동 및 전신운동으로 즐겁게 오랫동안 계속할 수 있는 것이 바람직하다.
   ▶ 임신 전부터 하던 스포츠는 기본적으로 중지할 필요는 없지만, 운동강도는 제한할 필요가 있다
   ▶ 경기성이 높고, 배에 압박이 가해지고, 순발성이고, 전도위험이 있고, 상대와 접촉하는 스포츠는 피한다.
   ▶ 임신 16주 이후에는 누운 자세가 되는 운동은 피한다.

표 12-7. 출산 전의 적절한 트레이닝 프로그램실시의 효과

▶ 유산소능력 및 근육적성의 개선
▶ 출산 후의 회복촉진
▶ 모체의 정신적 건강을 유지하고, 임신 중 가끔씩 경험하는 스트레스, 불안, 억울한 상태 등에 잘 대처한다.
▶ 건강한 생활습관을 계속한다.
▶ 임신 전의 체중·체력 및 유연성의 조기회복
▶ 산부인과적 개입의 감소
▶ 출산시간의 단축 및 통증의 경감
▶ 체중증가의 억제
▶ 소화기능 개선 및 변비의 감소
▶ 에너지예비량의 증가
▶ 출산 후의 똥배 감소
▶ 임신 중 배부위 통증의 감소

70% $\dot{V}O_2max$의 강도 또는 150박/분 이상의 운동을 할 경우 태아의 서맥 등이 높은 비율로 출현하기 때문에 70% $\dot{V}O_2max$강도 및 모체심박수 150박/분 이하가 안전기준으로 되어 있다. 그러나 임신기에는 임신 몇 주인가에 따른 심박수의 변동이 크기 때문에 ACOG의 가이드라인에서는 운동강도의 기준으로 자각적 운동강도(RPE)를 이용할 것을 권장하고 있다.

ACOG의 가이드라인에서는 운동습관이 있는 여성이 임신한 경우와 임신 후에 트레이닝을 시작한 여성을 구별하고 있다. 전자는 임신 중에도 큰 변동 없이 트레이닝을 계속할 것을 권장하고 있다(다만 운동강도를 제한할 필요는 있다). 후자는 의사의 허가를 받고 나서 보행이나 수영과 같이 저강도에 충격이 없는 운동부터 시작하도록 권장하고 있다. 출산 전의 적절한 트레이닝 프로그램을 실시하면 표 12-7과 같은 운동효과를 얻을 수 있다.

4   어린이에 대한 트레이닝 프로그램

1) 발육발달과 근력 트레이닝

신체발육발달의 과정은 기관에 따라 다르며, 골격과 근육 등의 '일반형'과 근력 트레이닝의 효과에 영향을 주는 성장호르몬 등에 관련된 '생식형'의 발육은 사춘기의 제2차 성징기(남자는 13세경까지, 여자는 11세경까지) 무렵에 활발해진다(그림 12-11). 따라서 근력 트레이닝의 효과는 이러한 발육의 피크가 지난 사춘기 이후에 두드러지게 된다.

또한 제2차 성징기종료 전인 어린이들은 뼈끝연골부위의 강도가 약하기 때문에 강한 부하가 걸리면 손상을 일으켜 뼈성장에 나쁜 영향을 미

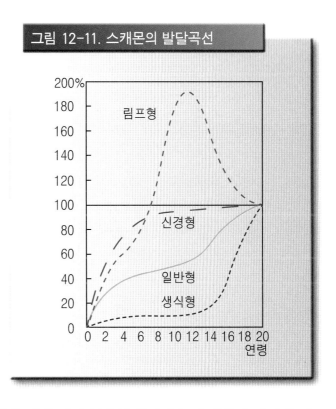

그림 12-11. 스캐몬의 발달곡선

칠 위험성이 있다. 나아가 급속히 성장한 뼈에 비해 근육의 발달이 늦기 때문에 관절에 걸친 근육과 힘줄이 딱딱해져 관절통을 일으키기 쉬운 상태가 된다. 이 때문에 바벨과 덤벨을 사용한 웨이트 트레이닝은 사춘기의 제2차 성징기(남자는 13세경까지, 여자는 11세경까지)종료 후에 시작하는 것이 바람직하다. 일반적으로 제2차 성징기의 종료시기는 남자는 고등학교 입학 이후, 여자는 중학교 고학년 무렵으로 알려져 있으나, 개인차나 안전성을 고려하여 남녀 모두 고등학교 입학 이후가 좋다.

2) 어린이의 레지스턴스 트레이닝에 대한 가이드라인

어린이의 레지스턴스 트레이닝에 관한 연구가 진전됨에 따라 현재에는 그 안정성과 유해성은 충분히 증명되어 있다. 어린이들의 근력 트레이닝에 대해서 국제스트렝스컨디셔닝협회(NSCA : National Strength and Conditioning Association), 미국정형외과스포츠의학회(AOSSM : American Orthopaedic Society for Sports Medicine), 미국소아과학회(AAP : American Academy of Pediatric), 미국스포츠의학회(ACSM :

American College of Sports Medicine) 등 의학·피트니스 관련기관이 공식견해를 발표했다. 어린이의 레지스턴트 트레이닝에 관한 ACSM의 견해(미국스포츠의학회 편 : 운동처방의 지침 제6판)는 다음과 같다.

(1) 일반적 가이드라인

▶ 모든 근력 트레이닝활동은 제대로 된 훈련을 받은 트레이너의 지도하에 실시한다.
▶ 아무리 크고, 강하고, 성숙된 것처럼 보여도 어린이들은 생리학적으로 미숙한 존재라는 사실을 잊어서는 안 된다.
▶ 처음에는 모든 운동동작에 대한 올바른 기술을 지도하여 레지스턴스 트레이닝의 흥미가 늘어나도록 유도한다.
▶ 처음에 적절한 기술시범을 보이고, 계속해서 레지스턴스 혹은 체중을 서서히 증가시킨다.
▶ 적절한 호흡법(예를 들면 숨참기를 하지 않는다)을 가르친다.
▶ 운동속도를 컨트롤할 수 있는 부하가 바람직하며, 돌발적(너무 빠르거나 제멋대로인) 동작은 피한다.
▶ 중량물 들어올리기나 바디빌딩 연습은 피한다.
▶ 단관절 운동보다도 많은 관절을 이용하면서 가동범위를 넓게 쓰는 운동을 지도한다.
▶ 참가자를 이해시켜서 지시에 따르도록 한다. 모든 근력 트레이닝은 어린이를 위한 것으로 인정받은 가이드라인에 의해 지시된 강도, 기간, 빈도에 따르도록 한다.

(2) 강도

▶ 근력 트레이닝 프로그램에서는 성인의 상급수준에 도달할 때까지는 최대하중을 반복하여 이용하는 것은 피한다.
▶ 하중은 1세트에 8회 혹은 그 이상 가능한 부하량을 이용해야 한다. 부하가 너무 크면 발육 도중에 있는 근육과 관절에 장애를 일으킬 잠재적 위험성이 있다.
▶ 심한 근피로가 생길 수 있는 레지스턴스 트레이닝은 하지 않는다.
▶ 트레이닝효과가 나타나면 먼저 반복횟수를 늘리고, 그다음에 부하량을 늘리는 방법을 선택한다.

(3) 지속시간

▶ 8~10종류의 서로 다른 운동을 1~2세트(1세트에 8~12회 반복)하고, 모든 큰근육군을 사용하도록 한다(트레이닝시작 시에는 기술적으로 올바른 방법으로 행하도록 한다).
▶ 운동하는 동안에는 적어도 1~2분 휴식을 취하고, 트레이닝기간 중에는 휴식일을 설정한다.

표 12-8. 초·중학생의 근력 트레이닝 실시조건

엑서사이즈	팔이나 다리의 대근육군을 동원하는 다관절 엑서사이즈(스쿼트, 엎드려 팔굽혀 펴기 등), 몸통 엑서사이즈 도입 시: 3~4종목, 경험을 쌓은 경우: 최대 8~10종목
부하	올바른 자세로 12~15회 반복할 수 있는 부하, 5RM이상의 부하는 이용하지 않는다.
부하수단	자기체중, 가벼운 웨이트(덤벨, 페트병 등), 밴드, 도수저항
반복횟수	1회정도(최대반복은 하지 않는다)
세트수	1~3세트
세트 간 휴식	1~2분
1회 트레이닝 시간	초등학교 저학년: 10분 정도, 초등학교 고학년: 20분 이내, 중학생: 30분 이내
주간빈도	주 2~3회

(4) 빈도

▶ 근력 트레이닝은 주 2회까지로 제한하고, 어린이나 청소년은 다른 유형의 신체활동에 참가하도록 권한다.

3) 초등학생의 근력 트레이닝 실시조건

안전성을 중시한 초등학생용 근력 트레이닝의 실시조건과 모델프로그램 그림 12-12와 같다.

그림 12-12. 초등학생에게 권장되는 대표적인 엑서사이즈

A. 상반신을 미는 동작 엑서사이즈

B. 상반신을 당기는 동작 엑서사이즈

C. 하반신 엑서사이즈

D. 몸통 엑서사이즈

1회의 트레이닝에서는 팔을 미는 동작의 종목, 팔을 당기는 동작의 종목, 다리운동종목, 몸통운동 종목 등 4가지 종목군에서 1종목씩 선택한다. 각 10회, 1~2세트, 1회 10~15분, 주 2회

13

상해발생부터 복귀까지의
운동재활 프로그램

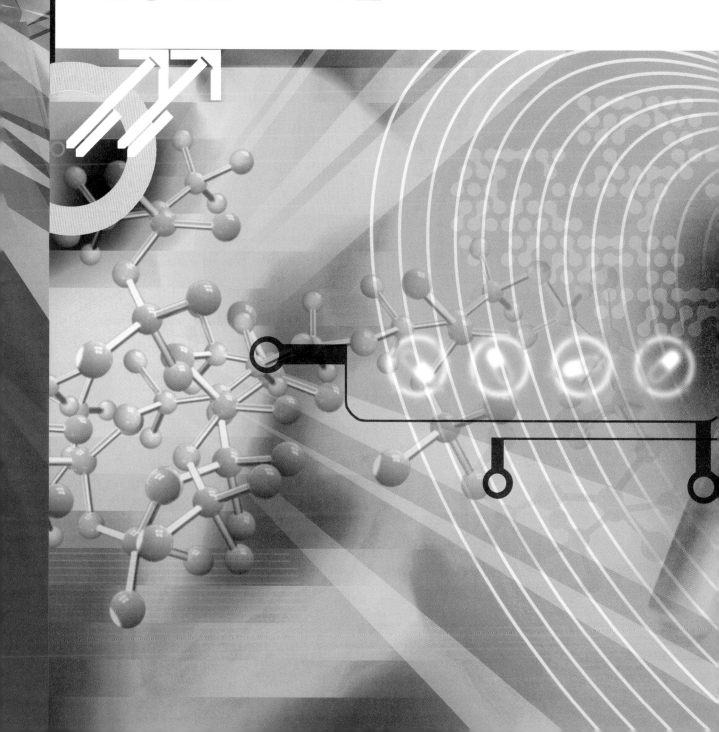

1 스포츠선수의 운동재활

스포츠를 둘러싼 환경이 개선되고, 국내외에서 활약하는 스포츠선수가 많아지고 있는 반면 스포츠상해를 입은 스포츠선수도 많아졌다. 스포츠선수가 부상을 입은 다음 스포츠활동에 복귀하려면 일반인들이 사회복귀를 목적으로 하는 메디컬 리허빌리테이션(medical rehabilitation)만으로는 불충분하다.

스포츠선수의 경우 스포츠활동에 복귀하려면 근력, 근파워, 전신지구력, 근지구력, 밸런스, 유연성 등 각 경기에서 요구되는 운동능력과 함께 전문적인 동작과 기술수준을 원래의 수준까지 회복시키지 않으면 안 된다. 따라서 상해발생부터 환부에 부담이 가해지지 않도록 하면서 보다 적극적으로 재활훈련을 실시할 필요가 있다. 이것을 '운동선수 리허빌리테이션'(이후 운동재활)이라고 부르기도 한다.

일반적으로 의사의 진단과 치료를 기반으로 하여 메디컬 리허빌리테이션이 이루어지지만, 운동재활(exercise rehabilitation)은 현장의 운동재활트레이너가 지휘를 맡고, 필요에 따라 의사, 물리치료사 등이 협력하여 진행되는 경우가 많다.

2 운동재활에 필요한 검사

1) 청취

운동재활을 위한 검사에서는 먼저 선수의 이야기부터 들어야 한다. 이때 상해발생기전과 그 상황, 과거의 상해나 가족병력 등도 청취한다. 손상부위, 통증의 종류, 빈도 등을 자세히 듣는다. 통증의 정도를 들을 때에는 통증척도(VAS : visual analogue sacle)를 이용하여 '최대통증을 10', '통증 없음을 0'으로 기록하는 방법이 많이 사용된다. 허리통증과 같은 만성장애는 스포츠와 관련된 질문 외에도 생활습관과 일상생활 등에 관한 질문을 하여 질환의 정도를 파악해야 한다. 스포츠에 관련된 질문내용은 경기력, 종목과 포지션(단거리, 야수 등), 수준(대표선수, 준대표선수 등) 등이다.

이러한 문답과정을 기초로 하여 스포츠활동 복귀 후에 해야할 장·단기목표를 세우고, 여기에 선수를 둘러싼 환경을 가미하여 무리없는 범위에서 목표를 이루기 위한 운동재활의 흐름을 결정한다. 운동재활트레이너 자신이 정통하지 않은 스포츠종목의 선수를 서포트할 때에는 더욱 자세히 들어야 한다.

부상의 원인도 내인적 요인과 외인적 요인으로 나눠 철저히 규명한 다음 예방할 수 있는 부상이라면 그 대책과 위크포인트(weak point, 약점), 평소 충분히 실시되지 않은 트레이닝 등을 찾아내서 재발예방프로그램을 수립하여야 안전한 스포츠활동 조기복귀와 이차상해가 예방될 것이다. 결국 최대한 상세히 듣는 것이 운동재활 프로그램의 성공여부를 판가름하는 관건이다.

2) 관절가동범위검사

관절가동범위(ROM : range of motion)란 관절이 할 수 있는 최대운동범위를 말한다. 그 운동범위는 관절구조와 근육 · 힘줄 · 인대 등 연부조직의 유연성에 의해 결정된다. ROM에는 개인차가 있으나, 각 관절의 가동범위를 알아두어야 한다(관절가동범위에 관하여는『운동재활치료』pp.39~43 참조).

관절을 구성하는 뼈와 뼈가 연속성을 갖고 완전히 연속화되어 그 관절의 가동범위가 완전히 소실된 상태를 완전강직이라고 하며, 가동범위가 약간이라도 잔존하는 상태를 불완전강직이라고 한다. 병상태로 보면 완전강직은 뼈강직이며, 불완전강직은 섬유관절강직(fibrous ankylosis)이다. 또, 뼈의 연속성이 없고 관절기능은 남아 있으나 근육과 관절주머니의 단축에 의한 가동범위 감소를 구축이라고 한다. 한번 구축이 발생하면 좀처럼 정상상태로 되돌아가지 않는다.

처음에는 자동운동을 측정하고, 그다음 타동운동을 측정하는데, 원칙적으로 후자를 ROM으로 기록한다. 그러나 자동운동과 타동운동 양쪽을 모두 기록하고 그때 ROM의 이상한 종말감각(endfeeling)을 동시에 확인하여도 좋다. 이는 가동범위제한이 되는 연부조직을 평가할 수 있는 중요한 수단이 되므로 양쪽을 모두 기록할 필요가 있다.

3) 도수근력검사

현장에서 간단히 근력을 측정하는 방법으로서 도수근력검사(MMT : manual muscle test)가 있다. 이 방법은 BIODEX나 CYBEX와 같은 등속근력측정기로 측정한 데이터와 비교하면 객관성은 떨어지지만, 그 간편성 때문에 임상에서 많이 이용되고 있다. 측정기준은 중력에 저항하는 운동이 가능한지를 기준에 의해 6단계로 나눠져 있다(표 13-1). 다관절근이 관여하는 관절을 측정할 때에는 측정에 관여하지 않는 관절에서 다관절근을 이완시키면 보다 정확성을 높일 수 있다.

ROM검사와 MMT를 동시에 실시해보면 다음에 실시할 정형외과적 테스트에서 어느 조직을 평가할 것인지에 관한 효과적인 정보를 줄 수 있다. 그러나 주관적인 측정이기 때

표 13-1. 도수근력검사

숫자적 점수	질적 점수	측정방법
5	normal(N)정상	관절가동범위까지 완전히 움직일 수 있으며, 최대저항을 가해도 최종가동범위를 유지할 수 있다.
4	good(G)우	관절가동범위까지 완전히 움직일 수 있으며, 최대저항에 대해서는 끝까지 대항하지 못한다.
3	fair(F)양	중력의 저항에 대해서만 관절가동범위를 마지막까지 완전히 움직일 수 있으며, 아무리 약한 저항이라도 저항이 가해지면 운동에 방해를 받는다.
2	trace(T)불가	테스트하는 운동에 관여하는 근육 혹은 근육군에 어느 정도 근수축활동이 눈에 띄지만, 손으로 촉지할 수 없다.
0	zero(Z)제로	촉지에 의해서도, 눈으로 보아도 완전히 근수축활동이 없는 상태이다.

문에 정확한 기능해부학적 지식과 측정자의 경험을 필요로 한다.

4) 정형외과적 검사

지금까지 살펴본 검사에 의해 정형외과적 검사를 하기 전에 머리 속에 3가지 정도의 상해를 그릴 수 있다면 실시해야할 정형외과적 검사를 결정하는 데 효과적이다. 정형외과적 검사의 목적은 상해부위를 특정짓고, 그 증상을 분명하게 하는 것이다. 정형외과적 검사에서 관절의 불안전성, 정상 또는 이상이 있는 끝점(end point)의 감각을 손으로 확인하려면 경험이 필요하다. 특히 척추의 정형외과적 검사 시에는 자세나 보행평가가 필요한 경우도 많고, 충분한 지식과 기술을 필요로 한다.

5) 촉진

촉진의 목적은 조직의 긴장과 이완, SHARP사인, 피부온도, 연부조직의 상태, 감각이상, 뼈얼라인먼트 등에 대한 정보를 얻는 것이다. 촉진상의 이상이 모두 환자의 증상과 관련된다고 단정지을 수 없기 때문에 촉진상의 이상과 환자의 증상과의 관련성을 명확히 할 필요가 있다. 임상과 현장에서는 실제로 만져서 배운 지식을 체표에서 확인해야 하므로 몇번이든 반복연습하여 촉진경험을 쌓아야 한다.

1) 치유과정의 이해

신체기능을 회복시키려면 상해부위의 치료가 전제되어야 하기 때문에 먼저 치유과정을 이해하고 있어야 한다. 치유과정을 고려하지 않으면 통증이 남고 근력회복이 늦어져 가동범위제한 등의 문제가 일어날 가능성이 있다. 이러한 것들은 스포츠활동 복귀를 늦출 뿐만 아니라 불완전한 상태에서 복귀할 가능성이 있기 때문에 주의를 요한다.

피부 · 근육 · 근막 · 힘줄 · 인대 · 혈관 · 신경 등의 연부조직이 상해를 입으면 섬유성반흔조직을 형성한 채 원래상태로 수복되어간다. 골절의 치유과정은 연부조직의 수복과 비교하면 특징적이지만, 같은 기전으로 수복된다. 연부조직의 정상적인 치유반응은 기본적으로 같으며, 일정단계를 거친다.

그러한 단계의 명칭에는 여러 가지가 있지만, 여기에서는 마르티네스-헤르난데스와 아멘타(Martinez-Hernandez & Amenta, 1990)의 분류에 따라 초기부터 염증기, 섬유증식(반흔형성)기, 성숙기로 나타낸다(그림 13-1). 각각의 단계는 독립해서 일어날 뿐만 아니라 다음에 일어날 단계와 중복해서 일어난다. 조직의 치유기간에는 손상조직의 종류와 정도, 손상부위의 혈관분포, 상해자의 연령과 영양상태 등이 관여되어 있다.

운동재활트레이너는 선수의 통증만을 생각하여 운동재활을 진행하지 말고, 의사나 물

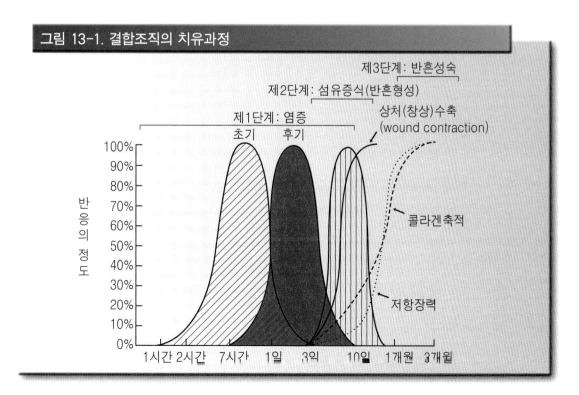

그림 13-1. 결합조직의 치유과정

리치료사들과 협력하여 손상부위의 치유과정을 정확하게 파악한 다음 오버트레이닝이 되지 않도록 진행시키는 것이 중요하다.

2) 물리치료법의 이해

운동재활을 실시하는 동안 통증완화, 가동범위회복, 상처치료, 긴장완화, 근력향상 등을 위해 각종 의료기구를 이용한 물리치료법이 실시된다. 물리치료란 열, 전기, 빛, 자기, 음파 등의 물리적인 에너지를 인체에 작용시키는 이학요법 중의 하나이다(표 13-2).

표 13-2. 물리치료법의 분류

			광선요법	복사열	적외선
온열 및 한랭요법	온열요법	표재열	수치료법	전도열	핫팩, 와류욕, 기포욕, 온수풀
			기타		파라핀
		심부도달열	전기요법	교환열	극초단파, 초단파, 초음파
	한랭요법	저온	수치료법		
		극저온	기타		
특수자극 요법	마사지요법				마사지
				온랭	초음파
				한랭	얼음마사지
	전기자극요법			저주파	저주파자극
				고주파	고주파자극
				기타	레이저, 간섭파, 경피말초신경전기자극, 고전압갈바니자극요법, 저전압자극요법, 전기적 근육자극요법
	견인요법				견인
	광선요법				자외선요법

물리치료법은 어디까지나 인체에 보조적으로 작용하여 염증을 억제하는 데 지나지 않는다. 자극이 너무 강하면 염증을 악화시킬 수도 있다. 따라서 각 물리치료기구는 적절한 사용빈도, 강도, 시간, 금기사항 등을 이해한 상태에서 실시해야 한다. 염증은 SHARP사인으로서 기억하면 이해하기 쉽다(AHARP : swelling : 종창(부기), heat: 열감, altered function : 기능장애(기능변화), redness : 발적, pain : 통증).

3) 도수치료법

도수치료법은 의료종사자나 운동재활트레이너에 의해 실시되는 맨손치료기법이다. 맨손치료법을 습득하려면 오랜 경험과 노력을 필요로 한다. 도수치료법은 물리치료법과 마찬가지로 염증을 가라앉히고 동시에 ROM회복, 피로회복, 장애예방 등을 목적으로도 실시된다. 온열요법, 온랭교대욕, 도수치료법 등을 조합시켜 실시하면 상당히 효과가 있다. 도수치료법은 마사지, 스트레칭, 관절 모빌리제이션(mobilization) 등이다.

(1) 마사지

근육의 피로회복과 스포츠선수의 컨디셔닝에 효과적이다. 상해발생 후에는 운동요법과 도수치료법 등을 조합시켜 실시한다. 운동재활트레이너는 마사지를 하는 사람이라는 이미지가 아직까지 강하지만, 마사지는 어디까지나 운동재활에 관련된 하나의 수단이므로 필요에 따라 실시하도록 한다. 마사지기술은 경험을 필요로 하므로 여러 번 반복해서 연습해두어야 한다.

(2) 스트레칭

스트레칭은 타동적으로 근육 등의 연부조직을 서서히 늘여주는 방법으로, 컨디셔닝에는 효과적이다. 근육이 차가운 상태에서 빠르고 강한 수동적 스트레칭을 실시하면 위험하다. 또한 근좌상 보호기에 실시하는 수동적 스트레칭은 상해재발과 뼈되기근육염(myositis ossificans, 골화근염)을 발생시킬 위험이 있으므로 적극적으로 실시해서는 안 된다.

(3) 관절 모빌리제이션

이것은 상해발생 후 관절경축 시에 관절기능을 정상으로 회복시키기 위해 맨손으로 관절을 움직이는 방법이다. 관절마다 관절각도나 움직이는 방향이 정해져 있으므로, 해부학지식과 촉진기술이 필요하다. 인대손상 후나 염증이 있는 단계에서 실시하면 위험하다. 관절 모빌리제이션에서는 관절을 맨손으로 견인하는 경우도 있다.

4) 단계적 운동재활 프로그램의 작성

스포츠선수의 운동재활은 전문스포츠경기를 할 수 있는 수준까지 신체기능을 회복시키는 것이 최종적인 목표이지만, 동시에 경기복귀 후 상해재발 예방대책의 수립도 중요하다.
경기복귀 시에는 통증소실, 조직수복과 강도회복, 관절기능회복(관절불안정성, 가동범위 등), 환부주위근력 및 협조성회복, 기초체력 및 전문적 체력(근력, 근지구력, 순발력, 협조성, 교치성 등)회복, 전문적 자세·기술의 획득 등과 게임감각의 획득과 불량자세·불량얼라인먼트개선도 필요하다.
스포츠상해는 불가항력으로 일어나지만 대부분 발생원인이 있다. 따라서 재발방지를 위해서는 그 발생원인을 완전히 차단하여 대책을 강구하여야 한다. 스포츠상해의 발생요인

표 13-3. 스포츠상해의 발생요인

개체요인	▶ 얼라인먼트의 이상(X다리, O다리, 엎침발, 뒤침발 등) ▶ 근육의 주행, 근력, 근지구력 ▶ 스킬 ▶ 기타
환경요인	▶ 계절, 날씨 ▶ 노면의 상태(경사지, 평지, 오목하고 블록한 곳 등) ▶ 신발상태 ▶ 기타
트레이닝요인	▶ 운동의 종류 및 방법 ▶ 운동부하량 ▶ 경기종목 및 포지션 ▶ 기타

은 개체요인, 환경요인, 트레이닝요인의 3가지로 나눌 수 있다(표 13-3).

불량자세나 불량얼라인먼트는 개인별 요인이지만, 어떤 불량얼라인먼트가 어떠한 스포츠상해를 발생시키기 쉬운지를 이해해두는 것이 좋다. 니인 토아웃(knee-in, toe-out)이나 어깨뼈가 습관적으로 벌림·전방경사자세가 되어 위팔뼈머리가 전방으로 돌출된 상태 등은 각각 팔이나 다리의 스포츠상해를 발생시킬 수 있으므로 운동재활기간 중에 개선시켜야 한다.

이렇듯 상해발생 후부터 경기복귀를 위한 계획을 세워 신중하고 적극적으로 안전성과 효율성을 중시한 프로그램을 작성할 필요가 있다. 계획을 세울 때에는 선수의 현재상황을 파악한 후에 목표를 설정하고, 그것을 향해 월단위의 목표를 세운다. 종창(swelling)과 통증 등의 증상이 약간씩이라도 심해지면 프로그램의 중지 내지 변경이 필요하기 때문에 정기검진을 반드시 실시해야 한다.

운동재활프로그램의 중심은 ROM회복, 근력·근기능회복과 향상 등을 목적으로 하는 운동법이다. 운동요법을 실시하는 사람에게는 해부학·생리학적인 지식은 물론 상해와 질병을 이해할 수 있는 의학지식, 근육의 운동양식과 부하양식, 경기에 관련된 전문지식 등이 요구된다. 그리고 이러한 선택은 운동재활시기에 따라 단계적으로 실시해야 한다. 운동재활의 단계를 높여갈 때에는 반드시 의사에게 운동허가를 받을 필요가 있다.

5) 관절가동범위 회복훈련

운동재활의 제일 큰 과제는 관절가동범위(ROM : range of motion)의 회복이다. 스포츠상해 시에는 관절 자체의 손상뿐만 아니라 관절기능회복이 중요한 포인트가 된다.

상해발생 후 또는 수술 후의 관절가동범위 회복훈련은 상해부위의 치유상태를 관찰하여 제대로 실시해야 한다. 훈련 후에 종창이 생겼다면 훈련의 양이 지나쳤거나 운동시기가 너무 빨랐다고 할 수 있다. 급성기에는 RICE 처치가 원칙이며, ROM 회복훈련은 열감ㆍ종창 등의 초기염증증상이 피크를 지난 다음에 실시해야 한다.

운동재활계획을 세울 때에는 가동범위제한의 영향을 받을 수도 있다. 예를 들어 다리상해 시에 발목관절의 발등쪽굽힘각도가 제대로 되지 않으면 정상적인 보행과 러닝을 할 수 없으며, 무릎관절에 폄제한이 있는 경우에도 마찬가지이다. 이렇듯 스포츠활동복귀를 위해서는 될 수 있는 한 빨리 ROM을 정상으로 회복시키는 것이 바람직하다. 그러나 인대손상 시에는 증상별 진행시기에 따라 허용되는 가동범위가 있기 때문에 가동범위회복에만 전념하면 인대에 의한 관절의 안정성이 희생될 수도 있으므로 주의해야 한다.

또한 ROM 회복훈련 시에는 뼈되기근육염에 주의해야 한다. 이것은 뼈와 관절주위의 연부조직에 외상 등의 자극이 가해져서 일어나는 이상뼈되기현상(heterotopic ossification)인데, 이는 가동범위회복을 너무 서두르면 발생할 수도 있다. 뼈되기근육염의 발생으로 인해 오히려 가동범위제한을 만성화시키거나 불가역성으로 만들어버릴 수도 있음을 알고 있어야 한다.

이와 같은 사항들에 충분히 주의하면서 '위험이 없는 범위'내에서 될 수 있는 한 조기에 ROM 회복이 포인트가 된다. ROM 회복훈련을 효과적으로 하기 위해서는 훈련 전에 온열요법과 전기요법 등을 실시하는 것이 좋다.

수동적 관절가동범위 회복훈련 ▷▶ 관절해 가해지는 근력 이외의 힘에 의해 관절을 움직이는 방법이다. 충분한 근력이 없거나 일정범위 내에서만 관절을 움직일 수 있을 때 이용된다.

자동적 관절가동범위 회복훈련 ▷▶ 본인이 스스로 근력을 이용하여 관절을 움직이는 방법이다. 본인의 감각을 스스로 확인해가면서 행하기 때문에 양이 과다해질 위험은 적다.

MMT가 3 이상이 되어 운동제한이 없으면 적극적으로 실시할 필요가 있다.

6) 근력향상훈련

(1) 근수축양식과 관절운동

상해부위의 근력을 안전하고 효과적으로 회복ㆍ향상시키기 위해서는 근수축양식과 관절운동의 관계를 정리해둘 필요가 있다(그림 13-2).

관절운동과 근수축의 관계를 보면, 근육이 발휘하는 장력과 근육 외부의 부하저항이 균형을 이룰 때에는 관절운동이 일어나지 않는다. 이러한 근수축양식을 등척성수축(isometric contraction)이라고 하며, 팔씨름에서 상대와 대항하여 움직이지 않을 때를 예로 들 수 있다. 한편 근육의 발휘장력이 부하저항을 이길 때에는 근육의 수축방향에 관절운동이 일어난다. 이러한 근수축양식을 단축성수축(concentric contraction)이라고 하며, 암컬(arm curl)로 바벨을 들어올릴 때의 위팔두갈래근을 예로 들 수 있다.

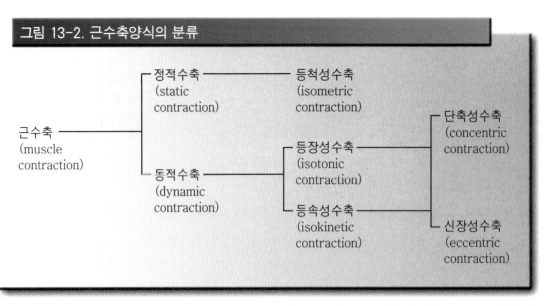

그림 13-2. 근수축양식의 분류

근수축
(muscle contraction)

정적수축
(static contraction)

등척성수축
(isometric contraction)

동적수축
(dynamic contraction)

등장성수축
(isotonic contraction)

등속성수축
(isokinetic contraction)

단축성수축
(concentric contraction)

신장성수축
(eccentric contraction)

반대로 근육의 발휘장력보다 부하저항이 크거나 암컬에서 바벨을 천천히 컨트롤해가면서 내리는 듯한 동작을 할 때와 같이 근육이 장력을 발휘하면서도 외력에 의해 강제적으로 늘어나 근육의 수축방향과는 반대방향으로 관절운동이 일어나는 듯한 근수축양식도 있는데, 이것을 신장성수축(eccentric contraction)이라고 한다.

한편 바벨 등의 일정부하를 들거나 내리는 운동에서 근육은 자신의 길이를 변화시켜가면서 일정장력을 계속해서 발휘하여 단축 혹은 늘어나는데, 이러한 근수축양식을 등장성수축(isotonic contraction)이라고 한다. 일정속도로 근육이 단축 혹은 늘어나는 근수축양식을 등속성수축(isokinetic contraction)이라고 한다. 등속성수축은 특수한 조건이기 때문에 실시할 때에는 특별한 장치(등속근력계 등)가 필요하지만, 수중운동과 유압식 트레이닝머신을 이용한 운동에서는 등속성수축과 유사한 근수축이 가능하다.

(2) 근수축양식의 선택

등척성수축 ▷▶ 등척성수축에서는 관절운동이 일어나지 않기 때문에 부하를 적절히 설정하면 초기부터 안전하게 할 수 있는 근력향상법이다. 트레이닝효과는 트레이닝을 실시하는 속도나 관절각도에 특이적인 적응을 나타내기 때문에 ROM이 회복되고 있는 상태라면 운동부하와 관절각도 설정을 변화시켜 몇 군데에서 트레이닝을 실시하는 것이 좋다. 또, 실제 스포츠동작에서 필요로 하는 근력으로 강화시키려면 등척성수축만으로는 불충분하다는 점에 주의해야 한다.

등장성수축 ▷▶ 단축성수축 및 신장성수축은 트레이닝에서 가장 많이 사용되는 수축양식이다. 일반적인 웨이트 트레이닝이 대부분 여기에 포함된다. 이 근수축양식으로 트레이닝하려면 ROM이 회복되어 있어야 한다. 이 트레이닝에서는 부하설정이 쉽다는 특징이 있으나, 근육은 수축양식에 따라 발휘장력의 크기가 다르기(그림 13-3) 때문에 신중하게 부하를 설정해야 한다.

그림 13-3. 근수축양식과 발휘장력의 관계

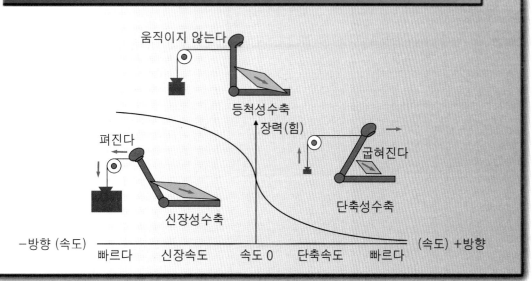

발휘장력은 단축성수축보다 신장성수축 쪽이 크며 이들은 모두 운동속도의 영향을 받는데, 이 관계를 '힘-속도관계'라고 한다. 근력수준 혹은 손상부위의 치유과정에 따라 수축양식을 선택할 필요가 있다. 신장성수축을 하는 트레이닝은 경기동작에 필요한 파워를 높이는 데는 효과적이지만, 근육에 신장성스트레스가 가해지기 때문에 운동재활 초기에는 부적합하다.

등속성수축 ▷▶ 이 수축양식에서는 어떠한 크기의 힘을 가해도 관절의 각속도가 일정하게 유지되기 때문에 트레이닝실시자가 발휘한 근력만이 부하된다. 등속성수축을 이용한 운동은 외부에서 힘이 가해지지 않기 때문에 근손상이 일어나기 어렵다는 이점이 있어서 상해 후의 운동재활방법으로 이용되기도 한다. 근력향상뿐만 아니라 근력측정 시에도 널리 이용되고 있다.

환부에 대한 단계적 근력 트레이닝에서 근육의 수축양식은 등척성수축에서부터 단축성수축, 신장성수축, 마지막으로 플라이오메트릭스 등의 복합적인 근수축형태로 이행한다. 트레이닝동작은 단순한 동작에서 시작하여 복잡한 것으로, 또 트레이닝속도는 느린 것에서 빠른 것으로 하여야 안전한 트레이닝이 된다.

(3) 관절운동의 선택

근력향상훈련 시에는 관절운동여부의 선택도 중요하지만, 하나의 관절만 움직이는 단관절운동인지, 여러 개의 관절이 관여하는 다관절운동인지에 대한 고려도 필요하다. 특히 환부주위의 근력과 여러 기능의 회복정도에 따라 단관절운동에서 다관절운동으로 진행해 간다. 예를 들어 단관절운동인 레그 익스텐션부터 복합운동인 스쿼트로 진행하는 식이다. 다관절운동이라도 스쿼트와 같은 기본동작에서 시작하여 서서히 스포츠동작에 가깝게 갈 필요가 있다. 운동양식이 복잡해짐에 따라 신경-근육협응력의 향상이 요구된다.

(4) 하중부하수준의 선택

지상에서 하는 신체운동은 중력의 영향을 받기 때문에 움직이는 자세에 따라 활동하는 근육과 관여하는 관절이 다르다. 운동재활을 실시할 때에는 상해의 종류와 발생시기, 근력수준 등에 따라 하중부하수준을 선택해야 한다.

다음은 3가지 수준으로 분류한 하중부하양식과 운동재활의 포인트이다.

열린사슬운동(OKC : open kinetic chain exercise) ▷▶ 열린사슬운동은 체중을 싣지 않고 하는 운동으로, 운동학의 영역에서 1955년에 스테인들러(Steindler, A.)가 정의하였다. 일반적으로 '운동하는 관절 중 먼쪽부위를 자유롭게 움직이게 하는 비하중부하자세에서 하는 단관절운동'으로 볼 수 있다. OKC 트레이닝의 대표적인 예는 매트 트레이닝(그림 13-4)이다.

그림 13-4. 매트 트레이닝

이 트레이닝은 비하중부하의 단관절운동이므로 다리상해 후에 하중부하면제가 필요하거나 체중에 비해 다리근력이 현저히 낮아서 자기체중부하운동마저 과부하가 되는 경우에 실시하는 것으로, ROM 및 근기능회복에 도움이 된다. 그밖에 머신에 의한 레그익스텐션과 레그컬도 OKC 트레이닝에 포함되는데, 무릎관절의 인대손상 등 상해의 종류에 따라서는 관절에 작용하는 전단력(shearing force, 재료 내의 서로 접근한 두 평행면에 크기는 같으나 반대방향으로 작용하는 힘. 이 힘의 작용에 의해 두 면 사이에 서로 미끄럼현상을 일으킨다. 剪斷力) 등에 주의하는 위험관리가 필요할 수도 있다.

닫힌사슬운동(CKC : closed kinetic chain exercise) ▷▶ 닫힌사슬운동은 체중을 싣고 하는 운동으로, 운동학의 영역에서 정의되는 말이다. 일반적으로 '운동하는 관절 중 먼쪽부위 자유로운 움직임이 외력에 의해 제한받고 있는 하중부하자세에서 하는 다관절운동'으로 볼 수 있다. CKC 트레이닝은 하중부하자세에서 이루어지는 다관절운동이기 때문에 OKC 트레이닝보다 많은 근육을 움직이는 운동이 이루어진다.

대부분의 스포츠는 러닝이나 점프와 같이 선 자세에서 중력에 대항하는 운동이므로 경기에 복귀하려면 CKC 트레이닝을 완전히 수행하는 것이 조건이 된다. 그러나 CKC 트레이닝에서는 선 자세를 유지할 수 있는 조건이 충족되지 않으면 안 되기 때문에 다리의 골절과 염좌 등으로 하중부하면제가 필요한 경우에는 OKC 트레이닝을 이용하여 운동재활 프로그램을 진행하게 된다.

한편 하중부하운동이 허가되는 경우라도 어느 정도의 하중부하 트레이닝(양다리사용종목, 한다리사용종목, 보행, 조깅, 대시, 점프 등)을 선택할지가 운동재활의 포인트가 된다. 이 선택은 상해부위의 치유과정뿐만 아니라 체중지지지수(체중당 무릎관절폄근력)에 따라 결정되어야 한다.

반닫힌사슬운동(SCKC : semi-closed kinetic chain exercise) ▷▶ 반닫힌사슬운동은 OKC와 CKC운동의 중간이 되는 역학적 조건을 가진 운동이며, 자전거에르고미터나 수중보행, 레그프레스 등 하중부하가 제한된 상태에서 하는 운동이 포함된다. SCKC트레이닝에서는 체중은 완전히 부하되지 않지만 어느 정도 하중부하가 허가된 경우에 행하는 운동이며, CKC 트레이닝을 시작하기 전 단계로서 적극적으로 실시되는 경우가 많다. 특히 수중운동은 수위에 따라 하중부하수준을 조절할 수 있기 때문에(그림 13-5) 다리상해 시 많이 이용되는 운동재활방법이다.

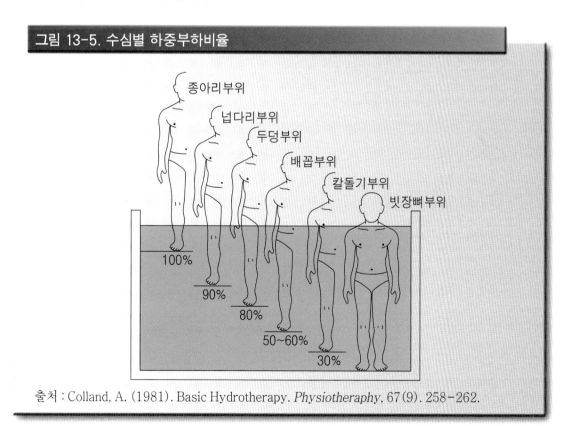

그림 13-5. 수심별 하중부하비율

종아리부위
넙다리부위
두덩부위
배꼽부위
칼돌기부위
빗장뼈부위

100%
90%
80%
50~60%
30%

출처 : Colland, A. (1981). Basic Hydrotherapy. *Physiotheraphy*, 67(9). 258-262.

이렇듯 하중부하수준은 상해부위의 상태에 따라 적절히 선택해야 한다. 다리의 상해라면 일반적으로 매트운동과 머신 등을 이용한 OKC 트레이닝부터 시작하여 상해부위의 상태에 따라 서서히 SKC, CKC 트레이닝으로 진행해간다.

건강한 사람이 하는 통상적인 웨이트 트레이닝에서는 과부하의 원칙과 점진성의 원칙에 따라 트레이닝부하를 증가시킨다. 또한 강도, 반복횟수, 빈도 등의 조건은 각각 최대근력향상과 근비대라는 목적에 맞춰 설정된다. 특히 강도의 설정은 최대근력(1RM: repetition maximum)에 대한 비율이 이용되는 경우가 많고, 실시할 때에는 설정된 강도에 대해 최대노력 혹은 최대반복하게 된다.

그러나 운동재활에서 하는 환부주위의 근력향상훈련에 이 방법을 그대로 적용시키면 위험이 동반되기 때문에 주의해야 한다. 운동재활에서 운동부하의 설정은 '전혀 통증이 없고, 전혀 위험이 없음'에서부터 시작하여 위험요인관리를 철저하게 하는 것이 원칙이다. 나아가 운동재활은 정상적인 운동기능의 회복을 목적으로 하기 때문에 동작학습이 포함된다. 따라서 일반 웨이트 트레이닝과 비교하면 설정되는 중량은 낮은 편이며, 반복횟수는 많은 편이 많다. 반면 환부 외의 부위는 오히려 운동재활기간을 이용하여 적극적으로 트레이닝해야 한다. 운동재활 초기에는 환부와 환부 외 부위의 트레이닝은 분리하여 프로그램되는 경우가 많다.

7) 전신지구력훈련

환부를 보호하기 위해 전신운동량을 감소시키면 근육으로 가는 에너지공급량이 저하되어 전신지구력이 저하된다. 특히 입원이나 깁스고정을 한 경우에는 두드러진다. 예를 들어 상해부위가 치유되고 있어도 전신지구력이 저하되어 있으면 장거리달리기선수의 경우 기록이 저하되는 형태의 경기력저하현상이 나타나게 된다. 또한 축구나 배구 등의 구기종목에서는 경기 중 피로가 쉽게 일어나 운동량이 감소할 뿐 아니라, 동작의 정확성이 저하되어 운동수행능력에 영향을 준다.

따라서 상해발생 후에는 되도록 초기부터 전신지구력훈련을 실시할 필요가 있다. 다리상해라면 팔에르고미터(그림 13-6), 팔상해라면 자전거에르고미터 등이 필요할 수도 있다. 위험요인을 철저히 관리한 다음 이것들을 이용하여 적극적으로 실시한다.

전신지구력훈련은 운동재활기간 중 계속해서 행해지지만, 서서히 경기복귀를 대

그림 13-6. 팔에르고미터

비한 프로그램이 필요하다. 이 때문에 전문경기 특유의 동작과 에너지공급양식의 특성을 파악한 프로그램이 요구된다. 경기복귀가 가까운 단계에서는 조깅과 서킷 트레이닝, 전문적 동작을 이용한 드릴 등에 의한 전신지구력훈련이 실시된다.

8) 민첩성훈련

민첩성은 조정력의 한 가지 요소인데, 이는 신체를 재빨리 움직이거나 방향전환하는 능력으로 신경전달속도와 근수축속도에 좌우된다. 대부분의 스포츠선수에게 중요한 체력요소이며, 원래 경기수준으로 복귀할 수 있을지는 이 민첩성의 회복이 중요한 문제가 되기 때문에 운동재활 중에서 중요한 요소이다.

민첩성훈련은 환부의 치유가 진행되고, 관절가동범위가 개선되어 어느 정도 근력이 회복된 단계에서 서서히 도입해간다. 방향전환 등 스포츠동작에 가까운 움직임에서는 니인토아웃(knee-in, toe-out) 등과 같이 상해발생위험이 높은 자세가 많다. 운동재활트레이너는 올바른 스텝동작과 반동동작을 하도록 주의를 주고, 상해재발관리를 철저하게 해야 한다.

9) 밸런스훈련

밸런스능력이란 신체를 순간적인 환경변화에 대응시켜 전신의 평형상태를 유지하거나, 운동 중에 무너진 평형을 재빨리 효율적으로 회복시켜 자세의 안정을 유지하는 자세제어능력이다. 밸런스능력은 일반적으로 '정적 밸런스능력'과 '동적 밸런스능력'의 2가지로 크게 나뉜다. 대부분의 스포츠에서는 평형을 유지하고 전혀 움직이지 않는 능력보다는 평형이 무너졌을 때 얼마나 바로잡을 수 있는지의 능력이 중시된다. 이렇듯 무너진 평형을 수정할 때에는 신체가 어떤 상태에 있는지를 감지하는 감각기(고유수용기)의 기능이 중요하다.

상해가 발생하면 관절주머니·인대의 손상, 관절고정, 수술에 의한 침습 등에 의해 고유수용기에 장애가 생긴다. 그 결과 갑작스런 관절의 변화 등에 대응하여 자세를 제어하거나 관절을 안정화시키는 기능이 저하된다. 이 때문에 단순히 관절가동범위와 근력의 회복만으로는 경기 중 동작에 대응할 수 없다는 문제가 생긴다.

이러한 이유 때문에 운동재활 시에는 고유수용기를 트레이닝하고 신경-근육 의 협조성을 회복시키기 위한 밸런스훈련이 여러 가지 용구(밸런스볼, 밸런스보드 등)를 이용하여 실시된다. 밸런스훈련은 신체의 협조성을 훈련하고, 스포츠상해를 불러일으키는 자세의 무너짐과 동적인 얼라인먼트의 흐트러짐을 방지한다는 관점에서 운동재활 프로그램에서 중요한 위치를 차지한다.

밸런스훈련의 실시에 대해서는 하중부하양식 등과 더불어 사용하는 용구·주변환경 등을 고려하여 위험요인관리를 철저히 할 필요가 있다. 부하설정도 부분적인 하중부하에서 전신하중부하로, 단관절에서 복합관절로, 천천히 하는 동작에서 빠른 동작으로, 외적자극 없음에서 있음으로 등과 같은 식으로 서서히 난이도를 높여간다. 또한 경기복귀시기가 가까워지면 경기동작에 가까운 훈련도 끼워넣는다.

10) 시기에 따른 단계적 운동재활

운동재활을 실시할 때에는 상해발생 후부터 경기에 복귀할 때까지의 기간을 몇 단계로 나누면 단계별 프로그램의 목적이 명확해지고, 또 그 프로그램도 단계적으로 연속성이 있게 되어 편리하다.

운동재활의 시기를 4가지 단계(표 13-4)로 나누어 단계별 포인트를 정리하면 다음과 같다.

표 13-4. 시기에 따른 단계적 운동재활

단계	목표	기구·동작	방법	양
제1단계 (보호기)	가동범위 개선 종창 제거 근위축 개선	크라이오키네틱스 (cryokinetics)의 이용 매트 트레이닝 도수저항 러버밴드	OKC의 사용 아이소메트릭스 아이소토닉(각도훈련) 단관절운동	경기수준 1일 1회 휴식수준 격일 1회
제2단계 (훈련 전기)	가동범위의 개선 근력 향상 근지구력 향상	핫팩과 버블 배스의 이용 매트 트레이닝 자전거에르고미터, 트레드밀, 러버밴드 등의 트레이닝머신	OKC와 CKC 아이소메트릭 아이소토닉 아이소키네틱 단관절 복합운동	경기수준 1일 1~2회 레저수준 매일 1회
제3단계 (훈련 후기)	운동성 향상 근력·근지구력 향상 협조성·교치성 향상	각종 트레이닝머신 조깅, 러닝 방향전환을 넣은 러닝 각종 스텝	CKC 지구력트레이닝 아이소토닉 아이소키네틱 인터벌 트레이닝 복합적 트레이닝	1일 1~2회
제4단계 (복귀기)	종목별 특성(시뮬레이션) 반응시간 단축 스피드 증강 순발력 강화	각종 트레이닝머신 스프린트 점프 가속달리기 방향전환 연속점프	PNF 트레이닝 스피드 트레이닝 플라이오메트릭스 시뮬레이션 트레이닝	1일 2회

(1) 제1단계(보호기)

이 단계는 아직 환부에 종창과 가동범위제한이 남아 있는 상태이기 때문에 종창제거, 가동범위개선 등과 더불어 근위축의 예방·개선이 목표가 된다. 이 단계에는 상해발생 직후도 포함되기 때문에 이 단계의 기본은 RICE처치이다. 환부의 상태에 따라서도 다르지만, 상해발생 후 72시간 정도는 RICE처치를 계속하는 것이 바람직하다.

종창제거와 가동범위개선에는 각종 물리치료법도 이용된다. 특히 가동범위개선은 신중히 해야만 하며, 비하중부하에서, 통증이 생기지 않는 범위에서, 부하 없이 자동운동을 중심으로 실시한다.

근위축의 예방·개선 시에는 매트트레이닝과 도수저항을 이용한 등척성근수축에 의한 트레이닝에 중점을 둔다. 기본적으로는 OKC 트레이닝을 이용하며, 통증이 없는 범위에서 신중히 실시한다.

(2) 제2단계(훈련 전기)

이 단계는 환부의 종창이 없어진 시기이다. 가동범위향상, 근력향상, 근지구력향상 등을 목적으로 한다.

환부의 상태에 따라 CKC 트레이닝이나 다관절운동을 이용하여 움직임의 협조성을 획득하는 트레이닝을 실시할 수 있는 시기이다.

급성기의 염증이 소실된 단계이므로 물리치료법에서는 버블 배스(bubble bath)나 핫팩 등의 온열요법을 이용하고, 환부를 따뜻하게 한 후에 가동범위회복훈련이나 그밖의 운동요법을 실시하면 좋다. 제1단계에 이어 OKC 트레이닝을 실시하지만, 부분하중부하운동이 가능해지면 가동범위가 충분히 얻어지므로 다관절운동의 협조성이 획득되어 있는지, 환부 주위의 근력이 회복해있는지, 스무스하게 관절의 움직임이 되었는지를 확인한 후에 통증이 없는 범위에서 서서히 자기체중으로 CKC 트레이닝으로 단계를 진행해간다. 다리 상해라면 자기체중을 이용하는 스쿼트동작이 중심이 되지만, 이때 니인(knee-in)이 되지 않도록 주의해야 한다.

등척성수축에 의한 근력강화훈련도 계속하지만 서서히 통증이 없는 범위에서 단축성수축을 위주로 하여 등장성수축에 의한 근력강화훈련도 머신 등을 이용하여 편입해간다.

또한 관절운동을 조금씩 시작해가는 단계이므로 운동속도는 컨트롤되어야 한다. 천천히, 정확한 실시가 포인트이다.

(3) 제3단계(훈련 후기)

이 단계는 근력·근지구력향상과 함께 근육의 운동성증대, 협조성·교치성개선 등을 목적으로 한다. CKC 트레이닝을 중심으로 한 근력향상과 더불어 운동성증대도 도모하지만, 이 시기에는 아직 부하설정은 낮아야 한다. 상해의 종류에 따라서도 다르지만, 신장성수축과 플라이오메트릭스계의 트레이닝은 아직 피하는 것이 바람직하다.

협조성과 교치성은 모두 스포츠복귀를 위한 중요한 요소이다. 하중부하가 면제가 되어야할 운동재활 초기에는 매트트레이닝 등이 적합하지만, 이 시기에는 올바른 피벗동작이 기본이 되고, 여기에 덧붙여 밸런스볼을 이용한 트레이닝도 실시한다. 둘 다 상해발생자세가 재현되지 않도록 유의하지 않으면 안 된다.

체육관과 그라운드에서는 조깅부터 시작하여 서서히 스피드업시키고, 직선에서 S자, 8자 등의 커브달리기를 도입해간다. 동작 국면에서는 올바른 스텝동작과 반격동작을 하도록 지도한다. 니인 토아웃(knee-in, toe-out)처럼 무릎관절과 발부위가 비틀어지는 듯한 반격동작에는 특히 주의를 기울일 필요가 있다.

조깅 등 하중부하운동이 주가되는 시기이므로 다리상해라면 환부의 스트레스가 커질 수 있으므로 주의해야 한다. 한창 운동재활 중일 때는 통증과 종창이 나타나지 않더라도 다음날 증상이 나빠지는 경우가 있다. 따라서 어느 단계에서든 마찬가지지만, 다음날 운동재활 전에 상태를 평가할 필요가 있다.

(4) 제4단계(복귀기)

이 단계는 스포츠복귀의 최종단계이다. 종목특성에 따른 체력요소, 전문적 동작의 획득, 반응시간의 단축, 스피드증강, 순발력강화 등이 주된 목적이 된다. 복귀를 향한 단계이므로 실전감각을 되돌려야할 필요도 있다. 따라서 실전을 가정한 종목별 시뮬레이션 트레이닝이 주가 되는 시기이다.

이 시기는 근력 트레이닝도 중요하지만 그 이상으로 현장에서 실시하는 운동재활이 중요하다. 충분한 워밍업을 한 후에 만일의 경우를 가정하여 환부에는 확실하게 테이핑을 하여 재발예방책을 취한다. 시뮬레이션 트레이닝에서는 코트나 그라운드에서의 대시, 스톱, 점프, 턴 동작이 주체가 된 어질리티 드릴을 능숙하게 해나갈 필요가 있으나, 스톱과 턴 때 위험한 스텝을 밟지 않도록 철저하게 대비해야 한다.

마지막으로 팀에 합류하기 위해서는 객관적인 데이터가 필요하므로 이 시기에 등속근력측정기에서의 근력측정, 50m 달리기, 12분간 달리기, 나아가 셔틀런타임 등을 측정하여 목표도달여부를 체크할 필요가 있다. 목표에 도달해 있는지 혹은 상해를 입기 전의 수준에 도달해 있는지를 확인하기 위해서도 정기적인 건강검진이나 체력측정에 의해 축적된 데이터가 있으면 편리하다. 이러한 데이터는 복귀 시 지표에 도움이 되는 한편, 트레이닝과 연습효과를 평가하거나 신체적 컨디션을 파악하여 상해로 이어질 수 있는 문제점을 찾아내는 것도 가능하기 때문에 정기적인 체크가 이상적이다.

11) 1일 운동재활 프로그램

운동재활 프로그램의 구체적인 내용은 표 13-5와 같이 워밍업으로 시작하여 쿨링다운과 얼음마사지로 끝내는 것이 원칙이다.

표 13-5. 1일 운동재활의 내용

> ▶ 온열요법(10~15분), 핫팩, 와류욕 등
> ▶ 스트레치(5~10분)
> ▶ 워밍업과 지구력 트레이닝(15~20분)
> ▶ 근력트레이닝(20~30분), 환부 및 환부 외 트레이닝, OKC 및 CKC를 적시에 사용
> ▶ 스텝동작, 밸런스 트레이닝(10~20분)
> ▶ 종목별 전문연습(0~30분)
> ▶ 쿨링다운, 얼음마사지(15~20분)

처음에는 환부와 전신 워밍업을 한다. 환부의 워밍업에서는 상해부위나 환부의 상태에 맞게 온열요법을 이용한다. 전신 워밍업은 자전거에르고미터나 트레드밀 등을 이용하여 15~20분 실시한다. 전신 워밍업에 들어가기 전에는 스트레칭을 하는 것을 잊지 않도록 한다.

근력 트레이닝은 운동재활 프로그램 중에서도 중요한 부분이지만 건강한 사람이 근력강화를 목적으로 하는 웨이트 트레이닝과는 부하설정 등 몇 가지 점에서 차이가 있기 때문에 주의해야 한다. 부하양식은 기본적으로는 OKC에서 CKC로 즉, 비하중부하운동에서 하중부하운동으로 진행한다. 스텝동작, 밸런스 트레이닝은 경기복귀를 위한 중요한 트레이닝이다. 둘 다 환부의 상태에 맞게, 단계적으로 실시할 필요가 있다.

전문연습은 단계에 따라서는 행하지 않는 시기도 있지만, 선수의 운동재활 의욕을 유지시키고, 동시에 게임감을 떨어뜨리지 않기 위해서도 안전면을 고려해가면서 되도록 초기부터 실시해가는 것이 바람직하다. 내용은 스포츠종목에 따라 달라지지만 축구선수가 다리상해를 입었다면 헤딩 등은 조기부터 할 수 있다.

쿨링다운으로서는 자전거에르고미터 등을 5분 정도 하고, 그 후 가볍게 스트레칭을 한 다음 얼음마사지를 한다. 얼음마사지시간은 10~15분을 기준으로 한다.

Training Methodology to Improve
Physical Fitness and Performance

제3부

체력 및 트레이닝효과의
측정과 평가

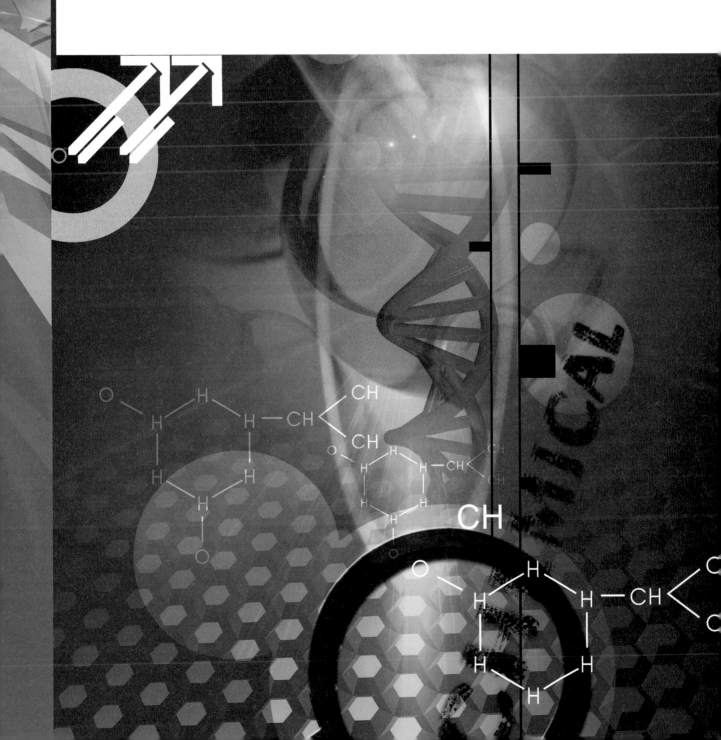

14

트레이닝효과의 측정과 평가

1) 측정 · 평가란

오늘날 스포츠나 일상생활에서의 신체활동에 관한 모든 것이 과학적으로 완전하게 해명되지는 않았다. 트레이닝을 지도할 때 이론, 감각, 경험 등이 갖는 의의는 크다. 그러나 안전하고 최적의 트레이닝이 되도록 지도하려면 측정과 평가가 필수적이다.

측정이란 능력평가를 위하여 테스트라는 수단을 이용하여 데이터를 수집하는 것이다. 테스트에는 이미 확립된 테스트, 고안된지 얼마 되지 않은 테스트 등 여러 가지가 있다. 평가란 테스트에 의해 얻어진 데이터로부터 어떠한 판단을 내리거나, 방침을 결정하기 위한 분석을 말한다.

2) 측정 · 평가의 목적

측정과 평가에는 다음과 같은 목적이 있다. 목적에 따라 측정항목, 테스트 종류, 평가방법 등은 달라지지만 트레이닝지도의 질을 높이기 위한 객관적 데이터를 수집한다고 하는 전제는 모두 같다.

(1) 현상파악

현상파악이란 트레이닝을 시작하기 전에 대상자의 체력수준을 확인하는 것이다. 현재의 체력수준을 알지 못한 채 트레이닝목표를 결정할 수는 없다. 측정한 데이터를 기준이되는 데이터와 비교하면 타당한 목표치를 설정할 수 있다.

(2) 장점과 단점의 확인

현상을 파악할 때에는 여러 개의 데이터를 조합하여 실시해 보아야 뛰어난 능력의 소유여부나 개선가능성, 장 · 단점 등을 알 수 있다. 이것에 의해 개인의 체력특성이 보다 명확해지며, 향상시켜야할 체력요소나 그에 맞는 목표설정 등 트레이닝의 방향성을 정할 수 있다.

(3) 효과확인

일정기간 트레이닝을 지도한 결과 어떤 능력이 어느 정도로 진보 내지 개선되었는지를 밝히는 트레이닝효과의 확인도 측정 · 평가의 중요한 목적이다. 이 데이터는 트레이닝지도가 적절한지 아닌지를 판단하는 재료가 되며, 문제점의 발견에도 도움이 된다.

(4) 동기부여

트레이닝효과를 확인하기 위한 측정은 트레이닝실시자에게는 큰 동기부여가 된다. 트레이닝에서 얻어진 성과를 알게 되면 새로운 트레이닝에 대한 의욕이 창출될 수 있다. 연간 스케줄로 정기적으로 실시함으로써 트레이닝에 몰두하는 자세도 진지해지게 되며, 측정을 위한 컨디션도 조절할 수 있게 되며, 나아가 자기컨트롤로 이어진다.

(5) 컨디션관리

계속해서 정기적으로 측정을 실시하면 대상자의 컨디션을 파악할 수 있다. 컨디션이 무너져 있지 않은지를 체크할 때나 피로상태를 판단할 때에 데이터를 활용할 수 있게 된다. 나아가 트레이닝 진행상황을 모니터한다는 의의도 있다.

(6) 재능발굴

스포츠에 뛰어난 능력을 가진 사람을 찾아내기 위하여 측정하는 경우도 있다. 체력요소에는 기술적·전술적 능력뿐만 아니라 정신력과 같이 표면화되기 어려운 것도 있다. 측정에 의해 평소에는 보이지 않던 뛰어난 체력요소를 보여줄 수 있다면 스포츠선수의 활약의 장은 넓어질 것이다.

(7) 트레이닝지도의 일환

트레이닝 중 발휘파워나 스피드 등을 측정하고, 실시간(real time)으로 피드백을 줌으로써 트레이닝동작의 문제점을 현장에서 명확하게 하거나, 개선방법을 확인하거나, 트레이닝에서 발휘하는 힘을 높게 유지하게 할 수 있다. 그렇게 함으로써 트레이닝의 질을 높일 수 있다.

(8) 운동재활

운동재활에서도 측정은 굉장히 중요하다. 측정결과에 의해 회복상태를 확인하고, 운동재활의 단계를 판단하거나 일상생활이나 경기복귀시기를 결정하기도 한다. 상해와 장애가 발생하기 전의 데이터가 있으면 보다 정확한 판단이 가능하다.

(9) 실천적 연구

트레이닝지도자에 의해 발안된 각종 트레이닝방법이 대상자가 바뀌어도 적응가능한지 어떤지의 확인, 트레이닝에서 향상시키려는 체력요소와 다른 체력요소 및 운동수행능력과의 관계규명 등과 같은 실천적 연구를 위해서도 정확한 데이터를 얻기 위한 측정은 꼭 필요하다.

3) 측정·평가의 단계구분

(1) 사전평가, 형성평가 및 사후평가

트레이닝지도에 관련된 측정과 평가는 3단계로 나눌 수 있다(그림 14-1). 제1단계는 트레이닝실시자의 현상과 특징을 파악하기 위한 측정·평가이다. 이때 측정은 프리테스트(pre-test)라고 하며, 프리테스트에 의한 평가를 사전평가(pre-evaluation)라고 한다. 제2단계는 트레이닝효과를 확인하거나 컨디션을 모니터하기 위한 측정·평가이다. 이것은 형성평가(formative evaluation)라 하며, 트레이닝 진행상황에 맞춰 실시하고 지도프로그램의 수정과 트레이닝 동기부여에 이용된다. 제3단계는 일정기간의 트레이닝종료 후에 행해지는 측정·평가이다. 이때 측정은 포스트테스트(post-test)라 하며, 포스트테스트에 의한 평가를 사후평가(post-evaluation)라고 한다.

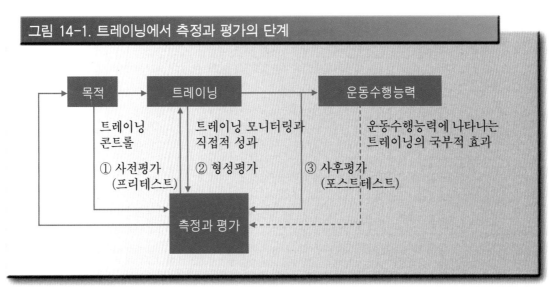

그림 14-1. 트레이닝에서 측정과 평가의 단계

한편 체력요소에 대한 보다 직접적인 변화뿐만 아니라 간접적 혹은 국부적인 변화, 즉 운동수행능력으로 나타나는 트레이닝효과를 측정하는 경우가 있다. 예를 들면 게임분석은 지금까지는 주로 기술·전술적 요소가 측정대상이었지만, 최근에는 체력요소를 대상으로 하는 경우도 있다. 시합 중 점프력·스프린트스피드·스프린트횟수·심박수 등의 요소를 측정한 다음, 이러한 것들을 체력트레이닝지도의 관점에서 분석하여 트레이닝을 평가하기도 한다.

(2) 스포츠에서 측정·평가의 구분

체력트레이닝에서 측정과 평가를 운동수행능력을 중심으로 보면 그림 14-2와 같이 구분할 수 있다. 먼저 경기분석을 실시하고, 그것을 기반으로 테스트를 구성하며, 테스트로부터 평가를 하게 된다. 평가를 기반으로 하여 목표를 설정하고, 트레이닝계획을 입안하

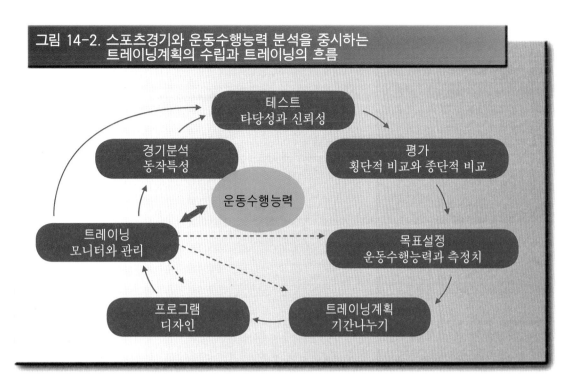

그림 14-2. 스포츠경기와 운동수행능력 분석을 중시하는
트레이닝계획의 수립과 트레이닝의 흐름

여 프로그램디자인을 진행한다. 그리고 실제 트레이닝을 지도한다.

　트레이닝지도에서는 트레이닝의 목표치와 조합하여 모니터와 관리를 하고, 트레이닝계획과 프로그램을 재검토한다. 시합 중 운동수행능력의 관계에서 조합하고 재검토하는 것이 중요하다. 이러한 사이클을 거쳐 다시 한 번 경기분석을 하고, 트레이닝 결과로부터 새로운 테스트로 진행해가게 된다.

2 측정

1) 측정의 조건

(1) 타당성

　측정에서 타당성이란 희망내용을 측정하고 있는지 어떤지의 기준을 말한다. 다시 말하면 테스트데이터로부터 희망내용의 평가가 가능한지에 관한 문제이다. 예를 들면 줄넘기를 이용하여 전신지구력을 평가할 때 줄넘기기술의 우열이 데이터에 영향을 미친다면 평가의 타당성이 없다고 할 수 있다. 또, 농구선수의 100m 달리기를 계측할 때 그것이 경기에 필요한 스프린트능력의 올바른 측정으로는 볼 수 없다.

(2) 신뢰성

측정에서 신뢰성이란 얻어진 데이터가 얼마만큼 믿을만한지에 대한 기준이 된다. 하루나 일주일 정도에 변화하기 어려운 능력을 알기 위한 테스트의 경우, 같은 시기에 2회 연속하여 테스트를 실시하여 얻는 2가지 데이터가 일치하는지가 기준이 되어도 좋다. 이것을 데이터의 재현성이라고 하며, 타당성을 확보하기 위해서도 필요한 기준이다. 다만 신뢰성이 있다고 하더라도 그 테스트가 타당하다고 단정지을 수는 없다. 신뢰성을 표현하는 방법은 급내상관계수(intra-class correlation)나 재테스트에 의한 신뢰성(test-retest reliability)이 있으며, 두 가지 모두 2회 측정치의 상관계수로 나타낸다.

(3) 객관성

측정의 객관성이란 측정자가 누구이든 같은 결과가 얻어지는 기준을 말한다. 측정기준의 일관성유무와 측정기술의 우열이 영향을 미친다. 한편 측정자와 피검자의 인간관계가 테스트 결과에 영향을 미친다면 객관성이 있다고 할 수 없다.

2) 측정치와 측정오차

세심한 주의를 기울여도 측정치에는 반드시 어느 정도 오차가 있기 마련이다. 따라서 '측정치＝진짜 측정치＋오차'라고 생각하는 것이 타당하다. 그러나 오차를 제거하는 방법이나 처리방법은 측정데이터의 올바른 취급과 평가에서 중요하다.

측정오차로는 확률적 오차(random error)와 계통오차(systematic error)가 있다.

(1) 확률적 오차

오차의 대소나 플러스·마이너스가 마구잡이로 출현하는 것을 확률적 오차(random error, 우연오차)라고 하는데, 이 에러에는 이론오차와 우연오차가 있다. 전자는 측정기구눈금의 한계나 자연현상으로 항상 일어날 수 있는 변동에 의한 오차이며, 어떤 측정에도 포함되어 수정이 거의 불가능한 오차이다. 후자는 측정자나 피검자의 숙련도나 집중력에 따라 생기는 오차로서, 방지하거나 적게 할 수 있는 것이 가능한 오차이다.

(2) 계통오차

오차의 방향과 크기에 일정방향을 갖는 것을 계통오차(systematic error, 정오차)라고 한다. 이 에러에는 이론오차와 기계적 오차가 있다. 전자는 측정방법이 근본적으로 잘못된 경우에 생기는 오차이다. 예를 들면 스프린트가 스타트할 때 스톱위치를 누르는 타이밍, 스쿼트에서 무게중심을 낮추는 위치 등과 같이 정해진 것이 불투명한 경우에 자주 일어난다.

한편 수치의 반내림, 반올림, 사사오입의 불통일 등 측정데이터의 채택과 기입 시에 생기는 에러도 있다. 후자는 측정기기의 조정부족과 측정조건(예를 들면 서페이스나 측정시간대나 기상조건)에 차이가 있거나 측정순서나 휴식시간이 다른 경우에 생긴다.

이상의 오차 가운데 방지하거나 적게 할 수 있는 오차에 대해서는 주의를 기울여 가능한 한 발생하지 않도록 배려할 필요가 있다.

3) 테스트의 관리와 순서

신뢰성과 객관성을 확보하기 위해 배려해야할 테스트관리상의 문제는 다음과 같다.

(1) 테스트순서

테스트순서에 의한 영향을 공평하게 하는 것이 중요한데, 이를 위해서는 테스트 실시순서가 테스트를 받는 사람에 따라 달라지지 않도록 해야 한다. 하루에 여러 번 테스트를 실시하지 않으면 안 되는 경우에는 유연성 테스트에서 시작하여 신경계통의 반응과 고도의 집중력을 필요로 하는 반응을 동반하는 테스트, 컨디션테스트, 스피드나 민첩성테스트, 파워테스트, 근력테스트, 유산소지구력테스트, 무산소지구력테스트의 순서로 실시한다. 측정효율을 좋게 하려는 이유만으로 로테이션방식을 채용하는 것은 타당하지 않다.

(2) 휴식시간

테스트 사이의 휴식시간도 테스트순서의 공평성을 확보한다는 의미에서 주의해야할 점이다. 가장 먼저 하는 사람은 짧은 휴식만 취하고 곧바로 테스트를 하지만, 나중에 하는 사람일수록 장시간 기다리게 되는 경우가 많다. 집단을 구성하여 하나의 테스트를 여러 명이 로테이션하면 시간은 절약되지만, 테스트 자체의 휴식시간이 적절하게 이루어지도록 연구할 필요가 있다.

(3) 테스트 프로토콜의 확립

테스트 프로토콜(test protocol)이란 테스트의 순서, 조건 등을 말한다. 테스트의 설명방법, 실시순서, 연습방법, 실시횟수, 실패나 실수에 대한 대응, 예를 들면 다시 하기의 유무나 횟수 등은 사전에 정하여 테스트별로 달라지지 않도록 해야 한다.

(4) 스코어와 기록방법

성인 여러 명을 측정할 때에는 개인별로 기록용지를 들고 이동하는 방법과, 측정장소마다 전원의 기록용지를 놓아두는 방법이 있다. 집단으로 행하는 경우에는 담당자가 사람수만큼의 기록용지를 갖는다. 어떤 경우든 데이터의 관리 및 종료 후의 기록(입력)이 스무스하게 행해지도록 주의해야 한다.

기록방법은 측정자끼리 통일해 두어야 한다. 소수점 이하 몇 자리까지 기입할 것인가를 결정해둘 필요가 있다. 일반적으로는 아날로그기기의 눈금을 읽는 경우에는 1/10까지 읽을 수 있다. 디지털기기에서 소수점 이하 3자리(예를 들면 1,000분의 1)까지 표시될 때에는 최후의 숫자는 오차를 포함하기 때문에 소수점 이하 2자리까지 사사오입한다(예를 들면 1.995초의 경우에는 2초가 되고, 1.994초는 1.99초가 된다). 또, 4와 6, 4와 8, 0과 6 등은 헷갈리기 쉽기 때문에 숫자를 쓰는 방법을 통일해두는 것이 좋다.

(5) 안전확보

측정에서 사고나 부상이 발생하지 않도록 측정장정리, 위험물제거, 대기장소지정 등에 신경쓴다. 극도의 고온다습환경에서 하는 지구력테스트는 아침·저녁의 시원한 시간대에 실시하고, 높은 곳에서 하는 스피드나 파워테스트는 워밍업시간을 충분히 갖는 등, 위험을 동반하는 테스트에서는 충분한 배려가 있어야 한다. 측정조건이 악화된 경우에는 측정을 중단해야 한다. 또, 스프린트나 전도의 위험이 없도록 표면과 신발에도 유의한다.

(6) 반복측정에서 조건통일

1년간 몇 번씩 측정하면 보다 많은 정보를 얻을 수 있으나, 측정조건이 매번 조금씩 바뀐다면 데이터의 비교가 곤란해지기 때문에 될 수 있으면 측정조건을 동일하게 해야한다. 이탈리아의 전문축구클럽에서는 2주일에 1회 트레이닝을 겸한 측정을 실시하는데, 오직 측정만을 위하여 인공잔디 위에 측정기기를 상설한 전용체육관도 있다.

3 측정과 평가의 실제

1) 형태와 체성분의 측정과 평가

형태측정은 길이, 너비, 무게, 둘레로 크게 나눠진다. 체성분이란 신체를 구성하는 성분의 비율이며, 일반적으로는 체지방의 무게와 지방 이외의 조직의 무게로 나타낸다.

(1) 길이, 너비

신장(키), 앉은키, 다리길이, 팔길이 등과 같은 길이와 어깨너비 등과 같은 너비가 있다.

(2) 무게, 둘레

체중과 둘레가 자주 이용된다. 체중은 신장과 함께 대표적인 형태측정항목이며, 상대적 근력을 계산하기 위해 꼭 필요한 항목이다.

둘레에는 가슴둘레, 위팔둘레, 넙다리둘레, 종아리둘레 등이 자주 측정된다. 일반적으로 둘레는 근육에 힘을 주지 않고 측정하지만, 위팔둘레는 굽힘자세에서 위팔두갈래근을 최대노력으로 수축시킨 상태에서 측정하는 경우도 있다. 어느 부위라도 측정자세와 측정위치가 측정부위별로 변화하지 않도록 주의해야 한다.

(3) 체지방률

체지방의 측정에는 수중체중법, 초음파법, 임피던스(impedance)법 등이 있다. 수중체중법이란 보통체중과 수중체중의 차이 및 수중에서 신체가 밀어낸 물의 부피에서 신체밀도를 구하여 미리 알고 있는 신체조직의 밀도를 기본으로 만들어진 계산식에 의해 체지방률을 추정하는 방법이다. 초음파법에서는 초음파에 의한 단층화상으로 신체 각 부위의 피하지방두께를 계측하여 체지방률을 구한다. 임피던스법은 신체의 각 조직을 흐르는 미약전류의 차이로부터 신체의 수분량을 추정하여 그것으로부터 체지방률을 추정하는 방법이다. 그밖에 공기치환법, 이중X선법, CT법 등도 있다.

현장에서 가장 손쉽게 할 수 있는 방법은 캘리퍼(calliper)를 이용하여 피하지방두께를 계산하여 그것으로부터 체지방률을 추정하는 피하지방두께법이 있다.

(4) 피하지방두께

자주 실시되는 방법은 위팔뒤쪽의 봉우리와 팔꿈치 노뼈점의 중간점 및 오른쪽 어깨뼈 아래모서리의 피하지방두께를 추정하는 것이다. 해당부위의 피부에 캘리퍼를 대고 그 눈금을 읽는다. 기기에 붙은 환산표를 이용하거나 공식에 그 식을 대입하여 체지방률을 구하는데, 이때 성별과 연령에 따라 적응하는 표나 식이 달라진다.

피하지방두께측정에서 유의할 점은 측정위치나 피부를 잡는 법을 일정하게 하는 것이다. 문제점은 사람에 따라 지방과 근육조직의 경계가 불명확하고, 두드러진 비만인 사람은 피하지방을 잡을 수 없으며, 캘리퍼의 종류에 따라 값이 달라진다는 점이다. 될 수 있는 한 같은 사람이 같은 기기로 측정하는 것이 바람직하다.

(5) 제지방체중

체중과 체지방률로부터 체지방량과 제지방체중을 계산할 수 있다. 제지방체중은 지방조직 이외의 조직의 무게이며, 주로 근육량을 반영한다. 따라서 체중과 체지방률로부터 제지방체중을 구하면 근육량의 변화를 추정할 수 있다.

2) 근력·근파워의 측정과 평가

(1) 근력이란

근력이란 근육이 발휘하는 힘의 크기이다. 따라서 어느 동작에서 들어올릴 수 있는 무게, 즉 질량과는 명확히 구별되어야 한다. 질량의 단위는 kg이며, 힘의 단위는 N(뉴턴)이다. 힘은 '질량×가속도'로 나타내며, 1kg의 질량에 1m/sec.²의 가속도를 생기게 하는 힘이 1N으로 정의된다.

지구상에서 바벨 등의 웨이트를 중력과 반대방향으로 들어올릴 때, 바벨의 질량에 대해서는 지구가 지구상의 모든 물체를 끌어당기는 힘, 즉 중력이 작용하여 평균 9.8m/sec.²라는 중력가속도를 생기게 하여 아래로 끌어당기고 있다. 따라서 100kg의 바벨이라면 100kg×9.8m/sec.²=980N의 힘이 작용하고 있다. 지구가 100kg의 바벨을 끌어당기는 힘인 이 980과 딱 맞는 힘을 발휘하여 100kg의 바벨을 유지할 수 있을 때 980N의 힘을 발휘하고 있는 것이 된다.

만약 100kg의 바벨을 단지 유지할 뿐 아니라 그것을 들고 점프를 하거나, 재빨리 머리 위로 들어올릴 수 있다면 9.8m/sec.²이라는 가속도보다도 큰 가속도를 생기게 하므로 좀더 큰 힘을 발휘하는 것이 된다.

체중계에 올라서서 힘차게 아래쪽으로 힘을 주며 버티거나, 뛰어오르려는 순간에 큰 값이 나타나는 이유는 체중을 중력과 반대방향으로 가속시키기 위한 순간에 굉장히 큰 가속도가 생겨 가만히 있을 때보다 더 큰 힘을 체중계가 받기 때문이다.

이렇듯 근력은 질량과 구별되어야 한다. 몇 kg의 웨이트를 들어올릴 수 있는지만으로 근력을 평가해서는 안 된다.

(2) 근파워란

일정한 힘을 발휘하여 신체나 바벨 등을 이동시킬 때 '발휘된 힘×이동거리'로 나타나는 값을 일량이라고 한다. 이 일량이 얼마만큼의 시간효율로 행하는지를 나타내는 것, 즉 '일/그 힘에 필요한 시간'이 일률이다. 근파워란 근육이 발휘하는 일률을 의미한다. 어떤 일을 하는 신체운동을 할 때에는 항상 근력을 발휘하고 있는 동시에 파워도 발휘하고 있는 셈이 된다.

파워를 나타내는 '발휘된 힘×이동거리/일에 필요한 시간'과 같은 식은 '발휘된 힘×속도'로 변환할 수 있기 때문에 파워는 '근력×스피드'로 표현되는 경우가 많다.

스포츠나 그밖의 여러 가지 신체활동의 수행능력은 근력뿐만 아니라 근파워에 따라서도 규정되기 때문에 근파워의 측정을 근력측정과는 다르게 할 필요가 있다.

(3) 근력과 근파워의 측정방법에 따른 특이성

측정방법이 달라지면 근력과 근파워가 달라지는데, 이것을 측정방법에 따른 특이성이라고 한다. 통상 트레이닝에서 이용하는 관절각도, 속도, 근활동유형 등과 같거나 비슷한 방법으로 하는 측정에서 가장 큰 트레이닝효과를 확인할 수 있다. 따라서 근력과 근파워의 측정과 평가 시에는 측정방법의 선택이 매우 중요하다.

관절각도의 특이성 ▷▶ 스쿼트에서 어디까지 낮게 웅크리는지에 따라 들어올려지는 무게가 달라지듯이, 관절각도가 달라지면 발휘할 수 있는 근력과 근파워가 달라진다. 왜냐하면 근길이에 따라 힘의 바이오메커닉스적인 효율이 변화하기 때문이다.

낮은 의자에서 일어날 때 엉덩관절과 무릎관절각도보다 큰 각도로 발휘하는 근력이 높아졌다고 하더라도 그것보다 작은 각도에서 발휘할 수 있는 근력이 높아진다고 단정할 수는 없으며, 지금까지와 마찬가지로 낮은 의자에서 일어난다고 하는 근력은 개선되지 않을지도 모른다. 스포츠에서는 이것이 좀더 중요해진다. 근력과 근파워를 측정할 때에는 목적에 따라 관절각도에 유의할 필요가 있다.

속도의 특이성 ▷▶ 근력은 그 근력을 발휘할 때의 운동속도에 따라 발휘할 수 있는 최대크기가 달라지는데, 이것을 속도의 특이성이라고 한다. 이것은 효과적인 트레이닝과 근력평가를 위해서는 여러 가지 스포츠나 신체활동에서 운동속도에 따라 실시할 필요가 있다는 사실을 의미한다. 저속에서 큰 힘이 발휘될 수 있다고 해서 고속에서도 마찬가지로 큰 힘이 발휘될 수 있다고 단정지을 수는 없다.

일정크기의 힘을 어느 정도의 고속에서 발휘할 수 있는지에 따라 운동수행능력이 규정되기 때문에 속도를 일정하게 하고 어느 정도 큰 힘을 발휘할 수 있는지 뿐만 아니라, 같은 부하에서 발휘할 수 있는 최대속도를 측정하는 것도 중요하게 된다.

근활동유형에 따른 특이성 ▷▶ 근활동유형은 크게 등척성(isometric)근활동, 동심성(concentric)근활동, 편심성(eccentric)근활동의 3종류로 구분되며, 이때 발휘할 수 있는 근력의 크기도 각각 달라진다. 따라서 스포츠활동과 일상생활동작에서 근활동유형의 특징을 잘 이해한 후에 각각의 근활동유형에 따른 측정이 필요하게 된다.

(4) 등속근력·근파워의 측정

운동속도를 일정하게 제어할 수 있는 특수한 기계적 구조를 갖춘 근력측정장치가 있다. 이 장치를 이용한 근력과 근파워의 측정을 등속근력·파워측정기라고 하며, 근력과 근파워를 저속에서 고속까지 다양한 속도에서 측정할 수 있다. 이것은 기세 좋게 힘을 발휘해도 관성이 거의 작용하지 않는 장치이므로, 어느 관절각도에서도 항상 최대의 힘을 발휘할 수 있다. 따라서 가동범위 전체에 걸친 근력과 근파워을 알 수 있게 된다. 또, 힘의 발휘를 멈추면 저항도 바로 소실하여 부하는 걸리지 않는다. 따라서 근손상 등이 발생할 위험성은 낮다는 이점이 있다.

대부분의 등속근력·근파워측정기는 단관절을 측정하기 때문에 속도는 관절의 회전속도, 즉 각속도(deg/sec.^{2})에 따라 다르다. 그리고 근력은 관절의 회전력(Nm)으로 나타난다.

최근에는 비교적 저렴한 자전거에르고미터형의 장치가 개발되었다. 다관절에서 닫힌사슬(close kinetic chain)이라는 장치를 갖고 좌우 교대로 주기적 동작이라고 할 수 있는 스포츠나 일상동작에서 근력발휘에 보다 가까운 상태로, 보다 간편하게 등속근력·근파워를 측정한다.

트레이닝과 운동재활의 일환으로서 등속근력과 근파워가 측정·평가되고, 트레이닝과제의 발견과 경기복귀의 판단에 이용되고 있다.

(5) 동적 등외부저항 트레이닝에서 근력과 근파워의 측정

바벨과 머신 등의 부하에 대한 일반적인 트레이닝은 종래 아이소트닉(등장성) 트레이닝으로 불려왔으나, 실제 발휘하고 있는 힘은 각도나 속도에 따라 변화하기 때문에 최근에는 트레이닝에 이용하고 있는 저항의 크기가 같다는 의미에서 동적 등외부저항(DCER : dynamic constant external resistance) 트레이닝으로 불리고 있다.

트레이닝현장에서 이 DCER 트레이닝에 의한 근력과 근파워의 측정을 지금까지 거의 불가능했다. 그러나 최근 웨이트에 달려 있는 케이블이 늘어난 길이와 시간으로부터 이동거리와 속도·가속도를 검출하는 리니어 포지션 트랜스듀서(linear position transducer)라고 불리는 간편한 장치가 개발되어 여러 가지 과학적인 신뢰성의 검증을 거쳐 스포츠나 피트니스의 트레이닝현장에서 근력과 근파워의 측정에 도움을 주고 있다.

리니어 포지션 트랜스듀서형의 측정장치를 이용함으로써 '사용한 웨이트의 중량(kg)×중력가속도(9.7m/sec.^{2})×들어올린 속도(m/sec.)'로부터 평균파워(Watt)가 실시간(real time)으로 구해진다.

가벼운 웨이트에서 시작하여 서서히 무거운 웨이트로 무게를 바꿔가면서 최대스피드로 들어올리거나 점프시켜서 그 무게에서의 최대속도와 최대파워를 측정하고, 사용중량과 스피드의 관계를 구한 커브나 사용중량과 파워의 관계를 구한 커브를 그려 스피드와 파워를 평가할 수 있다.

이 근파워측정방법은 자기체중을 얼마만큼 빨리 들어올릴 수 있는지를 알기 위해 의자에서 일어나는 파워를 측정하는 것이다. 이것은 고령자의 다리근력파워 측정 시에도 이용되고 있다.

(6) 최대들어올리기중량 측정

최대들어올리기중량 측정은 1RM측정이라고도 한다. 이는 진정한 의미의 근력 그 자체의 측정은 아니지만, 관절각도를 일정하게 고정시킴으로써 그 관절각도에서 최대근력의 추정이 가능하다. 또한 트레이닝에서 적절한 부하를 측정하기 위해서도 1RM 측정은 중요한 측정항목이 된다. 관절각도가 달라지면 들어올릴 수 있는 중량은 크게 변화하기 때문에 특히 스쿼트에서 1RM 측정 시에서는 얼마만큼 웅크리느가 하는 관절각두나 자세를 엄밀하게 지정할 필요가 있다.

1RM 테스트의 시행 간 휴식시간은 직전의 들어올리기에 의한 증강효과를 제대로 이용하기 위해서 너무 길어지지 않도록 주의할 필요가 있다. 일반적으로는 1~2분 이면 충분하다.

3) 점프력의 측정과 평가

(1) 수직뛰기

가장 자주 이용되는 방법은 팔흔들기와 다리의 반동을 이용하여 뛰기이다. 벽 옆에 서서 최대한 위로 뻗은 손끝의 위치와 최고도약점에서 손끝의 위치차이로부터 도약높이를 구한다.

배구·농구 등과 같이 지상으로부터 높이를 절대적인 평가대상으로 하는 경우에는 혼자서 높이뛰기측정장치를 이용하는 것이 좋다. 보통 트레이닝을 하고 있는 필드에서 도움닫기 앞쪽 수직점프 측정에서 특히 유효하다.

또한 매트스위치를 이용하여 발구르기부터 착지까지 공중에 머물러 있는 시간을 계산하여 '$1/8 \cdot g \cdot t^2$'과 같은 공식으로 도약높이를 구할 수 있다. 매트스위치로 측정하여 팔흔들기 유무에 따른 도약높이차이로부터 점프에서 팔사용법을 평가하거나 반동을 준 카운터 무브먼트 점프와 반동이 없는 스태틱 점프와의 차이로부터 반동에 의해 근육이 힘줄의 신장-단축사이클(SSC : stretch-shorting cycle)을 효과적으로 이용하는 능력을 평가할 수 있게 된다.

수직뛰기는 최대노력에 의한 폭발적 근파워를 발휘하는 테스트이기 때문에 시행 간에는 피로의 영향을 받지 않도록 충분한 휴식시간이 필요하다. 그러나 중간에 너무 많은 시간을 두면 직전의 도약에 의한 효과가 떨어진다. 집단으로 행하는 경우에는 4~6명이 적당하다.

수직뛰기의 도약높이는 측정방법에 따라 10~25cm의 차이가 생기기 때문에 데이터비교 시에는 주의가 필요하다.

(2) 멀리뛰기

도움닫기 멀리뛰기, 제자리멀리뛰기, 양쪽 다리 혹은 한쪽 다리 멀리뛰기를 실시하여 거리를 측정한다. 연속으로 3단뛰기나 5단뛰기도 자주 이용된다. 지상에 둔 측정기 옆에서 뛰고, 땅에서 발을 뗄 때의 발끝에서 착지할 때의 발꿈치까지의 거리를 측정한다.

(3) 폭발적 반응다리근력

메트스위치를 이용하면 도약높이를 알 수 있지만, 연속 리바운드점프의 접지시간과 도약높이와의 비율에 의해 폭발적 반응다리근력지수라고 불리는 이른바 '다리의 탄성' 능력을 평가할 수 있다. '도약높이÷접지시간'으로 나타내는 지수는 얼마나 짧은 접지시간에 얼마나 높이 뛸 수 있는가를 의미하기 때문에 플라이오메트릭스의 평가로서는 단순한 점프거리나 높이보다도 우수한 지표라고 할 수 있다.

통상은 팔흔들기의 영향을 방지하기 위해 다리에 손을 댄 상태로 5~10회 연속리바운드점프를 하게 하여, 그 최대치 혹은 베스트 3의 평균치 등을 평가대상으로 한다.

4) 스프린트의 측정과 평가

(1) 스톱워치와 광전관

스프린트 측정에는 스톱워치(stopwatch)로 행하는 방법과 광전관(photoelectric tube)을 이용하여 전기적으로 하는 방법이 있다. 일류 운동선수를 대상으로 하거나 짧은 거리의 타임을 측정할 때에는 광전관을 이용하면 편리하다.

스톱워치로 측정하는 경우에는 시계의 타이밍을 일정하게 하는 것이 중요하며, 측정자의 측정기술이 측정치에 크게 영향을 미친다. 광전관에 의한 측정에서는 스타트라인 위를 신체의 일부가 통과한 순간부터 시계가 작동되지만, 스톱워치는 신체의 전방이동 후 뒷발이 땅에서 떨어지는 순간에 시계를 작동시키는 경우가 대부분이기 때문에 대부분 스톱워치에 의한 기록이 더 좋게 나온다.

광전관을 이용할 때에는 광전관의 높이, 위치, 스타트 방법등을 엄밀하게 지정할 필요가 있다. 특히 스타트 시에 사전점프를 하거나 반동을 주는 일이 없도록 유의해야 한다. 광전관을 연속하여 배치함으로써 1회의 스프린트에서, 예를 들면 5m, 10m, 15m, 20m와 같은 구간타임을 계측할 수 있고, 스타트대시의 능력과 가속능력, 최대스피드, 스피드유지능력 등을 평가할 수 있다.

(2) 피치와 스트라이드의 측정과 평가

광전관에 의한 짧은 거리의 타임을 정확하게 측정하는 단계에서 좀더 나아가 최근에는 피치와 스트라이드를 실시간으로 측정하는 기기도 개발되어 있다. 지상 약 2mm 높이에서 약 3cm 간격으로 배치한 광전관에 의해 접지위치와 스텝별 시간을 계측하여 스트라이드, 피치, 접지시간, 제공시간 1보당 스피드, 가속도 등을 실시간으로 표시한다.

이러한 장치에 의해 스프린트 타임을 규정하는 각종 체력요소를 보다 상세하게 분석·평가함으로써 트레이닝문제를 명확하게 하고, 트레이닝효과를 분명하게 할 수 있게 되었다. 트레이닝시설 내에 이러한 기기를 상설하고 있는 프로스포츠팀도 있다.

5) 민첩성의 측정과 평가

민첩성(agility)의 측정방법에는 T테스트, 일리노이 어질리티 테스트, 프로 어질리티 테스트, L테스트 등이 있다. 어떤 것이든 스타트, 가속, 감속, 정지, 방향전환, 유연성, 밸런스 등의 체력요소의 종합적인 능력이 영향을 미친다. 달리는 거리, 각도, 턴방법, 스포츠나 신체활동의 특성에 따른 테스트방법 등을 선택할 필요가 있다.

스프린트 테스트와 마찬가지로 운동수행능력이 높아지면 측정치의 작은 차이를 검출하기 위해서는 광전관이 필요하다.

6) 유연성의 측정과 평가

유연성의 측정에는 다리바로들어올리기(SLR : straight leg raise), 다리펴고앉아 윗몸일으키기, 윗몸 뒤로 젖히기 등과 신체 각 부위의 관절과 근육군에 대한 여러 가지 테스트가 있다.

엄밀히 말하면 모든 근육군과 관절에 대한 도수테스트가 있다고 해도 좋을 만큼 1종류의 테스트만으로 신체 전체의 유연성을 평가하기란 불가능하다. 그 스포츠나 활동에서 필요로 하는 가동범위나 상해발생률이 높은 부위에 대한 유연성을 측정하여 평가하는 것이 필요하다. 특히 상해발생 후의 재활단계에서는 가동범위의 회복정도에 따른 유연성 측정이 중요하다.

7) 지구력의 측정과 평가

(1) 무산소능력의 측정과 평가

자주 이용되는 무산소지구력 테스트로 윈게이트테스트(Wingate test)가 있다. 또, 자전거에르고미터를 이용하여 체중 1kg당 75g의 부하를 주고, 30초간 전력페달링 시의 최대파워와 평균파워를 측정하여 최대무산소파워로 하는 동시에, 그 파워의 저하율을 측정하여 무산소지구력으로 하기도 한다.

위에서 설명한 자전거에르고미터형의 등속근력·근파워측정장치를 이용하는 경우 남자는 페달링속도를 매분 80회전, 여자는 매분 60회전으로 설정하고, 30초간 전력페달링을 행하게 했을 때의 최대파워, 평균파워 및 5초마다의 평균파워저하율로부터 무산소지구력을 평가한다(그림 14-3).

(2) 유산소능력의 측정과 평가

유산소능력의 측정에는 직접측정방법과 간접측정방법이 있다. 정확성과 신뢰성 측면에

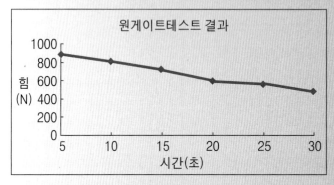

그림 14-3. 윈게이트테스트 결과의 정리(5초마다 평균치에 의한 분석 예)

시간(초)	힘(N)	힘/kg(N/kg)	파워(W)	파워/kg (W/kg)	회전수 (rpm)
5	883.5	10.4	1557.5	18.3	99
10	808.1	9.5	1424	16.8	98.9
15	726.3	8.5	1279.5	15.1	98.9
20	603.3	7.1	1062.7	12.5	98.8
25	560.1	6.6	986.3	11.6	98.8
30	470.8	5.5	828.7	9.7	98.7

서는 전자가 우수하지만, 측정장치나 전문기술자가 필요하게 되어 준비에 시간을 요구하는 경우가 많다. 그에 반해 후자는 측정의 정확도는 떨어지지만 경기특성을 보다 잘 반영할 수 있고, 간편한 방법이므로 반복해서 많은 사람을 측정할 수 있다.

최대산소섭취량 ▷▶ 최대노력의 운동 중에 얼마만큼 많은 산소를 섭취하고 소비할 수 있는지에 대한 지표인데, 1분간 사용되는 ℓ 단위의 산소량(ℓ/분)으로 표현된다. 이것을 kg 단위의 체중으로 나누면 유산소파워라고 불리는 측정치를 얻게 된다. 날숨을 모으는 가스마스크를 착용하고, 트레드밀이나 자전거에르고미터 등의 운동 중에 측정한다. 서서히 부하를 높여 더 이상 계속할 수 없는 한계의 강도까지 운동을 계속시켜 그 사이에서 산소섭취량의 최대치를 취한다.

무산소작업역치 ▷▶ 무산소해당계의 에너지대사에 의해 혈액 중에 젖산이 생성되지만 운동강도가 높아지면 젖산생성량이 분해량을 초과하여 어느 정도부터 급격히 증가하기 시작한다. 이 혈중젖산치가 급격히 증가를 개시하는 운동강도를 무산소역치(AT)라고 하는데, 이는 젖산의 처리능력 등 유산소능력을 나타낸다. 최대산소섭취량이 거의 같은 수준이라면, 운동수행능력은 AT에 의해 규정된다.

측정방법으로는 산소량과 이산화탄소량의 날숨량에 대한 비율의 변화에 의한 방법과, 혈중젖산치의 변화로부터 구하는 방법이 있다. 특히 혈중젖산농도가 4mmol/l가 되는 강도에서 무산소작업역치를 구하는 방법은 젖산축적개시점(OBLA : onset of blood lactate accumulation)이라고 하며, 필드에서의 규정도 일반화되어 있다.

지구력테스트 ▷▶ 필드에서 실시하는 지구력테스트이다. 1,000m, 1,500m와 같이 일정 거리를 정하고 그 거리를 달리는 데 필요한 시간을 계산하는 방법과 5분간, 12분간이라는 일정시간을 정하고 그 시간 내에 달릴 수 있는 거리를 측정하는 방법이 있다

둘 다 페이스분배와 경쟁에 의한 영향이 적지 않기 때문에 그것들을 영향을 무시할 수 있는 수준에 도달하려면 일정 트레이닝기간을 필요로 한다.

셔틀런테스트 ▷▶ 서서히 간격이 짧아지는 전자음에 맞춰 일정거리를 몇 번이고 왕복한다. 20m(왕복 40m)를 이용하는 경우가 많다. 전자음의 간격을 따라가지 못할 때까지 되돌아온 횟수, 또는 총주행거리로 지구력을 평가한다.

심박수측정 ▷▶ 유산소지구력 트레이닝을 할 때 심박수로 그 강도를 컨트롤하는 것은 개개인에 적합한 운동강도를 설정하여 트레이닝강도를 관리할 때 매우 효과적이다. 이를 위해서는 최대심박수를 알고, 그에 대한 퍼센테이지로 운동강도를 설정하여 컨트롤할 필요가 있다. 일반적으로는 「220-연령」을 최대심박수로 한다. 그러나 실제로는 개인차가 커서 이대로 되는 사람은 오히려 적다. 따라서 최대심박수를 직접 측정하는 것이 정확한 운동강도의 설정과 컨트롤을 위해서는 효과적이다.

8) 기타 필드측정과 평가

위에서 설명한 테스트 이외에도 밸런스능력의 테스트나 메디신볼을 이용한 팔의 파워테스트, 몸통의 스터빌리티(stability)테스트 등 여러 가지 테스트가 있다. 지도자의 아이디어나 지도상의 의문을 소중하게 받아들이면 좀더 많은 테스트방법을 고안할 수 있으며, 그것에 의해 지도효과를 높이거나 새로운 지도방법의 효과를 확인하기 위한 측정과 평가를 할 수 있다.

중요한 것은 눈앞의 지도대상인 트레이닝실시자를 중요시하고, 가능한 한 과학적 연구의 성과와 과학적 방법을 구사하는 것이다. 그러한 것을 통해 좀더 트레이닝효과를 높이기 위한 지도자와 트레이닝 실시자의 커뮤니케이션이나 보다 나은 지도를 하기 위한 지도자 간의 논의가 필요하다.

김복현, 김용수, 오유성(2010). 근 · 골격 · 신경계 해부학 엑서사이즈. 대경북스.

김수근, 신준호, 이강옥(2010). 건강을 위한 한 걸음, 만보걷기. 대경북스.

김용수, 김복현, 김창균, 형인혁(2011). Anatomical Chart & Exercise Book of neuromusculoskeletal system. 대경북스.

김용수, 정락희, 김복현, 한승호, 김현희(2009). 비주얼 아나토미. 대경북스.

김재구(2007). 웰빙보감. 대경북스.

김재구, 노호성(2009). 운동처방총론. 대경북스.

김재구, 진정원(2012). 웰빙보감 2. 대경북스.

김창국, 진영완, 최기수(2005). 인간 움직임을 이해하기 위한 인체해부학. 대경북스.

김창국, 박기주(2009). 최신 트레이닝방법론. 대경북스.

김창국 역(2010). 생체역학 제5판. 대경북스.

김창규(2004). 선수 트레이닝. 대한미디어.

대한의사협회(2009). 의학용어집 제5판.

박성순 외(2010). 운동역학 전정판. 대경북스.

박인숙(2007). 어르신을 위한 건강운동 프로그램. 대경북스.

서영환, 손연희(2009). 퍼포먼스 향상을 위한 뉴 스포츠영양학. 대경북스.

서영환, 위승두(2008). 스포츠의학 에센스. 대경북스.

유승희, 김형돈, 송종국, 윤형기(2009). 新 체육측정평가. 대경북스.

유호길, 한승완(2009). 입문 운동생리학 제3판. 대경북스.

윤승원 외(2003). 근력 트레이닝과 컨니셔닝. 대한미디어.

이강옥, 宮下充正(2010). 건강을 위한 걷기 바이블. 대경북스.

이석인, 이준, 김석일, 배영대(2009). Total 피트니스 바이블. 대경북스.

이우주(1999). 의학대사전 제2판. 아카데미서적.

이원재, 김진환, 박기범(2011). 아름다운 몸매를 위한 퍼스널 트레이닝. 대경북스.

이원재, 김재구, 박기덕 역(2013). Klein-Vogelbach의 기능적 운동치료. 대경북스.

조성연, 이원재, 김용수, 손진수, 배영대(2011). 운동재활치료(상 · 하권). 대경북스.

정일규(2009). 휴먼 퍼모먼스와 운동영양학. 대경북스.

정일규, 윤진환(2011). 휴먼 퍼모먼스와 운동생리학. 대경북스

천길영, 김경식(2008). 체력육성을 위한 트레이닝방법론. 대경북스.

체육과학대사전 편집포럼(2009). 체육과학대사전. 대경북스.

황보배, 손배민, 김공(2012). 손쉽고 재미있게 따라하는 스포츠마사지(제2전정판). 대경북스.

田中喜代次, 木塚朝博, 大藏倫博 編著, 남덕현 역(2009). 체육측정평가 에센스. 대경북스.

佐藤進, 山次俊介, 長澤吉則 編著, 진성태 역(2011). 엑셀로 배우는 통계분석. 대경북스.

American College of Obstetricians and Gynecologists(1994). *Exercise during Pregnancy and the Postpartum Period (Technical Bulletin #189)*. Washington: American College of Obstericians and Gynecologists.

Bangsbo, J.(2007). Aerobic and anaerobic training in soccer. *Institute of Exercise and Sport Sciences.* University of Copenhagen, Copenhagen, Denmark.

Cronin, J. B., & Hansen, K. T. (2005). Strength and power predictors of sport speed. *Journal of Strength and Conditioning Research, 19(2):* 349–357.

Donald, A. Chu. (1996). *Explosive Power & Strength.* Human Kinetics.

Donald, A. Chu. (1998). *Jumping into Plyometrics(Second Edition).* Human Kinetics.

Donald, A. Chu. (1992). *Jumping into Plyometrics.* Leisure Press.

Duncan, R. L., and Turner, C. H. (1995). Mechanotransduction and the funtional response of bone to mechnical strain. *Calcif Tissue Int., 57(5):* 344-358.

Earle, R. W., & Baechle, T. R. (2000). *Essentials of Strength Training and Conditioning (2nd ed.).* Champaignm IL: Human Kinetics.

Gambetta, V. (2007). *Athletic Development.* Champaign, IL, Human Kinetics.

Gray, T. Moran and George, H. McGlynn.(1997). *Cross Training for Sports*. Human Kinetics.

Hewett, T. E., Myer, G. D., & Ford, K. R. (2007). Reducing knee and anterior cruciate ligament injuries among female athletes: A systematic review of neuromuscular training interventions. *Journal of Knee Surgery, 18(1):* 82-88.

IAAF CECS Textbook.(1991). *IAAF Introduction to Coaching Theory*. IAAF Published.

Iwao, N., Oshida, Y., Sato, Y. (1997). Regional difference in lipolysis caused by a β-adrenergic agonist as determined by the microdialysis technique. *Acta. Physiol. Scand., 161*:481-487.

James Waslaski(2012). 김일곤 외 역(2013). Clinical Massage Therapy. 대경북스.

Jennings, C. L., Viljoen, W., Durandt, J., & Lambert, M. I. (2005). The reliability of the fitrodyne as a measure of muscle power. *Journal of Strength and Conditining Research, 19(4)*, 859-863.

Karpy, E.(2000). *The Everything Total Fitness Book*. Adam Media Corporation.

Kerr, D., Morton, A., Dick, L. et al. (1996). Exericise effects on bone mass in postmenopausal women are sitr-specific and load-dependent. *J. Bone. Miner. Res., 11(2):* 218-225.

Kibler, W. B., Press, J., & Sciascia, A. (2006). The role of core stability in athletic function. *Sports Medicine, 36(3):* 189-198.

Kindersley, D.(2002). *Matt Roberts 90-day Fitness Plan*. DK Publishing.

Lipman-Bluman, J.(1996). *The Connective Edge : Leading in an Interdependent World*. San Francisoco, CA : Jossey-Bass Pulishers.

Little, T., & Williams, A. G. (2005). Specificity of acceleration, maximum speed, and agility in professional soccer players. *Journal of Strength and Conditioning Research, 19(1):* 76-78.

Marcovic, G. (2007). Poor relationship between strength and power qualities and agility performance. *Journal of Sports Medicine and Physical Fitness, 47(3):* 276-283.

Markvic, G., Julik, I., Milannovic, D., & Metikos. D. (2007). Effects of sprint and plyometric training on muscle function and athletic performance. *Journal of Strength and Confitioning Research, 21(2):* 543-549.

Moura, N. A. (2001) Training principle for jumpers: Implications for special strength development, *New Studies in Athletics, 16(4):* 51-61.

Nagasawa, J., Sato, Y., Ishiko, T. (1990). Effects of training and detraining on in vivo insulin sensitivity. *Int J. Sports Med., 11*:107-110.

Newton, R. U. et al. (1996). Kinematics kinetics and muscle activation during explosice upper body movement. *Journal Applied Biomechanics, 12*: 31-43.

Radcliffem J. C. (2007). *Functional Training for Athletes at All Levels*. Bekley, CA, Ulysses Press.

Rainer, M.(1990). *Successful Coaching*. Human Kinetics.

Rhea, M. R. (2004). Determining the magnitude of treatment effects in strength training research thought the use of the effect size. *Journal of Strength and Conditioning Research, 18(4):* 918-920.

Riggs, B. L., et al. (1998). A unitary model for involutional osteoporsis : Estrogen deficiency causes both type and ostroporosis in postmenopausal women and contributes to bone loss in aging men. *J. Bone. Miner. Res, 13*: 763-773.

Sheppard J. M., & Young, W. B. (2006). Agility literature review: classifications, training and testing. *Journal of Strength and Conditioning Research, 24(9):* 919-932.

Siegel, J. A. et al. (2002). Human muscle power output during upper- and lower-body exercise. *JSCR, 16:* 173-178.

Stone, M. H., Stone, M. and Sands, W. A. (2007) *Principles and Practice of Resistance Training*, Human Kinetics, Champaign, IL.

Toji, H., Suei, K, & Kaneko, M. (1999). Effect of combined training on force velocity and the power relationshipusing lsototic and asometric loads. *17th Congress of International Society of Biomechanics, 800.*

Torjesen, P. A., Birkelaud, K. I., Andressen, S. A., et al. (1997). Lifestyle changes may reverse denelopment of the insulin resistance syndrome. *Diabetes Care, 20*:26-31.

Vroom, V. H., & Yetton, P. W.(1975). *Leadership and Decision-Making.* Pittsburgh: University of Pittsburgh Press.

Wilmore, J. H., & Costill, D. L. (1999). *Physiology of Sport and Exercise, 2nd ed.* Champaign, IL: Human Kinetics.

Wood, P. D., et al. (1991). The effects on plasma lipoprotenins of a prudent weight-reducing diet, with or without exercise, in overweight men and women. *N. Engl J. Med., 325*:461-466.

Young, W. B. McDowell, M. H., & Scarlett, B. J. (2001). Spercificity of sprint and agility training methods. *Journal of Strength and Confitioning Research, 15(3)*: 315-319.

Zatsiorsky, V. M., & Kraemer, W. J. (2006). *Science and Practice of Strength Training.* Champaign, IL, Human Kinetics.